대가야와 그 이웃들

대가야와 그 이웃들

2023년 2월 27일 초판 1쇄 발행

지은이 김세기

펴낸이 권혁재

편 집 조혜진

디자인 이정아

제 작 성광인쇄

펴낸곳 학연문화사
등 록 1988년 2월 26일 제2-501호
주 소 서울시 금천구 가산디지털1로 16 가산2차SKV1AP타워 1415호
전 화 02-6223-2301
팩 스 02-6223-2303
E-mail hak7891@chol.net

ISBN 978-89-5508-478-8 93910

대가야와 그 이웃들

김세기

학연문화사

책머리에

2022년은 대가야 연구의 발판이 된 고령 지산동 44, 45호분을 발굴조사 한 1977년부터 햇수로 45년이 되는 해이다. 경북대학교 박물관이 44호분을, 계명 대학교 박물관이 45호분을 담당한 이 발굴조사에서는 다량의 유물과 함께 순장 묘(殉葬墓)의 확인이라는 새로운 고분연구 자료가 확인됨으로써 본격적인 대가 야고분 연구뿐만 아니라 가야전체에 대한 연구의 기폭제가 되었다.

내가 고령군 대가야읍 지산리 뒷산 능선에 자리 잡고 있는 지산동고분군의 대 가야 왕릉 발굴에 처음 참가한 것은 1977년 12월 3일이었다. 당시 계명대학교 사학과 3학년생이었다. 그리고 그 후 계명대학교박물관에 근무하면서 대학원에 진학하여 본격적으로 고고학을 공부하기 시작하였다. 그 후 45년이 지난 지금에 와서 생각해 보니 당시 미숙하여 미처 생각하지 못한 것들도 있고, 아쉬운 것들 도 많이 있었다. 그리고 대가야의 근기지역이면서 오늘날의 개념으로 보면 대가 야의 수도경비사령부와 같은 무장 세력의 고분군인 고령 본관동고분군을 발굴 조사 하였다. 이 발굴에서는 대가야의 수도인 지산동고분군과 묘제와 출토유물 이 대동소이하여 역시 대가야의 수도를 지키는 관방세력임을 확인한바 있다. 그 러나 북쪽으로 대가야와 접하고 있는 성주의 성산가야 유물의 영향을 받은 것들 이 보여 접경지역의 문화양상의 일단을 보게 되었다.

그래서 지산동45호분 발굴당시 미처 몰랐던 순장제도의 허장(虛葬)과 말 투구 를 상정하고, 본관동고분군의 묘제와 유물을 분석하여 접경지역의 성격과 의의 를 추론하여 대가야의 재발견이라는 제목으로 새로운 글을 쓰게 되었다.

고령 본관동고분군 발굴 이후 성주 성산동고분을 발굴하면서 알게 된 것은 성산가야(벽진가야)의 중심고분군인 성산동고분군의 묘제와 장신구 등 위세품과 토기양식이 '가야 양식'이 아니라 '신라양식'이라는 점이었다.『삼국유사』5가야 조에 나오는 성산가야(벽진가야)는 분명 성주라고 기록되어 있는데, 고고학적 양상은 전혀 가야가 아니었던 것이다. 그리하여 대가야와 비슷한 묘제와 출토유물을 가지는 아라가야의 함안과 성산가야라고 하는 성주의 고고학적 기반과 정치적 성격을 알아보게 되었다.

그러면서 대가야가 변진반로국에서 가라국을 거쳐 대가야로 발전하게 되는 과정을 연구하면서 진변한의 소국이었다가 일찍이 신라에 병합되는 대가야의 이웃지역에 대한 궁금증이 생기게 되었다. 즉 압독국의 경산, 이서국의 청도, 소문국의 의성지역의 역사적 변화과정을 살펴보기로 하였다. 여기에 더하여 울릉도와 독도를 고고학적 자료로 추론하여 신라의 이사부장군이 울릉도를 점령한 후, 확실한 신라의 영토가 된 사실을 확인하였다.

결국 대가야도 5세기 후반 고대국가를 이룩하였지만, 오래가지 못하고 백제와 신라의 틈바구니에서 발버둥 치다가, 드디어 6세기 후반 562년에 신라에게 항복하여 멸망하고 말았다. 대가야에 있어서 신라는 넘을 수 없는 벽이었다.

나아가 대구경북의 고고, 역사연구자들의 모임인 '목요윤독회'에서 가야를 공동연구하면서 알게 된 사실은 중부아메리카의 멕시코 마야문명이었다. 마야의 여러 도시국가들도 가야처럼 여러 지역에 수준 높은 문화를 꽃피웠으면서도 하나의 국가로 통일되지 못하고 스페인의 꼬르테스장군에게 정복되었다는 사실이었다. 그래서 목요윤독회에서는 실제로 2001년 1월 29일부터 2월 15일까지 18일간 메조아메리카 문명의 핵심지라고 할 수 있는 멕시코 고대유적 답사를 다녀왔다. 여기서는 공동 연구한 내용과 실제로 답사한 사실을 중심으로 멕시코 마야문명의 특성으로 기록하였다.

이러한 내용들을 정리하여 『대가야와 그 이웃들』이라는 제목으로 펴내게 되었다. 그러나 마음만 앞세우고 소기의 성과를 이루었는지 스스로 자문하고 반성해 본다.

이 책 대가야와 그 이웃들은 전체 6장으로 구성되어 있다.

제1장 '대가야의 재발견'에서는 지산동고분군의 순장제도의 허장(虛葬)과 말투구를 상정하고 그 날의 단상을 그려보았다. 또한 대가야의 수도경비사령부와 같은 본관동고분군의 성격을 살펴보았다. 그리고 대가야연구의 현황과 앞으로의 과제를 제기하였다.

제2장 '대가야의 친구, 함안 아라가야'에서는 대가야처럼 고대국가 체제를 갖춘 아라가야의 고고학적 기반과 문헌자료를 종합하여 아라가야의 발전과정과 영역을 살펴보았다.

제3장 '대가야의 라이벌, 성주 성산(벽진)가야'에서는 『삼국유사』 오가야조(五伽耶條)에 나오는 성산가야(星山伽耶) 혹은 벽진가야(碧珍伽耶)의 실상과 그 정치적 성격을 기록하였다. 즉 진변한의 소국들은 대개 3세기후반부터 격동기를 거치면서 지역끼리 연맹하거나 복속을 통하여 진한지역은 사로국(斯盧國)을 중심으로 통합되어 갔고, 변한지역은 몇 개의 가야로 통합되는 변화를 겪게 되었다. 성주지역의 소국도 그 시기는 확실히 알 수 없으나 가야의 일원으로 발전한 것으로 생각되는데, 고고학적 실체는 모두 신라적인 것이라는 점을 강조하고, 대가야와 성산가야는 라이벌 관계라고 설명하였다.

제4장 '대가야의 넘을 수 없는 벽, 신라'에서는 대가야의 입장에서 신라는 강국이었다는 점을 중심으로 서술하였다. 그러기위해 신라왕경의 생산체계를 정비하는 과정과 대가야는 물론 가야전체와 백제, 고구려 등 삼국을 통일한 후, 수도를 경주에서 대구로 천도하는 계획을 수립하였으나 여러 가지 여건으로 실천하지는 못하였다. 신라는 결국 대가야의 이웃이면서 넘을 수 없는 벽이었던 점을 강조하였다.

제5장 '대가야의 또 다른 이웃들'에서는 대가야의 근처에 있는 이웃들을 살펴보았다. 즉 압독국의 옛터 경산, 이서국의 옛터 청도, 소문국의 옛터 의성과 대가야와 조금 멀리 떨어진 울릉도, 독도가 있다. 이들 지역은 대가야와 직접 관련은 없지만 옛날 소국으로 있다가 대가야보다 이른 시기에 신라에게 복속되어 신라화된 곳으로 지역적 특색을 가지고 있다. 대가야는 고대국가까지 갔다가 6세기 후반(562년)에 신라에 멸망하였으나, 대가야의 독특한 문화를 간직하고 있는 점에서 이들 대가야의 또 다른 이웃들은 의미가 있는 지역이라 생각된다.

제6장 '가야와 동병상련의 먼 이웃, 멕시코 마야'는 한국고대사의 가야처럼 화려한 고대문화를 이룩하였으면서도 통일국가를 이룩하지 못하고 16세기에 스페인의 꼬르떼스 군대에 멸망하고 말았다. 가야도 멕시코 마야처럼 변한의 소국에서 대개 3세기 후반부터 5, 6개의 가야로 통합되어 갔다. 그러나 가야는 큰 하천과 산줄기를 포함하는 분지를 중심으로 자급자족하는 국가형태로 분립하고 있었다. 이들은 대가야나 아라가야 같이 고대국가체제를 이룩하기도 하였으나, 하나로 통합되지 못하고 마침내 신라에 각개 격파되어 복속되었다.

멕시코 문화는 기원전 1200년경에 성립한 올메까 문명부터 기원후 1200년경의 아스떼까 문명, 그리고 마야문명에 이르기까지 각 지역별로 여러 가지 독자적인 문명을 꽃피우면서도 하나의 통일된 왕국을 이룩하지 못하였다. 이렇듯 고대문명의 집합소와 같은 멕시코의 고대문화가 우리의 가야처럼 지역의 도시국가로 나뉘어져 있다가 끝내 하나의 통일국가를 이루지 못하고 멸망한 이유는 무엇일까? 가야의 정치적 상황과 멕시코 마야유적들은 가야와 동병상련의 실마리라도 있지 않을까 하는 기대를 하게 되었다. 멕시코 전역에 남아 있는 거대한 피라미드와 같은 고고유적은 그런 것들을 설명해 줄 것이라고 생각한 것이다.

그리하여 외형적으로 유사한 공통점이 있는 두 지역의 고대문화를 찾아 직접 비교해 보고 체험해 보기 위해 공동 답사를 실행하였다. 가야와 멀리 떨어진 멕시코 마야문명 답사는 일반적으로 쉽게 이루어질 수 없는 상황이므로 그 답사기기와 빠렝께 마야유적의 감상을 실었다. 그리고 여러 가야의 존재형태와 유적을 살펴 마야와 비교할 수 있는 실마리를 제공하였다.

　이 책을 펴내는 데도 역시 많은 분들의 도움과 격려가 큰 힘이 되었다. 먼저 이번에도 원고의 교정과 도판의 편집에 대구한의대학교박물관의 이인정 선생님과 이세주과장님, 백현주 선생님, 원재영 선생님의 적극적인 도움이 있었다.

　사진의 사용을 허락하고 선별해준 대가야박물관의 정동락 관장님과 손정미 팀장님, 백진선 선생님과, 고령 본관동고분군 자료사용을 허락해준 계명대학교 행소박물관장 김권구 교수님과 권순철 선생님의 도움도 큰 힘이 되었다. 또한 울릉도·독도자료를 제공해 준 영남대박물관의 정인성관장님과 김대욱 선생님의 배려에 감사드린다. 내가 오래전에 쓴 자료나 내가 찾지 못하였던 고령지산동고분군 발굴체험기를 찾아주신 '올 댓 플랜 창(窓)' 엄명숙대표의 친절한 도움에 감사드린다.

　그리고 최근에 멕시코를 다녀와 멕시코 마야의 사진을 제공해 주신 계명대학교의 노중국 명예교수와 따님인 티티섬도서관의 노나리씨, 그의 친구이며 멕시코에 거주하는 가이드 안나민씨께 진심으로 감사드린다. 개별사진에 출처를 기록하지 않고 이글로 감사의 말씀을 드린다. 무엇보다 어려운 출판여건에도 불구하고 이 책의 출판을 흔쾌히 맡아주신 학연문화사 권혁재사장님과 편집, 교정을 꼼꼼히 봐주신 조혜진 선생님께도 머리 숙여 감사드린다. 끝으로 항상 사랑과 배려로 오늘을 있게 해준 아내 윤미선과 아들 진우에게 사랑의 마음을 전한다.

2023년 2월
저자 김세기 삼가 씀

목 차

제 1 장
대가야의 재발견

2022년은 대가야 연구의 발판이 된 고령 지산동 44, 45호분을 발굴조사 한 1977년부터 햇수로 45년이 되는 해이다. 경북대학교 박물관이 44호분을, 계명대학교 박물관이 45호분을 담당한 이 발굴조사에서는 다량의 유물과 함께 순장묘殉葬墓의 확인이라는 새로운 고분연구 자료가 확인됨으로써 본격적인 대가야고분 연구뿐만 아니라 가야전체에 대한 연구의 기폭제가 되었다.

내가 고령군 대가야읍 지산리 뒷산 능선에 자리 잡고 있는 대가야 왕릉 발굴에 처음 참가한 것은 1977년 12월 3일이었다. 당시 계명대학교 사학과 3학년생이었다. 그리고 그 후 계명대학교박물관에 근무하면서 대학원에 진학하여 본격적으로 고고학을 공부하기 시작하였다.

지금으로부터 40년 전인 1983년 7월 25일 대가야의 근기지역이면서 오늘날의 개념으로 보면 대가야의 수도경비사령부와 같은 무장 세력의 고분군인 고령 본관동 고분군을 발굴조사 하였다. 본관동고분군 발굴조사가 시작된 첫날은 아침부터 햇볕이 유난히 밝고 뜨거웠다. 오래 계속된 그해 장마로 어제까지 비가 쏟아지다가 오후부터 비가 그치고 맑아지기 시작하였다. 박물관 식구들과 학생단원들은 사실 발굴조사 준비로 부산한 가운데, 장마가 끝난다는 기상청예보가 있었지만 과연 비가 그칠까 걱정하고 있었다.

45년이 지난 지금에 와서 생각해 보니 당시 미숙하여 미처 생각하지 못한 것들도 있고, 아쉬운 것들도 많이 있었다. 그래서 대가야의 재발견이라는 제목으로 지산동고분군의 순장제도의 허장虛葬과 말 투구를 상정하고 그 날의 단상을 그려 본다. 그리고 대가야연구의 과제와 할 일을 떠올려 본다.

1. 대가야고분 발굴체험기

Ⅰ. 고령지산동 대가야왕릉 발굴참가

1. 고분 발굴 첫 참가

내가 고령 지산리 뒷산 능선에 자리 잡고 있는 대가야 왕릉 발굴에 처음 참가한 것은 1977년 12월 3일이었다. 계명대학교 사학과 3학년생이었던 나는 학기말 시험이 막 끝나고 도서관에서 자료를 찾고 있었는데, 45호분 발굴을 돕고 있었던 조교가 와서 "고령에서 발굴조사가 시작되었고, 발굴에 참가할 학생이 몇명 필요한데 같이 가자"고 하여 그대로 버스를 타고 고령으로 가게 되었다. 사실그 때까지 나는 고령이 어딘지, 대구에서 얼마나 떨어져 있는지도 모르고 있었고, 발굴에 대해서도 모르고 있었다. 그래도 3학년 1학기 때 고고학 개론 강의를들어 고고학에 대해 막연한 동경 같은 것은 가지고 있었지만 실제 유적에 대한조사나 관련된 자료를 접하지는 못한 터였다.

대구 서부정류장에서 시외버스를 타고 2시간 이상 걸려 고령에 도착, 모산골 (지산동의 원래지명, 못산골) 마을을 거쳐 가파른 산비탈을 올라 숨을 헐떡이며 발굴현장에 올라가게 되었다. 당시 45호분 발굴단장이었던 김종철교수님의 지도하에 꽃삽을 들고 발굴 작업에 참여하게 되었다.

현장에는 44호분 북쪽 평지에 얇은 베니어판으로 세운 현장막사가 지어져 있었는데, 여기서 경북대학교 학생과 계명대학교 학생이 매일 교대로 숙박하면서 현장도 지키고 조사도 진행하였다. 12월의 겨울바람은 매섭게 차가웠고, 눈이라도 내리는 날에는 베니어판 이음새를 타고 눈발이 막사 안으로 사정없이 들어왔

〈그림 1〉 바지게로 흙을 져 나르는 인부들(좌)과 발굴현장 원경

다. 연탄난로 1개로 겨우 난방을 하고 바닥에는 라면박스를 깐 위에 군용모포 몇
장을 덮고 잤다. 아침에 일어나면 자리끼로 떠 놓은 물대접이 꽝꽝 얼어있는 것
이 다반사였다.

　막사 앞에 솥을 걸고 모산골 김씨댁 아주머니가 매일 아침 올라와 아침, 점심,
저녁을 현장에서 해서 먹었다. 산꼭대기라 물이 없었으므로 인부 아저씨들이 매
일 아침 출근 할 때 바지게에 한말들이 플라스틱 통에 물을 지고 올라와 커다란
물통에 붓는 것으로 일과를 시작하였다. 이렇게 가져온 물로 밥도 하고 국도 끓
이고, 숙직한 조사원학생들의 세숫물도 충당하였다. 요즘의 발굴현장은 현대화
되어 삽이나, 괭이 등의 연장도 현장에서 공급하므로 인부들도 자가용을 타고
출퇴근하지만 당시에는 바지게는 필수였고, 삽, 괭이, 호미 등의 연장과 도시락
은 각자가 지참하는 것이 상례였다. 또한 흙을 파거나 옮기는 일 등 웬만한 일은
모든 것을 인력으로 파고 지게로 운반하였다. 〈그림 1〉

　조사원 학생들의 복장도 지금은 멋있는 패딩이나 등산복을 입고, 가볍고 튼튼
하고 맵시 있는 등산화나 운동화도 많지만, 그 때는 우선 대구 서문시장에 가서
중고품 군화를 사고, 허름하고 질긴 물들인 군복류나 점퍼를 구입하여 입었다.
중고품 군화는 대개 높은 뒷굽이 반쯤 닳아 있어 경사진 비탈길을 올라가다가
자주 넘어지곤 하였다.

　2기의 발굴고분 중 규모가 조금 더 큰 44호분은 경북대학교박물관(관장 윤용진

교수)이 담당하였고, 45호분은 계명대학교박물관(관장 김종철교수)이 담당하였는데, 발굴 장비가 매우 열악하여 발굴에서 가장 기본이 되는 레벨기도 없어 투명한 비닐호스에 물을 담아 그것으로 수평을 잡아 토층이나 유구의 실측 실을 띄웠다. 그야말로 수준水準으로 수평을 잡았고, 그래도 계명대학교에는 '핸드레벨'이라는 작은 간이 레벨측정기가 있었지만 사용법이 숙달되지도 못하고 눈높이에 따라 각도가 달라지므로 매우 부정확하여 역시 물 호스를 주로 사용하였다. 봉분조사를 위한 발굴 둑이나 트렌치는 봉분위에 평판을 올려놓고 실을 띄워 구획하였다.

　우리조사원 학생들은 국산 꽃삽으로 땅을 파거나 토층을 긁어 유구를 파악하였는데, 교수님은 '트라울(trowel)'이라는 미국산 흙손을 사용하였다. 이 트라울은 미국에서 시멘트 등을 바르는데 쓰는 일반적 연장인 흙손이었지만, 강도도 매우 강하고 탄력이 있어 발굴현장에 오래 종사한 고고학자에게는 상징처럼 되어 있는 도구였다. 트라울의 닳은 정도가 그 고고학자의 관록을 말해주는 것으로 학생인 우리들로서는 감히 바랄 수 없는 꿈의 도구였다. 그런데 교수님은 다 닳아 빠진 것과 새것을 항상 가지고 다니셨다. 당시에는 수입도 안 되고 구하기가 쉽지 않아 트라울을 가지고 있는 것만으로도 선망의 대상이었다.〈그림 2〉

　발굴기간이 경과 하면서 차츰 판축된 토층과 생토층을 구분하고, 봉토 아래에 노출되는 석실의 개석과 석곽을 이해하게 되었다. 그리고 석실바닥에 쌓인 흙을

〈그림 2〉 현장 고고학의 필수품 트라울(좌)과 평판측량 도구

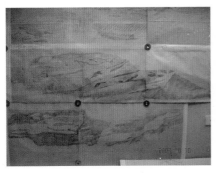

〈그림 3〉 봉토 토층실측도(좌)와 석실 실측도

대나무 젓가락 칼로 조금씩 떼어내는 순간, 갑자기 눈앞이 환해지면서 나도 모르게 가슴이 벅차오르는 두근거림을 느꼈다. 순금제 귀걸이가 처음 출토되는 순간, 그 황홀감은 지금도 잊을 수가 없다.

발굴에 대해 조금씩 알아가면서 지나가던 집의 돌담장의 석축을 보며 어떻게 실측할까를 생각하고, 숙소의 천장무늬를 실측하는 꿈도 자주 꾸게 되었다. 〈그림 3〉

2. 한국일보 1면 톱기사 보도(대가야왕릉, 베일을 벗기다)

발굴 조사를 시작한 지 20여일이 지났을 무렵, 이번에 발굴하는 고분이 중앙에 주인공을 위한 주실과 부장실이 있고 그 주위를 호위하듯이 순장곽이 설치된 고분이라는 것을 알았지만 조사원 학생들은 그 중요성을 실감하지 못하고 추위 속에서 매일 반복되는 고된 작업에 조금씩 지쳐가고 있었다. 발굴에 참여한 후 긴장과 피로가 쌓여 일상에 대한 짜증과 다른 사람에 대한 이유 없는 적대감 등이 발굴 분위기를 더욱 무겁게 하고 있었다.

이러한 상태를 현장에서는 흔히 '발굴병'이라고 한다. 12월 22일경 서울에서 말쑥한 차림에 핸섬하게 생긴 기자가 현장을 찾아 왔다. 그리고 고분 뒤편 양지바른 잔디에 앉아 교수님들과 인터뷰를 하고 돌아갔다. 그해 크리스마스 전날인 1977년 12월 24일자 조간 『한국일보』 1면 톱에 「고령에서 20여명 순장 가야고분

〈그림 4〉 순장고분 발굴의 한국일보 특종기사(좌)와 발굴현장의 베니어판 막사

발굴」이라는 제목으로 우리들의 발굴고분이 크게 보도 되었다. 우리는 그날 아침 고령군 공보실장이 깜짝 놀라 헐레벌떡 가지고 온 신문을 보고 이 고분이 대가야의 왕릉급 고분이며, 우리나라에서 처음 확인된 순장고분이라는 것을 알게되었다. 〈그림 4〉

이렇게 한국일보 1면 톱기사로 보도된 이후 경향 각지의 신문, 방송 등 언론기자들이 들끓기 시작하고 각계에서 지대한 관심을 보이기 시작하였다. 지쳐있던 조사원들도 덩달아 신이 나고 기운이 솟았다. 공연히 큰일이나 한 것 같고, 무엇인지 모를 사명감에 불타게 되었다. 발굴조사비 지원요청에 난색을 표하던 당국에서도 예산지원 등 지대한 관심과 지원을 아끼지 않았고, 대학에서도 여러 경로를 통하여 위문품과 격려가 답지하였다. 이 후 30년이 지난 2007년 6월 15일 고령군과 대구사학회가 주최한 '왕릉발굴 30년' 학술대회가 열렸는데, 이때 강대형기자를 초청하여 특종 얘기를 발표하게 하여 그 의미를 더하였다. 이 순장고분 발굴을 특종 보도한 당시 한국일보 문화부 차장이었던 강대형 기자는 공주의 무령왕릉 발굴조사나 경주 천마총, 황남대총 발굴조사 시에도 여러 번 특종을 한 바 있는 이 분야의 베테랑 기자였다. 보도 당시에는 44호분이 발굴 뚝을 완전히 제거하지 않아 주변 순장곽이 20여기만 노출되어 그렇게 보도되었지만 나중에 순장곽은 32개로 밝혀지고 45호분은 순장곽이 11개로 밝혀지게 되었다. 〈그림 5〉

〈그림 5〉 지산동고분군 발굴 단원들(오른쪽 끝이 필자)

Ⅱ. 고령 본관동고분 발굴의 기억 -40년 전 그날의 단상-

1. 본관동고분군 발굴조사의 시작과 인부들의 반란

1) 폭염과 인부들의 사보타주(sabotage)

본관동고분군 발굴조사가 시작된 1983년 7월 25일 월요일은 아침부터 햇볕이 유난히 밝고 뜨거웠다. 오래 계속된 그해 장마로 어제까지 비가 쏟아지다가 오후부터 비가 그치고 맑아지기 시작하였다. 박물관 식구들과 학생단원들은 사실 발굴조사 준비로 부산한 가운데 장마가 끝난다는 기상청예보가 있었지만 과연 비가 그칠까 걱정하고 있었다.

오랜 장마가 끝나 날씨는 맑았지만 고령 본관동 관동마을과 발굴현장 올라가는 산기슭에는 건수가 터져 여기저기서 물이 흐르고, 땅이 질퍽하여 걷기조차 힘이 들었다. 관동마을에 발굴단 본부를 두고 이 마을 어르신들 20여명을 인부로 하여 발굴 장비와 도구를 나르는 일부터 시작하였다. 그런데 장마가 끝나고 처음 갠 날씨는 높은 습도에 기온이 35도까지 올라가 온몸에서 땀이 비 오듯 쏟아지고, 얼마 안가서 쓰러질 듯이 막막하였다.

요즘처럼 생수가 일상화되지 않은 시절이라 물은 마을의 우물물을 플라스틱 큰 통에 담아 인부 아저씨들이 지고 와서 먹어야 했다. 현장막사를 짓기 위한 대형 각목과 천막 등 발굴 장비를 산정상부의 고분현장으로 2회 왕복한 인부들이 드디어 일을 힘들어서 못하겠다고 집으로 가겠다고 돌아서는 것이었다. 그도 그럴 것이 무거운 나무각목을 어깨에 메고 40여분 산비탈을 올라가는 일이니, 슬슬 밭이나 매고 경운기 운전하는 일만 하던 아저씨들이니 힘들어 못하겠다는 말이 나올 만 하였다.

간신히 인부반장을 통하여 오늘은 처음 날이라 무거운 짐을 옮기느라 힘이 들지 내일부터는 삽이나 괭이, 꽃삽으로 땅을 파는 일이 주요작업이라 설명하고, 관동마을의 체면도 있으니 조금만 참고 해보자고 설득하였다. 관동마을의 체면이란 말에 인부아저씨들은 서서히 잠잠해지기 시작하고 일을 다시하기로 하였다. 특히 '마을의 체면' 이야기에 어르신들은 수긍하고 받아들인 것이다.

2) 발굴단 숙소-성산이씨星山李氏 재실齋室

발굴단본부로 삼은 성산이씨星山李氏 인주공파仁州公派 재실齋室인 죽포서당竹圃書堂이 위치한 관동마을은 성산이씨 집성촌으로 40여 가구가 모여 사는 크지 않은 마을로 거의 대부분 혈연으로 맺어진 인척관계 마을이라 항렬이 높고 나이가 지긋한 이종식李種植(당시 만52세)어르신이 자동적으로 인부반장을 맡아 그 분의 말 한마디로 웬만한 일들은 처리하기가 수월하였다. 특히 마을 전체가 양반후손이라는 자긍심이 있고, 위신과 체면을 중시하는 전통이 강해 '마을의 체면'이라는 말에 마을 어르신이신 인부반장의 한 마디에 모두 힘을 합치게 되었다.

처음 마을에 도착하여 발굴단 본부와 숙소를 정하는데, 고령시내에는 여관이나 모텔이 있었지만 현장이 멀어 정할 수 없고 마을의 빈집이나 방이 많은 집을 찾아야 했다. 제과점에서 케이크를 1상자 사 가지고 먼저 마을의 가장 어른인 전 고령면장 이윤식李允植 어르신 댁을 찾아 인사를 드린 다음, 발굴계획을 말씀드 리고 인부의 조달과 숙소할 만 한 집을 찾아 달라고 부탁하였다.

관동마을에서 가장 큰 어른이시며 항렬도 높고 지체도 높은 전면장님은 성산 이씨 인주공파仁州公派의 재실이 비어 있으니 그걸 사용하면 좋겠다고 쾌히 승낙 하였다. 그리고 같은 종씨이며 재사를 관리하는 이헌용 씨 집에서 식사까지 해 결할 수 있도록 주선해 주었다. 이헌용씨는 발굴인부도 하면서 점심때에는 매일 집으로 내려가 점심을 지게에 지고 현장 막사까지 올라오거나, 경운기로 발굴에 필요한 물품도 조달하는 등 귀찮고 수고로운 일을 많이 담당하였다.

또 당시에는 마을에 전화가 있는 집이 면장댁 한집뿐이었으므로 학교본부와 의 긴요한 연락을 위해 그 집의 전화비를 모두 발굴단에서 부담하는 조건으로 전화기를 사용할 수 있는 조치도 마련하였다. 발굴단본부 및 단원 숙소로 사용 한 재실은 마을 안쪽의 조용한 곳에 위치하고, 관리인의 집 바로 옆에 있어서 식 사를 해결하는데 편리하고 발굴고분현장과도 가까워 비교적 좋은 조건이었다.

숙소로 사용한 성산이씨 인주공파 재실은 죽포서당竹圃書堂의 현판이 걸려 있 는 정면 5칸 측면 2칸의 팔작지붕 기와 건물로 남향집이었다. 남향인 건물은 동 편에 방 2칸과 서쪽에 방 1칸, 중앙에 대청마루가 있는 비교적 잘 지은 건물이었 으나 오랫동안 비어 있어서 먼지가 쌓여 있었다. 또 마당 끝에는 대문간이 있고 그 옆에 떨어져 재래식 화장실이 있는 구조였다. 〈그림 1〉

발굴단은 서쪽의 1칸 방은 발굴단장인 박물관장님이, 동쪽의 방 2칸은 하나로 연결되어 있어 큰방인데 이것은 발굴단 학생들이 사용하기로 하고 나를 비롯한 연구원 3명은 대청마루에 모기장을 치고 숙소로 사용하였다. 발굴을 시작한 7월 25일은 장마가 끝난 시기라 습도가 높고 기온이 높아 매우 무더웠고, 특히 하루 살이 벌레가 극성을 벌여 아침에 일어나면 모기장을 걷고 하루살이 시체를 쓰레 받기에 몇번이고 쓸어내기에 바빴다.

〈그림 1〉 본관동고분군 발굴단 숙소인 죽포서당 원경(좌)와 죽포서당 전경

2. 발굴의 첫발-고유제告由祭

1) 발굴조사의 성공과 안전을 비는 고유제

첫째 날 덥고 힘들어서 일 못하겠다던 인부아저씨들은 봉분에 있는 나무를 베고 주위를 정리하면서 안정을 찾아 가고 있었다. 발굴단은 발굴계획에 맞춰 주변을 정리하고, 각목과 베니어판과 슬레이트로 지붕을 덮은 2칸짜리 10평의 현장 막사를 대학본부 목공실의 김수환 선생이 직접 내방하여 완성하였다. 발굴대상분 주변의 나무를 베어 유구의 윤곽을 드러내고 도굴구를 비롯하여 주변을 청소한 후, 베어낸 큰 나무는 각 고분의 고소촬영대를 세우는데 사용하기로 하였다.

이렇게 주변이 정리되고 안정되면서 1983년 7월 29일 아침 36호분 앞에서 유적발굴의 고유제를 올리고 발굴단원과 발굴인부의 건강과 무사를 빌었다. 보통 발굴현장에서는 거의 대부분 돼지머리와 시루떡, 과일 등을 차려놓고 고유제를 지내는 것이 일반적인데, 여기서는 처음으로 고유문을 작성하여 김세기가 읽고 일동이 배례하는 순서를 가졌다. 제수는 고령장에 나가 우선 가장 중요한 제물인 웃는 얼굴의 돼지머리를 샀다. 고사용이라고 하니 푸줏간 주인아주머니는 더욱 정성들여 삶아 주고 깨끗이 정리하여 정성을 다해 주었다. 그 다음 시장에서 가장 크고 좋은 수박1통과 새로 나오기 시작한 포도와 철 이른 사과와 배를 사고 시루떡을 사서 제사상을 경건히 마련하였다.

여담이지만 발굴이 끝나고 학교에 돌아가서 발굴보고를 할 때 학교의 한분이

〈그림 2〉 고유제 광경(오른쪽 끝-고유문 낭독하는 필자)

농담 삼아 기독교학교인 계명대학교에서 돼지머리를 놓고 제사를 지내다니 무슨 일이냐고 농을 걸었다. 그러나 종교와 관계없이 무사발굴과 하늘의 도움을 기원하는 일종의 마음의 다짐이라고 설명하였다. 〈그림 2〉

2) 고유문

고유문은 박물관장 김종철 교수님이 당시 계명대학교 한문학과 이원주李源周 교수님에게 간청하여 받았는데, 이 교수님은 안동출신이며 퇴계의 직계후손으로 이방면의 권위자였다. 이 고유문은 성리학적 윤리관과 유림에서 사용하는 각종 제의에 찬술하는 한문투의 제의문을 참고로 현대에 맞도록 창작하였는데, 문장이 좋아 그 다음 발굴에서도 문구와 대상만 바꾸어 계속 사용하였다. 지금은 고인이 되신 이원주 교수님의 명복을 빈다.

고유문은 다음과 같다. 〈그림 3〉

고유문告由文

　1983년 7월 29일, 계명대학교 발굴단 김종철 외 단원들은 삼가 조촐한 제전을 차리고 이곳에 유택을 마련하신 대가야 대인大人의 영령께 고告하옵니다.

　훌륭한 문화를 꽃피운 가야에 대해 한없는 궁금함과 기대를 가진 후생들은 그 문화유산을 찾아 정리하는 일이 한국문화사를 위해 필요하고 불가결한 일이므로 이제 외람되게 영령英靈께서 안치되신 유택幽宅을 발굴하기에 이르렀습니다.

　한동안 번거롭고 괴로우시더라도 우리 고고학 발전과 한국문화의 선양을 위해, 참으시고 인도해주시와, 저희들 앞에 찬란한 가야문화의 진수를 현현顯現해 주시옵소서.

　후생들의 뜻을 어여삐 여기시와 거두어 주시고, 올린 술을 흠향歆饗해 주기기 바라옵니다.

〈그림 3〉 고유문 원본

3. 본관동고분군과 발굴 진행

1) 발굴대상 고분의 선정

고령지역내의 많은 주변유적 가운데서 본관동고분군을 조사대상으로 삼은 이유는 이 유적이 지산동고분군으로부터 불과 5㎞ 떨어진 가까운 위치에서 지산동고분군 다음으로 큰 군집분을 이루고 있어, 대가야 도읍의 최고지배층고분(왕릉)군과 근기지역 내지 지방고분군과의 관계를 파악하기 위해서였다. 다시 말하여 대가야의 중심고분군(지산동고분군)과 지방고분군과의 관련성 규명이 가장 큰 선정이유였다. 고령지역의 여러 고분군과 산성을 답사하고 조사한 결과 본관동고분군이 거리나 규모 등으로 볼 때 비교대상으로 가장 좋은 고분군으로 생각되었다. 이미 이 유적에 대한 여러 차례의 답사를 통해 수집한 토기편으로 보아 두 고분군 사이에는 매우 밀접한 관계가 있다는 것을 알았지만, 정식 발굴조사로 묘제와 출토유물의 비교연구를 통해 보다 구체적으로 밝히기 위함이었다.

또 한편으로는 이곳이 고령에서 성주방면으로 가는 주요 길목에 위치하고 있으므로 혹시 인접한 성주지역(성산가야)으로부터의 어떤 문화요소가 나타나고 있는지도 파악하고자 한 것이다. 이러한 조사목적을 수행하기 위하여 본관동고분군을 이루고 있는 여러 개의 소고분군 가운데서 입지와 규모면에서 지산동고분군과 가장 잘 대비될 수 있는 본관동 산지의 주능선의 정상부에 위치하는 서고분군의 독립된 3기인 34, 35, 36호분을 선정하였다. 이 중 34, 35호분은 중형봉토분, 36호분은 대형봉토분이었는데, 발굴과정에서 사람들이 다니는 길 한복판에 위치하여 벽석이 계속 파괴되는 9기의 소형 석곽묘 9기도 발굴하였다. 이 들 발굴대상 가운데 중·대형분 3기는 원형봉토분으로서 산마루 위에 점재한 4기 중의 3기였으며, 소형 석곽묘 9기는 이 산마루에서 내리 뻗은 작은 산줄기 경사면에 독립적으로 분포하는 수 십 기중의 일부였다. 이러한 조사고분 선정과 조사목적을 효과적으로 달성하기 위하여 새로운 조사방법을 강구하였는데 그것이 8분법이다.

2) 8분법의 처음 시행

8분법이란 원형봉토분의 일반적 조사방법인 4분법을 응용한 것으로, 4분법의 십자둑 사이에 둑 하나씩을 더 설치함으로써 8분둑에 의해 조사해 가는 것이다. 그런데 4분법 혹은 8분법은 원형분구를 평면상 4분 혹은 8분하는 십자 둑, 8방 둑에 따라 분구별로 봉토를 벗겨가며 평면 및 단면의 관찰을 통해 봉분의 축조 상태와 내부의 여러 유구간의 관계를 파악하는 방법인데, 대형봉토분 특히 다곽분의 조사에는 8분법이 더 효과적이다.

요즘에는 고총고분 발굴에서 대부분 8분법을 적용하지만, 이 방법을 처음 고안한 것은 당시 본관동고분군 발굴단장이었던 계명대학교박물관장 김종철 교수였고, 실제 발굴에 적용한 것도 본관동고분군 발굴이 처음시작이었다. 8분법을 통해 봉트를 제거한 후에는 매장주체부인 석실의 개석을 들어내야 내부조사를

〈그림 4〉 본관동 발굴과정
① 8분둑(35호분) ② 봉토제거(36호분)
③ 개석을 들어 올리는 체인블럭 작업(34호분) ④ 개석제거 후 석실과 답사 온 학생들

할 수 있다. 그런데 이 뚜껑돌의 무게가 2~3톤은 물론 큰 것은 4~5톤씩 나가는 것도 있어 그것을 내부의 손상 없이 들어 올리는 것이 여간 어려운 일이 아니다. 현재는 보통 포클레인이나 기중기를 이용하여 손쉽게 들어내지만, 80년대 당시만 해도 굵은 철봉 삼발이 중심 꼭대기에 도르래를 달아 수동으로 체인을 감아 올리는 도구인 '체인블록(chain block)' 이라는 도구를 이용하였다. 이 체인블록은 길이가 3m이상이고 무거워 장정 3-4명이 힘을 합쳐 세우고 기둥이 움직이지 않도록 끝을 단단히 밝아 고정하여야 하는 매우 위험하고 힘든 작업이다. 발굴이 진행되는 동안 사학과 학생들이 현장 견학을 오거나 전국 각지의 대학 사학과 학생들이 답사를 와서 그들에게 발굴현황을 설명하는 일도 중요한 일들 중 하나였다. 〈그림 4〉

3) 본관동고분군 발굴의 흥미로운 기억

본관동고분 34, 35, 36호분 및 석곽묘 9기의 발굴은 1983년 7월 25일부터 1983년 11월 24일까지 123일간 계명대학교 자체예산으로 실시하였다. 발굴기간은 장마가 끝나는 날부터 시작하여 추석명절을 보내고 단풍이 아름다운 가을

〈그림 5〉 고된 발굴기간 중 즐거운 단풍놀이 한때(미숭산 소풍)

을 거쳐 초겨울까지 진행되었다. 발굴기간 동안 공식휴일 없이 계속하였으며, 비오는 날이 쉬는 날이었다. 당시의 발굴조사는 그렇게 진행되는 것이 일반적이었다. 다만 발굴기간 중 하루를 휴식하여 발굴단원 전원이 가야산 근처의 가까운 미숭산으로 단풍놀이를 다녀오기도 했다.〈그림 5〉

또 발굴조사가 한창이던 1983년 8월30일은 계명대학교의 후기졸업식이 있던 날이었다. 그날 필자는 대학원에서 '가야지역 수혈식묘제의 연구'로 석사학위를 받는 날이었다. 그러나 발굴이 본격적으로 진행되는 중요한 시기였으므로 발굴단은 발굴조사 작업을 계속 진행하고 나만 식장에 참석한 후 바로 현장으로 달려왔다. 그래도 다른 단원들이 섭섭할 수 있으니 학위복을 빌려 현장으로 가지고 와서 오후에 단원들과 사진을 찍으며 석사학위 취득을 축하하기도 하였다.〈그림 6〉

발굴착수 전에 대구문화방송(MBC TV) 프로듀서 손양덕 선생에게 본관동고분 발굴조사 과정을 기록영화로 만들 것을 제의한바, 쾌히 수락되어 손PD와 김동철 촬영감독이 발굴 진행상황에 따라 수시로 내방하여 녹화하였다. 이 녹화기록은 1983년 12월 8일(목) 대구지역 로컬프로그램인〈목요 스페셜: 고령 본관동 대가야 고분 발굴조사〉의 제목으로 방영되었다.

〈그림 6〉 본관동36호분 앞에서 기념촬영(오른쪽은 동료 조영현선생)

그리고 발굴기간 중에 김종철 관장과 인연이 있었던 미국 보스턴 미술관장 얀 폰테인(Jan Fontein) 박사가 내방하여 1983년 10월 28일부터 10월 31일까지 4일 간 직접 발굴조사에 참가하였다. 〈그림 7의 좌〉

이와 같이 본관동고분 발굴은 앞에서 본 것처럼 고분발굴에서 8분법을 처음 시도한 것을 비롯하여 대구MBC TV의 다큐멘터리 제작처럼 고분발굴 조사의 새로운 방법을 많이 시도하였는데, 특히 국립문화재연구소 보존과학연구실에서 자체의 예산으로 우리나라 최초로 고분봉토의 토층전사土層轉寫를 실시하였다.

당시 일본에서는 자체 개발한 약품으로 토층전사 하는 방법이 고안되어 토층 전사를 많이 실시하고 있었지만 국내에서는 시도한 바가 없는 상태였는데, 본관 동 36호분 동남둑에 대한 토층전사를 실시한 것이다. 이 토층전사는 1983년 10 월 22일부터 27일까지 6일에 걸쳐 실시하였는데, 보존과학연구실 김병호 선생 이 자체개발한 〈BH 1-2〉 약품을 사용한 실험적 작업으로 매우 성공적이었다. 과거 패총단면에 대해서는 군곡리패총에서 외제 약품으로 실시한바 있으나 국 산약품을 사용하여 고분토층을 전사하여 성공한 것은 처음이었다. 이 작업에는 김병호 연구사와 함께 우리 박물관의 김병주 연구원이 함께 작업하였다. 실제로 이 토층전사 작품은 계명대학교박물관 보존과학실에서 손질을 거쳐 본관동고분 군 발굴 특별전에 전시되어 많은 호평을 받은 바 있다. 〈그림 7의 우〉

〈그림 7〉 대화하는 김종철관장과 얀폰테인 보스턴 미술관장(좌) 및 토층전사 장면

2. 대가야의 새로운 인식과 과제

Ⅰ. 머리말

2022년은 대가야 연구의 발판이 된 고령 지산동 44, 45호분을 발굴조사 한 1977년부터 45년이 되는 해이다. 경북대학교 박물관이 44호분을, 계명대학교 박물관이 45호분을 담당한 이 발굴조사에서는 다량의 유물과 함께 순장묘殉葬墓의 확인이라는 새로운 고분연구 자료가 확인됨으로써 본격적인 대가야고분 연구뿐만 아니라 가야전체에 대한 연구의 기폭제가 되었다. 이어 1978년에 계명대학교 박물관에 의해 지산동 32~35호분과 주변의 석곽묘들이 발굴되었는데, 중형 봉토분에서도 순장묘가 재확인되었고 32호분에서 대가야식 금동관과 철판갑옷 및 투구가 출토되어 현재까지도 고령의 토기자료와 함께 대가야고분 연구의 기초 자료가 되고 있다.

대가야에 대한 고고학적 연구는 1918년 고령 지산동 고분군의 구 1, 2, 3호분이 조사됨으로써 시작되었다고 할 수 있다. 그 후 계속하여 지산동 갑호분, 병호분과 고령에서 최대 규모 고총고분인 구39호분이 조사되었다. 또한 횡혈식석실분인 '절상천정총折上天井塚'도 이 시기에 발굴되었다. 그러나 조선총독부 고적조사회에 의하여 실시된 이 시기의 고분발굴조사는 보물찾기 식이었고, 목적도 다분히 정치적인 것이었기 때문에 고분을 통한 본격적인 학술연구라고 보기는 어려운 것이었다. 비슷한 시기에 함안 말이산 고분이나 진주 수정봉·옥봉고분, 성주 성산동고분 등도 발굴 조사되었으나 사정은 마찬가지였다.

이러한 경향은 1945년 광복이후에도 계속되어 가야사 연구는 거의 답보상태를 면하지 못하고 있었다. 그도 그럴 것이 일제강점기 가야고고학은 임나일본부설을 증명하려는 일본학자들의 관심 속에서 가야 여러 지역 고분발굴을 통하여 일본유물을 찾는 수준이었고, 문헌으로는 『일본서기』의 가야 관련 기록을 확인하려는 연구일색이었기 때문이었다. 그러므로 광복이후에도 가야사를 거론하는 것 자체가 『일본서기』 내용을 인정하는 것 같은 인식이 팽배하였으므로 가야사를 애써 외면하려는 학계분위기는 어쩌면 당연한 결과였다고 생각된다.

그리고 1971년의 공주 무령왕릉 발굴과 1973년 경주 천마총과 황남대총의 발굴로 백제, 신라문화의 우수성과 위대함으로 온 나라가 떠들썩하게 되어 상대적으로 가야는 더욱 학계의 관심 밖으로 밀려나게 되었다. 그러나 이러한 백제, 신라고분 발굴이 대단한 고고학적 성과를 가져오자 1970년대 중반, 정부의 문화재 보존, 복원정책은 가야고분군 정비에까지 이르게 되었다. 그리하여 대가야 중심 고분군인 고령 지산동 고분의 고총을 복원하게 되었고, 그 과정에서 2기의 왕릉급 고분인 지산동 44, 45호분을 발굴조사하게 되었던 것이다.

고령 지산동 44, 45호분은 대가야 최대의 고분으로 대가야왕릉으로 판단된다. 이 대가야 고분발굴은 가야 고고학사에 한 획을 긋는 매우 중요한 발굴이었다. 이 발굴에서는 고분에서 확실한 순장묘를 확인하여 세간의 관심을 불러일으키고 가야를 크게 부각시키는 계기를 마련하였다. (강대형, 2007: 79-97) 우리가 잘 알다시피 44호분에서는 중앙에 3기의 석실과 이를 둘러싸는 32기의 순장곽이 확인되었고, 45호분은 2기의 석실과 11기의 순장곽을 가진 다곽분이었다.

한편 문헌사학에서는 가야사에 대한 국내 사료로는 『삼국유사』 가락국기駕洛國記가 거의 유일한 반면, 『일본서기』에는 비교적 많은 자료가 기록되어 있으나, 이를 인용할 경우 임나일본부설과 관련하여 오해를 받을 우려가 있으므로 한동안 가야사 연구를 기피하는 경향이 있었다. 그러다가 고령 지산동 44, 45호분의 발굴과 같은 해인 1977년에 천관우千寬宇가 『일본서기』에 보이는 한국고대사 관련 기사 가운데 가야의 상당 부분이 원래는 백제 사료였지만 『일본서기』 편찬과정에서 그 주체가 의도적으로 일본으로 교체되었으므로, 그 주어를 백제로 바꾼다면 역사복원이 가능하다는 학설을 발표함으로써(千寛宇, 1977)『일본서기』를 한국사 연구에 적극적으로 이용할 수 있는 단초가 마련되었다. '주체교체론主體交替論'이라고 할 천관우의 이런 주장은『일본서기』를 사료로서 본격적으로 이용할수 있는 길을 트이게 함으로써 이후 가야사연구를 매우 활발하게 하는(朱甫暾, 1995) 계기가 되었다.

고고학에서 가야고분 문제를 처음으로 다룬 연구는 김원룡金元龍의『신라토기연구』로 여기에서는 삼국시대 토기를 낙동강 이동양식과 이서양식으로 나누고이것을 신라토기와 가야토기로 구분하였다.(金元龍, 1960) 이어서 전길희全吉姬는가야묘제를 수혈식석실(곽)과 횡혈식석실로 나누어 묘제를 통한 가야고분 개념을 설정한바 있다.(全吉姬, 1961: 37-73) 그러나 대가야고고학을 본격적으로 연구한 것은 고령 지산동 고분군의 발굴성과를 중점적으로 연구한 김종철金鍾徹의「대가야묘제의 편년연구」였다. 이 연구에서는 고령 지산동 고총고분의 수혈식석곽이 일반 소형석곽과는 규모와 유물의 질적 수준에서 상당히 다른 점에 착안하여 매장 공간이 체적 5㎥ 이상이고 상당한 규모의 봉토를 가진 석곽은 석실로분류하는 새로운 방안을 제시하였다.(金鍾徹, 1982: 131-160) 그러나 많은 연구자들은 횡구식, 횡혈식묘제만을 석실로 보는 견해를 지지하는 것으로 보인다.

그러나 앞에서 밝힌바와 같이 지산동 44·45호분 발굴은 경주 천마총이나 황남대총과 같은 거대한 국가발굴이 아닌 봉분복원 차원의 아주 미미한 발굴비로일개월 정도의 기간에 묘제나 확인하려는 목적이었기 때문에 시간과 발굴비가매우 부족한 상태였다. 다행히 대형 순장묘제확인과 많은 유물의 출토로 획기적성과를 거두어 그 중요성이 부각 되었다. 그러나 예상 밖의 많은 출토유물과 3기의 석실과 32기의 순장곽이 확인된 44호분과 2기의 석실과 11기의 순장곽이 확인된 45호분의 묘제는 물론 호석과 개석, 가야고분 발굴사상 처음으로 실측한봉토의 층위해석 등 많은 자료를 차분히 연구할 시간이 없었다. 발굴조사가 끝나고 1년도 안되어 1979년 2월 보고서를 합본으로『대가야고분발굴조사보고서大伽倻古墳發掘調査報告書』를 촉박하게 발간한 바 있다. 그리하여 44호분을 담당했던 경북대학교박물관에서 여러 가지 사정으로 보고서에 누락한 부분을 검토하여 보완보고서를 발행하였던 것이며,(경북대학교박물관, 2009) 45호분의 경우는 규모와 출토유물이 적어 빠뜨린 유물은 없지만, 깊이 연구하지 못한 부분이 있었다.

이번 제15회 대가야학술회의의 주제가 '대가야의 재발견' -최신 발굴조사 성과를 중심으로-이지만 대가야의 재발견이라는 측면에서 45호분의 발굴참가자로서 아쉬웠던 점을 고백하고 최신 발굴조사 성과와 함께 대가야에 대한 새로운 인식과 과제를 밝혀보려고 한다.

II. '대가야의 재발견'에 대한 접근

1. 지산동고분 허장(虛葬)의 검토

1) 지산동 45호분 보고서의 허장기록

45호분 보고서에는 허장에 대하여 다음과 같이 기록하고 있다. "여기서 허장이라 한 것은 적절한 용어는 아니나, 매장할 의도로 시설은 했으되 매장하지 아니한 것을 뜻하고자 한다. 본분의 제4, 5호 석곽이 그러한 경우인데 이 두 석곽에서는 이미 살펴 본 바와 같이 매장흔적을 전혀 발견할 수 없었다. 이와 같은 현상은 제44호분의 12, 17호 석곽에서도 보이고 있다."(尹容鎭, 金鍾徹, 1979)

여기서 언급한 45호분의 제4호 석곽은 주실의 서남모서리에서 남쪽으로 약 6m 떨어진 경사면에 장축을 동서방향으로 두고 할석으로 4벽을 쌓았는데, 경사가 급한 남쪽 장벽 바깥쪽은 할석으로 두껍게 보강하였다. 이 석곽의 내부에서는 한 점의 토기조각도 나오지 않았는데, 여러 가지 점으로 미루어 보아 처음부터 부장품을 넣지 않은 것이라고 생각된다.

또한 제5호 석곽도 4호 석곽과 옆으로 같은 레벨에 설치하였는데, 매장부를 판석으로 조립하였다. 판석으로 4벽을 조립하고 개석도 판석 8매로 덮었는데, 매장부와 단벽 사이에 판석을 세워 매장 칸과 부장 칸도 만들어 놓아 완벽한 석

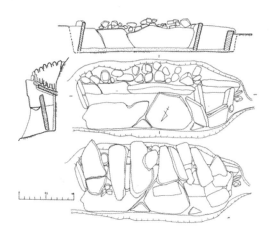

〈도면 1〉 고령 지산동 45호분 5호 순장곽(허장곽)

곽을 설치하였다. 도굴의 흔적이나 훼손된 흔적이 전혀 없는데도 매장부나 부장
칸에도 전혀 한 점의 유물도 없이 깨끗하여 순장자를 매장하기 위해 석곽을 축
조하였지만 어떤 사정으로 순장자를 넣지 않은 것으로 보인다. 〈도면 1〉

한편 44호분의 12호 석곽도 같은 양상인데 할석으로 축조한 석곽에 도굴흔적
이 전혀 없음에도 유물이나 인골흔적이 전혀 없었다. 17호 석곽은 판석조 석곽
인데 도굴흔적이 있어 확실히 말하기 어려우나 유물이나 인골흔적은 전혀 없어
처음부터 순장자를 매장하지 않은 것으로 보인다.

2) 허장의 의미 접근

그간 지산동 44, 45호분 발굴의 가장 큰 의미는 문헌에 기록된 고대의 순장기
록을 최초로 고분에서 확인한 고고학적 성과였다. 그 이후 가야 뿐 아니라 경주
의 황남대총과 임당지역 고분군 등 신라지역 고분에서도 순장고분이 확인됨으
로써 순장고분은 신라, 가야지역 고총의 일반적 현상으로 인식하게 되었다. 그
리하여 고대의 순장에 관한 본격적인 연구논문이 여러 편 나왔지만, 순장고분의
묘제나 토기 등 유물에 의한 순장자의 직능이나 고분주인공의 권력의 크기 등에

관심과, 과연 순장인지 배장인지에 집중되었다.

45호분의 발굴에 참여한 바 있는 필자도 순장에 관한 글을 쓴 적이 있지만, 이에 대한 접근을 하지 못하고 생각만 하고 있다가 근래에 중국고대의 순장관련 기록을 읽다가 『춘추좌전春秋左傳』의 '결초보은結草報恩'조를 보며 허장에 대한 새로운 의미 접근을 하게 되었다. 이미 잘 알려진 고사성어이지만 원본과 다른 해석들이 많아 여기서 원본의 글을 다시 검토하기로 한다. (좌구명 저, 신동준 역, 2017: 589-591)

〈노선공魯宣公 15년(기원전 594년) 가을 7월, 진공공泰共公의 아들 진환공泰桓公이 진晉나라를 치고 보씨輔氏 땅에 군사들을 주둔시켰다. 7월27일 진晉경공이 직稷 땅에서 군사훈련을 실시한 후 적인狄人의 땅을 점령했다. 이어 여후黎侯를 다시 옹립한 후 회군했다. 낙수雒水에 이르렀을 때 위무자魏武子[=위주魏犨]의 아들인 진晉나라 장수 위과魏顆가 진秦나라 군사를 보씨 땅에서 패하게 했다. 이때 그는 진秦의 힘센 장수 두회杜回를 생포하였다.

일찍이 위무자에게는 무척 사랑하는 애첩이 있었는데 그녀에게는 아들이 없었다. 위무자가 병에 걸리자 아들 위과에게 분부했다. "내가 죽으면 반드시 그녀를 개가시키도록 하거라." 그러나 병이 깊어져 정신이 혼미해질 때 다시 분부했다. "내가 죽으면 반드시 그녀를 순장시키도록 해라." 위무자가 죽음에 이르자 위과는 그녀를 개가시키면서 말했다. "병이 위중하면 정신이 어지러워지는 법이니 나는 아버님이 정신이 맑았을 때 하신 말씀을 따르는 것입니다."

이후 위과가 보씨 땅에서 진秦나라 군사와 싸울 때 한 노인이 적장 두회에게 눈에 띄지 않게 풀을 엮는 것을 보았다. 적장 두회가 노인이 엮은 풀에 걸려 넘어지게 되자 위과는 손쉽게 두회를 생포하고 전쟁에 승리할 수 있었다. 그날 밤에 그 노인이 꿈에 나타나 말하기를 "나는 당신이 개가시켜 준 여인의 아버지요. 그대가 선친이 맑은 정신일 때 내린 분부를 따라 내 딸을 개가시켜 주었기에 그 은혜에 보답한 것이오."〉

七月, 秦桓公伐晉 次于輔氏. 壬午, 晉侯治兵于稷, 以略狄土. 立黎侯而還. 及雒, 魏顆敗秦師于輔氏. 獲杜回, 秦之力人也. 初, 魏武子有嬖妾, 無子. 武子疾, 命顆曰, "必嫁是." 疾病則曰, "必以爲殉." 及卒, 顆嫁之, 曰, "疾病則亂, 吾從其治也." 及輔氏之役, 顆見老人結草以亢杜回, 杜回躓而顚, 故獲之. 夜夢之曰, "余而所嫁婦人之父也, 爾用先人之治命, 余是以報." <『춘추좌전』상 노선공 15년(BC 594년)조 세주(細註) 4>

여기서 순장과 관련된 내용을 검토해 보면 중국고대에는 왕이나 제후가 죽으면 그 아들에게 첩을 순장하거나 살려줄 수 있는 권한이 있다는 사실이다. 즉 장례의 주관자(제왕이나 제후의 아들)가 순장의 여탈권이 있었다는 것이다. 그리하여 아버지인 위무자가 자기 애첩을 개가시키랬다가 다시 순장시키라는 상반된 지시를 내리자 아들인 위과의 판단에 따라 그 부인을 살려주고 개가하여 살게 하였고 그 은혜를 갚았다는 고사이다.

지산동 45호분의 순장곽 4 · 5호묘의 경우도 겉으로 보기에는 전혀 손상이 없는데도 순장흔적이 전혀 없는 것은 아마도 순장대상이 정해져 있었지만 어떠한 사정에 의하여 살려주었거나 대상자가 도망하여 순장을 하지 못하고 묘곽을 완성한 것이 아닐까? 앞으로 대가야의 순장을 연구할 때 참고하면 좋을 것이다.

2. 지산동 45호분 주석실 출토 철판에 대한 단상

1) 출토상황 및 유물설명

① 45호분 보고서에서 기타 철제품으로 설명된 주석실 출토 철판은 상원하방형上圓下方形철판과 장방형철판 등 2점이다. 이 철제품들의 출토상황을 보면 주석실의 서남단벽에서 중앙으로 150㎝ 근처의 유물군인데, 45호분 주인공의 발치쪽에 해당하는 곳이다. 철제, 청동제, 금동제의 마구류가 원형을 알아보기 어렵게 파손되어 흩어져 있었다. 이를 좀 더 상세히 보면 장벽 쪽에 철제 말재갈 1조가 금동제 행엽 3개 위에 겹쳐져 있었고, 부근에서 안장테두리 잔편이 흩어져 있

었는데 대부분이 도굴로 흩어진 상태였다.

　한편 서남단벽에 붙어서는 안교의 전·후륜과 행엽 등의 부속구가 놓여 있었으며, 이 밑에는 유개고배 2점과 후륜 밑에 유대파수부호 1점이 놓여 있었다. 또 안교 밑에서는 목심등자편이 나왔다. 이밖에도 안교 주위에서는 형태미상의 원형철판과 장방형철판이 크게 파손된 채 놓여 있었다.

　② 원형철판은 말안장 전륜(앞테) 아래의 바닥에 놓여 있었는데, 파손이 심하여 원형복원은 불가능하나 대략 상원하방의 형태를 보이고 있다. 즉 폭 9.0㎝, 두께 0.2~0.3㎝의 얇고 평평한 장방형철판 4매를 겹쳐대어 직경 21.7㎝의 원반형圓盤形을 만든 것이며, 한쪽에는 방형판이 계속되나 파손되어 전체모양은 알 수 없다. 표면에는 마포편이 전면에 부착되어 있고 표면의 가장자리에도 폭 1㎝의 마포가 부착되어 있다.

　장방형 철판은 여러 편이 전륜과 후륜 밑에서 출토되었는데 부식과 파손이 심하여 모두 다루지 못하고 대표적으로 비교적 큰 2점만 보고되었다. 두께 0.3~0.4㎝의 얇은 철판으로 1점은 폭 7.9㎝, 다른 1점은 폭이 10.6㎝이다. 〈도면 2〉

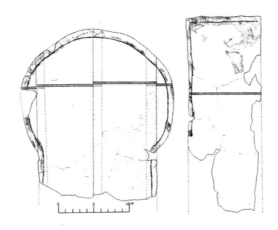

〈도면 2〉 고령 지산동 45호분 주석실 출토 철판

2) 말투구(마주馬冑) 가능성 검토

① 말투구는 적의 공격으로부터 말을 보호하기 위한 마구로 얼굴부분을 덮는 얼굴덮개부와 말머리 정수리부분과 귀를 가리는 챙, 볼을 가리는 볼가리개로 구성된다. 얼굴덮개는 여러 장의 크고 작은 철판을 못으로 결합하였고, 챙은 정수리 부분과 귀 부분을 덮는 철판을 서로 결합해서 만든 것으로 삼산형三山形이나 반원형으로 되어 있다. 말투구가 출토된 고분은 부산 복천동 10호분, 합천 옥전 23호분·28호분·M1호분·M3호분 등이다.

② 이와 같이 말투구는 대부분 가야고분에서 출토되었는데 1980년대와 1990년대에 출토되어 1977년에 발굴조사한 45호분에서는 적극적 인식을 하지 못하던 때였다. 말투구는 파손이 심하여 철판형태로 출토되는 것이 많은데 합천 옥전고분군 28호분과 M3호분에서 거의 완형이 출토되어 말투구의 전반적 형태를 확인할 수 있었다. 옥전 28호분 출토 말투구의 특징을 보면,

"모두 6매의 철판을 이용하여 얼굴덮개부와 그 후단에 거의 수직으로 붙인 챙, 볼가리개로 구성되어 있는데 왼쪽 볼가리개는 삭아 없어졌다. 얼굴덮개부의 상면은 평평하지만, 눈 부분은 약간 부풀어 오른 느낌이며 코 부분은 말의 콧구멍

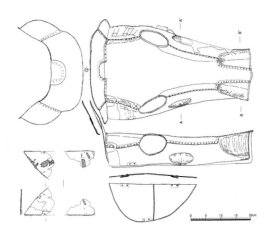

〈도면 3〉 합천 옥전 28호분 말투구

과 같은 모습으로 단면 요자상을 이루나 크게 벌어지지는 않았다. 챙은 가운데의 넓은 철판을 중심으로 좌우에 대칭되게 보다 작은 귀 가리개를 붙였으나 귀 가리개가 작아 전체적으로 반원형과 삼산형의 중간 형태를 취한다. 〈도면 3〉

　말투구의 제작은 두께 0.2cm의 얇은 철판 6매를 이용하여 얼굴덮개부의 상면 철판에 눈과 코의 위치를 정해서 전체적인 형태를 만든 뒤 얼굴의 좌우에 각 1매씩의 철판을 상면 철판의 안쪽에 붙여서 작은 둥근못으로 결합시켰다. 길이 48.5cm, 후방폭 30.8cm, 최대높이 10.2cm, 반원형의 챙의 높이 10.5cm 길이 26.5cm이다."(趙榮濟 외, 1997: 134-135)

　③ 지산동 45호분 출토의 원반형철판과 장방형철판은 파손이 심하여 그 형태를 짐작하기 어려워 용도불명의 기타철기로 분류하였다. 이후 가야지역의 여러 고분에서 말투구 잔편이 발굴되고 옥전고분군의 M3호분과 28호분에서 완형의 말투구가 확인되면서 이 철판들이 말투구의 편이 아닐까? 하는 단상을 갖게 되었다. 그것은 출토위치가 주석실의 금동제 말안장, 행엽, 철제 재갈, 교구 등의 마구무더기 밑에서 출토되었고, 이 철판의 안쪽에 마포흔적이 붙어 있어 말 얼굴을 보호하기 위한 천으로 볼 수 있기 때문이다. 또한 그 형태가 반원형에 장방형철판이 연결되어 있고, 여러 편의 장방형철판들의 길이나 직경 등 수치가 비슷한 것으로 볼 수 있다. 그리고 금동제 안장과 행엽, 운주 등의 고급 마구들이 출토되는 고분에 마구일습인 말투구를 매장하는 것은 극히 자연스럽다고 생각되어 이 철판은 말투구 파편일 가능성을 제기해 본다. 〈그림 1〉

㊀ 上圓下方 鐵板 (前面)　　　㊁ 上圓下方 鐵板 (後面)　　　㊂ 鐵板 (前面)

〈그림 1〉 고령 지산동45호분 주석실 출토 철편

Ⅲ. 분야별 최신 발굴성과

최근 발굴성과라고 할 때 최근이란 용어가 애매하기는 하지만 전체분야 발굴 성과를 모두 나열하여 살펴볼 수도 없고 그럴 필요도 없을 것이다. 그러므로 대개 오늘 주제발표를 하는 분야별 발굴성과를 중심으로 살펴보는 것이 이번 학술 회의를 개최하는 의미로 보는 것이 타당하다고 생각한다. 따라서 분야별 대가야의 연구동향과 발굴성과를 간단하게 살피기로 한다.

1. 고령 지산동 고분군의 새로운 묘제와 유물

지산동고분군은 잘 알려진 바와 같이 사적 제79호로 일제강점기부터 여러 대형 분들이 발굴 조사되고 44, 45호분을 비롯하여 32~35호분, 30호분, 73~75호분, 518 호분 등이 차례로 발굴되어 묘제 및 출토유물이 알려진 바 있다. 그러나 대가야시대 소형분묘들에 대한 발굴조사 성과가 있었지만, 그다지 주목받지 못한바 있다. 최근에 이르러 지산동 고분군이 가야고분군 세계유산 신청목록에 등재되어 이와 관련한 정비 및 관리 일환으로 방제시스템 등을 설치하면서 대동문화재연구원에서 소형분묘에 대한 발굴을 실시하였다. 여기에서 묘제와 유물에서 새로운 자료가 출토되어 대가야연구에 활기를 불어넣고 있다.(大東文化財硏究院, 2020)

1) 고령 지산동 고분군 정비부지 B구역 4호묘

지산동 고분군 정비부지 B구역의 봉토분인 제391호분과 제392호분 사이에 조성된 석곽묘로 해발 84.7m 일대에 위치하며, 동사면부에 입지한다. 북동쪽의 제3호묘와 남서쪽의 제5호묘와 각각 중복 조성되었다. 묘광은 평면 세장방형으로 기반층인 황갈색 풍화암반층으로 이루어진 지반의 경사면에 맞춰 사면의 위쪽은 깊게, 아래쪽은 상대적으로 얕게 굴착된 상태이며, 바닥은 수평을 이룬다.

석곽은 판석조 수혈식 석곽으로 장축방향은 등고선과 나란한 북동-남서(N-38°E)향이다. 내부 규모는 길이 2.14m, 너비 0.58m, 높이 0.78m 정도이며, 세장방형이다. 벽체는 청석재 판석으로 네 면을 'ㅍ'자형으로 세우고 그 뒤쪽과 상단부에는 할석을 쌓아 수평면을 만들었다. 청석재 판석은 세워서 꽂을 수 있도록 홈을 파고 세웠다. 양 장벽은 길이 95~140㎝, 너비 55~70㎝ 정도의 비교적 큰 청석재 판석 4매를 이용하여 장벽에 각 2매씩 세웠던 것으로 판단된다. 그리고 청석재 판석의 뒤로는 굴착토와 할석을 이용하여 뒷채움하였는데, 할석은 3단 정도가 확인된다. 양 단벽은 길이 55~70㎝, 너비 50㎝ 정도의 청석재 판석으로 세웠다. 개석은 6매가 확인되었는데, 북동쪽에서 남서쪽으로 덮었으며 개석 사이의 틈은 15~20㎝ 내외의 할석을 끼워 넣었다.

석곽의 북동쪽에서 머리뼈와 갈비뼈, 위팔뼈 일부가 노출되었는데, 벽석으로 사용된 판석이 잘게 부서져 인골의 일부를 덮고 있었다. 인골은 한 사람의 것으로 비교적 완전한 형태를 보이며, 바로 누운 신전장伸展葬의 형태로 매장되어 있었는데, 각 부위별로 잘 남아 있는 편이었으나 손뼈와 발목뼈는 부식되어 없는 상태였다. 인골분석 결과, 피장자는 40대 남성으로 165㎝ 정도의 신장을 가진 것으로 파악되었다.

바닥에는 벽석과 같은 재질의 비교적 큰 청석재 판석 3매를 부석하여 시상대를 만들었는데, 판석 사이의 틈은 작은 판석재로 적절히 채운 후 고운 흙으로 수평면을 만든 것으로 파악된다. 한편, 제4호묘는 선축된 제3호묘의 봉토에 축조되어 있으며, 남서쪽에는 제4호묘의 마지막 개석 위에 제5호묘 부장곽의 바닥이 조성되어 있다. 그 외 인접하여 조성된 제2~6호 석곽묘의 상호 중복양상을 종합하면, 축조순서는 제2→3→4→5→6호묘 순인 것으로 파악된다.

이와 같이 고분군 관리용으로 굴착하는 좁은 범위의 분묘에서 인골과 금제귀걸이와 갑옷 투구 등 중요한 유물이 많이 출토되어 새로운 해석을 기다리고 있다.

2) 지산동고분군 재난방지 시스템구축부지 내 유적

① B구역 1호 석실묘(현706호)

제1호 석실묘는 수혈식에서 횡혈 · 횡구식으로 전환되는 대가야 묘제의 변천과정 중 고령지역에서는 가장 이른 횡혈식 구조로 확인되어 매우 중요한 정보를 제공해 준다. 이런 횡혈식 구조는 종래 6세기 중엽경 백제 중심부로부터 파급된 것으로 인식되어 왔다. 그러나 이 석실의 발굴조사로 인하여 희소하나마 6세기 전엽에 남해안 방면에서 파급되었음이 처음 밝혀진 것이다. 이는 구조적으로 백제식의 우편연도가 아닌 중앙연도를 채택하고, 석실 안에는 종래 수혈식 구조에서 보이는 판상석을 깔고 있어, 횡혈식석실분 연구에 많은 논의거리를 제공할 것으로 기대된다.

② 그림이 새겨진 토제방울 출토 705호분

토제방울이 출토된 제705호분의 1호석곽은 벽체를 판석으로 세운 뒤 바깥 면과 상단부를 할석으로 부가 하고, 이중으로 개석을 덮은 대가야 중심부 특유의 소형봉토분이다. 4~5세의 어린아이가 묻힌 무덤으로 규모는 길이 165㎝, 너비 45㎝, 깊이 55㎝ 정도이다. 조성 당시의 상태를 그대로 유지하고 있어 당시 유물의 부장양상을 그대로 보여주고 있는데, 내부에서는 토제방울 1점 외에 소형토기 6점, 쇠낫 1점, 화살촉 3점, 곡옥 1점 등과 어린아이의 치아 및 두개골편이 함께 출토되었다.

토제방울은 직경 5㎝ 정도의 작은 방울의 표면에 선각으로 6개의 그림이 새겨져 있어 주목을 끌었던 유물이다. 방울에 새겨진 그림은 모두 형상화되어서 해석이 다소 어려움이 있으나 발굴단에서는 구지봉(가야산 상아덤 또는 남근), 거북(구지가), 관을 쓴 남자(구간), 춤을 추는 여자, 하늘을 우러러보는 사람, 하늘에서 줄을 타고 내려오는 금합을 담은 자루 등으로 판단하였다. 더불어 토제방울의 자체 외형은 가락국기에 보이는 금합을 싼 자루 또는 금합 자체에 해당하고, 그 속의 둥근 구슬은 금합 속에 담긴 6개의 알 중 하나로 대가야의 시조를 상징하는 것으로 해석하고 있는데, 이 또한 대가야사의 새로운 인식과 과제를 제시하고 있다.(대동문화재연구원, 2019)

2. 대가야 궁성지 확인 발굴

대가야 왕도와 관련된 유적으로는 (전)대가야궁성지에서 확인된 궁성과 관련된 대벽건물지大壁建物址와 대가야 성곽인 주산성, 지산동 고분군 등이다. 그 중에서 대가야궁성에 관한 자료는 『신증동국여지승람』의 기록과 경북대학교 박물관에서 발굴 조사한 자료가 전부이다. (경북대학교박물관 2006)『신증동국여지승람』에 의하면 '현의 남쪽 일리에 대가야궁궐지가 있고 그 옆에 우물이 있는데, 세상에서 어정御井이라고 전한다.'라고 기록되어 있어 그 동안 (전)대가야궁성지의 위치에 연구자들의 관심이 있어 왔고, 2020년에는 제14회 대가야학술회의 주제로 '대가야의 도성'을 집중 논의한 바 있다. (대가야박물관 · 영남대학교박물관, 2020,『대가야의 도성』)

2000년 경북대학교 박물관에서 실시한 시 · 발굴조사에서는 백제의 왕도였던 웅진의 공산성과 송산리고분군에 인접한 공주 정지산 유적(사적 제474호)에서 확인된 대벽건물지 · 와즙건물지와 시기와 형태가 유사한 대가야시대 대벽건물지 6세기 중엽경의 와즙건물지가 확인되었다. 그 것은 지산동 유적의 주거지 및 대가야권역의 주거지와 비교할 때 궁궐 부속 건물로서의 면모를 보여

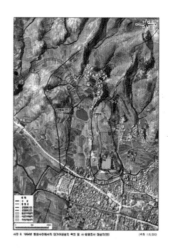

〈그림 2〉대가야궁성지 추정안(대동문화재연구원, 2019)

준다고 할 수 있다.

그러나 대벽건물지가 위치한 구릉의 설상대지 윗면은 대부분 암반층까지 평탄하게 삭평된 상태였으므로 궁성宮城으로서의 실증적 근거가 명확하게 확인되지 않았다. 그런데 2016~2017년 실시된 연조리 594-4번지와 563-2, 3번지에 대한 표본 및 발굴조사를 통해 궁성의 방어시설인 해자와 토성의 흔적이 확인되었다. (대동문화재연구원, 2016; 가온문화재연구원, 2017) 추가적인 발(시)굴조사를 진행한 바 있지만, 그 실체를 밝히기가 쉽지 않았다. 방어시설인 해자로 추정되는 구상유구와 그 외측에 기단석축을 쌓아 토루를 구축한 양상은 궁성이었을 가능성을 시사하는 바가 크다. 〈그림 2〉

한편, 지산리 모산골 일대 현재 마을이 위치하는 지점은 지속적으로 취락이 유지되어 왔던 곳이므로 대가야시대 유적 흔적이 있겠지만, 현재까지는 그렇지 못하다. 또 모산골 뒤 능선과 현재 궁성지로 알려진 단이 있는 평탄지의 위쪽 주산성에서 이어지는 지점을 시굴조사 하였지만, 궁성의 흔적은 확인되지 않았다. 이제는 앞에서 본 해자와 토성이 확인되는 연장선에 해당하는 서쪽의 구릉지대를 확인할 필요가 있을 것이다. (대동문화재연구원, 2019)

그러나 김해 봉황동 유적이나 함안의 궁성유적도 확실하지 않은 점으로 보아 가야의 경우 중국이나 신라, 고구려처럼 왕도의 정확한 시설이 없을 수도 있을 것임도 염두에 둘 필요가 있을 것이다. 신라의 장군 이사부異斯夫의 부장 사다함斯多含이 대가야를 정복할 때 기습적으로 5,000명의 기병을 이끌고 대가야의 궁성문인 전단문栴檀門에 흰 깃발을 세우자 대가야 사람들이 당황하여 어쩔 줄 모르다가 항복했다는 『삼국사기』 기록을 보면 궁성에 문루가 있는 궁성이 있었던 것은 분명하다.

3. 대가야 수도의 인공수로 유적

고령의 인공수로 유적은 고령군 대가야읍 쾌빈리 433-11번지에 위치하는데 고령군에서 지하주차장 및 유적공원을 조성하기 위한 발굴조사에서 확인된 유

대가야 인공수로 전경 및 토층

〈그림 3〉 대가야 인공수로 전경 및 수로토층(우)

적이다. 2019년 영남문화재연구원에서 발굴조사한 이 유적에서는 대가야시대 목주시설이 설치된 습지층과 인공수로 1기가 조사되었다. 습지 상부와 인공 수로에서 6세기대 토기편이 출토되어 대가야시대 인공수로로 밝혀졌다. (영남문화재연구원, 2019)

습지의 경우 남쪽 가장자리에 다수의 말목을 등간격으로 3~4단 가량 설치하고 그 안쪽에 가로 방향의 통나무와 그 상면에 가공된 세로방향의 나무말뚝을 설치한 일자사다리 모양의 구조물이 확인되어 수로의 제방시설로 추측된다.

인공수로는 습지 동쪽편에 습지층 이후 조성된 것으로 파악되며, 서편 단면은 경사도 70~80°이며 최대 깊이는 현 2m 내외이다. 그리고 습지와 1호 수로 아래에서 습지와 동시기 혹은 그보다 이른 시기의 수혈유구가 확인되었다.〈그림 3〉

유적의 형성과정을 보면, 조사구역의 생토층은 황갈색점토층으로 고령지역 전역에서 확인된다. 서편의 황갈색점토층이 형성된 상태에서 동편은 습지가 조성되었다. 습지는 점차 메워지고 깊이가 30㎝ 내외가 될 즈음, 목주열과 목재구조물 등이 들어선다. 이 시기는 주변 출토유물로 볼 때 대가야시대로 판단된다. 이후 습지의 서편으로 남북방향의 인공수로가 조성된다. 이 또한 대가야시대로 파악되며 대략 6세기 전반에서 중반으로 파악된다.

인공수로는 깊이 2m, 너비 현재 4~5m로서 남북 방향으로 조성되었다. 목주열이 조성된 습지층을 파괴하고 들어서는 것으로 보아 이 일대의 잦은 홍수범람 등에 대한 대비책으로 관개시설의 일환으로 조성된 것으로 파악할 수 있겠다. 이는 대가야 왕도의 도시정비와 무관하지 않을 것으로 생각되므로 대가야 왕도에 대한 연구에 귀중한 자료로 판단된다. 아울러 습지층의 식물규산체분석을 통해 대가야시대의 식생 연구에도 좋은 소재가 될 것으로 판단된다.

4. 대가야의 석축산성

1) 주산성

고령 주산성은 가야지역에서 처음으로 발굴조사에 의해 가야산성으로 알려지게 된 대가야의 주성主城이다. 대동문화재연구원의 두 차례 발굴조사로 내성과 외성으로 이루어진 편축식 성벽은 대가야고분 벽석축조방법과 동일한 가지런한 석축, 성벽 바닥 기초부 들여쌓기 수법, 성벽속의 대가야 토기 박힘 등 대가야 석축성벽이 분명한 것으로 보인다. 또 성벽 속에 배수로와 성벽 안쪽에 저수조와 성벽 밖의 물받이시설, 성 안의 목곽고木槨庫 등 산성으로의 특징을 잘 갖추고 있는 대가야의 석축산성이다. 대가야산성에 대한 인식이 많이 달라지기는 했어도 산성전공자들 중

〈그림 4〉 고령 봉화산성 기단과 석축

에는 아직도 대가야석축산성의 존재를 부정하는 시각이 존재하는 것 같다.

2) 봉화산성

고령 봉화산성은 조선시대 봉수시설을 확인하여 봉수대를 복원하려는 목적에서 발굴조사를 시행했으나 봉수시설 보다 먼저 축조된 석축산성인 봉화산 산성이 조사되었는데 뒷채움석과 집수시설이 확인되었다. 산성과 관련된 석축은 유적의 북동편 낙동강변 급경사지에서 길게 확인되었다. 지형상 성벽의 상부는 무너지고 하단부 면석과 기초부 그리고 무너진 석축성벽의 뒷채움 부분만 남아 있는 상태이다. 성벽은 봉화산의 급경사를 이용하여 편축식으로 구축되었으며, 기초부는 암반면까지 삭토한 후 지대석을 설치하거나 기존암반을 약간 다듬어 기반면으로 활용하였다. 하단벽석은 대부분 들여쌓았다. 〈그림 4〉

봉수대의 연조와 제2건물지 사이 해발 107m 지점에 약간 오목하게 조성된 대지에는 다량의 와편이 폐기되어 있었는데, 와편 아래에서 타원형과 원형의 지하식 석축 구조물이 중첩된 상태로 확인되었다. 와편이 다량 폐기된 양상으로 보아, 봉수가 구축되기 이전대가야와 신라시대 산성 내 집수시설(저수조)로 추정 된다.

3) 장수 삼봉리산성과 봉화봉 석축

①장수 삼봉리산성은 전라북도 장수군 장계면 삼봉리 산66·산72-2번지 일원에 위치하는데 2021년 군산대학교 가야문화연구소에서 발굴조사 하였다. 백화산에서 동북쪽으로 뻗어 내린 산줄기 정상부(해발 578m)에 위치하는 '테뫼식 산성'으로 표고가 120m 내외, 가야계 수장층 분묘유적인 '장수 삼봉리 고분군' 및 왕궁터로 추정되는 '탑동마을' 등을 한 눈에 조망할 수 있는 곳에 자리하고 있다. 둘레 340m 내외로 동-서 110m, 남-북 60m 내외의 타원형이며, 서고-동저의 지형, 서쪽은 급경사(봉우리), 동쪽은 완만한 경사를 이루고 있어, 내부 공간이 매우 협소한 편이다.

산성의 축조는 암반을 인위적으로 다듬어 조성한 단시설이 노출되었으며, 봉화와 관련 있는 것으로 추정되는 산화된 석재, 화장묘, 주공 등이 조사되었다. 단시설 정상부와 북쪽 사면부를 중심으로 길이 40㎝ 내외의 부정형 할석이 집중적으로 산재하는데, 대부분 무너져 구조물의 용도를 파악하기 어려우나 석재 표면에서 산화된 흔적이 확인되어, 봉화와 관련된 부속 시설의 훼손 흔적으로 추정된다.

산성과 봉화의 구지표에서 대가야 대부장경호, 발형기대편 등이 출토되어, 삼국시대 이 지역을 기반으로 성장한 정치체와 대가야에 의해 운영되었을 가능성이 제시된다. 장수 삼봉리·동 촌리 등 대가야계 고총에서 출토된 현지 제작품과 흡사하다.(군산대학교 가야문화연구소 2021)

②장수 봉화봉 봉화는 전라북도 장수군 산서면 오성리 산 1-2번지 일원에 위치하는데, 2021년 전주문화유산연구원에서 발굴조사 하였다. 이 조사는 전라북도 가야문화유산 연구복원 사업의 일환으로 실시되었다. 금강과 섬진강 수계권을 곧장 연결해주는 동서방향의 교통로가 통과하는 요충지인 '대성고원'에 자리한다. 대성고원의 동쪽에는 '자고개'와 서쪽에는 '개치'가 자리하여 금강 수계인 장수읍과 섬진강 수계의 산서 지구를 연결해 준다. 산서지구는 백제에 거사물현이 설치된 곳으로, 오수천 주변으로 구릉과 평야가 넓게 펼쳐져 있다.

장수 봉화봉 봉화는 장수읍 식천리와 산서면 오성리의 경계에 위치한 비행기 고개에 자리하고 있다. 대성고원과 산서면 일원이 한 눈에 조망되며, 동쪽의 합미성과 서쪽의 봉서리산성(거녕성)이 시야에 들어온다. 팔공산에서 개동산으로 이어지는 산줄기의 정상에 위치하며, 정상부에는 치석된 석재로 쌓은 방형의 봉화대가 남아 있다. 봉화대는 정상부와 사면부의 석축이 일부 무너진 상태였다.(전주문화유산연구원, 2021)

5. 대가야 토기-고령 송림리요지와 창원 중동요지

1) 고령 송림리요지와 창원 중동요지

① 고령 송림리요지

고령 송림리 토기가마유적은 고령군 쌍림면 송림리 마을 뒤편 야산의 구릉 경사면에 위치 한다. 2015년 영남문화재연구원에서 발굴 조사하여, 토기가마 3기와 폐기장 3기 등이 확인되었다. 고령의 대가야 토기가마 중 처음으로 발굴 조사된 유적이다. 토기가마는 해발 100m 정도의 비교적 경사가 가파른 곳에 만들어졌고, 장축방향이 남-북으로 등고선과 수직이었다. 가마의 평면 형태는 길쭉한 타원형에 가까우며, 벽과 바닥은 거의 남아 있지 않았다. 가마의 규모는 길이 5m, 너비 1.6m, 남아 있는 깊이는 0.2~0.6m 정도이다. 가마의 몸체가 지상으로 드러나는 반지하식의 구조이며, 내부의 바닥시설은 확인되지 않아 무계단식이다.

조사 결과 토기와 전돌 등 8천여 점의 유물이 출토되었다. 가마의 조업 시기는 지산동 44·45호분 단계로, 5세기 후반에서 6세기 전반에 해당한다. 출토된 유물 중 토기는 기대, 장경호, 고배, 단경호, 파수부배, 개배, 뚜껑 등 다양하고, 지산동 고분군에 묻힌 토기와 같다. 특히, 가마와 폐기장에서 전돌이 출토되어, 토기와 전돌을 함께 생산한 가마였음을 알 수 있다. 〈그림 5〉

〈그림 5〉 고령 송림리 대가야 토기요지 출토 토기와 연화문전

② 창원 중동 토기가마

창원 중동유적은 경상남도 창원시 의창구 중동에 위치한다. 창원 분지 북서쪽 남산 108m의 남쪽 구릉 경사면과 끝부분으로, 2008-2010년에 동서문물연구원에서 발굴 조사하였다. 대가야시대의 생산유적인 토기가마, 고분유적인 목곽묘, 생활유적인 도로 등이 확인되었다.

중동유적에서는 토기가마 2기와 폐기장이 조사되었는데, 가마는 장축방향이 등고선과 수직으로 만들어졌다. 평면 형태는 장방형이며, 1호 가마는 길이 6.5m, 2호 가마는 길이 7.7m이고, 최대 너비는 2.2m 정도이다. 가마의 몸체가 지상으로 드러나는 반지하식 구조이다. 불을 때는 연소부는 평평하고, 토기를 굽는 소성부는 5~25° 정도 경사져 있으며, 바닥시설은 확인되지 않아 무계단식이다. 가마는 여러 차례 벽체와 바닥을 보수하여 사용하였고, 부속시설로 배수로가 확인되었다.

토기가마의 조업 시기와 고분군을 만든 시기는 5세기 후반에서 6세기 전반이었다. 출토된 토기는 기대, 장경호, 고배, 잔, 뚜껑 등 다양한 기종이며, 고령 지산동 고분군의 것과 형태와 제작 기술 등에서 완전히 똑같은 형태이다. 중동 토기가마는 고령의 대가야 장인이 직접 파견되었거나 토기제작 기술을 제공해, 대가야 토기의 원거리 생산 체계와 유통 거점을 마련했던 것으로 보인다.

2) 대가야 토기 분포권의 의미

토기는 삼국은 물론 가야가 위치했던 곳에는 각 지역별로 구별되는 독특한 특징을 지닌다.

시대와 지역에 따라 다양한 모습을 가지며, 형성 · 발전 · 쇠퇴 · 소멸의 과정을 거치면서 국가의 흥망성쇠와 궤를 같이한다. 토기의 분포 범위를 통해 가야와 삼국의 영역 범위, 문화 권역, 대외 교류 등 다양한 내용을 파악할 수 있다.

대가야양식토기는 대가야의 중심지인 고령을 중심으로 서부 경남과 호남 동부 지역에서 출토된다. 대가야 토기는 처음에는 고령 지역을 벗어나지 못하였지만, 400년대 이후에는 대가야권의 전 지역으로 확산되고, 500년대 이후에는 다른 가야 지역에서도 출토된다. 대가야 토기의 성립과 확산은 대가야의 성장과 발전 과정을 밝히는 중요한 자료이다. (대가야박물관, 2019, 『대가야토기공방 -고령본점과 창원분점』)

대가야양식토기는 고령 지산동 고분군을 비롯해 합천, 거창, 함양, 산청 등 영남 지역은 물론 남원, 장수, 임실, 여수, 순천, 광양 등 호남 동부 지역에까지 광범위하게 분포하고 있다. 이는 대가야가 고령을 중심으로 넓은 범위의 대가야 문화권을 형성하면서, 고대국가로 발전한 사실을 잘 보여준다.

대가야토기양식의 분포권 의미가 정치세력권을 나타내느냐 단순한 문화권이냐, 유통권이냐의 논쟁이 있지만, 위세품인 대가야식 금제귀걸이, 특히 금제수하부이식과 원통형기대와 함께 출토되는 분포권은 대가야의 직접지배 혹은 간접지배 지역으로 묶어볼 여지는 충분하다(이한상, 2019). 대가야 토기의 유통 범위와 분포 양상은 대가야의 발전에 따른 영역 확대에 발맞추어 변화 하였다. 5세기 중엽부터 고령을 중심으로 서쪽으로 진출하여 합천, 함양, 남원 등 가야의 서북부 지역으로 확산되었다. 그 후 6세기에 접어들면서 가야의 남부권에 새로운 생산과 유통 거점을 마련하여 함안, 창원, 마산, 고성 등으로 유통 범위를 확대하였다. 대가야 토기는 유통 범위의 확대에 따라 분포 유형도 변화하고, 그에 따른 지배 방식의 차이가 나타난다.

고령 지산동 고분군 출토 토기의 확실한 생산가마가 확인되지 않아 여러 추측이 난무하였지만 위에서 본 바와 같이 송림리 가마터가 발굴됨으로써 의문이 해결되고 합천 등 서부경남과 남원, 장수, 광양, 순천 광범위한 범위를 이해할 수 있게 되었다.

그리고 창원의 중동유적에서 전형적인 대가야토기 가마터가 발굴되어 특별전시회도 열고 남해안 지역으로의 확대 내용도 이해할 수 있게 된 바 있다. 그런데 대가야 영역이 아닌 지역에서 대가야토기 가마가 존재하는 이유의 해석이 필요하게 되었다. 이와 관련하여 최근에 창원지역 특히 대가야식 고총과 다량의 대가야 유물이 출토된 다호리고분이 위치한 대산만 일원이 가야소국의 하나인 탁기탄㖨己呑의 고지였고, 530년대 멸망할 때까지 대가야의 간접지배(상하관계 연맹) 지역이었다는 새로운 주장이 제기된 바 있다. (이동희, 2021, pp. 53-102)

이것은 창원 중동유적에서 대가야 토기 요지가 존재하는 근거를 말해주는 것이며, 대가야토기의 생산과 유통, 토기를 통한 지역지배 방식과 같은 중요한 정치적 쟁점을 제기하고 있다. 또한 '대가야의 재발견'에 시사점을 보여주는 것이다.

IV. 대가야의 새로운 인식과 과제

1. 대가야의 국가단계 규명을 위한 자료의 확보

1) 고대국가론과 대가야 궁성지 확인

주지하는 바와 같이 근래에 들어 여러 가야의 국가발전 단계에 대한 논의가 활발히 이루어지고 있는 상황에서 고고자료의 조사와 연구로 이를 뒷받침할 수 있는 자료에 관심을 기울일 필요가 있다. 오랜 전통을 가진 연맹체설은『삼국유사』5가야조 등 주로 문헌자료에 입각하여 가야 여러 나라의 수준을 연맹왕국 단계로 보는 것에서부터 시작하였다. 그러나 연맹체설도 연구의 진전에 따라 전기가야연맹, 후기가야연맹, 대가야연맹, 지역연맹체론 등으로 분화되고 있다. 이에 비해 고대국가론은 주로 고고자료를 중심으로 주장하는 것으로, 대가야 고총고분의 위계와 고분 출토유물로 볼 때 대가야는 고대국가단계까지 발전하였다고 보는 설과, 부체제의 실시와 중앙과 지방의 개념이 존재한 것으로 보아, 연맹왕국을 넘어 고대국가 단계로 발전한 것으로 보기도 한다. (김세기, 2021)

또 고령 연조리의 전 대가야궁성지에서 북쪽으로 연결된 평탄지에 단면 'U'자형의 해자와 해자 밖의 경사면에 3열의 석축을 쌓고, 석렬 사이를 판축식으로 흙을 다져 쌓은 토성이 확인되어 대가야 왕성의 가능성을 보여주었다. 그러나 이역시 극히 적은 면적 일부이며, 교란 등으로 왕성임을 증명하기에는 매우 미흡

하였다. 좀 더 광범위하고 계획적인 발굴조사 필요한 상황이다. 이러한 정밀발굴을 통하여 문헌의 연구 성과와 보완하면 대가야의 국가발전 단계를 규명하고 대가야사의 실체에 접근할 수 있을 것이다.

2) 대가야 석축 산성과 관방유적의 확인

종래까지 가야에는 석축산성이 없었다고 보는 것이 성곽연구자들의 공통적인 견해였다. 그것은 지금까지 가야산성에 대한 발굴조사가 적었던 점도 있지만, 유력한 가야산성으로 알려졌던 함안 성산산성의 조사결과 신라의 목간이 다량 출토되어 신라산성의 가능성을 제기한 이래 하동의 고소산성에서도 백제유물만 출토된다는 이유로 가야의 석축산성에 대한 부정적 견해가 다수를 차지하였던 것이다.

그러나 대동문화재연구원이 2011년 12월부터 2012년 3월까지 실시된 고령 주산성의 정비를 위한 발굴조사에서 외성벽, 내탁부, 기초부와 보강부, 출입로, 추정집수지, 물막이시설, 배수시설, 도로 등 성벽과 관련유구가 확인되었다. 석축의 축조기법과 상태 등 구조와 대가야 토기 등의 출토유물을 종합적으로 볼 때 6세기 전반 경에 축조된 대가야의 석축산성임이 분명한 것으로 보인다.(대동문화재연구원, 2014) 또한 낙동강에 면한 고령 봉화산의 조선시대 봉수시설 아래층에서 대가야 석축보루(산성)가 확인되어 맞은편의 신라산성에 대비하는 대가야의 관방시설이며 관문성의 역할을 하는 시설로 밝혀진 바 있다.

특히, 주목되는 유적은 섬진강변에서 가장 탁월한 입지를 가지고 있는 고소성이다. 하동 고소성 시굴조사 결과, 신라와 백제의 유물만 보고된 바 있다.(심봉근, 2000) 하지만, 고소성의 조사가 제한적으로 이루어졌고, 바로 인근에 자리한 하동 흥룡리 유적(동아세아문화재연구원, 2012)에서 5세기말-6세기 초의 대가야 고분과 6세기 중후엽의 백제고분이 계기적으로 연결되고 있어 하동 고소성에 대한 정밀발굴조사를 하면 백제 유구층 아래에서 대가야 관련 유구와 유물이 출토될 것으로 추정된다. 이렇게 대가야의 산성과 봉수 등 관방유적을 조사하면 6세기 초 대가야가 백제와 왜에 대비하고자 산성과 봉수를 설치했다는 문헌기록을 확인할 수 있을 것이다. (李永植, 2017: 1-35)

2. 전북 동부지역(장수) 고총고분의 발굴조사

장수, 진안지역은 전라북도의 동부에 위치하여 험준한 소백산맥의 지류들이 모여 해발 400m 이상 되는 산간지역을 이루는 곳이다. 금강의 상류에 해당하는 수계에 위치한 이곳은 백제와 가야의 접경지대로 문화적 교류지역이라고 생각되지만 최근의 조사에 의하면 의외로 이곳에는 대가야식 고총고분들이 열지어 분포하고 대가야식 토기들이 주류로 출토되고 있다.

그리고 2014년 장수군 관내 봉수유적 2개소(영취산 봉수유적과 봉화산 봉수유적)에 대해 발굴조사를 실시한 결과 당시의 봉수 관련 유구는 거의 없어졌지만 대가야양식 토기편을 비롯한 유물들이 출토됨으로써 가야시대에 이 두 곳이 동시에 봉수로 쓰였을 가능성이 아주 크다는 사실이 밝혀진 것이다. (군산대학교박물관, 2014) 이 자료에 대하여 대가야의 고대국가론을 뒷받침하는 자료로 보는 견해(이동희, 2016: 105-151)와 장수권 가야세력의 독자성을 강조하는 고고자료로서 파악하는 견해(곽장근, 2014: 369-412)로 나누어진다. 이에 대하여 아마도 대가야의 가장 변경이었던 장수군에서 일어난 큰 사건, 이를테면 백제군의 침입과 같은 사건을 영취산 봉수에서 봉화산 봉수로 전달해 다시 그 봉수 바로 남쪽에 소재한 저 유명한 아막성으로 알렸을 것으로 보는 견해도 있는데 가능성 있는 추론으로 생각된다. (이희준, 2014: 135-196)

따라서 이 지역을 정밀 발굴 조사함으로써 고고자료를 통한 대가야의 영역실체를 확인할 수 있을 것이며, 이와 함께 최근 제기되고 있는 운봉고원의 철산유적도 함께 발굴하여 이 지역 정치체의 실상을 규명할 수 있을 것이다. (곽장근, 2017: 115-140) 이것은 또한 대가야 국가단계를 확인하는 계기가 될 것이다.

V. 맺음말

이제 더 이상의 새로운 문헌사료를 기대하기 어려운 현실에서 대가야사의 새로운 인식과 연구에 절대적으로 중요한 것은 고고학 자료이다. 그렇다고 해서 고고자료만 가지고 대가야사를 연구할 수 없는 것 또한 사실이다. 이러한 상황에서 최신의 발굴자료를 통한 새로운 고고학 자료를 적용하여 대가야의 국가성격을 명확히 하고 국가를 통치하기 위한 궁성의 확인, 도시계획, 관방시설, 영역을 명확히 하는 것은 대가야사연구의 활성화와 객관화를 위해서 꼭 필요한 조건 중 하나이다.

지금까지 최신 발굴성과를 중심으로 대가야사 연구의 새로운 인식과 과제를 살펴본 내용을 정리하면 다음과 같다.

첫째, '대가야의 재발견'의 입장에서 40년 전인 1977년 발굴된 고령 지산동 45호분 순장곽 4, 5호 허장의 의미를『춘추좌전』의 '결초보은'조를 비교하여 순장의 대상자를 순장 책임자가 살려줄 수도 있다는 기록을 통해 대상자를 살려주었거나, 혹 당사자가 도망할 수도 있을 가능성을 생각해 보았다.

또 지산동 45호분 주석실에서 출토된 원반형철판과 장방형철판과 그 밖의 철판 조각들이 말투구의 조각일 수 있다는 가능성을 제기하였다. 그것은 이들 기타철기로 보고된 철판들이 금동제 말안장과 행엽, 철제교구, 재갈, 등자 등의 마구 일괄 밑에서 출토된 점과 45호분의 규모나 유물로 보아 말투구의 조각으로 볼 수 있기 때문이다. 이러한 허장이나 말투구에 대한 좀 더 활발한 연구를 기대해 본다.

둘째, 최근에 대가야영역에서 많은 유적이 발굴조사 되어 의미 있는 자료가 출토되고 있는바, 지산동 고분군에서의 소형석곽에서 출토된 인골과 소형석곽의 묘형과 묘제와 관련된 새로운 방향을 연구할 자료가 확보되었다.

셋째, 대가야의 국가체제와 관련되어 고대국가론과 연맹체론이 계속되는 가운데, 문헌사에서는『삼국유사』의 5가야조나,『일본서기』의 총언 임라任那, 별언

10국의 기사에 천착되어 대가야 연맹을 주장하나 여러 고고자료를 종합하면 고대국가로 발전한 것으로 보아도 좋을 것이라 생각된다. 이와 관련하여 대가야 궁성의 정확한 위치나 규모의 확인을 위한 체계적이고 계획적인 발굴조사가 이루어져야 할 것이다. 또 고대국가를 이룩한 것을 뒷받침할 수 있는 인공수로 유적을 통해 대가야 수도의 도시계획도 연구해야 할 과제일 것이다.

넷째, 대가야 양식 토기의 분포권과 영역의 관련성에 대한 연구를 심화시켜야 하는데, 고령 송림리요지와 창원 중동유적의 대가야토기 요지의 발굴은 대가야 양식 토기의 생산과 유통은 물론 정치적 선택압에 의한 간접지배와 같은 지배방식의 연구에도 진전된 역할을 할 수 있을 것이다.

다섯째, 대가야의 관방시설인 주산성과 봉화산성에 보이는 석축산성의 모습이 최근 장수 삼봉리산성과 봉화봉의 석축시설에서 동일한 축조수법이 확인되므로, 깊이 있는 연구를 통해 더 이상의 대가야 석축산성 부재론은 불식되었으면 하는 바람을 가져 본다.

참고문헌

千寬宇, 1977, 「復元加耶史 上·中·下」,『文學과 知性』 여름·가을호 ; 千寬宇, 1991, 『加耶史研究』, 一潮閣.

강대형, 2007, 「우리나라 왕릉 발굴 30년사 -대가야 왕릉, 무령왕릉, 천마총, 황나대총 등의 취재비화-」,『고령 대가야 왕릉 발굴 30년』, 고령군·대구사학회.

朱甫暾, 1995, 「序說 -加耶史의 새로운 定立을 위하여-」,『加耶史研究 -대가야의 政治와 文化-』, 慶尙北道, pp.10~11.

金元龍, 1960,『新羅土器의 研究』, 乙酉文化社.

全吉姬, 1961, 「伽耶墓制의 研究」,『梨大史苑』 3.

金鍾徹, 1982, 「大加耶墓制의 編年研究」,『韓國學論集』 9, 啓明大學校韓國學研究所.

경북대학교박물관, 2009,『고령지산동 44호분-대가야왕릉-』.

尹容鎭, 金鍾徹,『大伽倻古墳發掘調查報告書)』, 高靈郡.

좌구명 저, 신동준 역, 2017,『春秋左傳』 상, 도서출판 인간사랑.

趙榮濟 외, 1997,『陜川 玉田古墳群 Ⅵ -23·28號墳-』, 慶尙大學校博物館.

大東文化財研究院, 2020,『高靈 池山洞 大加耶古墳群 Ⅰ』.

대동문화재연구원, 2019, 「고령지산동고분군(토제방울) 발굴조사 보도자료」.

慶北大學校博物館, 2006,『傳 大伽耶宮城址』.

대가야박물관·영남대학교박물관, 2020,『대가야의 도성』.

대동문화재연구원, 2016, 「고령 연조리 594-4번지 건물신축부지 내 매장문화재 표본 조사 결과보고서」.

가온문화재연구원, 2017, 「고령 연조리(594-4번지) 단독주택 신축부지 내 유적 학술자 문회의 자료집」.

대동문화재연구원, 2019,『대가야궁성지 발굴·정비사업 기본계획수립 정밀현황조사 보고서』.

영남문화재연구원, 2019, 「고령 쾌빈리 433-11번지 지하주차장 및 유적공원 조성부지

내 유적 발굴조사 전문가 검토회의 요청서」.

군산대학교 가야문화연구소 2021, 「장수 삼봉리 산성(봉화) 2차 자문회의 자료」.

전주문화유산연구원, 2021, 「장수 봉화봉 발굴 학술회의 자료」.

대가야박물관, 2019, 『대가야토기공방 -고령본점과 창원분점-』.

이한상, 2019, 「관과 이식으로 본 대가야 권역」, 『가야사의 공간적 범위』, 대가야박물관.

이동희, 2021, 「역사학과 고고학의 융합을 통한 가야사 연구 -다라국·탁기탄국 위치
        비정을 중심으로」, 『가야사의 인식변화』, 인제대학교 가야문화연구소,

김세기, 2020, 『대가야 고대국가론』, 학연문화사.

대동문화재연구원, 2014, 『고령 주산성 Ⅰ』.

대동문화재연구원, 2017, 「烽火山城-현장공개 현장 설명회 자료집」(2017. 6. 20).

심봉근, 2000, 「하동 고소성에 대하여」, 『섬진강 주변의 백제산성』, 제23회 한국상고사
        학회 학술발표대회.

동아세아문화재연구원, 2012, 『하동 흥룡리고분군』.

李永植, 2017, 「가야사의 문헌사적 연구 현황과 과제」, 『가야문화권 조사·연구 현황과
        과제』문화재청·국립문화재연구소[가야·나주·경주],

군산대학교박물관, 2014, 「장수군 관내 봉수 2개소 시·발굴조사 학술자문위원회 및
        현장설명회 자료(2014.04)」.

이동희, 2016, 「후기가야 고고학 연구의 성과와 과제」, 『韓國古代史研究』85.

곽장근, 2014, 「전북 동부지역 가야문화」, 『가야문화권 실체규명을 위한 학술연구』, 가
        야문화권 지역발전시장·군수협의회.

이희준, 2014, 「고고학으로 본 가야」, 『가야문화권 실체규명을 위한 학술연구』, 가야문
        화권 지역발전시장·군수협의회.

곽장근, 2017, 「호남권의 조사 현황과 과제」, 『가야문화권 조사·연구 현황과 과제』, 문
        화재청·국립문화재연구소[가야·나주·경주].

3. 고령 본관동고분군의 성격
- 묘제와 출토유물을 중심으로 -

I. 본관동고분군의 환경과 입지

본관동고분군은 대가야국의 도읍지인 대가야읍으로부터 북쪽으로 직선거리 약 5㎞ 떨어져 있는 본관리 관동마을 뒷산에 위치하는 가야시대고분군이다. 관동마을 앞들은 가야산의 동남기슭에서 발원하는 소가천이 대가천으로 합류하는 곳이며, 이 소가천을 따라 형성된 길고 좁은 충적대지가 펼쳐지는 곳이다. 연중 끊이지 않는 물줄기와 함께 발달한 본관리 일대의 충적지는 비옥한 토질을 가지고 있다.

본관동고분군이 위치한 뒷산 정상부에는 둘레 약 600m 규모의 삼태기형태인 본관동산성이 있으며, 소가천 너머 마주 보이는 월산리의 월성마을 뒷산 능선에는 월산동고분군과 그 꼭대기에는 산정식 산성인 운라산성이 자리 잡고 있다. 또 동쪽으로 대가천 건너 마주 보이는 금산에는 금산고분군과 금산(망산)산성이 있다. 한편, 대가천을 따라 상류로 약19㎞ 거슬러 올라가면 대가천 동쪽에 인접하여 성주군 지역의 3대고분군 중의 하나인 금수면 명천리고분군과 명천리산성 (할미산성)이 함께 위치한다.

고령지역에 분포하는 대가야 고분군 중에서 대가야 도읍지에 위치한 지산동 고분군을 대고분군이라 할 때, 본관동고분군은 북쪽의 소가천 건너 마주 보이는 월산동고분군과 동쪽으로 10㎞ 떨어져 낙동강서안에 위치한 박곡동고분군과 함께 중고분군에 해당된다. 본관동고분군은 본관리 뒷산일대에 분포하고 있는데,

봉토분 40여기와 석곽묘 수백기가 여러 능선에 따라 소군으로 나누어 있고 이들이 반경 500m 범위에 모여 있어, 군집분의 양상을 보이고 있다.

좀 더 구체적으로 살펴보면, 관동마을 뒷산이 E자형 산세를 이루고 있는 주맥선과 이 주맥에서 나란하게 내리뻗은 세 갈래의 지맥에 걸쳐 고분군이 조영되어 있는데, 이들은 지형에 따라 4개의 소군으로 구분되고 있다. 먼저 주맥능선은 가장 서쪽에 위치하는데, 지붕의 용마루와 같이 높고 평탄한 대지상의 능선위에 3기의 봉토분이 있고, 그 사면에 석곽묘군이 밀집분포하고 있다. 이번에 발굴한 봉토분 3기는 각기 100~200m의 상당한 거리를 두고 다른 분묘가 없는 넓은 묘역을 차지하고 있다. 이 서소군에서 약간 떨어져서 주맥의 연장선상인 남, 북 양단의 독립봉에서 각각 고총봉토분이 1기씩 위치하는데, 입지면에서 주맥의 3고

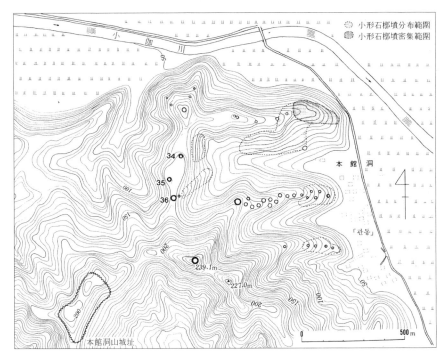

〈도면 1〉 본관동고분군 분포도

분과 맥을 같이 하고 있다. 발굴 조사한 3기의 고분군은 뻗어 내리는 주맥이 비교적 평탄하게 숨을 고르는 곳에 입지하고 있다. 가장 남쪽에 위치한 36호분의 남쪽으로는 급한 경사를 이루며 해발 239.1m의 산 정상을 이루는데, 이곳에 본관동고분군에서 가장 큰 대형봉토분1기가 자리 잡고 있다.

이 주맥에서 동쪽으로 뻗어 내린 세 지맥은 주맥보다 낮은 지대로, 주맥이 용마루라면 3지맥은 용마루에서 내려오는 기왓등에 해당된다고 하겠다. 이 3지맥의 고분 분포상을 보면, 주맥구역과 달리 능선 경사면에 따라 능선 하단까지 봉토분이 열을 지어 서 있는데, 큰 규모의 것이 능선 위쪽에, 작은 것이 능선 아래쪽에 위치하고 있다. 그리고 능선 하단부와 사면에는 석곽묘들이 폭 넓게 분포하고 있다. 3지맥 가운데는 중앙 지맥이 북 지맥이나 남 지맥에 비하여 봉토분의 수도 월등히 많고 규모가 큰 것이 많아 위치상으로 보거나 고분의 수량으로 볼 때 본관동고분군 속에서 중심군을 이루고 있다. <도면 1>

위에서 살펴 본 바와 같이, 본관동고분군이 지형적으로 4개의 소군으로 확연히 구분되고 있는 점과, 각 소군이 지구내에서 봉토분군과 석곽묘군으로 구분되고 있는 현상은 외형적 관찰에 의한 판단이지만, 본관동고분군을 조영한 집단이 4개의 소집단으로 구성되어 있었다는 것을 시사하고 있다. 그리고 4개의 소집단 가운데는 주맥에 위치하는 서 소군집단(3기의 발굴봉토분 집단)이 지맥에 자리 잡은 3소집단 보다 입지면에서 볼 때 사회적으로 우월한 지위 즉, 본관동고분군 세력의 최고지배층의 분묘라고 생각된다. 이 점은 지산동고분군 가운데서 주산에서 남쪽으로 뻗어 내린 주맥의 정상부에 위치한 초대형 고분 5기의 입지와 같이 하고 있는 것으로 보인다.

한편, 지맥 능선상에 입지한 고분의 경우 대부분 능선의 사면이 아닌 등줄기에 입지하고 있고, 규모가 큰 고분이 능선상부에, 작은 것이 하부에 분포하는 특징을 공통적으로 보여주고 있다. 또 사면에 입지한 석곽묘군도 이번에 조사한 서소군 석곽묘 9기를 볼 때 C호분과 같이석곽묘 중에서도 규모가 큰 것은 36호분→37호분으로 연결되는 두드러진 등줄기에 입지하고 있고, 작은 것일수록 등줄기에서 멀리 벗어난 사면에 입지하고 있음을 알 수 있다. 아무튼 규모가 큰 고분은 주맥의 높은 곳이며 등줄기에 위치하고 있는 것은, 이 시기 대가야의 묘지 선정관의 일면을 보여주고 있는 것으로 판단된다.

Ⅱ. 발굴대상고분의 선정과 조사방법

고령지역내의 많은 주변유적 가운데서 본관동고분군을 조사대상으로 삼은 이유는 이 유적이 지산동고분군으로부터 불과 5㎞ 떨어진 가까운 위치에서 지산동고분군 다음으로 큰 군집분을 이루고 있어, 대가야 도읍의 최고지배층고분(왕릉)군과 근기지역 내지 지방고분군과의 관계를 파악하기 위해서였다. 다시 말하여 대가야의 중심고분군(지산동고분군)과 지방고분군과의 관련성 규명이 가장 큰 선정이유였다. 고령지역의 여러 고분군과 산성을 답사하고 조사한 결과 본관동고분군이 거리나 규모 등으로 볼 때 비교대상으로 가장 좋은 고분군으로 생각되었다. 이미 이 유적에 대한 여러 차례의 답사를 통해 수집한 토기편으로 보아 두 고분군 사이에는 매우 밀접한 관계가 있다는 것을 알았지만, 정식 발굴조사로 묘제와 출토유물의 비교연구를 통해 보다 구체적으로 밝히기 위함이었다.

또 한편으로는 이곳이 고령에서 성주방면으로 가는 주요 길목에 위치하고 있으므로 혹시 인접한 성주지역(성산가야)으로부터의 어떤 문화요소가 나타나고 있는지도 파악하고자 한 것이다.

이러한 조사목적을 수행하기 위하여 본관동고분군을 이루고 있는 여러 개의 소고분군 가운데서 입지와 규모면에서 지산동고분군과 가장 잘 대비될 수 있는 본관동 산지의 주능선의 정상부에 위치하는 서고분군의 독립된 3기인 34, 35, 36호분을 선정하였다. 이 중 34, 35호분은 중형봉토분, 36호분은 대형봉토분이었는데, 발굴과정에서 사람들이 다니는 길 한복판에 위치하여 벽석이 계속 파괴되는 9기의 소형 석곽묘 9기도 발굴하였다. 이 들 발굴대상 가운데 중·대형분 3기는 원형봉토분으로서 산마루 위에 점재한 4기중의 3기였으며, 소형 석곽묘 9기는 이 산마루에서 내리 뻗은 작은 산줄기 경사면에 독립적으로 분포하는 수십 기중의 일부였다.

이러한 조사고분 선정과 조사목적을 효과적으로 달성하기 위하여 새로운 조사방법을 강구하였는데 그것이 8분법이다.

8분법이란 원형봉토분의 일반적 조사방법인 4분법을 응용한 것으로, 4분법의 십자둑 사이에 둑 하나씩을 더 설치함으로써 8분둑에 의해 조사해 가는 것이다. 그런데 4분법 혹은 8분법은 원형분구를 평면상 4분 혹은 8분하는 삽자 둑, 8방둑에 따라 분구별로 봉토를 벗겨가며 평면 및 단면의 관찰을 통해 봉분의 축조상태와 내부의 여러 유구간의 관계를 파악하는 방법인데, 대형봉토분 특히 다곽분의 조사에는 8분법이 더 효과적이다. 즉, 한 봉분 속에 여러 개의 매장시설이 있을 때, 그 상호관계는 이들을 덮고 있는 토층상에서 파악해야 하므로, 이들 유구 위를 지나는 둑의 확보가 긴요하다. 4분법의 십자둑 설정은 분구의 장축 혹은 매장시설의 장축이나 동서남북의 방위를 기준으로 하는 것이 관행인데, 실제로 고분에서는 장축의 방향을 정확히 알 수 없는 경우가 많고, 또한 십자둑이 매장유구의 장축에 일치되거나 직교되기를 항상 기대하고 어렵다.

또 발굴분이 대형의 다곽묘일 경우 각 분구의 범위가 넓어 그 사이에서 매장유구가 노출될 때 상호간의 관계를 토층상에서 설명할 수 없게 된다. 특히 순장묘일 경우 동시축조가 가장 중요한 요건인데 8분법에서는 이들 주인공의 매장유구(석실)와 순장곽의 동시축조 사실을 일목요연하게 설명할 수 있어 순장묘 발굴에 더 효과적인 방법이다. 요즘에는 고총고분 발굴에서 대부분 8분법을 적용하지만, 이 방법을 처음 고안한 것은 당시 본관동고분군 발굴단장이었던 계명대학교박물관장 김종철 교수였고, 실제 발굴에 적용한 것도 본관동고분군 발굴이 처음시작이었다. 〈도면2〉

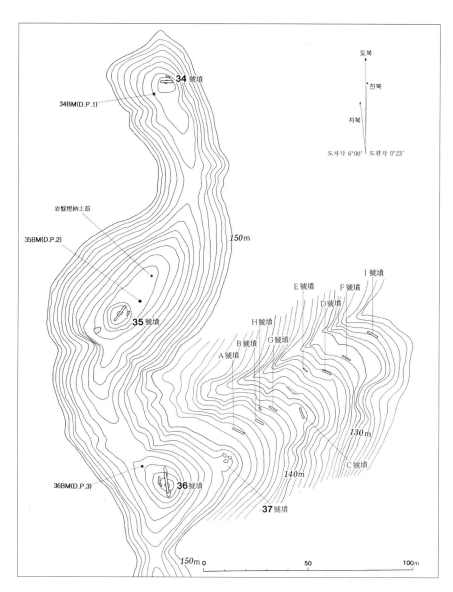

<도면 2> 본관동 발굴조사분 지형도

Ⅲ. 발굴고분의 묘제와 출토유물

1. 제34호분

1) 묘제

제34호분은 관동마을 뒷산의 북쪽으로 뻗은 주능선 등마루의 북쪽 끝 융기부에 자리 잡고 있는데, 이 고분의 북쪽과 동쪽은 상당히 급한 경사를 이루고 있다. 이 고분의 남쪽으로 주능선 등마루를 따라 110m 가량 떨어져 35호분이 있고, 북쪽으로는 작은 골짜기를 사이에 두고 건너다보이는 작은 산 정상부에 중형분 1기가 마주보고 있다. 고분은 여러 차례 도굴로 봉분이 파헤쳐지고 석실개석도 일부 노출되어 있었다. 〈도면 2〉

이 고분은 주인공 석실과 순장석곽이 나란히 배치된 수혈식 고분이다. 석실은 장축 방향을 동서로 둔 장방형으로 너비에 비해 길이가 길어 세장한 형태를 보인다. 부식암반을 깊이 파고 4벽을 두껍고 납작한 장방형의 할석과 벽돌모양의 할석을 혼용하여 수직으로 쌓았는데, 네귀가 엇물려 있다. 개석은 길이 127~168㎝, 너비 74~100㎝, 두께 15~24㎝의 기름한 판석을 서로 약간씩 겹치게 덮었는데 발굴당시 8매가 남아 있었다. 석실의 규모는 현재 길이 602㎝, 너비 97~104㎝, 깊이 95~120㎝ 정도이나 파괴와 도굴이 심해 매장원상을 파악하기 어렵다.

순장석곽은 석실 북장벽에서 70㎝ 떨어져 장축의 방향을 석실과 나란하게 동서로 두었고 석곽의 서단을 석실중앙에 맞추어 설치하여 석실을 기준으로 볼 때 동쪽으로 약간 치우쳐 있다. 석곽의 구조는 광을 파지 않고 석실 쪽에서 약간씩 경사져 내려오는 지반을 석곽을 설치할 부분만 평탄하게 고른 후 4벽을 할석으로 쌓아 석실벽 상단과 같은 높이로 맞추었다. 개석은 5매의 두껍고 널찍한 소형판석을 엉성하게 잇대어 덮었다. 석실과 달리 도굴의 피해를 전혀 입지 않아 매장원상을 유지하고 있었는데, 소형토기 5점이 양장벽 가까이 붙어 놓여 있었다.

고분의 축조방법은 석곽의 개석상부를 제외하고 할석을 전면에 돌려 깔았는데, 이것은 석실과 석곽의 벽면상단 높이와 동일하며 석곽벽면 축조와 동시에 이루어진 것 같다. 그리고 이 할석층 위에 양질의 적갈색 점토를 얇게 덮었는데 특히 석실과 석곽의 개석상부와 그 주위에 잘 남아 있어 석실, 석곽이 동시에 축조되었음을 알 수 있었다.

한편 석실 남쪽 석실 남장벽으로부터 280㎝ 떨어져 길이 50㎝ 정도 크기의 납작한 할석 3매를 ㄷ자 형태로 맞붙여 세워 막힌 부분을 석실로 향하게 하여 2개가 90㎝ 거리를 두 나란히 배치되어 있는데, 이 ㄷ자형 구조물은 35호분과 36호분에도 같은 형태로 남아 있었다.

2) 출토유물

(1) 토기류

석실의 도굴이 심하여 석실내부에서는 완형의 토기는 1점도 출토되지 않았고 도굴구와 매토 중에서 발형기대의 몸체편 일부와, 기대 대각편 1점 및 뚜껑편 1점만 수습되었다. 그러나 순장석곽은 도굴의 피해를 입지는 않았으나 유물은 많지 않아 개배 3점과 호로병형 소형토기 2점이 출토되었다. 개배는 표면이 거친 편이며 3점 모두 뚜껑에 손잡이가 없어 기신과 뚜껑이 똑같아 구별하기 어렵다. 호로병형 토기 2점은 높이가 10㎝ 정도로 소형으로 바닥은 평저이며 장식이 전혀 없다.

(2) 철기류 및 장신구류

심한 도굴로 매장원상을 알 수 없는 가운데 석실바닥과 매토 중에서 여러 종류의 소형철기들이 출토되었다. 그 종류를 보면 무기류인 철도 손잡이와 철촉이 다발로 묶인 채로 24점이 출토되어 다소 많은 편이다. 그리고 도자와 송곳, 축소모형철기 종류로는 겸형철기, 착형철기, 도자형철기와 꺽쇠, 물미도 1점 출토되어 석실의 규모에 비해 많은 철기류가 출토되었다.

장신구류는 은제귀걸이 1점과 유리구슬이 출토되어 피장자의 신분이 높은 고분임을 말해주고 있다. 순장곽에서는 철기가 전혀 출토되지 않았다.

2. 제35호분

1) 묘제

35호분은 마을 뒤 북주능선의 등마루 중간지점의 자연돌출부에 자리 잡고 있다. 이 고분에서 같은 능선 등마루에 북쪽으로 110㎝ 떨어져 34호분이, 남쪽으로 70㎝ 떨어져 36호분이 위치한다. 고분이 자리 잡은 자연돌출부는 등마루의 양 측면인 동남과 서북쪽은 급경사를 이루고, 주능선의 방향인 동북쪽은 훤하게 넓은 공지를 가지고 있다. 이 공지 가운데 암반이 노출된 부분에는 후대에 설치한 골호로 보이는 인화문합이 암반을 동그랗게 깨어낸 자리에 안치되어 있었다. 고분의 외형은 주능선의 방향과 같이 동북-서남으로 긴 타원형의 평면관인데, 급경사면의 자연유실과 수차례의 도굴로 인해 석실의 단벽이 노출되어 내부가 들여다보이거나 석실의 중앙부개석이 부러져 벽석상단이 노출되어 있었다.

이 고분도 봉분 안에 주인공이 안치된 석실(주실)과 순장석곽을 나란히 배치한 수혈식 고분이다. 석실이 벽석의 상단을 묘광의 어깨선에 맞춘 지하식인데 비하여, 석곽은 봉토기부의 축조와 함께 석실 옆에 나란히 배치하되 석실과 어깨선을 맞추기 위해 지상식으로 축조하였다. 석실은 장축방향을 동북-서남으로 둔 장방형으로 폭에 비해 길이가 긴 세장방형이다. <도면 2>

4벽은 할석과 천석을 면을 맞추어 수직으로 쌓아올렸는데 벽석의 상단이 묘광의 어깨선과 일치하고 각각의 모서리가 서로 엇물려 있다. 석실의 바닥은 별다른 시설 없이 지반을 그대로 이용하였다. 개석은 도굴과 함몰로 거의 한쪽이 내려앉거나 없어졌지만 남아있는 것을 보면, 두께 15~20㎝의 장대한 판석을 11매정도 덮고 틈새는 할석으로 막았다. 석실의 규모는 길이823㎝, 너비 110~112㎝, 깊이 150㎝인데, 도굴이 심해 피장자의 안치상태나 매장원상을 파악하기 쉽지 않았다.

순장석곽은 석실의 동남장벽에서 약 2m 떨어져 석실과 나란하게 설치되었다. 석곽의 벽석축조 상태를 보면 동북단벽은 두터운 판석할석 1매로 가로로 세워 놓고, 양장벽과 서북단벽은 할석이나 자연괴석으로 3~4단 쌓아올렸다. 개석은 두께 13~15㎝내외의 판판한 화강암으로 3매를 덮었으나 엉성한 벽석의 축조와 대충 덮은 것처럼 보인다. 석곽의 규모는 길이 246㎝, 너비(중앙) 75㎝, 깊이 46㎝이다. 석곽은 도굴의 피해를 입지 않아 부장유물이 원상대로 남아 있는데, 서남단벽 쪽에 토기 6점이 몰려 있다.

2) 출토유물

(1) 토기류

석실은 도굴이 심해 매장원상을 알 수 없으나 일부 석실바닥에 남아 있는 토기들을 통하여 보면 단경호 3점, 완 2점, 개배 2점과 뚜껑4점과 장경호 4점, 기대 1점 등인데 의미 있는 토기는 기대와 장경호, 4이부단경호이다.

① 기대

석실에 쌓인 흑 속에서 출토된 것인데, 밑이 넓고 위가 좁은 절두원추형대각 위에 넓고 깊은 기신을 붙여놓은 발형기대이다. 회청색의 경질토기이지만 굵은 사립이 섞인 태토에 소성도가 낮아 회백 색조를 띤 부분도 있고, 대각에는 2줄씩의 우뚝한 돌대 4줄을 등간격으로 돌려 전체를 5구로 나눈 뒤, 맨 아래 5구만 제외하고 나머지는 밀집파상문대를 돌리고 4개씩의 투공을 상하 엇갈리게 뚫었다. 이러한 발형기대의 형태는 전형적인 지산동 출토 발형기대의 모습보다는 성주지역이나 대구지역 등 신라지역과 유사한 모습이다.

② 장경호

장경호는 석실바닥에서 4점이 출토되었는데, 2점은 목 가운데가 졸린듯한 곡선에 부드럽게 이어지는 둥근 몸통에 촘촘한 밀집파상문대를 돌린 전형적인 지산동식 형태이다. 다른 2점은 목 전체가 거의 V자에 가깝게 사선으로 내려오다가 몸통으로 이어지는데, 목의 문양에 촘촘한 밀집파상문이 아닌 약간 성근 파상문과 몸통 위에 짧은 직선문대를 2, 3단 선각하여 성주나 낙동강동안양식을 보이고 있다.

③ 4이부단경호

4이부단경호는 4점이 출토되었는데, 2점은 회청색 경질토기이며, 2점은 회백색 연질토기이나 형태는 비슷하다. 4점 모두 어깨부위에 아래로 향한 갈고리모양의 꼭지가 등간격으로 붙어 있는데, 이 토기는 석곽에서도 2점이 출토되었다. 이러한 형태의 4이부단경호는 성주지역에서 많이 출토되는 기형이다.

(2) 철기류 및 장신구류

여러 차례의 도굴로 인해 철기류가 많이 출토되지는 않았지만 석실바닥에서 철모 2점, 꺾쇠 2점, 축소모형철기인 착형철기 2점, 교구3점, 금동제 소찰 5점이 출토되었다. 금동제소찰은 철지금동장소찰鐵地金銅裝小札로 발형투구의 하단에 연결된 찰갑으로 보이는데, 이 고분의 주인공이 무장임을 암시하는 것이라 생각된다. 석곽에서는 금속류가 전혀 출토되지 않았다.

이밖에 장신구로 목걸이용 유리구슬도 1점 출토되어 피장자의 신분을 짐작하게 한다.

3. 제36호분

1) 묘제

36호분은 발굴대상 3고분 중 자장 남단에 위치하는데, 남쪽의 해발 239.1m의 봉우리에서 북쪽으로 뻗은 주능선이 급경사로 내려오다가 대지상으로 완만하게 변화되기 시작하는 지점이다. 이곳은 해발 150m의 등마루에 해당한다. 대지상의 이 구릉 등마루는 용트림하듯 굽이쳐 북쪽으로 이어지고, 이 북쪽으로 이어지는 등마루에 70m 떨어져 앞의 35호분이 자리 잡고 있으며, 36호분에서 다시 동쪽으로 뻗어 내린 소능선에 20m 정도 떨어져 발굴하지 않은 37호분이 자리 잡고 있다. 또 37호분 아래 능선사면을 따라 이번에 정리 발굴한 9기의 석곽묘들이 흩어져 있다. 〈도면 2〉

고분의 외형은 남북으로 긴 타원형을 이루고 있으나 수차례의 도굴로 인해 여러 곳에 커다란 구덩이가 파여져 있고 개석도 부러져 방치된 상태였다. 능선의 등마루가 불룩하게 솟아올라 대지상을 이루는 지형을 약간 골라 평평하게 한 다음, 장축을 남북방향으로 석실을 설치하고 석실과 나란히 순장석곽을 배치하였다. 석실은 지반을 깊이파고 경사가 급한 동쪽 봉토에 2, 3단의 석축을 쌓아 보강하면서 판축식으로 봉토를 쌓아올렸다. 이 고분을 만들기 위해 선축되어 있던 소형석곽을 무시하고 이 석곽의 일부를 잠식하여 순장석곽을 축조하였다.

석실은 앞서의 34호분이나 35호분처럼 폭에 비해 길이가 길어 세장한 형태를 이루는 수혈식석실인데, 36호분은 길이가 더 길어 매우 세장한 형태이고 4벽의 축조상태도 장방형의 할석과 평평한 괴석을 혼용하여 촘촘히 쌓았다. 바닥에는 전면에 손바닥만한 크기의 납작한 강자갈을 한 벌 깔고 있어 지산동고분군의 석실축조상태와 매우 비슷하다. 석실 중앙부 동장벽 가까이에서 꺾쇠가 발견된 것으로 보아 바닥 전면에 강자갈을 깔고 꺾쇠로 연결한 목곽을 사용한 것 같다.

이 36호분이 이번에 발굴한 3고분 중에서 규모가 가장 크고 유물도 많아 중심 고분임을 알 수 있다. 개석은 길이 200㎝, 너비 70~80㎝, 두께 10~20㎝ 정도의 장대한 판석을 15매정도 덮었던 것으로 보이나 부러지거나 없어져 원상을 알 수 없다.〈도면 3〉

석실의 규모는 길이 1,010㎝, 너비120~135㎝, 깊이 180㎝로 지산동의 34호분과 같은 규모이다. 석실과 나란히 배치된 순장석곽은 봉토층위와 구조로 보아 석실과 동시에 축조되었고 출토유물 또한 석실유물과 같은 양식으로 보아 석곽의 피장자는 석실의 주인공을 위한 순장자로 판단된다. 순장석곽은 석실의 서쪽에 석실과 나란히 설치하였는데, 이 순장곽의 남단벽 밑에 선축되어 있던 작은 석곽을 흙을 넣어 폐기하고 그 위에 축조하였다. 석실이 지하에 구덩이를 깊이 파고 축조한 지하식인데 비해 이 순장곽은 지반을 30㎝정도만 약간 파고 고른 다음 4벽을 쌓아 올려 대부분 지상에 축조되었다. 바닥에는 석실과 마찬가지로 전면에 강자갈을 깔고 있다. 순장곽의 규모는 길이 510㎝, 너비 95~97㎝ 깊이 85㎝로 순장곽으로는 큰 규모이다.

한편 본관동고분군에서는 3고분 모두 지산동고분군에서와 같이 묘역 전체를
둘러싸는 호석열은 보이지 않는다. 다만 36호분의 경우 경사가 급한 동반부에

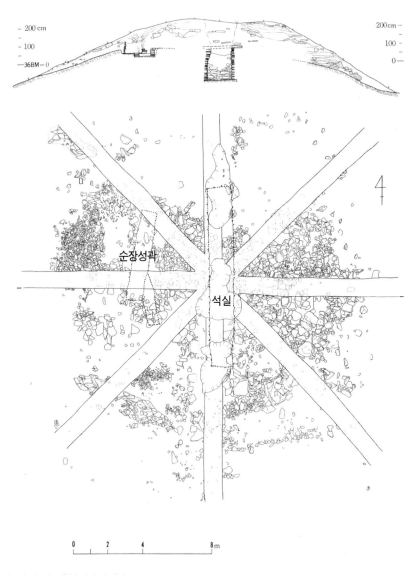

〈도면 3〉 제36호분 평면 및 단면도

봉분 기저부로부터 3단의 석열을 봉토와 함께 쌓아 경사진 쪽의 석실보호와 봉토보강의 역할을 함께 하고 있다. 봉토 동남기저부에도 일부 석열이 돌아가기도 하나 전체적으로 묘역을 감싸는 호석열은 보이지 않는다. 이 36호분 역시 34호분, 35호분과 마찬가지로 크고 작은 할석과 괴석을 석실과 순장석곽을 포함하는 넓은 범위에 원형으로 들어붓듯이 쌓아 즙석을 이루고 있다.

또한 석실과 순장석곽사이의 공간에 34호분이나 35분에서처럼 길이 75㎝, 높이 27㎝ 되는 길쭉한 돌 2개를 35㎝ 간격으로 세우고 한쪽을 막은 ㄷ자형 구조물이 설치되어 있었으나 용도는 알 수 없었다.

2) 출토유물

(1) 토기류

36호분 출토 유물은 34호분이나 35호분 보다 석실과 석곽의 규모도 월등히 크거니와 도굴의 피해가 심하지만, 토기나 철기류 등도 비교할 수 없을 정도로 종류도 다양하고 수량도 많은 편이다. 토기류는 석실에서 통형기대 2점, 장경호 3점, 4이부단경호 4점, 단경호 3점, 발형기대 6점, 양이부완 1점, 우각형파수부배 1점, 뚜껑 16점 등이고, 석곽에서 장경호 4점, 기대 2점, 우각형파수부배 1점, 개배 10점, 뚜껑 8점 등이다. 이들 토기들은 통형기대를 비롯하여 장경호 등 토기들은 거의 지산동 토기양식이고 발형기대 및 4이부단경호는 성주토기 성격이 나타나는 편이다. 이들 토기류 중 대표적인 것은 아래와 같다.

① 통형기대

석실 벽석사이와 매토 중에서 수습된 통형기대는 매장원상은 아니나 1점은 단경호 등을 올려놓는 광구부만 남아 있고, 1점은 반파되어 있어 기형을 완전히 복원할 수 있었다. 2점은 모두 똑같은 형태로 상하가 뚫린 원통형이다. 위로부터 보면, 광구부는 곧추선 목에서 나팔형으로 벌어져 다른 물건을 올려놓기 좋게 하고, 나팔부 표면에는 3줄의 돌대로 2구분하여 밀집파상문대를 돌리고, 목에는 역사다리꼴의 긴 투공 4개를 등간격으로 내었다. 목아래 어깨부분은 상하로 약간 눌린 편구를 이루며 원통형동체에 연결된다. 동체는 상하의 굵기가 같은 3조선을 그어 10단으로 구획하고 각 단에는 5열의 밀집파상문대를 돌린 다음 삼각형투공을 뱀모양 수직장식으로 4분된 구간에 등간격으로 3개씩

상하단 일치되게 뚫고 있다. 그러나 맨 아래 10단에는 투공을 뚫지 않고 파상문만 돌렸다.

한편 뱀모양 수직장식대는 머리를 목 밑 편구부에 붙이고 꼬리를 대각부 중간까지 드리우고 있는데, 머리는 사실화 하지 않고 뭉툭하게 붙인 다음 원권점圓圈點으로 두눈만 표시하였다. 꼬리는 납작하게 넓게 퍼져있는데 꼬리끝은 투공에 의해 잘린 형태이다. 꼬리에는 원권점을 2줄4단으로 8개 찍어 장식하였다.

대각은 복발형으로 튀어나온 선突線에 의해 6단으로 구획하고 1~3단에는 역삼각형투공을 등간격으로 상하단 엇갈리게 뚫었는데, 3단의 역삼각형 투공이 뱀장식꼬리를 잘라먹고 있다. 4단에는 삼각형투공을 역시 윗단과 엇갈리게 뚫었고, 5단에는 3줄의 파상문을 돌려 장식하였다. 맨아래 6단만은 아무런 장식없이 그대로 두고 기저에 연결된다. 이 통형기대는 지산동고분군과 합천, 진주, 남원, 순천 등 대가야지역 출토와 동일한 형태이다.

② 발형기대

석실의 발형기대 6점은 모두 회청색 경질토기편으로 1점은 무문이고, 5점은 기신을 3~4단의 문양대로 구분하여 파상문과 침엽문을 시문한 지산동형 발형기대의 일반형인데, 석곽에서 출토된 1점은 기신이 비교적 얕고 대각이 큰 성주양식이 가미된 것으로 보인다.

③ 장경호

장경호는 석실에서 3점, 석곽에서 4점이 출토되었는데 7점 모두 뚜껑을 닫는 유개식이다. 지산동형 장경호의 전형적 형태인 졸린듯한 목과 부드럽게 몸통으로 연결되는 곡선에 밑이 둥글고 목에는 촘촘한 밀집파상문을 장식한 모양이다.

④ 4이부단경호

석실안에서 3점, 매토중에서 1점이 출토되었는데, 석실안의 3점은 회청식연질토기로 구형동체에 짧은 목을 곧추 세우고 구연부 외단이 내경하도록 하였다. 어깨부분에는 격자문이 시문된 위에 엄지손가락으 구부린 형태의 꼭지 4개를 등간격으로 붙여 놓았다. 경질토기 1점도 같은 모양인데 소성도가 높아 경질이 된 것이다. 이 4이부단경호는 앞의 35호분 출토품과 거의 같은 성주지역 토기문화가 유입된 것으로 보인다.

(2) 철기류

여러 차례의 심각한 도굴로 바닥에 깐 자갈까지도 파헤쳐져 매장원상은 물론 출토유물의 원래 위치를 알 수 있는 유물은 없으나 벽에 가까운 지점에 놓이거나, 바닥의 교란된 상태로 꺽쇠 7점, 미늘 7점 철촉 2점, 축소모형철기인 착형철기 3점, 겸형철기 3점, 도자형철기 5점 등 소형철기들만 바닥에 남아 있었고 석실에 쌓인 흙이나 도굴구에서 대도의 손잡이 환두 1점과 대도 도신편 1점 등이 수습되었다. 석곽에서는 말재갈 1점과 마구장식인 은장십자형장식 2점, 소철환 3점, ℥자형 고리못 1점과, 기타 도자 5점, 관못 4점, 착형철기 2점이 출토되었다.

① 미늘 7점

석실의 남쪽부분에서 각기 흩어져 출토되었는데, 7점 모두 같은 형태로 길이 7㎝ 내외 너비 3㎝, 두께 1.5㎜ 정도의 장방형 철판의 상단을 아치형으로 둥글게 처리한 미늘의 일반형이다. 미늘의 위쪽 중앙에 세로로 2개, 좌우에 각각 세로로 2개, 아랫부분에 등간격으로 3개의 연결구멍이 뚫려 있다. 연결구멍의 위치나 미늘형태로 보아 갑옷의 미늘로 생각된다.

② 환두環頭 1점

석실의 바닥자갈이 파헤쳐진 바닥에서 출토된 것인데 대도의 손잡이 끝장식으로 보이는 횡타원형의 소환두이다. 환에는 천을 감았던 듯 일부에 날이 고운 섬유질이 부착되어 있다. 짧게 남아 있는 손잡이에는 목질이 붙어 있다.

③ 대도편 1점

석실 남쪽 도굴구 주위에서 수습된 것으로 대도의 중간부분이다. 길이 12.6㎝의 짧은 편이라 원형을 파악할 수 없으나 갈등의 두께가 0.8㎝, 폭이 2.7㎝나 되어 매우 큰 칼이었다고 생각된다. 날 부분의 한쪽 면에는 목질이 붙어 있고 단조의 켜가 벌어져 있다.

④ 철제 말재갈 1점과 은장마구 장식

순장석곽의 남단벽 부근에서 출토된 것으로 타원형의 경판이 달린 경판재갈이다. 또 재갈근처에서 은장십자형마구장식 2점도 출토되었다. 끝을 둥글게 처리한 십자형 철판의 네 모서리에 머리가 굵은 은장식 못을 박았고, 4가지의 중간에 가느다란 철지은장된 띠를 감아 붙여 전체적으로 4가지를 연결하는 정방형의 띠가 형성되었다.

(3) 장신구류

고분의 외형이나 석실의 규모로 보아 주인공의 신분을 나타내는 많은 종류의 장신구류가 있었을 것으로 생각되나 석실에서는 어떠한 장신구도 출토되지 않았고, 순장석곽에서 금제귀걸이 1쌍과 유리구슬 일괄이 출토되었다.

① 금제 귀걸이 1쌍

석곽 중앙에서 약간 남쪽으로 치우친 지점에서 출토되었는데, 가는고리 주환에 사슬과 공모양 수하식을 매어 단 순금제 귀걸이이다. 귓불에 끼우는 주고리는 금봉을 구부려 원형으로 맞댄 간단한 형식으로 주고리에 작은 고리 하나를 걸고, 이 작은 고리에 타원형 금실의 양단을 오무려 맞대어 엮은 금사슬을 이어매고 있다. 금사슬의 끝에 매달은 금방울은 속은 비어 있고 겉에는 반구형체를 각목된 금실로 접합시킨 것이다. 금방울 아래 끝에는 금알갱이 4개를 모아 붙이고 있다. 이와 거의 같은 형태의 금귀걸이는 지산동45호분 부실의 순장인이 차고 있던 것이 있다.

② 유리구슬 일괄

석곽의 중앙부 동장벽 근처에서 출토된 것으로 직경 3~5㎜의 소형유리구슬이다. 형태는 팥알에 구멍을 뚫어 놓은 모양이며 색깔은 담청색을 옅은 색이다. 수습된 유리구슬을 124알 뿐이나 깨어진 조각도 여러 개 있어 원래는 이보다 많았을 것으로 생각된다. 이러한 유리구슬은 지산동의 여러 고분에서 순장자가 착장한 목걸이에 많은 것으로 이 유리구슬과도 순장자의 목걸이였을 것으로 생각된다. 앞의 금제귀걸이와 함께 순장자의 신분이 석실주인공을 가까이에서 보필했던 사람으로 보인다. 〈도면 4〉

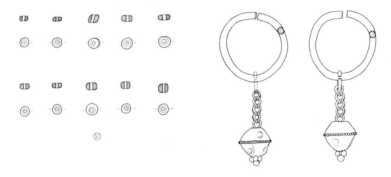

본관동고분 출토 유리구슬 및 금 귀걸이 (36호분 순장곽)

〈도면 4〉 본관동고분군 출토 장신구류

4. 석곽묘군

1) 묘제

석곽묘군은 36호분이 위치하는 북주능선 등마루에서 다시 동쪽으로 분지능선 돌출부에 소형봉토분인 37호분이 입지하고 그 아래 사면에 석곽묘들이 분포한다. 그 중에서 중심사면에 자리 잡아 봉분이나 개석의 유무도 확인할 수 없이 거의 파괴된 석곽묘 9기(A~I호묘)를 발굴조사 하였다. 9기의 장축방향이 모두 등

고선과 평행하고 있어 전체평면으로 보면 계단상의 분포상태를 보이고 있다.

석곽묘 9기 모두가 매장부를 할석으로 쌓은 수혈식구조로서 평면 세장형의 전형적인 지산동식의 외형을 갖추고 있다. 석곽묘들은 경사면에 입지한 관계로 매장부가 자연히 반지하식으로 축조되었으며, 경사면의 중심부에 위치하므로 사람들이 다니는 통행로 이용되고 있어 도굴의 피해도 심하고 유실이 매우 심한 상태이다. 석곽의 규모는 대체로 길이 213~565㎝, 너비 47~72㎝, 깊이 65~87㎝ 정도이며 바닥은 대체로 맨바닥이나 일부(H, I호묘) 평편할석을 전면 혹은 일부 깐 것도 있다. E호묘의 경우는 할석축조의 석곽안에 판석조립의 석관을 내관으로 설치하고 있는데, 이 석관 바닥에만 할 석 조각을 깔고 있다. 이와 같은 2중곽 형식의 석곽도 지산동고분군에서 보이는 형태이다.

2) 출토유물

석곽묘들은 파괴와 도굴이 심하여 매장현상을 파악하기 어려우나 토기류의 대체적인 기형이나 철기류의 종류정도는 알 수 있다. 수량이 많은 것부터 살펴보면 개배, 뚜껑, 양이부단경호, 소형첨저토기, 유개대부소호, 파수부잔, 소용돌이모양 손잡이소호 등이다. 토기류 중 특이한 것은 B호묘 출토개배 3점 중 1점은 고배의 대각을 잘라내고 개배로 사용하고 있는 점이다. 이는 본관동고분군에서 고배가 출토되지 않는 것과 상관이 있는 것으로 생각된다.

철기류도 소량이 출토되었으나 대체로 지산동고분군에서 많이 출토되는 축소모형 소형철기는 대부분의 석곽묘에서 출토되고 있는 점과, 특이한 점은 B호묘에서 대도와 철촉이 출토되었고, C호묘에서는 몽고발형투구와 부속 소찰들과 호록끈을 장식하는 쇠붙이와 교구가 출토된 점이다. 이는 발굴된 3봉토분에서 무구류와 함께 석곽묘에서도 무장구가 출토된다는 점에서 이 본관동고분군의 성격을 보여주는 현상으로 보인다.

Ⅳ. 본관동고분군의 성격

1. 묘제로 본 성격

고령 본관동 34호분, 35호분, 36호분은 지산동고분군에서 북쪽으로 직선거리 5㎞ 정도 떨어진 관동마을 뒷산 해발 239.1m의 정상부에서 북쪽으로 뻗어 내린 주능선의 등마루에 각기 상당한 거리인 100~200m의 간격을 두고 다른 고분이 없는 넓은 묘역을 차지하고 있다.

3고분 모두 약간 볼록한 지반을 고르고 지하에 구덩이를 판 다음, 할석으로 4벽을 쌓아올리고 개석을 덮은 수혈식 석실과 반지상식 혹은 지상식 순장석곽을 나란히 배치한 고분이다. 봉토는 판축식으로 쌓았으며 봉토 속에 잡석이 많이 섞여 있고 경사가 급한 쪽에서는 할석과 괴석을 즙석으로 깔아 봉토의 유실을 막고 있다. 또 지상식으로 축조한 순장석곽을 보호하기 위해 석곽의 바깥쪽으로 할석무더기가 적석처럼 쌓아 보강하고 있다.

또 경사면에 위치한 9기의 석곽묘들은 경사면에 입지한 관계로 매장부가 자연히 반지하식으로 축조되었으며, 장축방향도 등고선의 수평방향으로 설치되고 있다. 석곽의 평면구조나 벽면의 축조상태 등의 구조가 지산동고분군의 석곽축조 방법과 동일한 수법을 보이고 있다.

이러한 묘제로 보아 본관동 봉토분은 주인공의 묘실인 석실과 순장곽 1기를 가진 단곽순장고분으로 지산동고분군의 32호분, 34호분과 합천 반계제고분군, 함양 백천리고분군, 남원 월산리, 유곡리고분군, 산청 생초리고분군, 순천 운평리고분군과 같은 묘제로써 대가야 영역의 최고 지배층 보다는 1단계 낮은 지배층이나 그 지역집단에서는 최고의 지배계층 고분으로 볼 수 있다.

2. 출토유물로 본 성격

1) 토기문화

(1) 본관동고분의 대가야식토기

고분군 전체가 극심한 도굴피해를 입어 매장 유구의 유물 조합상이나 매장원상을 알 수 없을 뿐만 아니라 토기의 기종도 잘 파악할 수 없는 상태이나 남아 있는 기종이나 외형을 통해 토기의 성격을 파악해 보면, 봉토분의 토기는 장경호, 단경호, 4이부단경호, 통형기대, 발형기대, 개배를 조합으로 하고 있고, 석곽묘의 경우는 이부단경호와 파수부배, 개배 등 소형토기를 기본적인 조합으로 하고 있다.

장경호와 발형기대, 단경호, 개배 등 대부분의 토기들은 지산동고분에서 출토되는 대가야식 토기가 기본이며 주류양식으로 볼 수 있는바, 이는 철기류나 장신구류 등에도 보이는 공통된 양식이다. 특히 최고 지배계층의 제의와 관련된 것으로 대가야지역에서 지배권의 상징처럼 되어 있는 원통형기대가 36호분 석실에서 출토되었다. 대가야 도읍지인 지산동고분에서 출토되는 원통형기대와 거의 같은 형태의 기대가 본관동고분군의 36호분에서 출토된 것을 보면, 본관동고분 집단의 위상이 상당히 높다는 것을 의미하는 것이다. 〈도면 5〉

지배층 제의권 관련 토기인 원통형기대의 출토지는 지산동고분군에서 32호분, 30호분, 44호분 등 중요고분에서 출토되었고, 지산동에서 제작된 것으로 생각되는 같은 형태의 원통형기대가 다른 지역인 합천 옥전M6호분, 반계제 가B호분, 의령 경산리 1호분, 진주 수정봉 2호분, 남원 두락리 1호분, 순천 운평리 M2호분 등 대가야영역 지역집단의 유력자 무덤에서 출토되고 있어 대가야의 중앙왕권이 지방지배자에게 사여한 것으로 보인다. 또 이들 고분에서는 대가야식 금제 수식이 달린 귀걸이들이 같이 출토되고 있어 대가야영역임을 대변하고 있다.

(2) 성주문화의 요소가 많이 반영된 토기

대부분의 토기가 지산동고분에서 출토되는 대가야식 토기이지만 일부 기종에서는 성주 등 외부지역의 문화요소가 반영된 토기도 지산동고분에 비해 많이

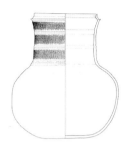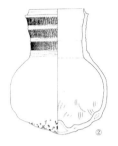

본관동고분 출토 지산동식 장경호 (35호분, 36호분 출토)

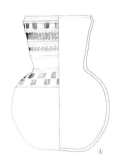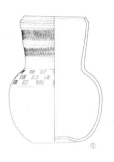

본관동고분 출토 성주식 장경호 및 기대 (35호분 석실 출토)

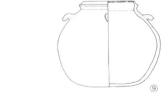

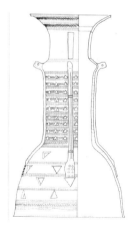

본관동고분 출토 사이부호(성주식 35호분) 및 지산동식 통형기대(36호분)

〈도면 5〉 본관동고분군 출토 토기문화

출토되어 본관동고분군 피장자들과 지역문화의 성격을 반영하고 있는 것으로 보인다. 특히 35호분 출토 장경호 중에서 대가야식 장경호와 함께 출토된 2점은 목이 직선적이며 동체부 어깨면에 직선문을 시문하고 있어 성주식(신라식) 문화 요소가 반영되어 있다. 〈도면 5〉

또한 35호분, 36호분 석실출토와 석곽묘군인 B, D호묘 출토의 단경호류는 어깨에 4개의 꼭지를 가진 4이부단경호로서, 성주 성산동고분이나 대구 달서 고분 등에서 흔히 볼 수 있는 외래양식으로 보인다. 이와 같이 본관동고분군에서 나타나는 낙동강 신라양식 토기는 인접지역인 성주지역이나 낙동강 동안지역인 대구지역과의 대치나 교류의 결과로 생각된다. 외래문화의 요소는 지산동고분에도 나타나지만 본관동고분군에서의 외래문화 요소가 차지하는 비중이 상대적으로 높음을 알 수 있다. 이러한 요소 또한 본관동고분군의 성격이라 할 것이다.

2) 무구류 중심의 철기문화

철기류에 있어 봉토분이나 석곽묘에 모두 축소모형철기인 착형철기, 겸형철기, 도자형 철기 등 소형철기가 기본적으로 들어가는 양상이며, 그 외의 철기류는 무구류의 비중이 매우 높아 본관동고분군 피장자들의 무장적 성격을 보여주고 있다. 즉 본관동고분의 대형분인 36호분에서 투구와 갑옷의 소찰들이 발견되고, 환두대도와 말재갈과 은장말장식 등이 출토되었고, 34호분에서는 철도편과 철제화살촉 다발이 출토되었고, 35호분에서는 이 고분의 주인공이 무장임을 암시하는 몽고발형투구의 부속구인 금동소찰과 철모 등의 무장구와 교구 등 마구가 출토되었다. 또 석곽묘 9기중 C호묘는 석곽묘 가운데서도 규모가 크고 능선 경사면의 중앙에 위치하고 있는데, 여기서도 몽고발형 투구 및 그 부속 소찰들과 화살통인 호록 끈을 장식하는 쇠붙이와 교구가 출토되어 다른 지역에 비해 무장구가 중심이 되어 있다. 〈도면 6〉

이들 철기류를 볼 때 본관동고분의 철기문화는 본관동 세력의 정치적 성격을

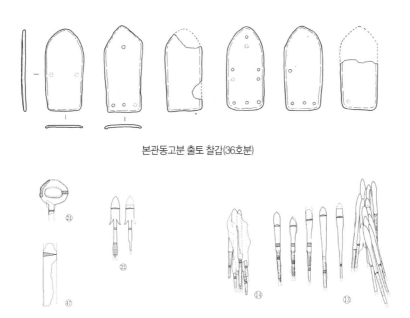

본관동고분 출토 찰갑(36호분)

본관동고분 출토 환두대도 및 철촉(36호분)　　　본관동고분 출토 철촉(34호분)

〈도면 6〉 본관동고분군 출토 철기유물

반영하는 무구와 마구가 중심이 된 철기문화로 본관동고분군 집단이 대가야의
왕경을 방어하는 기능을 가진 무장세력임을 강하게 암시하고 있다.

3) 묘제와 출토유물로 본 축조시기와 성격

　　묘제와 출토유물을 종합해 볼 때 본관동고분군은 축조시기의 절대연대를 알
수 있는 자료는 없으나 지산동고분군과의 비교를 통하여 상대적으로 추정할 수
있다. 지산동 35호분 출토의 발형기대와 본관동 35호분출토 발형기대의 요소와
본관동 34호, 36호분의 개배나 호로병토기, 발형기대는 지산동 44호분과 대비될
수 있어 5세기 후반으로 볼 수 있겠다.

　　이상으로 볼 때 대가야권역은 왕도인 지산동고분군과 대가야권역 내의 지역 지
배층간의 관계에서도 위계차가 명확한 것으로 보인다. 이는 대가야왕권이 왕도의

지구 내 수장뿐만 아니라 지방의 수장을 편제하고 통제하였기 때문이었다. 즉 본관동고분군 세력은 대가야 왕도의 직하 지배집단으로 왕기王畿에 주둔하면서 왕도와 왕궁을 방어하는 '수도방위사령부'와 같은 역할을 한 것으로 볼 수 있다.

즉 고령 본관동고분군 축조 집단은 왕도의 직하집단이면서 일대지역을 지배하는 군사집단으로 기능하고 있었던 것이다. 낙동강을 경계로 국경을 마주하고 있는 신라를 방어하기 위해 연조리의 왕궁에서 10km 내외의 낙동강 동안에 강정리보루성, 무계리산성, 도진리산성을 축조하여 국경방위선으로 삼고, 5km 내외에 위치한 망산산성, 운라산성, 옥산성 라인으로 수도방위선으로 하여 동북방위를 책임졌던 것으로 보인다.

본관동고분군 집단은 수도방위의 중요한 임무를 맡은 핵심세력이며, 따라서 지산동 왕릉지역에서 출토되는 지배권의 상징인 제의 토기 원통형기대를 사여받았고, 왕기를 지키는 중요임무를 수행한 집단이었다. 이는 주요거점 방어성인 운라산성의 월산리고분군 세력, 무계리산성과 강정보루의 박곡리고분군, 도진리산성의 도진리고분 세력 보다 규모나 출토유물에서 월등히 높아 본관동고분군의 위계가 아주 높다는 것을 말해 주는 것이다.

그러므로 자연히 인접한 성주 성산동고분군과 낙동강 건너의 대구 달성고분군, 화원고분군의 신라문화를 접하기 수월하였고, 그 결과가 본관동고분군 토기에 외래문화 요소가 반영된 것으로 볼 수 있겠다.

V. 고분발굴의 마무리

1. 본관동고분 34, 35, 36호분 및 석곽묘 9기의 발굴은 1983년 7월 25일부터 1983년 11월 24일까지 123일간 계명대학교 자체예산으로 실시하였다.

2. 발굴착수 전에 대구문화방송(MBC TV) 프로듀서 손양덕 선생에게 본관동고분 발굴조사 과정을 기록영화로 만들 것을 제의한바, 쾌히 수락되어 손PD와 김

동철 촬영감독이 발굴 진행상황에 따라 수시로 내방하여 녹화하였다. 이 녹화기록은 1983년 12월 8일(목) 대구지역 로컬프로그램인 〈목요 스페셜: 고령 본관동 대가야 고분 발굴조사〉의 제목으로 방영되었다.

3. 발굴도중 우리나라 '전방후원분前方後圓墳' 조사에 열중하고 있던 영남대문화인류학과 강인구교수가 4, 5차례 내방하여 발굴분인 34, 35, 36호분 3기가 모두 전방후원분이며, 그 중 35호분은 전형적인 것이라고 주장하여, 상세한 고분실측과 자신의 항공촬영에 협조하여 줄 것을 요청하여 왔다. 현장 조사경험으로 보아 전방후원분은 아니라고 생각하였으나 조사의 성실함을 위해 35호분 앞의 평평한 부분에 대한 보다 세밀한 지형 및 20㎝ 간격의 등고 측량을 실시하고, 이 부분에 대한 토층조사를 위해 가로 세로로 토층탐색 트렌치를 넣어 조사하였다.

그러나 이러한 정밀조사 결과 설상대지에는 지표에 들어난 암반이 풍화되어 균열이 생겼지만 전방후원분의 전방부처럼 인공이 가해진 흔적은 전혀 없고 뒷부분의 석실과 순장곽도 전방후원분의 성격이 아니라서 전방후원분이 아닌 것으로 결론지었다. 다만 균열된 풍화암반 속에 35호분과 무관하게 후대의 화장골호로 추정되는 연질의 인화문합이 매장되어 있었다.

4. 발굴기간 중에 김종철 관장과 인연이 있었던 미국 보스턴 미술관장 얀 폰테인(Jan Fontein) 박사가 내방하여 1983년 10월 28일부터 10월 31일까지 4일간 직접 발굴조사에 참가하였다.

5. 본관동고분 발굴은 앞에서 본 것처럼 고분발굴에서 8분법을 처음 시도한 것을 비롯하여 대구MBC TV의 다큐멘터리 제작처럼 고분발굴 조사의 새로운 방법을 많이 시도하였는데, 국립문화재연구소 보존과학연구실에서 자체의 예산으로 우리나라 최초로 고분봉토의 토층전사土層轉寫를 실시하였다.

당시 일본에서는 자체 개발한 약품으로 토층전사 하는 방법이 고안되어 토층전사를 많이 실시하고 있었지만 국내에서는 시도한 바가 없는 상태였는데, 본관동 36호분 동남둑에 대한 토층전사를 실시한 것이다. 이 토층전사는 1983년 10월 22일부터 27일까지 6일에 걸쳐 실시하였는데, 보존과학연구실 김병호 학예사가 자체개발한 〈BH 1-2〉 약품을 사용한 실험적 작업으로 매우 성공적이었다. 과거 패총단면에 대해서는 군곡리패총에서 외제 약품으로 실시한바 있으나 국산약품을 사용하여 고분토층을 전사하여 성공한 것은 처음이었다.

토층전사 방법은 토층단면을 깨끗이 정면한 다음 〈BH 1-2〉 약품을 부드러운 페인트 솔로 여러 차례 바르고 면포(거즈)를 그 위에 덧대어 굳힌 후 얇게 떼어내는 작업으로써, 토층의 분리보존 및 전시용 제작에 매우 효과적임이 판명되었다. 이 작업에는 김병호 연구사와 함께 계명대학교박물관의 김병주 연구원이 함께 작업하였다.

실제로 이 토층전사 작품은 계명대학교박물관 보존과학실에서 손질을 거쳐 본관동고분군 발굴 특별전에 전시되어 많은 호평을 받은 바 있다.

참고문헌

啓明大學校博物館, 1995,『高靈本館洞古墳群』.

尹容鎭, 金鍾徹, 1979,『大伽倻古墳發掘調査報告書』, 高靈郡.

金鍾徹, 1981,『高靈池山洞古墳群』.

慶北大學校博物館, 2006,『傳 大伽耶宮城址』.

경북대학교박물관, 2009,『고령지산동 44호분-대가야왕릉-』.

대동문화재연구원, 2017,「烽火山城-현장공개 현장 설명회 자료집」(2017. 6. 20).

박천수 외, 2003,『가야의 유적과 유물』, 학연문화사.

대가야박물관, 2004,『대가야의 유적과 유물』.

대동문화재연구원, 2014,『고령 주산성 I 』.

대가야박물관, 2019,『대가야토기공방 -고령본점과 창원분점-』.

大東文化財硏究院, 2020,『高靈 池山洞 大加耶古墳群 I 』.

대가야박물관 · 영남대학교박물관, 2020,『대가야의 도성』.

김세기, 2020,『대가야 고대국가론』, 학연문화사.

慶尙北道, 1995,『加耶史硏究 -대가야의 政治와 文化-』.

제 2 장
대가야의 친구, 함안 아라가야

1. 묘제를 통해 본 아라기야
2. 아라가야의 형성기반과 영역의 변천

함안咸安의 아라가야阿羅伽耶는 남강하류역과 남해안에 근접한 남고북저南高北低의 분지로 이루어진 지역이다. 이 지역은 곡저평야谷底平野를 이용한 식량생산과 수로를 이용한 외부와의 교역으로 일찍부터 정치체의 성장을 가져와 아라가야安羅國의 중심을 이룬 곳이다.

아라가야는 변진弁辰 12국 중 김해의 구야국狗邪國과 함께 가장 유력한 소국이었던 안야국安邪國의 고지이며, 안야국이 발전하여 아라가야安羅國으로 발전한 곳이다.

진변한 소국 중에서 아라가야는 대가야와 같이 국가가 발전하면서 지배층의 묘제가 목곽묘에서 수혈식 석실분으로 바뀌는 곳으로 묘제가 대가야와 비슷한 형태의 변화를 겪는다.

대가야는 처음 변진반로국弁辰半路國에서 시작하여 가라국加羅國을 거쳐 대가야로 발전하였는데, 회천유역의 반운리에서 목곽묘를 수장층의 주묘제로 사용하던 반로국은 중심지를 주산아래의 연조리로 옮기고, 수혈식 석실을 묘제로 하는 지산동고분군을 그들의 지배층 묘지로 사용하였다.

또한 문헌사료에서도 『일본서기』의 기록에 의하면 함안의 안라국은 529년 백제와 신라가 가야지역을 무력으로 위협하는 상황에서 자국에서 고당회의高堂會議를 개최하여 가야 외교를 주도할 정도로 대국의 면모를 보이고 있다. 그리고 541년과 544년에는 백제의 사비에서 열린 소위 '임나부흥회의任那復興會議'에 대가야와 더불어 왕이 아닌 차한기次旱岐(하한기)를 파견하는 등 가야말기 외교활동을 함께하고 있다. 이러한 묘제와 사료로 볼 때, 아라가야는 대가야의 친구이다.

1. 묘제를 통해 본 아라가야

I. 머리말

함안咸安은 남강 하류역과 남해안에 근접한 남고북저의 분지로 이루어진 지역이다. 이 지역은 곡저평야를 이용한 식량생산과 수로를 이용한 외부와의 교역으로 일찍부터 정치체의 성장을 가져와 아라가야(안라국)의 중심을 이룬 곳이다. 따라서 함안지역에는 청동기시대의 지석묘로부터 원삼국시대의 목관묘, 안라국시대의 목곽묘, 수혈식석곽묘와 석실묘, 횡혈식석실분에 이르기까지 많은 분묘들이 존재하고 있어 선사시대이래 가야시대 세력기반을 이해할 수 있는 자료가 되고 있다.

함안지역의 분묘들은 함안읍의 말이산을 비롯하여 법수면 황사리, 군북면, 칠원면 오곡리에 분포되어 있다. 그리고 함안군 지역은 아니지만 묘제와 토기로 보아 안라국 문화권이라 볼 수 있는 남강 북안의 의령 예둔리, 마산시의 현동고분군, 진동면일대와 함안의 서쪽경계에 가까운 진주시의 진양지역까지도 이에 포함시킬 수 있을 것이다. 이러한 고분의 분포를 통해 안라국의 지역권을 살펴보면 초기에 함안분지의 중심지역군, 군북지역군, 칠원지역군의 세지역권에서 점차 범위를 넓혀 창원권, 진동권, 군북권, 의령권으로 확대되었음을 알 수 있다.[1]

그러나 이들 고분군 중에서 아라가야 혹은 안라국의 정치적 성격이나 발전과정과 연관지을 수 있는 수장묘로 볼 수 있는 고분군은 말이산의 능선과 구릉사면에 걸쳐 넓게 형성된 도항리고분군이다. 도항리고분군은 고대한 대형봉토를 가진 수혈식석실분이 대부분이지만 지석묘, 목관묘, 목곽묘 및 횡혈식석실분도 일부 섞여 있어 이른 시기부터 중심지로서의 역할을 해 온 것을 알 수 있다.

함안지역은 김해의 구야국狗邪國과 함께 변진弁辰 12국 중 가장 유력한 소국이었던 안야국의 고지이며 이것이 발전하여 아라가야(안라국)로 발전한 곳이다. 『삼국사기』나 광개토왕 비문 등 문헌에는 안라국으로 표현된 것이 많지만, 이 글이 가야에 관련된 내용이므로 여기서는 5가야로 표현된『삼국유사』에 따라 아라가야阿羅伽耶로 쓰기로 한다. 따라서 이들 각종 고분들은 가야시대 이 지역을 중심으로 발전했던 아라가야 사람들의 생활과 사상이 반영된 것이 분명하다 할 것이다. 그러나 고분자료를 통해 아라가야의 발전을 이야기하려면 왕을 비롯한 수장층의 고분자료 즉 아라가야 중심묘제의 변화와 특징을 살펴보는 것이 바람직한 방법이라 할 것이다. 그러므로 이 글에서는 주로 아라가야의 최고지배층 묘제인 수혈식석실분의 평면과 벽면 축조 방법, 개석의 상태 등 구조적인 측면과 순장을 포함한 부장품의 성격 등 장의적인 측면을 통해서 아라가야국의 일면을 살펴보려고 한다.

II. 함안지역 묘제의 유형

1. 목관묘와 목곽묘

목관묘는 땅에 구덩이를 파고 시신을 나무관에 넣어 매장하는 묘제이고, 목곽묘는 사회의 발전에 따라 목관묘가 확대되어 나타난 묘제이다. 목곽묘는 기본적으로 목관묘의 목관을 보호하는 시설로 판자나 각재 혹은 통나무로 곽을 짜서 목관을 덧씌운 형태이다. 그런데 이렇게 목관묘에서 목곽묘로의 확대발전이 단순히 목관을 보호하는 장치가 하나 늘어나는 것에 그치는 것이 아니라, 정치·사회적인 복합적인 의미가 내포되어 있기 때문에 가야 묘제로서 목곽묘는 가야사회 변화에 지대한 영향을 미친 매우 중요한 요소의 하나이다. 특히 원삼국시대 영남지방에서 시작된 목관묘에서 목곽묘로의 변화 과정은 가야뿐만 아니라, 초기신라의 발전에도 중요한 발판의 하나로 작용하고 있다고 할 수 있다.

　가야지역의 목관묘는 기원전 2세기후반 낙동강하류지역에 나타나기 시작하여 가야지역뿐만 아니라 영남지역 전체에 퍼져 있었다. 이 시기 함안의 목관묘는 도항리에서 모두25기의 목관묘가 조사되었는데[2], 낙동강 하류의 김해 양동리유적, 남해안의 창원 다호리, 도계동유적 등 다른 가야지역 목관묘와 대개 비슷한 양상을 보이고 있다. 목관은 길이가 250~290cm정도가 대부분이고, 깊이는 60cm 이내로 낮은 것과 70cm 이상으로 약간 깊은 종류가 있다. 목관의 재료는 판재를 ㅍ자 형태로 결구하고 있는 일반적 양상이다. 창원 다호리나 대구 팔달동과 같은 통나무목관이나 요갱은 보이지 않는다.

　이러한 목관묘는 김해지역에서는 서기2세기 전반에는 대형목관묘와 함께 목곽묘가 등장하게 된다.[3] 그러나 가야지역의 목곽묘가 보편화되는 것은 대체로 2세기 후반부터 3세기에 들어서라고 생각되는데, 이때부터 여러 가지 변화가 나타나게 된다. 즉, 김해지역을 중심으로 분묘의 입지가 평지에서 구릉으로 옮겨가면서 주위의 다른 고분보다 규모가 큰 대형분은 구릉의 정상부에 자리잡고 부장유물도 많아질 뿐 아니라 철제 무구류가 부장 되어 구릉사면에 입지하는 소형분과 차별화 된다.

　이와 같은 대형목곽묘는 묘광의 길이가 5m로 대형화 될 뿐 아니라 부장유물도 내행화문경內行花文鏡 등의 한경漢鏡, 철복鐵鍑, 재갈, 다량의 판상철부, 유리구슬 목걸이 등이 출토되어 권력의 집중화가 이룩된 首長墓의 모습을 보여주고 있다. 이러한 방형 평면의 대형 목곽묘는 부산 노포동, 울산 하대나 경주 조양동유적에서 공통적으로 보이고 있고, 또 묘광 길이 3~4m의 소형목곽묘는 이외에도 가야지역의 창원 도계동유적과 대구, 경산지역에도 분포되어 있어 이 시기 목곽묘는 영남지역의 공통된 묘제라고 생각된다.

　함안지역의 목곽묘유적은 도항리고분군의 북쪽 구릉지대와 남강 연안의 황사리고분군, 윤외리고분군, 칠원 옥곡리고분군에서 다수 확인되었다.[4] 이 고분군들은 대체로 4세기까지도 길이 4m내외의 중소형 목곽묘가 구릉 경사면에 무질서하게 조영되어 있고,[5] 부장유물도 통형고배, 노형토기, 파수부잔 등의 토기류가 대부분으로 아직까지 수장묘는 없는 상태이다.[6]

유구의 평면형태에 있어서도 묘광의 장폭비가 대체로 2.5:1로 김해지역의 2:1보다 약간 세장한 편이다. 이와 같은 세장한 평면적 특징은 이후 이 지역의 주묘제인 수혈식석실분에도 그대로 이어져 지역적 특징으로 이해할 수 있다.

함안에서 수장묘로 볼 수 있는 목곽묘는 도항리고분군의 마갑총馬甲塚을 들 수 있는데, 아파트배수관 매설공사 중에 발견된 이 고분은 묘광의 길이 890cm, 너비 280cm, 깊이 110cm이며, 목곽의 규모도 길이 600cm, 너비 230cm, 깊이 100cm의 대형목곽묘에 속하고 출토유물도 상태가 매우 양호한 말갑옷 일습과 은상감환두대도와 철모, 철겸 등의 철제품이 출토되어 상류지배층 분묘로 판단된다. 이 목곽묘의 장폭비도 함안의 다른 대형목곽묘와 마찬가지로 목곽 2.6:1과 묘광 3.1:1의 비율을 보이고 있어 김해지역의 장방형목곽묘 보다 약간 세장한 형태를 하고 있다.[7] 김해지역에서는 장방형목곽묘에서 다량의 유물부장과 정치

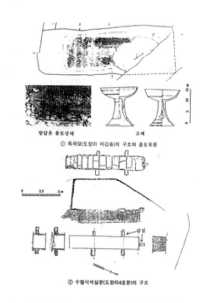

① 목곽묘(도항리 마갑총)의 구조와 출토유물

② 수혈식석실분(도항리4호분)의 구조

〈그림 1〉 함안 목곽묘(①)와 수혈식 석실분(②)

지배력이 확대되면서 주부곽식 일자형목곽묘로 발전하는데, 함안의 경우 목곽묘에서는 순장이 행해지지 않고 더 이상 발전하지도 않는다. 이후 수장묘의 묘제는 내부주체가 세장방형 수혈식 석실분으로 변화되면서 봉토가 대형화되고 순장이 행해지게 된다. 이와 같은 묘제의 변화는 대가야지역인 고령지역과 함안지역이 똑같은 양상을 보이고 있다.〈그림 1〉

2. 수혈식 석곽묘와 석실분

삼국시대 한강이남 지역에 광범위하게 분포되어 있었던 묘제는 목곽묘와 함께 수혈식 석곽묘이다. 수혈식묘제란 땅을 파고 판석이나 할석으로 매장부의 4벽을 쌓고 시신을 위에서 아래로 매장하는 묘제로 석관묘(석상분), 석곽묘를 통칭하는 말이다. 시신의 매장방법으로만 따진다면 목관묘나 목곽묘도 수혈식이라 하겠지만 일반적으로는 돌로 벽을 축조한 석관묘나 석곽묘를 의미한다.[8]

수혈식 묘제는 판석조 석관묘와 할석조 석곽묘로 구분되지만 이들 중 소형고분들은 축조재료와 방법 등 구조상으로는 선사시대 것인지 가야시대 것인지 구분하기 어렵다. 이것은 가야시대의 수혈식 묘제가 대체로 석관묘나 지석묘의 하부구조인 선사시대 석곽묘의 전통을 이어 계속 축조되어 온 것을 말해주는 것이다.[9] 그리고 석곽묘 중에서 길이×너비×깊이의 규모가 5㎥이상의 체적을 가진 대형을 수혈식 석실묘라고 부른다.[10] 이에 대하여 횡혈식 석실분만 석실분이고 수혈식은 크기에 관계없이 석곽묘라는 주장도 있지만,[11] 횡구식이나 횡혈식 고분 중에는 규모가 아주 작아 석실로 부를 수 없는 소형도 있어[12] 매장 방법의 대표성만으로 실室과 곽槨을 구분하는 것은 고분의 사회·문화적 성격을 제대로 반영하지 못한다고 생각한다. 즉, 수혈식 석실묘는 단순히 규모의 대형과 소형에 따르는 단순한 구분이 아니라 입지의 탁월성, 高大한 봉분, 부장품의 수량과 품격의 차별성, 묘장墓葬의 형태 등을 종합적으로 구분한 용어이므로,[13] 수혈식 석실분으로 부르는 것이 타당하다고 판단된다.

가야지역 수혈식 석곽묘는 지역에 따라 차이는 있지만 대체로 5세기대에 고총고분인 석실묘로 발전하게 되는데, 아라가야安羅國의 주고분군은 함안의 중심지인 가야읍을 남북으로 뻗어 내린 해발 50m정도의 말이산의 주능선과 사면에 걸쳐 분포된 도항리, 말산리고분군이다. 이 고분군에는 대·소형 봉토분 100여기가 밀집 분포되어 있는데 행정구역이 달라 두 개의 고분군이 되었지만 원래 末伊山의 능선과 사면에 연결되어 있다. 그러므로 이를 모두 합하여 말이산고분군이라고 부르기도 하고 특히 고총고분이 집중되어 있는 도항리고분군으로 지칭하기도 한다.

함안지역에서 발굴 조사된 수혈식고분은 도항리고분군에서 20여기와 칠원 오곡리고분군의2기, 의령 예둔리고분군의 17기로 모두 40여기에 불과하다.[14] 그 중에서 오곡리, 예둔리고분군의 수혈식고분은 중소형 석곽묘들이고, 안라국의 발전과정이나 정치적 성격을 이해할 수 있는 자료로서의 지배층고분은 대체로 도항리고분군에 분포한 5세기대의 대형봉토분인 고총고분들이다. 도항리고분 군의 대형 봉토분들은 대부분 수혈식 석실분이다. 일제시대에 발굴 조사된 구34 호분이 당시 횡구식 석실분으로 알려지기도 했으나, 근래 다른 봉토분들의 발굴 조사 결과와 당시 보고서의 분석연구에 의해 수혈식 석실분으로 밝혀짐으로써[15] 안라국의 왕을 비롯한 최고지배층의 묘제는 수혈식 석실분임이 분명해졌다. 〈그림 2〉

이들 대형 봉토분들은 가야지역 고총고분의 일반적 입지와 마찬가지로 구릉의 頂上部를 따라 일정한 간격을 유지하며 융기부에 자리 잡거나 혹은 구릉의 사면에 조영된 경우는 등고선의 방향과 나란히 축조하여 더욱 크게 보인다. 능선의 정상부에 위치한 고분은 묘역 중앙에 땅을 파고 묘실을 설치한 지하식인데, 네 벽은 이 지역의 기반층인 적갈색 혈암을 두께 20cm 정도로 얇게 깨뜨려 만든 판상板狀의 할석을 이용하여 수직으로 쌓고 있다. 묘실은 한 봉토에 1개만 배치하는 것이 기본이며, 석실 중앙에 관정을 사용한 목관에 주인공을 북침으로 안치하고 머리맡에 토기나 철기등의 부장품을 배치한다. 그리고 목관과 부장품을 함께 덮는 목곽을 설치한 다음 목곽 밖 주인공의 발치쪽 공간에는 주피장자와 직교하도록 서침으로 순장자를 배치하고 있다.

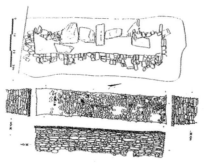

① 극세장형 수혈식석실(장폭비 5.6 : 1, 도항리 <문> 54호분

〈그림 2〉 함안 중심묘제의 구조(수혈식석실분)

석실의 개석은 벽석을 쌓은 할석과 같은 재질인 점판암 계통의 사암을 방형으로 얇게 떼어내어 10~13매를 덮는다. 개석 위에는 작은 할석으로 덮은 다음 봉토를 쌓았는데 봉토의 축조는 다른 지역과 마찬가지로 판축식으로 구분 쌓기를 하였을 것으로 추정된다. 개석은 두께가 얇고 석질도 약한데 석실은 길기 때문에 판축식으로 다져 쌓은 봉토의 무게를 이기지 못하고 부러져 있는 경우가 많다. 또 다른 지역의 경우 봉분의 기저부에 원형 혹은 타원형의 호석을 쌓아 묘역을 나타냄과 동시에 봉토의 유실을 방지하는[16] 것이 일반적이지만 도항리고분군의 경우는 호석을 쌓지 않았다. 다만 경사면에 설치된 봉토분의 경우 경사면 위쪽에 반원형의 도랑을 설치해 봉토의 유실을 방지하고 있다. 도항리 수혈식 석실분의 입지와 구조 등 묘제와 관련된 상세한 내용은 다음절인 안라국 묘제의 특성에서 살펴보기로 한다.

3. 횡혈식 석실분

목곽묘나 수혈식 석실분이 아무리 규모가 크고 화려한 유물이 많이 부장 되어도 그것은 기본적으로 한 번의 사용으로 끝나는 묘제임에 비해 횡혈식 석실분은 묘실로 들어가는 연도가 있어 2회 이상 사용할 수 있는 묘제이다. 이렇게 시신을 현실에 안치하기 위해 들어가는 연도가 붙어 있어 시신을 매장할 때 옆으로 넣기 때문에 횡혈식 고분이라고 한다. 횡혈식 고분의 경우 현실은 사람이 서서 다닐 수 있는 규모가 대부분이고, 현실의 개념도 관을 안치하는 것만이 아니라 사후의 생활공간이라는 의미에서 연도가 달려 있는 횡혈식고분을 일반적으로 석실분이라 부른다. 그러나 형식은 횡혈식고분이지만 길이가 1m 정도에 높이도 1m 미만의 소형 횡혈식 석실분도 상당수 있기 때문에 일률적으로 그렇게 부르기 어려운 면이 있다.

그리고 횡혈식고분과 비슷하지만 연도가 없고, 한쪽 단벽을 출입구로 하여 2회 이상의 추가장을 실시하는 횡구식고분도 있기 때문에 역시 연도의 유무로 석실을 규정하는 것은 무리가 있다. 그러므로 앞의 수혈식 석실분에서 본 바와 같이 이를 보완하고 고분이 갖는 사회적 의미를 정확하게 이해하기 위해 대형 수혈식 고분을 석실로 구분하는 방법이 사용되기도 하는 것이다.

횡혈식고분은 고구려의 석실봉토분에서 시작하여 그것이 백제를 거쳐 6세기에 들어와 가야지역에 전해진 것으로, 가야지역 고분에 횡혈식이 수용된 양상은 크게 두 가지 유형으로 나타난다.[17] 제1유형은 재지의 세장방형 수혈식석실 축조구도에 연도부의 형식만 채용한 횡혈식석실로서 서부 경남의 진주 수정봉 2호분과 3호분[18]에 나타난다. 진주지역 정치체의 최고 지배층의 분묘로 보이는 이 고분은, 대가야 수도인 고령지역 보다 먼저 횡혈식석실을 수용하고 있는 것으로 이는 백제의 가야지역에 대한 본격적 진출이 이 지역부터 시작되는 것으로 볼 수 있다. 그러나 부장품은 대가야양식 토기가 주류이며 특히 대가야식 제사토기의 상징이라 할 수 있는 원통형기대가 출토되고 있어 대가야의 정치적 영향 하에 있는 것으로 판단된다.[19]

제2유형은 주로 대가야의 도읍지인 고령지역과 수혈식 석실분 중에서 대가야식인 다곽석실분을 축조하던 지역 즉 대가야지역에 나타나는 세장방형 보다 너비가 약간 넓은 장방형으로 축조된 횡혈식석실이다.[20] 이 석실들은 공주지역에서 각지로 파급된 송산리형 또는 공주형 횡혈식 석실이며[21] 고령지역은 그 분포권의 하나로 보인다. 이 유형 중에서 대표적인 것이 고령 고아동 벽화고분이다.[22] 이 고분은 무령왕릉과 같은 구조인 터널형 석실분이지만 축조재료가 벽돌이 아니라 길쭉한 할석이라는 점이 다르다. 따라서 할석으로 천장을 완전한 아치형을 만들기 어려우므로 양 단벽은 곧게 세우고 장벽은 곧게 쌓다가 서서히 안으로 내밀어 쌓아 공간을 좁힌 다음 맨 꼭대기에 판석으로 천정을 덮어 터널형으로 만든 구조이다. 할석으로 쌓은 석실이므로 벽돌구조인 무령왕릉처럼 정제되지 못하므로, 안에 회를 바르고 천정과 벽면에 벽화를 그려 넣어 최고의 화려함과 엄숙함을 다한 것이다. 그러므로 이 벽화고분은 무령왕릉의 영향을 받아 축조한 횡혈식 석실분으로 가야지역의 다른 석실분과는 달리 대가야 왕릉으로 판단된다.

함안지역의 횡혈식고분도 역시 주로 도항리고분군에 분포하고 있는데 조사된 것은 모두 4기에 불과하다. 이 횡혈식고분들은 말이산의 북쪽 구릉의 끝자락에 입지하고 있는데 이는 말이산의 중심 주능선상에는 수혈식석실분인 고총분이 구릉전체에 자리잡고 있기 때문에 부득이 구릉의 북쪽 끝자락에 설치된 목관묘나 목곽묘를 파괴하고 자리잡게 된 것이라고 생각된다. 이밖에 중광고분군에도 횡혈식고분이 있다고 알려져 있으나 지표조사에 의한 것이라 그 현상을 알 수 없다.

이들 횡혈식고분의 석실평면 형태는 모두 세장방형을 이루고 있고, 연도가 모두 남단벽의 중앙에 설치된 중앙연도식으로 연도의 길이는 1m 내외로 짧은 편이다. 석실의 높이는 1m 이상의 중형과 1m 이하의 소형이 있는데, 벽면의 축조는 할석을 수직으로 쌓아 올리다가 상단부에 이르러 약간 내경 하게 쌓고 여러 매의 천장석을 덮고 있다. 또 〈문〉47호의 경우는 봉분의 최하단부에 1~3단 정도의 호석을 돌리고 있고, 〈문〉4호분의 경우는 경사가 급한 동쪽편에 폭 3~5m의 얕은 주구周溝를 설치하고 있다.[23]

이와 같은 세장방형의 석실평면에 중앙연도 형식은 위에서 말한 진주 수정봉고분에서 보이는 것과 마찬가지로 기존의 수혈식석실 구조에 연도부의 형식만 채용하여 추가장을 실시하는 가야지역 초기 횡혈식석실의 일반적 형태를 수용하고 있는 것으로 파악된다. 이것은 세장방형의 재지형 횡혈식구조를 채용하지 않고 바로 공주 무령왕릉과 같은 형식의 터널형 횡혈식석실분을 왕릉으로 채용하는 대가야지역과 차이를 보이는 것이다.

Ⅲ. 아라가야 중심묘제의 특성

1. 극세장형 평면과 단실 구조

위의 함안지역 묘제의 유형에서 본 바와 같이 함안의 중심고분군은 말산리의 주능선과 그 사면에 분포된 대형 고총분으로 상징되는 도항리고분군이며, 이 고총분의 내부구조는 수혈식석실분이다. 영남지역 고총고분의 대부분이 내부구조가 수혈식 석실분이지만 대체적으로 낙동강 동안의 신라지역은 장폭비가 3:1 정도의 장방형 평면 구조인데 비하여 낙동강서안의 가야지역에서는 장폭비 4:1 이상의 세장방형 평면구조이다. 특히 고령을 중심으로 합천, 함양, 산청, 진주, 남원 등 대가야지역의 수혈식 석실의 장폭비는 5:1의 세장방형 평면구조이다. 그리고 이들 지역에는 한 봉토 안에 주실과 순장곽을 함께 배치한 다곽분 구조를 보이고 있는데 함안지역 고총분에서는 한 봉토에 하나의 墓室만을 배치하는 단실구조인 점이 아라가야 중심묘제의 특성이라고 할 수 있다.[24]

그것을 구체적으로 보면 도항리고분군에서 최대의 고분인 4호분(구34호분)[25]은 북에서 남으로 뻗은 나지막한 구릉의 중심 융기부에 입지한다. 고분은 봉토 직경 39.3m, 높이 9.7m의 대규모의 봉토 중앙에 땅을 파고 수혈식 석실 1기만 설치한 지하식 단실구조이다. 석실의 길이 978.7cm, 너비 172.7cm, 깊이 166.6cm로 장폭비가 5.6:1의 매우 세장한 극세장형의 형태를 띠고 있다. 이 밖에 주능선에서 서쪽으로 뻗은 가지능선 말단부에 위치한 8호분도 직경 38m, 높이 5m의 봉분 중앙에 석실 1기만 배치하였다. 석실의 규모는 길이 1100cm, 너비 185cm, 깊이 190cm로 장폭비가 5.9:1로 역시 극세장형이다. 개석은 얇은 판석 13매를 덮었는데 대부분 깨어져 있다.[26] 또 능선의 남쪽 융기부에 위치한〈현〉15호분의 경우도 묘실은 8호분과 같은 단실 구조이며, 석실의 길이 940cm, 너비 185cm, 깊이 200cm의 규모로 장폭비 5.1:1의 세장한 형태이다. 이 〈현〉15호분에서 서남쪽으로 20여m 떨어져 있는〈문〉54호분도 석실의 길이 790cm, 너비 140cm, 깊이 150cm로 장축비 5.6:1 의 규모이며, 개석도 역시 10매 이상으로 추정되지만 모두 부러져 있다.[27]

또 주능선 융기부에서 서쪽으로 비켜나는 가지능선의 사면에 위치한 14-1호와 14-2호의 경우를 보면 입지상으로 보아 최고 지배층의 분묘는 아니지만 석실 규모가 길이 720cm, 너비 130cm, 깊이 145cm로 장폭비 5.5:1이고 개석은 12매이며, 14-1호분 옆에 파괴된 고분인 14-2호는 석실 길이 675cm, 너비 125cm, 남아있는 깊이 50cm로 장폭비는 5.4:1을 보이고 있다.[28]

고령 지산동 44호분의 경우 봉토(호석기준) 동서 27m, 남북 25m, 높이 6m의 규모로 도항리 4호분이나 8호분 보다 훨씬 작은 규모임에도 석실이 3개, 순장곽 32개의 다곽분이고 45호분은 남북 23m, 동서 22m인데도 석실 2개 순장곽 11개의 다곽분이다. 또 지산동 32호분이나 본관동 고분군, 합천 반계제고분군, 봉계리 봉토분의 경우는 호석 직경 10~15m정도의 중형 봉토분에도 주실과 순장곽이 배치된 것을 보면, 봉분 규모가 작거나 묘역이 좁아 단실을 축조한 것이 아니라 함안지역 고유의 관습이라고 판단된다. 따라서 장폭비 5.5:1 이상의 극세장형 평면형태와 단실구조는 안라국 묘제의 큰 특성인 것이다.

이러한 도항리고분의 극세장형 석실 구조는 봉분 기저부에 호석도 없고, 극히 얇고 좁은 10~13매의 점판암 개석으로 인해 더욱 길게 느껴진다. 〈그림 2〉

2. 감실壁龕 구조

함안 도항리고분군의 묘제상 가장 큰 특징은 석실 네벽에 방형 벽감壁龕이 설치된 점이다. 이 벽감은 대개 양장벽의 위쪽에 각 2개, 단벽에 각 1개가 설치되었는데, 장벽의 벽감은 서로 같은 높이에서 마주보게 되어 있고 단벽의 벽감은 서로 약간 어긋나게 마주보고 있다. 규모는 한변 길이 40~60cm, 깊이 60~80cm 정도이다. 이 벽감이 처음 나타난 것은 일제시대 발굴된 구34호분에서인데, 당시 이 고분의 구조가 횡구식석실분 이라는 견해와 함께 벽감도 전축분인 백제 무령왕릉 벽감의 용도와 같이 등을 넣어 불을 밝히기 위한 용도라는 것이 일반적인 견해였었다. 그러나 구조도 수혈식 석실임이 이미 밝혀졌듯이 벽감의 용도도 여러 가지 정황으로 보아 등감은 아니라고 생각된다. 현재까지는 함안지역 이외에는 수혈식 석실분은 물론이고 횡혈식석실분에도 전혀 벽감 시설이 존재하지 않는다.

이 벽감의 용도는 마주보는 벽감에 긴 통나무를 걸쳐 봉토의 무게에 의해서 개석이 부러지는 것을 막고 석실벽도 보호하는 보완시설로 보는[29] 것이 명쾌하지는 않지만 가장 타당한 견해라고 생각된다. 이것은 도항리고분의 개석재질이 부러지기 쉬운 점판암계 사암이 많고 두께도 얇은 판석을 10매 이상 많이 덮여 있는 점으로 알 수 있다. 실제로 발굴 조사된 도항리 8호분이나 15호분의 개석을 보면 대부분 중간에서 반절되어 있는 것이 이를 증명하고 있다. 함안지역과 같이 장폭비 5:1이상의 세장한 석실을 가진 고령의 경우 개석수도 9매 이하가 많고 또 석질도 대부분 단단한 화강암제가 많아 개석이 부러진 예는 거의 찾아보기 어렵다. 따라서 도항리 고분의 감실은 백제 무령왕릉의 감실처럼 등불을 밝히기 위한 등감燈龕은 아닌 것이 분명하다. 〈그림 1-②〉

3. 주실순장 구조

가야지역 지배층 고분에는 대부분 순장이 행해지고 있는데[30] 이 순장은 금관가야 지역인 김해 대성동목곽묘에서 먼저 나타나고 있다. 김해지역 목곽묘는 제1유형인 장방형 단곽목곽묘와 제2유형인 주·부곽식 일자형 목곽묘로 나뉘어진다.[31] 그런데 1유형인 장방형 목곽묘는 구조면에서 대형화되고 유물면에서 위치의 집중화와 질량이 대량화되는 특징적 변화가 일어난다. 이러한 현상은 묘제의 변화를 더욱 가속화시켜 장방형 목곽묘에서 부장품 공간이 따로 독립되어 주·부곽 목곽묘의 형태로 나타나게 된다. 따라서 김해지역 목곽묘의 가장 대표적 묘제인 주부곽이 일렬로 배치되는 일자형목곽묘가 성립되는 것이다.

가야지역에서 가장 빠른 시기인 4세기초에 순장이 나타나는 김해 대성동 고분군은 묘제상 주·부곽식 목곽묘이나 초기에는 주곽에만 순장하다가 점차 부곽에도 순장이 이루어지고 있다. 대성동 목곽묘는 4세기와 5세기의 2시기로 나뉘어지는데, 4세기대의 목곽묘에서의 순장은 대성동 3·13·39호분에는 3명을 순장하였고, 부곽이 없는 형태인 대성동23호분은 2명을 순장하였다. 그리고 5세기대 목곽묘의 순장인 대성동 7·11호분에는 3인, 8호에는 4인, 1호에는 5명을 순장하고 있고 이밖에 24호분과 47호분에서도 2인의 순장자가 확인되었다고 한다.[32] 이와 같이 대성동 순장목곽묘에서 4세기와 5세기의 차이는 토광이 깊어지는 것뿐이고 통나무를 사용하여 목곽을 만드는 것이나, 특히 순장인이 3~5명인 점은 변화가 없다.

주·부곽식 순장묘는 목곽묘에만 있는 것이 아니라 동래 복천동고분군에서처럼 주실은 수혈식석실, 부곽은 목곽 형태로도 나타나는데 주·부실에 모두 순장하고 있다. 이것은 원래 목곽묘의 전통을 가지고 있던 김해·부산 지역이 5세기가 되면서 묘제가 수혈식석실분으로 변해가는 과정에서의 순장을 보여주는 것인데 그렇더라도 동래 복천동22호분(주실)이나[33] 11호분에서[34] 처럼 주실에 3인, 부곽에 1인의 순장을 하는 주·부실 순장은 변하지 않고 있다.

한편 가야지역 수혈식 석실분의 순장형태는 봉토내부의 묘실 배치구조에 따라 세 가지 유형으로 나누어진다.[35] 제1유형은 위에서 본 바와 같이 함안지역의 묘제 특성인 單室구조로 한 봉토 안에 매우 세장한 수혈식 석실 1기만 축조하는 유형이다. 단실 석실의 중앙에는 주인공이 안치되고 발치에는 주인공과 직교하는 방향으로 고분의 규모에 따라 2~6명의 순장자를 매장하고 있다. 그리고 석실 장벽과 단벽에는 위에서 말한 벽감을 설치하는 것이 특징이다.[36]

이와 같이 가야지역 고총고분의 묘실 구성에서 제1유형인 벽감 단실 구조가 안라국 묘제의 가장 큰 특징인데, 주실의 길이가 10m 이상으로 긴 것은 主人公과 함께 부장품과 순장자를 함께 넣기 위한 방법에서 나온 구조로 생각된다. 하나의 석실에 주인공과 순장자, 부장품을 함께 매장해야 하므로 자연히 순장자의 수도 5, 6명이상 늘어나기 어려운 구조이며, 부장유물도 부곽이 있는 김해 대성동고분군이나 고령 지산동고분군 보다 대체로 적은 편이다.

도항리8호분을 통해 아라가야 수장묘의 순장양상을 살펴보면, 석실의 중앙부는 주인공을 위한 공간으로 北枕으로 누워있는 주인공의 좌우에 금제환두대도와 금동제 마구류가 배치되고, 석실의 북쪽에는 화염문 고배 등 다수의 함안양식 토기와 말갑옷, 철제갑주 등의 무구류가 배치되어 부장품 공간임을 말해 준다. 그리고 주인공의 발치에 해당하는 석실의 남쪽에는 주인공을 위한 순장자 5명이 주인공의 방향과 직교되게 서침으로 나란히 매장되어 있다.[37] 이러한 매장양상은 함안 최대의 고분인 도항리4호분(구34호분)의 경우도 대동소이하며 다만 순장자의 수가 6명으로 아라가야 고분 중에서 가장 많은 순장자를 매장하고 있는 점이 다르다.[38] 〈그림 3〉

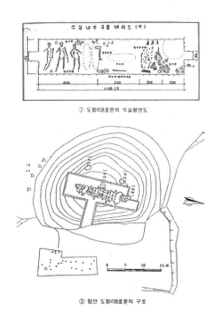

〈그림 3〉 안라국 수장묘의 순장형태(도항리 8호분)

제2유형은 호석으로 둘러진 한 봉토 안에 주석실과 소형 순장석곽으로 이루어진 다곽석실분 구조로 고령 지산동고분군에서 5세기 전엽에 먼저 나타난다. 이 묘형에서 주실에는 물론 묘의 주인공이 묻히며 석곽에는 순장자가 묻히는 고분이다. 물론 순장자는 주실의 주인공의 발치나 머리맡에도 부장품과 함께 매장되는 경우가 많다. 처음에 주석실 하나에 순장곽 하나만 배치된 단곽순장 형태에서 규모가 커지면서 주실 외에 부장품용 석실이 추가되고 순장곽도 5개, 11개, 32개로 늘어난다. 그러므로 다곽순장인 대가야의 경우 주피장자의 권력의 크기나 경제적 수준에 따라 순장자의 숫자가 2명에서 40여명까지 늘어나게 된다. 부장품에서도 관묘류와 금동제 마구 등 위세품의 수준이 높고, 토기를 비롯한 일반 부장품도 대량으로 부장 된다. 이와 같은 순장곽과 석실로 이루어진 다곽석실분이 분포하는 지역은 고령의 지산동고분군과 본관동고분군, 합천 반계제고분군, 봉계리고분군, 옥전고분군, 거창 동부동고분군, 함양 백천리고분군, 산청 중촌리고분군 등으로 출토유물에서도 대가야양식 토기가 주류를 이루고 있어

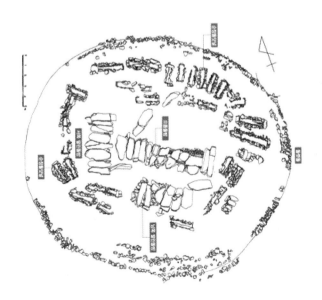

〈그림 4〉대가야의 다곽순장 고분(고령 지산동44호분 순장곽)

제2유형은 대가야식 순장 묘제라 할 수 있다.[39] <그림 4>

　제3유형은 하나의 봉토 안에 1기의 석실과 1~3기의 석곽이 추가로 결합되는 결합식 다곽분구조로 5세기 후반 고성지역에 축조되는 소가야식 묘제이다. 이 3유형은 묘곽의 평면구성만 보면 대가야식 묘제와 비슷하나 축조방법에서 차이가 난다. 즉 대가야식 묘제는 生土를 파고 주실과 석곽을 동시에 축조하며 주실은 지하에 위치한다. 따라서 주실과 석곽의 피장자는 주인공과 순장자로 관계가 분명하다. 그러나 소가야식 묘제는 표토를 정지하고 그 위에 흙을 다져 쌓아 올려 봉토를 어느 정도 만든 다음 봉토의 한 부분을 다시 파내고 그 안에 묘곽을 축조하는 방법이다. 그리고 대개는 석실과 석곽의 축조도 동시가 아닐 수도 있어 피장자의 관계도 확실하지 않다. 고성 율대리2호분이 대표적인 고분이며[40] 송학동고분군도 횡구식과 횡혈식석실분이 후에 추가된 연접고분이지만 기본은 3유형의 수혈식 석실분이다.[41]

IV. 묘제를 통해 본 아라가야

1. 주묘제의 교체

　위에서 살펴 본 바와 같이 함안 도항리의 고총고분들은 수혈식석실 구조에 장폭비 5.5:1이상의 극세장한 평면형태 단실과 거기에 따른 주실 순장이 안라국 묘제의 특성이라고 할 수 있다. 그런데 이러한 안라국 묘제의 특성이 나타나는 범위가 거의 함안군 그것도 말이산의 능선을 중심으로 한 도항리고분군에 국한되어 있어 생각 보다 넓지 않다는 점이다. 이러한 묘제적 특성은 토기문화에도 그대로 적용되어 교역에 의한 것으로 밝혀진 것을 제외하면 안라국 토기문화의 특징인 화염형 투창고배의 분포 범위 역시 묘제의 범위와 거의 일치하고 있다.[42]

　이러한 묘제와 관련한 하나의 특징은 5, 6세기 다른 가야 순장묘에 비하여 단순하며, 위세품류가 아주 적은 것이다. 특히 대가야의 고령 지산동32호분, 30호분, 45호분과 합천 옥전M6호분과 금관가야의 김해 대성동29호분에 보이는 관모류가 전혀 출토되지 않는 점이다. 대가야의 수도인 고령의 경우 대가야식 금관이 출토되었고, 또 지산동32호분, 30호분, 45호분에서 대가야식 금동관이 출토되었다. 그리고 다양한 순장묘제와 수십명의 순장자가 있는 고령의 대가야와 비교해 보면, 순장자의 수가 최고 6명을 넘지 않는 함안의 안라국은 고고학적으로는 그만큼 왕권이 강하지 않았던 것으로 볼 수밖에 없다.

그러나 문헌에 의하면 아라가야는 묘제에 보이는 양상 보다 훨씬 강하고 발전된 모습으로 기록되어 있다. 즉, 변진 12국 중의 하나인 안야국安邪國은 적어도 3세기 이전부터 유력한 정치세력으로 성장하여 중국에까지 알려지게 되었을 뿐만 아니라 『삼국지』 동이전에 우호優號를 칭한 유력한 나라로 기록되어 있어[43] 이시기의 유적이 있었을 것이지만, 안야국의 수장묘라고 생각되는 고분은 현재까지 고고학적으로 알려지지 않고 있다. 그 시기의 묘제는 김해지역과 마찬가지로 목관묘 혹은 목곽묘였을 것으로 보이나, 창원 다호리 유적이나 김해 양동리 고분군처럼 대규모의 목관묘유적이나 목곽묘유적은 보이지 않는다. 이러한 이유에서 목곽묘가 도항리보다 많은 황사리유적이 처음의 중심지였을 것이라는 주장도[44] 제기되고 있지만, 함안 황사리유적에는 김해 양동리162호와 같은 우세한 목곽묘는 보이지 않는다. 오히려 조금 늦은 시기의 목곽묘이지만 지배자의 무덤으로 판단되는 마갑총[45]이 도항리 유적에 존재하고 있어 아라가야의 중심지는 처음부터 도항리유적이었음을 짐작케 한다.

그러나 도항리고분군의 주묘제는 수혈식 석실분이므로, 함안지역도 처음 안야국 시기에는 목곽묘가 지배층 묘제였으나, 어느 시기에 어떤 계기로 인해 주묘제가 수혈식 석실분으로 바뀌어 갔던 것이라고 생각된다. 즉 안야국의 중심세력이 교체되어 수혈식묘제가 지배층의 주묘제로 채택되었고 수혈식석실분을 주묘제로 사용하는 시기부터 아라가야로 발전되었음을 말해주는 것이다.

진변한 소국 중에서 국가가 발전하면서 지배층의 묘제가 바뀌는 곳은 함안지역 이외에 고령 대가야가 대표적이라 하겠다. 대가야는 처음 변진반로국에서 시작하여 가라국을 거쳐 대가야로 발전하였는데, 회천유역의 반운리에서 목곽묘를 수장층의 주묘제로 사용하던 반로국은 집권세력이 교체되었거나 혹은 새로운 중요한 전기에 의해 중심지를 주산아래의 연조리로 옮기고 지산동고분군을 그들의 지배층 묘지로 사용하였다. 그리고 종래의 목곽묘 대신 수혈식 석실묘를 주묘제로 사용하며 급속도로 발전하였다. 이러한 사실은 지산동고분군에서 고총고분이 성립되기 전에 축조된 수혈식 석곽묘에서 확인된다. 즉 4세기말 지산동고분군의 대형석곽묘인 32NE-1호분에서는 은상감환두대도와 금제이식 등의 위세품과 철모, 화살촉 등 무구류가 출토되고, 고배나 장경호 등 토기에서도 고령양식이 성립되고 있어 이때부터 가라국으로 발전하였던 것이다.[46] 그리고 경주 사로국의 경우도 처음에는 현재의 경주분지 중심지가 아닌 동쪽구릉인 조양동의 세장형 목곽묘에서 황남동 일대의 적석목곽분으로 중심지가 이동되면서 국세가 크게 발전한 것으로 생각된다.

이렇게 보면 함안의 아라가야도 묘제를 통해보면 대가야와 마찬가지로 목곽묘에서 수혈식석실분으로 중심묘제의 변화가 있었던 것은 틀림없다. 그러나 그것이 어떤 계기로 바뀌게 되었는지는 아직 알 수 없는 실정이다. 대가야의 경우는 묘제의 주도권이 바뀌면서 중심지 자체를 이동하는 것으로 보아 완전히 새로운 정치세력에 의한 것으로 볼 수 있으나, 아라가야의 경우 중심 묘제는 바뀌지만 중심지 자체는 이동되지 않는다. 이렇게 묘제만 바뀌는 것도 아라가야의 특성이라 할 수 있겠다. 사실 가장 잘 바뀌지 않는 것이 묘제라고 생각되므로 그 이유를 규명하는 것은 아직까지 좀 더 자료의 축적을 기다려야 할 것 같다.

2. 외교 · 교역 중심의 아라가야

다음 함안의 묘제 중에서 목곽묘인 마갑총의 경우 거의 완전한 말갑옷 일습과 금상감 환두대도 등 무장구가 주류를 이루고 있어 안야국에서는 무장적 성격의 지배자가 중요한 역할을 한 것으로 보이나, 그 뒤 아라가야의 수혈식 봉토분 중 빠른 시기인 5세기 전반으로 보이는 4호분(구 함안34호분)에는 무구가 중요한 유물이 아닌 것으로 나타난다. 그 뿐 아니라 8호분이나 15호분에서도 마갑총과 같은 무구나 마구는 출토되지 않았다. 이는 고령의 대가야가 32호분, 30호분, 45호분에서 갑옷, 투구가 금동관과 함께 중요한 부장품인 점과 대조되는 점이다. 즉 고령의 대가야는 주위를 통합하고 영역을 확대해나가면서 고대국가의 기반을 잡을 때까지도 무력이 중요한 역할을 한 것을 알 수 있다.

함안의 아라가야는 529년 백제와 신라가 가야지역을 무력으로 위협하는 상황에서 자국에서 고당회의高堂會議를 개최하여[47] 가야 외교를 주도할[48] 정도로 대국의 면모를 보이고 있다. 그리고 541년과 544년에는 백제의 사비에서 열린 소위 임나부흥회의任那復興會議에 대가야와 더불어 왕이 아닌 차한기(하한기)를 파견하는 등 가야말기 외교활동을 주도하고 있다. 이러한 사료로 볼 때, 아라가야는 고령의 대가야와 함께 한기층이 분화되어 차한기(하한기)로 분화되었고,[49] 국내대인國內大人 같은 귀족 조직도 기능했던 것으로 생각된다. 물론 고령의 대가야는 족장계열인 한기층의 분화뿐만 아니라 왕의 직속 관료조직인 상수위→이수위→삼수위의 수위조직이 설치되고[50] 상부와 하부의 지방통치 조직도 성립되어 아라가야 보다 한 단계 앞서 있기는 하지만, 아라가야도 당시의 다른 가야 세력 보다 훨씬 발전된 국가였던 것은 분명한 사실이다.

그러나 이시기의 주묘제라고 하는 횡혈식 석실분은[51] 고령 고아동 벽화고분과 비교할 때 그 규모나 부장품에서 대국의 최고지배자인 왕의 위상과 어울리지 않는다. 그리고 무구나 무기는 더욱 빈약하다. 따라서 이 시기 안라국의 주묘제는 횡혈식석실분이 아니라 도항리 봉토분 묘제인 수혈식 석실분일 가능성이 높다고 생각된다.

그리고 아라가의 특징적인 토기문화는 함안지역 뿐 아니라 김해나 고성, 산청지역에서도 출토되어 그 범위가 상당히 넓게 분포하고 있다. 특히 화염형 투창고배는 멀리 신라의 중심지인 경주에서도 출토되고 있어 아라가야의 이러한 발전과 외교적 활동의 중심역할을 한 사실을 보여주고 있다고 하겠다. 〈그림 5〉

또 이것은 아라가야가 대가야와 달리 무력을 위주로 주위를 통합하거나 영역

〈그림 5〉아라가야의 토기 각종(도항리고분군)

을 확대하지 않고, 일본이나 백제, 신라 나아가 고구려와의 대외 교역 혹은 외교를 위주로 발전하여 넓지 않은 영역 안에서 내실을 다져간 것으로 볼 수 있겠다.[52] 그리고 아직까지 고고학적으로나 묘제로 증명되지는 않지만 그러한 교역이나 외교 위주의 정책이 결국 좁은 영역의 아라가야가 전체 가야지역을 고령의 대가야 세력권, 김해의 금관가야 세력권, 함안의 아라가야 세력권으로 삼분할 수 있었던 저력이라고 판단된다.

V. 맺음말

지금까지 아라가야 혹은 안라국의 고지인 함안지역 그 중에서도 특히 남북으로 길게 뻗은 말이산 주능선과 그 가지능선의 등줄기와 그 사면에 위치한 도항리고분군과 주변의 고분을 중심으로 묘제의 유형과 분포지역을 살펴보았다. 그리고 묘제의 시기별 변화와 고분의 규모와 출토유물 등을 통하여 변진 소국의 하나였던 구야국에서 아라가야으로 발전하는 중심묘제의 특성을 적출 하였다. 그리고 그러한 중심묘제의 특성을 통해 본 안라국의 발전과 국가성격을 추론하였다.

그 결과는 다음과 같이 요약할 수 있겠다. 먼저 함안지역에도 다른 가야지역 나아가 영남지역의 다른 지역과 마찬가지로 목관묘와 목곽묘시기에 소국이 형성되었고, 그 소국은 변진12국 우호를 받는 유력한 소국인 안야국이었으며 이때의 중심묘제는 목곽묘였다. 그러나 안야국 시기의 최고지배층의 목곽묘는 아직까지는 발굴조사 되지 않아 확실한 상황은 알 수 없지만 조금 늦은 시기의 馬甲塚을 통해서 안야국의 실체를 어느정도 알 수 있다.

다음 김해지역과 달리 목곽묘는 더 이상의 중심묘제로 계속되지 못하고 고령의 대가야처럼 함안지역의 중심지에 자리잡는 고총봉토분의 내부구조인 수혈식석실분으로 바뀌게 되었다. 도항리 고분군의 중심묘제인 수혈식석실분은 묘실 평면의 장폭비가 5.5:1 이상의 극세장한 형태와 다른 지역에는 없는 벽감이 설치된 매우 독특한 고분구조를 이루고 있다. 이러한 극세장한 단실벽감 구조가 바로 안라국의 중심묘제이고 도항리 고분군에 이러한 봉토분이 설치될 때부터 안야국에서 안라국으로 발전되었던 것이다. 고령 대가야의 경우는 소국인 반로국의 주묘제인 목곽묘에서 가라국으로 발전하면서 묘제가 수혈식석실분으로 바뀔 때는 중심지 자체가 이동하였는데 비하여 함안의 안라국은 중심지 이동 없이 묘제만 바뀌고 있어 그것 또한 다른 점이라 할 수 있다.

그리고 가야지역 수장묘에서 일반적으로 나타나는 순장양상을 통해서 보면 목곽묘지역인 김해 금관가야지역은 주·부곽식 목곽묘에 주곽과 부곽에 모두 순장하고, 대가야지역은 순장곽을 별도로 설치하여 많은 사람을 순장하는 다곽순장인데 비하여 안라국의 순장은 묘제의 특성상 석실 하나에 주인공과 순장자를 함께 안치하되 주피장자의 발치 쪽에 6명 이하를 순장하고 있어 대가야의 2~40명 보다 매우 적다.

또한 대가야의 대형분에 보이는 관모류가 함안고분에서는 전혀 출토되지 않고 그 밖의 위세품이나 무구류도 많지 않아 고분자료로만 보면 안라국의 위상은 높아 보이지 않는다. 그러나 문헌사료에 나타나는 안라국의 활동과 위상은 대가야나 금관가야와 비교될 만큼 대단하다고 할 수 있다. 안라국만의 독특한 묘제와 순장양상, 王宮址의 존재나 함안식 토기문화 영역의 확보 등으로 볼 때 고고학상으로도 어느 정도 뒷받침된다고 생각된다. 이와 같이 안라국의 발전기반은 자신들만의 독자적 고분문화의 확립과 탁월한 외교력에 있었고, 그러한 저력을 바탕으로 안라국은 가야사의 중요한 위치를 유지할 수 있었다고 판단된다.

미 주

1 金亨坤,「阿羅伽耶의 성장과정 연구 -考古學的 資料를 중심으로-」『加羅文化』12, 1995, 경남대학교 가라문화연구소, 5~59쪽.

2 李柱憲,「三韓의 木棺墓에 대하여 -嶺南地方 出土 資料를 中心으로-」『古文化』44, 1994, 27~50쪽.

3 林孝澤,「洛東江下流域 加耶의 土壙木棺墓 硏究」漢陽大學校 大學院 博士學位 論文, 1993.

4 李柱憲,「阿羅伽耶에 대한 考古學的 檢討」『가야각국사의 재구성』부산대학교민족문화연구소, 2000, 219~285쪽.

5 金亨坤,「咸安地域 伽耶前期의 墓制硏究」『제2회 아라가야사 학술토론회발표요지』, 1997, 11~50쪽.

6 金亨坤,「阿羅伽耶의 형성과정 연구 -考古學的 資料를 중심으로-」『加羅文化』12, 경남대학교 가라문화연구소, 1995, 5~59쪽.

7 國立昌原文化財硏究所,『咸安 馬甲塚』 2002.

8 金世基,「竪穴式墓制의 硏究 -加耶地域을 中心으로-」『韓國考古學報』17·18, 1985, 41~89쪽.

9 金世基,「竪穴式墓制의 硏究 -加耶地域을 中心으로-」『韓國考古學報』17·18, 1985, 41~89쪽.

10 金鍾徹,「大加耶墓制의 編年硏究 -高靈池山洞 古墳群을 중심으로-」『韓國學論集』9, 啓明大學校韓國學硏究所, 1982, 131~160쪽.

11 金元龍,『韓國考古學槪說』一志社, 1986, 219~228쪽.
   崔秉鉉,「신라와 가야의 墓制」『韓國古代史論叢』3, 韓國古代社會硏究所, 1992, 5~59쪽.

12 曺永鉉,「嶺南地方 橫口式古墳의 硏究(Ⅰ) -類型分類와 展開를 중심으로-」『伽耶古墳의 編年 硏究Ⅱ』(第3回 嶺南考古學會學術發表會 發表 및 討論要旨), 1994, 53~74쪽.

13 金世基,「加耶地域 竪穴式墓制의 硏究」啓明大學校大學院 碩士學位 論文, 1983.

14 李柱憲,「阿羅伽耶에 대한 考古學的 檢討」『가야각국사의 재구성』부산대학교민족문화연구소, 2000, 242쪽.

15 李柱憲,「末伊山 34號墳의 再檢討」『碩晤尹容鎭敎授停年退任紀念論叢』 1996, 403~418쪽.

16 金世基,「三國時代 封土墳의 護石에 대하여」『古文化』57, 2001, 41~75쪽.

17 曺永鉉,「嶺南地方 後期古墳의 築造推移」『6~7세기 영남지방의 고고학』(第10回 嶺南考古學會 學術發表會 발표요지), 2001, 91~114쪽.

18 朝鮮總督府,『朝鮮古蹟圖譜』第三册, 1916, 277~292쪽.
   定森秀夫, 吉井秀夫, 内田好昭,「韓國慶尙南道晉州 水精峰2號墳·玉峰7號墳出土遺物」『伽倻通信』19·20, 1990, 19~55쪽.

19 金世基,「古墳資料로 본 大加耶」啓明大學校大學院 博士學位論文, 2000.

20 曺永鉉,「三國時代의 橫穴式石室墳」『李刊考古學』45, 雄山閣, 1993, 21~27쪽.

21 曺永鉉,「三國時代 橫穴式石室墳의 系譜와 編年硏究」忠南大學校大學院 碩士學位 論文, 1990.

22 啓明大學校博物館,『高靈古衙洞壁畵古墳實測調査報告』 1985.

23 李柱憲,「阿羅伽耶에 대한 考古學的 檢討」『가야각국사의 재구성』부산대학교민족문화연구소, 2000, 245~246쪽.

24 金世基,「大伽耶 墓制의 變遷」『加耶史硏究 -대가야의 政治와 文化-』慶尙北道, 1995, 301~364쪽.

25 함안도항리고분군의 경우 일제시대인 1917년 봉토분에 대하여 고분번호를 부여하고 그중 일부를 발굴 조사하여 보고서가 발간된바 있으나, 현재는 1980년 함안군에서 고분군을 재정비하면서 새로 일련번호를 부여하여 사용하고 있다. 舊古墳番號는 1917년에 발굴조사 할 당시의 고분번호이다.

朝鮮總督府,『大正六年度(西紀一九一七年) 朝鮮古蹟調査報告』, 1920. 이후 창원대학교박물관에서는 이 보고서 중에서 함안 부분만 발췌하여 번역 게재하고 있다.

昌原大學校博物館,『咸安 阿羅伽耶의 古墳群(Ⅰ)』, 1992.

또 국립창원문화재연구소 조사고분과 창원대학교박물관 조사고분에 각각의 번호가 부여되어 있어 일괄적인 정리가 필요하다. 이에 대한 상세한 설명은 李柱憲,「咸安地域 古墳文化의 調査와 成果」『가라문화』12, 경남대학교 가라문화연구소, 1995, 71~125쪽. 註59에 나와 있다.

26 昌原文化財研究所,「咸安 道項里 古墳群 發掘調査(第3次年度) 指導委員會 資料」, 1994.

27 國立昌原文化財研究所,『咸安道項里古墳群Ⅳ』, 2001.

28 昌原大學校博物館,『咸安 阿羅伽耶의 古墳群(Ⅰ)』, 1992.

29 李柱憲,「末伊山 34號墳의 再檢討」『碩晤尹容鎭敎授停年退任紀念論叢』, 1996, 403~418쪽.

30 金世基,「加耶의 殉葬과 王權」『加耶諸國의 王權』신서원, 1997, 97~122쪽.

31 金世基,「墓制로 본 加耶社會」『가야 고고학의 새로운 조명』, 도서출판 혜안, 2003, 603~652쪽.

32 李相憲,「金海 大成洞古墳群 제1차 발굴조사 보고」,『第14回 韓國考古學全國大會 發表要旨』, 1990, 141~147쪽.
　　李海蓮,「金海 大成洞古墳群 第2次 發掘調査 報告」,『第34回 全國歷史學大會 發表要旨』, 1991, 345~353쪽.
　　金宰佑,「金海 大成洞遺蹟 第3次 發掘調査」,『第35回 全國歷史學大會 發表要旨』, 1992,
　　申敬澈, 金宰佑,『金海大成洞古墳群Ⅰ』慶星大學校博物館, 2000.
　　申敬澈, 金宰佑,『金海大成洞古墳群Ⅱ』慶星大學校博物館, 2000.

33 釜山大學校博物館,『釜山福泉洞古墳群(Ⅱ)』, 1990.

34 釜山大學校博物館,『釜山福泉洞古墳群(Ⅰ)』, 1982.

35 金世基,「墓制로 본 加耶社會」『가야 고고학의 새로운 조명』, 도서출판 혜안, 2003, 603~652쪽.

36 李柱憲,「阿羅伽耶에 대한 考古學的 檢討」『가야각국사의 재구성』, 부산대학교민족문화연구소, 2000, 219~285쪽.

37 昌原文化財研究所,「咸安 道項里 古墳群 發掘調査(第3次年度) 指導委員會 資料」, 1994.

38 朝鮮總督府,『大正六年度(西紀一九一七年) 朝鮮古蹟調査報告』, 1920.
　　李柱憲,「末伊山 34號墳의 再檢討」『碩晤尹容鎭敎授停年退任紀念論叢』, 1996, 403~418쪽.

39 金世基,「古墳資料로 본 大加耶」啓明大學校大學院 博士學位 論文, 2000, 73~117쪽.

40 김정완, 권상열, 임학종,『固城 栗垈里 2號墳』국립진주박물관, 1990.

41 東亞大學校博物館,「固城 松鶴洞古墳群 發掘調査」『嶺南考古學』29, 2001, 109~112쪽.

42 이주헌,「토기로 본 안라와 신라」『가야와 신라』, 1998, 45~77쪽.

43 『三國志』魏書 東夷傳 韓條 "…臣智에게는 간혹 우대하는 호칭인 臣雲遣支報 安邪踧支 濆臣離兒不例 狗邪秦支廉의 호칭을 더하기도 한다." (臣智惑加優呼 臣雲遣支報 安邪踧支 濆臣離兒不例 狗邪秦支廉之號)

44 李柱憲,「阿羅伽耶에 대한 考古學的 檢討」『가야각국사의 재구성』, 부산대학교 한국민족문화연구소, 2000, 219~285쪽.

45 洪性彬, 李柱憲,「咸安 말갑옷(馬甲)出土 古墳 發掘調査槪報」『文化財』26, 1993, 116~164쪽.
　　國立昌原文化財研究所,『咸安 馬甲塚』, 2002.

46 김세기,『고분자료로 본 대가야 연구』, 학연문화사, 2003, 211~245쪽.

47 『日本書紀』卷17, 繼體紀 23年 3月條 "이달에 近江毛野臣을 안라에 파견하여 조칙으로 신라에 권하여 남가

라, 녹기탄을 다시 세우도록 했다. 백제는 장군君尹貴, 麻那甲背, 麻鹵 등을 보내 안라에 가서 조칙을 듣도록 하였다. 신라는 (倭의)蕃國官家를 깨뜨린 것을 두려워하여 大人을 보내지 않고 夫智奈麻禮, 奚奈麻禮 등을 보내 안라에 가서 조칙을 듣도록 하였다. 이때 安羅는 새로이 高堂을 짓고, 칙사를 인도하여 오르게 하고 國主(안라의 왕)가 뒤따라 올라갔다. (안라의)國內大人으로 미리 올라가 있는 자가 한, 두사람 있었으며 백제사신 장군君 등은 堂下에 있었다. 그 뒤로 몇 달 동안 두 세번 당위에서 의논하였는데 장군君 등은 뜰에 있는 것을 한탄하였다."(是月 遣近江毛野臣 使于安羅 勅勸新羅 更建南加羅㖨己呑 百濟遣將軍君尹貴 麻那甲背麻鹵等 往赴安羅 式聽詔勅 新羅恐破蕃國官家 不遣大人 而遣夫智奈麻禮 奚奈麻禮等 王赴安羅 式聽詔勅 於是 安羅新起高堂 引昇勅使 國主隨後昇階 國內大人豫昇堂者一二 百濟使將軍君等 在於堂下 凡數月再三 謨謀乎堂上 將軍君等 恨在庭焉)

48 南在祐,「文獻으로 본 安羅國史」『가야각국사의 재구성』 부산대학교 한국민족문화연구소, 2000, 185~218쪽.

49 盧重國,「大伽耶의 政治·社會構造」『加耶史研究 -대가야의 政治와 文化-』 慶尙北道, 1995, 151~192쪽.

50 盧重國,「大伽耶의 政治·社會構造」『加耶史研究 -대가야의 政治와 文化-』 慶尙北道, 1995, 151~192쪽.

51 李柱憲,「阿羅伽耶에 대한 考古學的 檢討」『가야각국사의 재구성』 부산대학교 한국민족문화연구소, 2000, 219~285쪽.

52 남재우,『安羅國史』 도서출판 혜안, 2003, 203~258쪽.

2. 아라가야의 형성기반과 영역의 변천

Ⅰ. 머리말

아라가야는 『三國志』 위서 동이전에 기록된 변진12국 중의 하나인 안야국安邪國이 발전한 나라로 함안에 위치하는 가야이다. 함안지역은 서부경남지역의 중심부로서 수로를 이용할 때 남강 및 낙동강을 통해서 가야 여러 지역으로 연결될 수 있는 교통의 요로에 위치하고 있다. 그리고 남쪽으로는 계곡을 따라 곧 남해바다와 연결되는 중요한 요충지에 자리 잡고 있었던 유력한 가야세력이었다.

그러나 문헌에서 아라가야의 성립과 발전과정 등의 역사기록은 찾을 수 없고, 다만 『삼국지』 위서 동이전에 안야국이 구야국과 더불어 유력한 소국으로 등장하고 있다. 또 『日本書紀』에는 6세기 중반 여러 가야세력의 대표격으로 신라와 백제의 공격으로부터 가야를 지키기 위한 공동대책을 수립하는데 주도적 역할을 하는 세력으로 등장하고 있다. 그러나 대부분의 가야사가 그렇듯이 아라가야도 역시 문헌사료로는 더 이상의 접근을 기대하기 어려운 상태이다. 그러므로 아라가야의 성립과정이나 영역을 고찰하기 위해서는 고고자료를 이용해야 하는데, 그 또한 확실한 자료가 많지 않아 어려움이 있었다.

아라가야의 고고자료로는 지석묘군을 비롯해 목관묘, 목곽묘, 토기가마 유적과 이들 유적에서 함께 출토된 유물이 있다. 특히 현재 함안읍 중심지의 말이산 고분군에 직경 20 m가 넘는 대형고분들이 줄지어 남아 있어 아라가야 전성기의 모습을 보여주고 있다. 그리고 토기 받침대에 불꽃모양의 구멍을 뚫은 화염문투창 토기는 함안의 특징적인 토기인데, 이 토기의 분포지역이 함안을 비롯하여 마산·창원·의령·사천까지 퍼져 있어 아라가야의 영향권이 넓었음을 말해주고 있다. 그러나 토기만으로 정치적인 권역을 확정하거나 소국 형성과정을 말할 수 없고, 그렇다고 5세기 이후 유력한 가야세력이 갑자기 등장한 것으로 보기도 어려워, 여러 가지 논쟁을 불러오기도 했다. 그런데 이러한 아라가야의 초기국가 형성의 실마리를 제공할 만한 유적이 발굴조사 되었다.

즉, 최근 남해안인 통합창원시 진동에서 대규모 묘역지석묘군이 발굴조사 되어 국가사적으로 지정된 바 있다. 이 유적은 창원시에 속해 있지만, 지형적으로 함안권에 속한다. 이 유적은 한국의 초기국가 형성에 관련된 다양한 정보를 제공하고 있다. 특히 함안지역에 있었던 삼한소국인 안야국의 성립과 영역, 나아가 아라가야의 발전과정이나 권역을 추론할 수 있는 중요한 단서이다. 따라서 이 글에서는 통합 창원시 진동지석묘 유적을 비롯한 특징적인 고고자료를 통해 아라가야의 형성과 영역에 대해 살펴보겠다.[1]

II. 함안지역의 역사지리적 환경

영남지방의 대체적인 지형은 북쪽의 태백산맥에서 갈라져 나온 소백산맥이 서남으로 활모양을 그리며 뻗어내려 영남지방과 중부 및 호남지방의 자연적 장벽을 이루고 있으며, 동쪽에 태백산맥의 여맥이 강원도에서 뻗어내려 해안선과 평행하게 달리고, 그 중앙을 낙동강이 여러 지류를 합류해서 하나의 大流域盆地를 이루고 있다. 태백산맥의 동사면은 동해로 흘러 들어가는 다수의 소하천에 의해 별개의 유역을 형성하고 있고, 경상남도의 남해안 지역은 韓山山地라고 하는 구릉지대가 형성되어 낙동강 유역과 별개의 유역으로 형성되어 있다. 여기에 태백산맥의 동사면인 동해안유역과는 소하천에 의해 서로 연결되고 있다.[2] 따라서 영남지방은 동부산지와 서부산지 및 남해안의 구릉지, 낙동강유역 대분지와 지류에 선상으로 이어지는 지역분지로 이루어지고 있다.

낙동강의 본류와 지류의 谷底平野나 산간의 분지에는 농경지가 발달하여 선사시대로부터 문화가 크게 발달하였으며 이를 바탕으로 한 정치체가 성립하는 기반이 되었다. 진변한의 소국들이나 각 정치체들의 교류도 결국 이 낙동강을 중심으로 그 지류와 곡간 통로를 통하여 선상으로 연결되었으며, 낙동강에서 선착장이나 물자의 집합장이 있는 수로교통의 핵심지라 할 수 있는 고령의 대가야, 함안의 아라가야, 김해의 금관가야가 강력한 세력으로 성장 할 수 있는 지형적 이점을 가지고 있었다.

특히 아라가야의 중심지인 함안의 가야읍권역은 낙동강과 남강이 합류하는 합강 지점의 남쪽에 자리 잡아, 낙동강 상류의 옥전이나, 고령으로 연결되고, 남강을 통하여 서부경남의 내륙까지 연결할 수 있는 교통의 결절지에서 여러 가지 유리한 지리적 이점을 가지고 있다.

함안지역에서 가장 높은 봉우리는 남쪽에 솟아 있는 여항산(743.5m)으로 동서로 길게 형성된 한산산지의 중심부가 되는 산이다. 한산산지는 여기서 다시 동쪽으로 서북산(738m), 광려산(720m)으로 이어져 바다와 단절된다. 여항산에서 북쪽으로 뻗어 내린 능선이 완만해지는 구릉 하단부에 아라가야의 중심지인 가야읍이 위치한다. 또 여항산과 함께 서쪽의 방어산(530.4m)과 동쪽의 자양산(412m)이 함안중심부를 U자형으로 감싸고 있어 남고북저의 분지를 이루고 있다.

한산산지를 형성하고 있는 동서로 길게 뻗은 산맥이 낙동강과 남해안을 단절시켜 놓고 있지만 서북산과 광려산 산줄기 사이에 안부가 형성되어, 남북으로 좁은 협곡 한 줄기가 함안중심부와 남해안을 연결하는 통로를 만들어 놓았다. 이 통로는 진동만으로 연결되어 아라가야가 바다로 나가는 중요한 교통로가 되고 있다. 따라서 진동만이 현재는 행정구역상으로 통합창원시에 속하지만 지형상으로는 함안권에 속하고 있다고 하겠다.

한편 함안의 하천은 낙동강, 남강의 수계와 직접 닿아 있어 물을 풍부하게 이용할 수 있었으나 오히려 하천의 범람으로 제방을 쌓는 일이 더 큰 과제였을 것이다. 아라가야의 중심지인 가야읍에 인접하여 여항산의 동쪽산록에서 발원한 함안천이 가야읍을 지나면서 가야읍의 서쪽을 돌아 나온 신음천을 합하여 북으로 흘러 남강에 합류한다. 신음천은 역시 여항산의 서쪽산록에서 발원하여 북으로 흐르다가 가야읍의 서쪽을 감싸듯이 곡류하여 가야읍의 북쪽에서 함안천에 합류한다.

이와 같이 함안천과 신음천이 가야읍을 동서에서 감싸고 흘러 남강에 합류하는 모습은, 성산가야의 고지인 경북 성주가 가야산에서 발원한 이천과 백천이 성주 읍을 남북으로 감싸고 흘러 곡류하여 낙동강으로 합류하는 모습과 아주 비슷한 자연지형을 보여주고 있다. 남강은 덕유산에서 발원하여 남류하다가 진주를 지나면서 방향을 바꿔 동쪽으로 흘러 남지에서 낙동강 본류에 합류한다. 이 하천 주변에는 선상지와 범람원이 형성되어 비교적 넓은 평야를 이루고 있다〈그림 1〉.

함안의 자연 지리적 환경은 남쪽의 산지와 함안의 북쪽을 동서방향으로 흘러 낙동강과 합류하는 남강과 함안천이 만들어 놓은 분지를 중심으로 북부의 평지와 하천과 산지사이의 곡저 평야가 농업생산성을 높여주고, 남강수계를 통하여 서북쪽으로 경남 서부지역과 통하고 나아가 백제지역과도 연결할 수 있는 교통 요지에 자리 잡고 있다. 또한 진동만을 통하여 남해를 장악함으로써 신석기시대

〈그림 1〉 함안의 지형

부터 발달한 남해안로를 이용한 일본 및 중국과도 교통할 수 있는 지리적 이점을 가지고 있다. 이러한 함안의 지리적 환경은 하천변의 충적지와 곡간의 소분지 구릉 지대에 선사시대 지석묘군을 비롯한 각종 고고유적을 남겨 놓고 아라가야의 발전에 중요한 역할을 하고 있었다.

Ⅲ. 아라가야와 관련된 고고·역사자료

1. 고고자료

1) 진동리 묘역지석묘

통합창원시 진동리 지석묘유적은 창원시 합포구 진동면 진동리 해안가에 위치하는 청동기시대 지석묘유적으로 태봉천이 바다로 유입되기 전 퇴적시킨 자갈모래 퇴적층 위에 형성된 대규모 청동기시대 유적이다. 청동기시대층은 계속적인 범람으로 형성된 자갈층을 기반으로 自然堤防을 중심으로 대규모 묘역을 가진 지석묘가 조성되었으며 자연제방의 배후로는 석관묘군이 조성되었다. 석관묘군은 점차 북쪽으로 묘역을 확장했던 것으로 보인다. 자연제방의 배후사면은 흑갈색점질토가 급격하게 쌓이면서 밭으로 이용되기 시작하였다. 그러나 묘역은 자연제방을 중심으로 계속해서 확장된 것으로 판단된다. 이와 같이 진동리유적은 청동기시대의 매장유구, 경작유구, 야외노지가 갖추어진 종합유적으로 남부지방 청동기 사회를 연구하는데 매우 중요한 유적으로 생각된다. 현재 행정구역으로 통합창원시에 속하지만 지형적으로 함안권에 속하는 유적이다〈그림 2〉.

지석묘 A군은 대규모의 묘역을 가진 지석묘A~F군중 가장 상류에 설치된 유구들로 원형 및 말각방형의 묘역을 갖춘 것이 큰 특징이다. 자연 제방대에 점질토와 자갈층을 정지하여 묘역과, 埋葬主體部를 설치하였다. 매장주체부는 대체로 중앙에 설치하였는데, 할석을 이용한 石築形石棺, 판석을 이용한 箱式石棺이 있다. 현재까지 확인된 묘는 대, 소형을 포함해 모두 12기이다. 이 묘역지석묘의

〈그림 2〉 진동리 유적원경

구성은 묘역시설 안에 즙석과 적석, 중앙의 매장주체부를 갖춘 구조이다. 묘역의 형태는 타원형과 장방형이 혼재한다. 구획석은 1단이 대부분이며, 1호 유구는 3~7단의 즙석을 설치하였고 주변에 직경 4m의 周溝를 돌렸다〈그림 3〉.

1호 지석묘는 직경 20.20m, 남은 높이는 90cm이며, 매장주체부는 묘역의 중앙에 설치되었는데 최하단석만 남았다. 남은 길이는 130cm, 폭은 105cm이다. 바닥에는 잔자갈을 깔았고 남단벽 쪽에 두침으로 추정되는 소형 판석이 놓여 있다. 내부에서는 석검, 석촉이 출토되었고, 주구에서 완형의 홍도가 출토되었다. 주구의 최대 너비는 4m이며, 흑갈색점질토와 다량의 무문토기편이 퇴적된 상태이다. 주구내에 퇴적된 흑갈색점질토 역시 봉토를 구성했던 것으로 볼 수 있다. 구획석은 한단이며 길이 방향으로 세워 축조하였고, 즙석은 5~8단으로 대형 할석을 잇대어 쌓아 올렸다.[3]

〈그림 3〉 진동리 A군 1호 지석묘 전경

2) 함안의 지석묘군

함안지역의 지석묘는 주요 하천변과 낮은 구릉에 160여기가 분포된 것으로 알려져 있다. 이중에서 정식으로 발굴조사 된 지석묘는 가야읍 도항리의 암각화 고분 하층유구,[4] 군북 동촌리유적,[5] 칠원 오곡리유적[6] 정도이고, 나머지는 지표조사에 의한 것들이다.[7]

함안의 지석묘분포 상황을 지역별로 보면 가야읍, 함안면 지역의 도항리지석묘, 광성리지석묘, 봉성리지석묘, 산인면 지역의 내인리, 송정리 지석묘, 대산면 지역의 사촌리 지석묘, 군북면 지역의 동촌리, 명관리, 덕대리, 중암리 지석묘 등이다. 이중에서 가장 큰 지석묘군은 가야읍의 도항리와 군북지역지석묘군이고, 각 지역 지석묘군의 거리는 10~15km 이내 거리이다.

3) 함안의 목관묘

함안의 목관묘는 도항리에서 모두 50여기가 조사되었는데, 주로 말이산 북쪽 구릉의 끝자락에 분포한다. 묘광의 평면이 장타원형을 이루며, 장축방향이 대체로 구릉 등고선과 직교하고 있다. 이러한 입지적 특성은 낙동강 하류의 김해 양동리유적, 남해안의 창원 다호리, 도계동유적 등 다른 가야지역 목관묘와 대개 비슷한 양상을 보이고 있다.[8]

목관은 길이가 250~290cm 정도가 대부분이고, 깊이는 60cm 이내로 낮은 것과 70cm 이상으로 약간 깊은 종류가 있다. 목관의 재료는 판재를 ㅍ자 형태로 결구하고 있는 일반적 양상이다. 간혹 통나무 목관도 보이나 창원 다호리나 대구 팔달동과 같은 대형 통나무목관이나 요갱은 보이지 않는다[9]〈그림 4〉.

출토유물에서도 조합우각형파수부장경호나 단경호 등의 와질토기와 철검, 철모, 철촉, 철겸, 철부 등 소형무기류나 농공구류가 대부분을 차지하고 있다. 이는 함안 지역의 목관묘가 창원 다호리유적이나 대구 팔달동유적에서와 같이 월

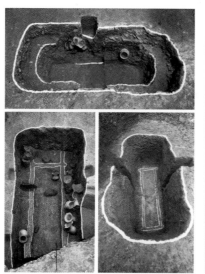

〈그림 4〉 함안의 목관묘와 와질토기

등히 우세한 신분적 차이를 보이는 유물이나 유구가 아니라는 것이다.

4) 함안의 목곽묘

목곽묘는 사회의 발전에 따라 목관묘가 확대되어 나타난 묘제이다. 목곽묘는 기본적으로 목관묘의 목관을 보호하는 시설로 판자나 角材 혹은 통나무로 곽을 짜서 목관을 덧씌운 형태이다. 그런데 이렇게 목관묘에서 목곽묘로의 확대발전이 단순히 목관을 보호하는 장치가 하나 늘어나는 것에 그치는 것이 아니라, 정치·사회적인 복합적인 의미가 내포되어 있기 때문에 가야 묘제로서 목곽묘는 가야사회 변화에 지대한 영향을 미친 매우 중요한 요소의 하나이다. 대형목곽묘는 묘광의 길이가 5 m로 대형화 될 뿐 아니라 부장유물도 內行花文鏡 등의 漢鏡, 鐵鍑, 재갈, 다량의 판상철부, 유리구슬 목걸이 등이 출토되어 권력의 집중화가 이룩된 首長墓의 모습을 보여주고 있다.[10]

함안지역의 목곽묘유적은 도항리고분군의 북쪽 구릉지대와 남강 연안의 황사리고분군, 윤외리고분군, 칠원 옥곡리고분군에서 다수 확인되었다.[11] 이 고분군들은 대체로 4세기까지도 길이 4m 내외의 중소형 목곽묘가 구릉 경사면에 무질서하게 조영되어 있고,[12] 부장유물도 통형고배, 노형토기, 파수부장 등의 토기

〈그림 5〉 함안의 목곽묘

류가 대부분으로 아직까지 수장묘는 없는 상태이다[13] 〈그림 5〉.

유구의 평면형태에 있어서도 묘광의 장폭비가 대체로 2.5 : 1로 김해지역의 2 : 1 보다 약간 세장한 편이다. 이와 같은 세장한 평면적 특징은 이후 이 지역의 주묘제인 수혈식석실분에도 그대로 이어져 지역적 특징으로 이해할 수 있다. 함안의 목곽묘는 황사리고분군의 목곽묘가중심지인 도항리고분군 보다 규모나 출토유물이 우세한 양상이다.[14]

함안 도항리에서 확실한 수장묘로 볼 수 있는 목곽묘는 4세기말 혹은 5세기초의 馬甲塚이다. 아파트배수관 매설공사 중에 발견된 이 고분은 묘광의 길이 890cm, 너비 280cm, 깊이 110cm이며, 목곽의 규모도 길이 600cm, 너비 230cm, 깊이 100cm의 대형목곽묘에 속하고 출토유물도 상태가 매우 양호한 말갑옷 일습과 銀象嵌環頭大刀와 철모, 철겸 등의 철제품이 출토되어 상류지배층 분묘로 판단된다. 이 목곽묘의 장폭비도 함안의 다른 대형목곽묘와 마찬가지로 목곽 2.6 : 1과 묘광 3.1 : 1의 비율을 보이고 있어 김해지역의 장방형목곽묘 보다 약간 세장한 형태를 하고 있다[15] 〈그림 6〉.

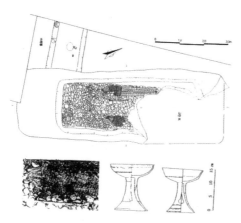

〈그림 6〉 마갑총과 출토유물

5) 함안의 고총고분

삼국시대 한강이남 지역에 광범위하게 분포되어 있었던 묘제는 목곽묘와 함께 수혈식 석곽묘이다. 석곽묘 중에서 높은 봉토를 가지고 있으며 내부구조가 대형(체적 5㎥ 이상)인 고분을 수혈식 석실묘라고 부르기도 한다.[16] 이러한 대형분은 여러 가야지역의 중심부에 자리잡고 있고, 최고의 유물을 부장하고 있어 가야 최고 지배계층의 분묘로 이를 보통 고총고분이라고 부른다.

가야지역 수혈식 석곽묘는 지역에 따라 차이는 있지만 대체로 5세기대에 고총고분인 석실묘로 발전하게 되는데, 아라가야의 고총고분군은 함안의 중심지인 가야읍에 남북으로 뻗어 내린 해발 50m 정도의 말이산 주능선과 사면에 걸쳐 분포된 도항리, 말산리고분군이다. 이 고총고분은 아라가야의 발전과정이나 정치적 성격을 이해할 수 있는 자료로서 매우 중요한데, 도항리고분군의 대형 봉토분들은 대부분 수혈식 석실분이다. 일제시대에 발굴 조사된 구34호분(현4호분)이 당시 횡구식 석실분으로 알려지기도 했으나, 근래 다른 봉토분들의 발굴 조사 결과와 당시 보고서의 분석연구에 의해 수혈식 석실분으로 밝혀짐으로써[17] 아라가야의 왕을 비롯한 최고지배층의 묘제는 수혈식 석실분임이 분명해졌다.

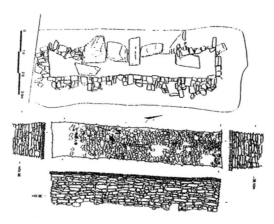

ⓞ 극세장형 수혈식석실(장폭비 5.6 : 1, 도항리 <문> 54호분

〈그림 7〉 도항리 고총 고분의 구조

이들 대형 봉토분들은 대체적으로 묘역 중앙에 땅을 파고 묘실을 설치한 지하식인데, 네 벽은 이 지역의 기반층인 적갈색 혈암을 두께 20cm 정도로 얇게 깨뜨려 만든 판상의 할석을 이용하여 수직으로 쌓고 있다. 묘실은 한 봉토에 1개만 배치하는 것이 기본이며, 석실 중앙에 관정을 사용한 목관에 주인공을 북침으로 안치하고 머리맡에 토기나 철기 등의 부장품을 배치한다〈그림 7〉.

도항리 8호분의 경우를 보면, 직경 38m, 높이 5m의 봉분 중앙에 석실 1기만 배치하였다. 석실의 규모는 길이 1,100cm, 너비 185cm, 깊이 190cm로 장폭비가 5.9 : 1로 역시 極細長形이다. 또 구34호분, 〈현〉15호분, 〈문〉54호분도 묘실은 8호분과 같은 단실 구조이며,[18] 장폭비 역시 5.5 : 1 이상으로 아라가야 고총고분의 가장 큰 특징의 하나이다.[19]

2. 문헌자료

1) 『三國志』 위서 동이전 변진전

"변진도 12국으로 되어 있다. 또 여러 작은 別邑이 있어서 제각기 渠帥가 있다. 그 중에서 세력이 큰 사람은 臣智라 하고, 다음에는 險側, 그 다음에는 樊濊, 그 다음에는 殺奚, 그 다음에는 邑借가 있다. [중략]… 弁辰彌離彌凍國, 弁辰接塗國, 弁辰古資彌凍國, 弁辰古淳是國, 弁辰半路國, 弁辰樂奴國, 弁辰彌烏邪馬國, 弁辰甘路國, 弁辰狗邪國, 弁辰走漕馬國, 弁辰安邪國, 弁辰瀆盧國이 있어서, 弁韓과 辰韓의 합계가 24국이나 된다. … 大國은 4~5千家이고, 小國은 6~7百家로 총 4~5萬戶이다. …"〈『三國志』 위서 동이전 변진조[20]〉

2) 『三國志』 위서 동이전 한전

"… 臣智에게는 간혹 우대하는 호칭(優呼)인 臣雲遣支報 安邪踧支 瀆臣離兒不例 狗邪秦支廉의 칭호를 더하기도 한다. …"〈『三國志』 위서 동이전 한조[21]〉

3) 『三國遺事』 오가야조

五伽耶 [중략]··· 오가야는 阿羅[羅는 耶로도 쓴다] 伽耶[지금의 함안] 古寧
伽耶, [지금의 함녕] 大伽耶, [지금의 고령] 星山伽耶, [지금의 京山이니 碧珍
이라고도 한다] 小伽耶[지금의 고성]이다. 또 본조사략에 일렀으되 「太祖 天
福 5년 庚子(940년)에 오가야의 이름을 고치니 一은 金官[金海府가 되었다]이
요, 二는 古寧[加利縣이 되었다]이요, 三은 非火[지금의 창녕이라는 것은 아
마 고령의 잘못인 것 같다]요, 나머지 둘은 阿羅와 星山[앞의 주해와 같이 성
산은 벽진가야라고도 한다]라고 하였다<『三國遺事』 오가야조[22]>.

4) 『三國史記』 권34 잡지

咸安郡은 법흥왕이 많은 군사로 阿尸良國[또는 阿那加耶라고도 하였다]을
멸망시키고 그 땅을 군으로 삼았다. 경덕왕이 이름을 고쳤다. 지금도 그대로
쓴다. 영현이 둘이었다. 현무현은 본래 김彡縣이었는데, 경덕왕이 이름을 고
쳤다. 지금의 소삼부곡이다. 宜寧縣은 본래 獐含縣이었는데, 경덕왕이 이름
을 고쳤다. 지금도 그대로 쓴다<『三國史記』 권34 잡지 지리1, 함안군조[23]>.

IV. 고고자료로 본 아라가야의 성립 기반

함안에 기반을 둔 안야국[24] 형성의 단초는 진동리의 대규모 묘역지석묘에서
시작한다. 고도의 정치적 메커니즘을 가진 진동리 지석묘 축조 집단이 중심이
되어 함안의 몇 개 지석묘집단을 아우르는 초기국가 형태를 형성한 후, 이를 바
탕으로 안야국이 형성되었다. 이는 대규모 묘역지석묘 축조 집단이 권력을 집중
하여 초기국가를 성립시키는 모습을 그대로 보여 주는 것이다.

한국의 청동기시대는 금속기의 사용과 농업경제의 급속한 진전으로 사회분화
가 이루어지고,[25] 정복전쟁이 전개됨에 따라 그 사회 안에서 자연발생적으로 일정

하고 영속적인 계급성과 집단성을 띤 세력이 형성되어, 그들에 의해 그 사회를 통괄하는 질서를 구축하기 위한 조직체인 국가가 성립되는 시기로 파악되고 있다.[26] 이러한 초기국가는 나지막한 구릉 위에 土城이나 木柵을 만들고 스스로를 방위하면서 그 바깥 평야에서 농경에 종사하는 농민들을 지배해나가는 정치체이다. 이를 보통 城邑國家,[27] 읍락국가, 초기국가 혹은 酋長社會[28]라고 부르기도 한다.

이렇게 지배자집단이 생기고 추장사회가 형성된 중요한 증거를 청동기의 사용과 지석묘의 축조로 보는 것이 일반적이었으나, 많은 지석묘 자료가 축적된 최근에는 모든 지석묘를 지배자의 분묘로 이해하지는 않는다. 물론 일반지석묘라도 개석의 무게가 100톤 이상 나가는 대형인 경우 엄청난 인력이 동원되어야 하고, 이를 力役 동원할 수 있는 능력을 가진 정치지배자의 출현으로 해석할 수도 있다. 또한 소형 지석묘라도 무거운 돌을 사용하고 이를 움직이려면 많은 부락민이 동원되어야 한다. 그러나 그런 정도의 인원동원은 지배자 집단이기 때문이 아니라 부락의 공동체 의식으로 행해질 수도 있는 일이다. 그러므로 좁은 지역에 집중되어 있는 중소형 지석묘는 권력을 가진 지배자 집단의 분묘라기보다 지석묘가 분포된 지역에 어떤 세력이 집단을 이루고 있었음을 뜻하는 것이라 하겠다.

그러나 넓은 묘역에 대규모의 묘역시설과 제단시설을 갖춘 차별화된 대형지석묘는[29] 초기국가 형성의 사회적 단계와 시기를 보여주는 계기가 되고 있다.[30] 특히 위에서 본 진동리지석묘 유적의 경우 길이 20m 이상의 타원형 혹은 장방형의 묘역시설과 즙석과 구획석으로 봉분을 쌓고 그 중앙에 매장주체부를 배치하고 있어, 일정한 정치적 메커니즘 없이는 이룩할 수 없는 것이라 할 수 있다.

즉, 대규모 묘역지석묘의[31] 축조는 청동기시대 초기국가 형성의 단초를 확실히 보여주는 것이며, 진동리지석묘는 함안지역에 일찍이 초기국가가 형성되었음을 말해주는 것이다. 이러한 대규모 묘역지석묘는 창원 덕천리, 김해 율하리에서도 보이고 있는데, 이들 모두 그 다음 단계인 창원 다호리 고분군, 김해 양동리 고분군과 연결되고 있어 삼한소국의 형성과정을 보여주는 고고학적 증거인 것이다.

한반도 남부지역은 대체로 기원전 1세기경에 들어가면서 고조선 혹은 낙랑지역 주민들의 유이민 파동에 의해 발달된 漢의 철기문화가 급속히 전파되고, 농경을 비롯한 철기제작기술의 발달로 정치체 사이의 정복과 통합이 활발히 일어나게 되었다. 철기문화와 함께 무문토기가 주류이던 토기 제작기술에도 한의 발달된 灰陶文化의 영향을 받아 瓦質土器라는 새로운 토기가 등장하게 되었다.[32]

이 시기의 문화상을 잘 보여주는 것이 창원의 다호리 유적이다. 다호리 유적에서는 『三國志』가 보여주는 三韓의 국가형성을 그대로 확인시켜주고 있는데, 한국식동검문화의 전통을 확실히 계승하면서도 철제의 무기류, 농공구류 등이 다량 출토되었다.[33] 그러나 다호리유적의 주인공들이 세운 초기국가가 『삼국지』나 『삼국사기』 등에 나오는 소국명의 어디에 해당되는지, 혹은 또 다른 소국이었는지는 모른다. 소국명은 모르지만 아마도 인근의 덕천리 묘역지석묘 축조집단이 발전하여 삼한소국으로 발전한 것으로 생각된다.

초기국가 형성의 징후는 대구 팔달동 유적에서도 나타나고 있어[34] 금호강 유역의 대구지역이 다른 지역 보다 빠른 시기에 소국이 형성되었고, 이러한 문화적 영향은 대구의 인근지역으로 퍼져나간 것으로 생각된다.[35] 이러한 유적이 성산가야의 고지인 성주읍 예산리에서 조사되어[36] 기원 전후한 시기의 성주지역에서의 변화추이를 알 수 있게 해주고 있다.

성주읍 예산리 목관묘 유적 출토 유물은 칠초동검을 비롯한 청동기와 철검, 철모, 철착, 철겸, 철부 등 철기류와 칠기부채 등이고 토기류는 무문토기, 두형토기와 함께 주머니호, 조합우각형파수부호 등 와질토기인데 와질토기는 전기 단계의 빠른 토기들이다. 이는 또 다른 예산리 와질토기와[37] 함께 이곳이 원삼국시대 소국의 國邑이었을 가능성을 말해주고 있다.

성주 예산리에 중심을 둔 정치집단은 소국을 성립시킨 뒤 점차 같은 수계의 지석묘세력과 통합과 복속을 통하여 국읍과 읍락의 관계로 발전하였던 것이다. 예산리 목관묘 유적으로 보아 초기철기시대 성주지역에도 소국이 존재한 것은 확실한 것으로 생각되나 그 정확한 국명은 알 수 없다.[38]

함안의 경우는 성주지역과는 반대로 안야국이라는 진변한의 소국중 구야국과 함께 유력한 국가로 이름이 알려졌지만, 이를 뒷받침해 줄 수 있는 우세한 목관묘 유적이 없어 현재로서는 고고학적으로 증명하기 어려운 실정이다. 앞에서도 여러 번 언급되었지만, 아라가야의 전신은 안야국이었다. 안야국은 김해의 구야국과 함께 優呼를 더한 변진의 유력한 국가의 하나였다. 즉,

> "… 臣智에게는 간혹 우대하는 호칭優呼인 臣雲遣支報 安邪踧支 濆臣離兒不例 狗邪秦支廉의 칭호를 더하기도 한다.…"〈『三國志』위서 동이전 한조[39]〉

여기서 우호를 칭하는 나라인 臣雲은 마한 54국중 臣雲新國을, 濆臣은 臣濆沽國을, 安邪는 진변한 24국중 弁辰安邪國을, 狗邪는 弁辰狗邪國을 칭하는 것으로 생각된다. 따라서 신운신국에 견지보 칭호를, 변진안야국에 축지 칭호를, 신분고국에 이아불례 칭호를 변진구야국에 진지렴의 칭호를 더 붙인 것으로 해석된다.

> "변진도 12국으로 되어 있다. 또 여러 작은 別邑이 있어서 제각기 渠帥가 있다. 그 중에서 세력이 큰 사람은 臣智라 하고, 다음에는 險側, 그 다음에는 樊濊, 그 다음에는 殺奚, 그 다음에는 邑借가 있다. … 大國은 4~5千家이고, 小國은 6~7百家로 총 4~5萬戶이다. …"〈『三國志』위서동이전 변진조[40]〉

위의 사료 내용으로 보아 안야국의 경우도 국의 중심지인 국읍과 몇 개의 별읍으로 이루어졌고, 거수라고 하는 지배자의 명칭은 신지로 호칭되었고, 호수는 4~5천가의 대국이었을 것으로 추정된다.[41] 이렇게 문헌사료로 보아 분명한 삼한 소국의 성립을 보여주는 고고자료가 바로 집단적이고 우세한 목관묘 유적인데, 함안지역에서는 그러한 목관묘 유적이 아직까지 조사되지 않고 있다.

그러므로 기록에 나오는 안야국의 실체는 찾을 수 없고, 안라국, 혹은 아라가야는 5세기 전반의 도항리 마갑총이나 도항리 고총고분을 축조한 집단에 의해 갑자기 발전한 것으로 보는 주장도 제기되고 있는 것이다. 이러한 주장은 광개

토왕 비문에 나오는 경자년(400년) 기사 즉, 고구려의 남진에 따른 금관가야의 급속한 쇠퇴로 이어지고, 금관가야의 일부 세력이 이동하여 5세기대 여러 가야의 발전을 가져오게 되었다는 것이다.[42] 아라가야의 경우, 현재까지의 고고자료로만 본다면 어느 정도의 설득력도 가지고 있다고 하겠다.

그러나 앞에서 본 성주지역의 예에서 보았듯이 성산가야라고 하는 간단한 기록만 있는 소국도 예산리 목관묘 유적이 있어 국가 형성을 보여주는 유적이 존재하고 있는데, 늦어도 3세기의 문헌기록에 삼한의 유력한 소국으로 기록된 안야국의 존재를 무시하고 5세기에 아라가야로 갑자기 성립하고 발전하였다고 보기는 어렵다고 생각한다. 더구나 진동리 유적이 보여주는 바와 같이 다른 지역보다 우세한 초기국가 형성기반을 가지고 있던 함안지역이 소국시기를 건너 뛰어 5세기에 들어와 갑자기 아라가야로 발전되었다는 것은 이해하기 어렵다. 역시 함안의 아라가야는 진동리 묘역지석묘의 초기국가 기반위에서 함안분지를 중심지로 삼아 안야국으로 형성되었고, 안야국이 계기적 과정을 거쳐 아라가야로 발전한 것으로 보는 것이 합리적이라 생각된다.

이와 같은 추론은 조금 늦은 시기이기는 하지만 함안식 工字形 고배의 확산범

〈그림 8〉 함안식 고배의 종류

위와, 도항리 목관묘인 마갑총의 존재로도 가능한 일이다. 함안식 토기의 형성은 4세기 전반부터 시작되었다고 생각되는데, 가야읍의 묘사리 윗장명가마유적이나 법수면 우거리의 대규모 토기가마 유적이 이를 말해준다.[43] 목곽묘가 기본적으로 목관묘의 발달한 형태이고, 도항리에서 판재형 목관묘와 통나무형 목관묘가 발굴조사 된 예로 보아도 도항리지역 어디엔가 안야국을 형성했던 우세한 목관묘가 존재할 것이라고 생각된다〈그림 8〉.

V. 아라가야의 발전과 영역의 변천

辰·弁韓의 소국들은 대개 3세기 후반부터 격동기를 거치면서 지역끼리 연맹하거나 복속을 통하여 진한지역은 사로국을 중심으로 통합되어 갔고, 변한지역은 몇 개의 加耶로 통합되는 변화를 겪게 되었다. 안야국의 경우도 이러한 변화와 발전과정을 거쳐 아라가야로 발전한 것으로 생각된다. 문헌사학에서 안야국의 급속한 발전은 『三國史記』에 나오는 이른바 '포상팔국 전쟁' 이후로 보는 것이 일반적이다. 포상팔국의 위치나 전쟁을 일으킨 주체와 목적, 전쟁의 주 대상, 연대 등에 대한 견해는 다르다고 하더라도 안야국 발전의 계기가 되었다는 것에는 별다른 이론이 없는 듯하다.[44]

안야국의 수장묘라고 생각되는 고분은 현재까지 고고학적으로 알려지지 않고 있다. 그 시기의 묘제는 김해지역과 마찬가지로 목곽묘였을 것으로 보이나, 김해 대성동 고분군이나 양동리 고분군처럼 대규모의 목곽묘유적은 보이지 않는다. 이러한 이유에서 목곽묘가 도항리보다 많은 황사리유적이 처음의 중심지였을 것이라는 주장도 제기되고 있지만,[45] 황사리유적에는 김해 양동리 162호와 같은 우세한 목곽묘는 보이지 않는다. 오히려 조금 늦은 시기의 목곽묘이지만 지배자의 무덤으로 판단되는 馬甲塚이 도항리 유적에 존재하고 있어, 초기국가를 성립시켰던 진동리 세력이 함안분지로 이동한 이래 안야국의 중심지는 처음

부터 도항리로 보는 것이 자연스럽다.[46]

진동리지석묘 세력이 주축이 되어 도항리의 암각화지석묘를 비롯하여 군북지역이나 대산 등 여러 지역에 분포된 지석묘군을 기반으로 몇 개의 소규모 정치집단이 형성되었고, 이 집단들을 엮어 초기국가를 이룩한 것으로 생각된다. 따라서 이들 소집단들의 거리는 대개 10~15km 정도의 거리에 지형적으로 연결되어 공동의 생활권을 이루고 있는 집단이었다. 이 시기 안야국의 권역은 함안분지의 중심지역군, 진동리의 해안지역군, 남강지역인 군북지역군의 세지역권이었다고 할 수 있다.[47]

대개 3세기 후반에서 4세기 초가 되면 낙동강 하류지역에 고고학적으로 급격한 변화를 겪게 되는데, 이른바 고식도질토기의 출현, 부곽을 가진 대형목곽묘의 등장, 지배자의 분묘에 나타나는 고급 위세품과 철제 무기와 농기구 등의 대량 부장 등이다. 이러한 변화과정에서 안야국은 특히 남해안로를 이용한 해외교역과, 남강, 낙동강의 수로 교통의 결절지로서 경남 내륙지역과 김해 부산 나아가 사로영역까지 물자의 운반과 분배를 통해 안라국으로 한 단계 발전할 수 있었다. 이 시기 포상팔국 전쟁과 관련되어 안라국은 지금까지 별도의 영역이었던 칠원지역을 확보하여 한 단계 더 발전할 수 있는 유리한 계기가 되었다.[48] 이시기의 묘제가 목곽묘라고 생각되는데 아직 이단계의 고분 자료가 없어 확실히 알수 없으나 도항리 마갑총에서 말갑옷 및 완전한 무장구와 대도 등 무기류가 중요유물인 것으로 보아 무력이 매우 중요한 역할을 한 것으로 보인다<그림 6>.

이와 같이 안야국 시기에는 목곽묘가 지배층 묘제였으나, 5세기가 되면서 어떤 계기로 인해 주묘제가 수혈식 석실분으로 바뀌어 갔다고 생각된다. 즉 안야국의 중심세력이 교체되었거나 다른 지역과의 활발한 교역으로 권력을 강화한 지배층이 일종의 유행을 따라 수혈식석실분을 주묘제로 채택한 것으로 보인다. 위에서 살펴 본 바와 같이 함안 도항리의 고총고분들은 수혈식석실 구조에 장폭비 5.5 : 1 이상의 극세장한 평면형태, 단실과 거기에 따른 주실 순장이 아라가야 묘제의 특성이라고 할 수 있다.[49] 이렇게 수혈식석실분을 주묘제로 사용하는 시기부터 아라가야로 발전되었다고 할 수 있다.

진변한 소국 중에서 아라가야와 같이 국가가 발전하면서 지배층의 묘제가 바뀌는 곳은 고령 대가야도 마찬가지다. 대가야는 처음 弁辰半路國에서 시작하여 加羅國을 거쳐 대가야로 발전하였는데, 회천유역의 반운리에서 목곽묘를 수장층의 주묘제로 사용하던 반로국은 중심지를 주산아래의 연조리로 옮기고, 수혈식 석실을 묘제로 하는 지산동고분군을 그들의 지배층 묘지로 사용하였다.[50]

함안의 아라가야도 묘제를 통해보면 목곽묘에서 수혈식석실분으로 중심묘제의 변화가 있었던 것은 틀림없다. 그러나 그것이 어떤 계기로 바뀌게 되었는지는 아직 알 수 없는 실정이다. 대가야의 경우는 묘제가 바뀌면서 중심지 자체를 이동하지만, 아라가야는 묘제는 바뀌지만 중심지는 이동되지 않는다. 이렇게 묘제만 바뀌는 것도 아라가야의 특성 중 하나이다.

이러한 묘제적 특성은 토기문화에도 그대로 적용되어 교역에 의한 것으로 밝혀진 것을 제외하면 안라국 토기문화의 특징인 화염형 투창고배의[51] 분포 범위 역시 묘제의 범위와 거의 일치하고 있다[52] 〈그림 9〉.

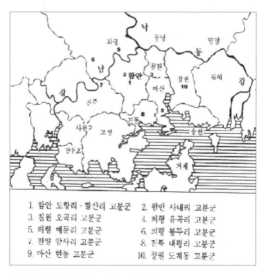

1. 함안 도항리·말산리 고분군　　2. 함안 사내리 고분군
3. 칠원 오곡리 고분군　　　　　4. 의령 유곡리 고분군
5. 의령 예둔리 고분군　　　　　6. 의령 봉두리 고분군
7. 진양 압사리 고분군　　　　　8. 진북 내평리 고분군
9. 마산 현동 고분군　　　　　　10. 창원 도계동 고분군

〈그림 9〉 화염형투창 고배 출토지역[53]

따라서 아라가야가 최고로 발전했다고 생각되는 6세기 초반의 영역권은 함안식 수혈식묘제라고 생각되는 극세장형 석실분과 화염형 투창고배의 출토지역으로 보아 도항리 중심권을 비롯하여 법수면 황사리, 군북면, 칠원지역과 남강 북안의 의령 예둔리, 마산시의 현동고분군, 진동만 일대와 함안의 서쪽경계에 가까운 진주시의 진양지역까지도 이에 포함시킬 수 있을 것이다. 이러한 아라가야의 영역은『일본서기』등 문헌에 기록된 국력에 비해 넓지 않은 편이다〈그림 10〉.

그리고 목곽묘인 마갑총의 경우 거의 완전한 말갑옷 일습과 금상감 환두대도 등 무장구가 주류를 이루고 있어, 4세기대 안라국에서는 무장적 성격의 지배자가 중요한 역할을 한 것으로 보이나, 그 뒤 아라가야의 고총고분 중 빠른 시기인 5세기 전반으로 보이는 4호분(구 함안34호분)에는 무구가 중요한 유물이 아닌 것으로 나타난다. 그 뿐 아니라 8호분이나 15호분에서도 마갑총과 같은 무구나 마구는 출토되지 않았다. 이는 고령의 대가야가 32호분, 30호분, 45호분에서 갑옷,

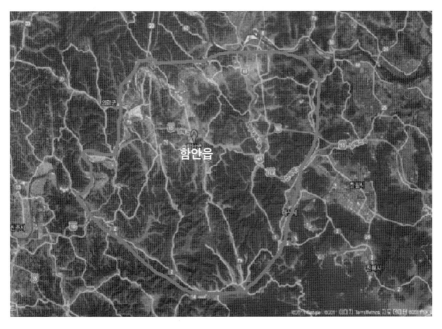

〈그림 10〉 아라가야의 영역

투구가 금동관과 함께 중요한 부장품인 점과 대조되는 점이다.

『일본서기』의 기록에 의하면 함안의 안라국은 529년 백제와 신라가 가야지역을 무력으로 위협하는 상황에서 자국에서 高堂會議를 개최하여[54] 가야 외교를 주도할[55] 정도로 대국의 면모를 보이고 있다. 그리고 541년과 544년에는 백제의 사비에서 열린 소위 '任那復興會議'에 대가야와 더불어 왕이 아닌 次旱岐(下旱岐)를 파견하는 등[56] 가야말기 외교활동을 주도하고 있다. 이러한 사료로 볼 때, 아라가야는 대가야와 함께 당시의 다른 가야 세력 보다 훨씬 발전된 국가였던 것은 분명하다고 하겠다.

VI. 맺음말

이상에서 아라가야와 관련되어 발굴 조사된 고고자료를 중심으로 아라가야의 형성, 발전과정과 아라가야의 영역권을 살펴보았다. 특히 통합창원시 진동리에서 발굴 조사된 대규모 묘역지석묘에 주목하여 함안에서의 초기국가 형성의 단초를 청동기시대로 올려 볼 수 있을 것임을 추론하였다. 그 내용은 다음과 같이 요약할 수 있다.

함안에 존재했던 것으로 문헌에 기록된 안야국은 김해의 구야국과 함께 우호를 칭한 유력한 소국의 하나였으며, 이렇게 유력한 국가로 중국에까지 알려질 수 있었던 기반은 진동 묘역지석묘 세력에서 형성되어 함안분지와 주변의 지석묘 집단을 통합하고 중심부를 도항리지역으로 이동하여 성립되었다. 이 시기 안야국의 권역은 함안분지의 중심지역군, 진동리의 해안지역군, 남강지역인 군북지역군의 세지역권이었다고 할 수 있다. 그 시기의 묘제는 김해지역과 마찬가지로 목곽묘였을 것으로 보이나, 창원 다호리 유적이나 김해 양동리 고분군처럼 대규모의 목관묘유적이나 목곽묘유적은 보이지 않는다. 그러나 중심지인 도항리에 대규모 목관묘 혹은 목곽묘 유적이 있을 것이라고 생각된다.

3세기 후반에서 4세기 초가 되면 낙동강 하류지역에 고고학적으로 급격한 변화를 겪게 되는데, 이러한 변화과정에서 안야국은 특히 남해안로를 이용한 해외교역과, 남강, 낙동강의 수로 교통의 이점을 통해 안라국으로 한 단계 발전할 수 있었다. 이 시기에 지금까지 별도의 영역이었던 칠원지역을 확보하여 권역을 확대하였다.

그러나 안라국 시기에는 목곽묘가 지배층 묘제였으나, 5세기가 되면서 어떤 계기로 인해 주묘제가 수혈식 석실분으로 바뀌어 갔다. 아라가야의 중심고분군인 도항리의 고총고분들은 수혈식석실 구조에 장폭비 5.5 : 1 이상의 극세장한 평면형태의 석실 1기만 배치하는 묘제의 특성을 보이고 있다. 이렇게 수혈식석실분을 주묘제로 사용하는 시기부터 아라가야로 발전되었다고 할 수 있다.

아라가야는 529년 백제와 신라가 가야지역을 무력으로 위협하는 상황에서 자국에서 고당회의를 개최하여 가야 외교를 주도하는 등 가야말기 외교활동을 주도하고 있다. 이러한 사료로 볼 때, 아라가야는 당시의 다른 가야 세력 보다 훨씬 발전된 국가였던 것은 분명한 사실이다. 이것은 아라가야가 대가야와 달리 무력을 위주로 주위를 통합하거나 영역을 확대하지 않고, 일본이나 백제, 신라 나아가 고구려와의 대외 교역 혹은 외교를 위주로 발전하여 넓지 않은 영역 안에서 내실을 다져간 것으로 볼 수 있다.

미 주

1 이 논문은 함안박물관과 함안문화원이 주최한 2011년 아라가야 학술대토론회에서 주제 발표한 내용에 지정 토론과 종합토론에서 제기된 문제들을 보완하고 수정하여 완성한 것이다(함안박물관 · 함안문화원, 『2011년 아라가야역사 학술대토론회 고대 함안의 사회와 문화』2011. 4. 14. 참조).

2 建設部國立地理院,『韓國地誌』地方篇 Ⅲ, 1994.

3 경남발전연구원 역사문화센터,『마산 진동지구 토지구획정리지구내 문화재 발굴조사 약보고서』, 2005.
경남발전연구원 역사문화센터,『마산 진동유적Ⅰ』 2005.

4 國立昌原文化財研究所,『咸安岩刻畵古墳』, 1996.

5 경남발전연구원 역사문화센터,『함안 군북동촌리지석묘 발굴조사결과보고서』, 2002.

6 昌原大學校博物館,『咸安 梧谷里遺蹟』, 1995.

7 國立昌原文化財研究所 · 昌原大學校博物館,『阿羅伽耶文化圈遺蹟精密地表調査報告』, 1995.

8 李柱憲,「三韓의 木棺墓에 대하여 - 嶺南地方 出土 資料를 中心으로 -」『古文化』44, 1994, pp.27-50.
김현,「咸安 道項里古墳群 發掘調査와 意義」『古代 咸安의 社會와 文化』國立昌原文化財研究所, 2002, pp.193-201.

9 李柱憲,「阿羅伽耶에 대한 考古學的 檢討」『가야각국사의 재구성』, 부산대학교민족문화연구소, 2000, pp.219-285.

10 金世基,「墓制로 본 加耶社會」『가야 고고학의 새로운 조명』, 도서출판 혜안, 2003, pp.603-652.

11 李柱憲,「阿羅伽耶에 대한 考古學的 檢討」『가야각국사의 재구성』, 부산대학교민족문화연구소, 2000, pp.219-285.

12 金亨坤,「咸安地域 伽耶前期의 墓制研究」『제2회 아라가야사 학술토론회발표요지』, 1997, pp.11-50.

13 金亨坤,「阿羅伽耶의 형성과정 연구 - 考古學的 資料를 중심으로 -」『加羅文化』12, 경남대학교 가라문화연구소, 1995, pp.5-59.

14 趙榮濟 외,『咸安 篁沙里古墳群』慶尙大學校博物館, 1994.

15 國立昌原文化財研究所,『咸安 馬甲塚』2002.

16 金世基,「竪穴式墓制의 研究 - 加耶地域을 中心으로 -」『韓國考古學報』17 · 18, 1985, pp.41-89.

17 李柱憲,「末伊山 34號墳의 再檢討」『碩晤尹容鎭教授停年退任紀念論叢』, 1996, pp.403-418.

18 國立昌原文化財研究所,『咸安道項里古墳群Ⅳ』, 2001.

19 김세기,「墓制를 통해 본 安羅國」『지역과 역사』14, 2004, pp.69-100.

20 「弁辰亦十二國 又有諸小別邑 各有渠帥 大者名臣智 其次有險側 次有樊濊 次有殺奚 次有邑借 弁辰彌離彌凍國, 弁辰接塗國, 弁辰古資彌凍國, 弁辰古淳是國, 弁辰半路國, 弁辰樂奴國, 弁辰彌烏邪馬國, 弁辰甘路國, 弁辰狗邪國, 弁辰走漕馬國, 弁辰安邪國, 弁辰瀆盧國… 弁 · 辰韓 合二十四國 大國四五千家 小國六七百家 總四五萬戶…」(『三國志』魏書 東夷傳 弁辰條).

21 「… 臣智或加優呼 臣雲遣支報 安邪踧支 瀆臣離兒不例 狗邪秦支廉之號」(『三國志』魏書 東夷傳 韓條).

22 「阿羅(一作耶)伽耶(今咸安) 古寧伽耶(今咸寧) 大伽耶(今高靈) 星山伽耶(今京山 一云碧珍) 小伽耶(今固城) 又本朝史略云 太祖天福五年庚子 改五伽耶名 一金官(爲金海府) 二古寧(爲加利縣) 三非火(今昌寧 恐高靈之訛) 餘二 阿羅星山(同前星山 或作碧珍伽耶)」(『三國遺事』卷 第一紀異 第二, 五伽耶條).

23 「咸安郡 法興王以大兵 滅阿尸良國[一云 阿那加耶] 以其地爲郡 景德王改名 今因之 領縣二 玄武縣 本召乡縣 景德王改名 今召乡部曲 宜寧縣 本獐含縣 景德王改名 今因之」(『三國史記』권34 雜志 地理一, 咸安郡條).

24 阿羅伽耶는 安羅國, 安邪國 등 자료에 따라 여러 가지로 표기되지만, 삼한소국인 안야국에서 가야로 발전

한 것이라는 것이 통설이다. 따라서 본고는 가야사를 이해하는 관점에서 삼국유사의 표기인 阿羅伽耶로 쓴다.

25 김권구, 『청동기시대 영남지역의 농경사회』, 학연문화사, 2005.

26 盧泰敦, 「國家의 成立과 發展」, 『韓國史研究入門』, 知識産業社, 1981.

27 李基白, 『韓國史新論』 新修版, 一朝閣, 1990.

28 李鐘旭, 「韓國의 初期國家 形成과 新羅의 政治的 成長」, 『韓國史研究入門』 제2판, 1987.

29 이상길, 「祭祀와 權力의 發生」, 『계층사회와 지배자의 출현』, 韓國考古會, 2006, pp.117-149.

30 韓國考古學會, 『계층사회와 지배자의 출현』, 한국고고학회 창립 30주년 기념 한국고고학전국대회 자료집, 2006.

31 이러한 대규모 묘역시설과 즙석 등 구조물을 가진 지석묘를 일반 지석묘와 구별하여 보통 묘역지석묘라고 부르고 있으나 이 용어가 적당치 않다는 지적이 있다. 그러나 여기서는 많이 쓰이는 용어를 그대로 사용한다(이상길, 「'소위 '墓域式 支石墓' 검토 · 용어, 개념 적용과 관련하여」, 『慶北大學校 考古人類學科 30周年 紀念 考古學論叢』 考古學論叢 刊行委員會, 2011, pp.171-185).

32 申敬澈, 「釜山 · 慶南出土 瓦質土器」, 『韓國考古學報』 12, 韓國考古學會, 1982, pp.39-87.
   崔鍾圭, 「陶質土器成立前夜와 그 展開」, 『韓國考古學報』 12, 韓國考古會, 1982, pp.213-243.

33 李健茂外, 「義昌 茶戶里 發掘進展報告(2)」, 『考古學誌』 1, 韓國考古美術研究所, 1989.

34 嶺南文化財研究院, 『大邱 八達洞遺蹟 Ⅰ』, 2000.

35 이희준, 「대구 지역 古代 政治體의 형성과 변천」, 『嶺南考古學』 26, 2000.

36 경상북도문화재연구원, 「성주 예산리유적 발굴조사」, 지도위원회 및 현장설명회 자료, 2003.

37 韓炳三, 「星州出土 一括 瓦質土器」, 『尹武炳博士 回甲紀念論叢』, 1984, pp.169-182.

38 김세기, 「星州古墳의 地域性 檢討」, 『啓明史學』 25, 2004, pp.15-49.

39 「… 臣智惑加優呼 臣雲遣支報 安邪踧支 濆臣離兒不例 狗邪秦支廉之號」(『三國志』 魏書 東夷傳 韓條).

40 「弁辰亦十二國 又有諸小別邑 各有渠帥 大者名臣智 其次有險側 次有樊濊 次有殺奚 次有邑借…大國四五千家 小國六七百家 總四五萬戶…」(『三國志』 魏書 東夷傳 弁辰條).

41 權珠賢, 「阿羅加耶의 成立과 發展」, 『啓明史學』 4, 1983, pp.1-46.

42 조영제, 「考古資料를 통해 본 安羅國(阿羅加耶)의 成立에 대한 研究」, 『지역과 역사』 14, 부경역사연구소, 2004, pp.41-68.

43 김시환, 「咸安 苗沙里 윗長命 土器가마터 發掘調査」, 『古代 咸安의 社會와 文化』, 國立昌原文化財研究所, 2002, pp.181-192.

44 宣石悅, 「浦上八國의 阿羅加耶 侵入에 대한 考察 - 6세기 중엽 南部加耶諸國의 動向과 관련하여 - 」, 『加羅文化』 14, 慶南大學校 加羅文化研究所, 1997, pp.91-122.
   南在祐, 「文獻으로 본 安羅國史」, 『가야 각국사의 재구성』, 부산대학교 한국민족문화연구소, 2000, pp.185-214.
   백승옥, 『加耶 各國史 研究』, 혜안, 2003, pp.166-208.

45 李柱憲, 「阿羅加耶에 대한 考古學的 檢討」, 『가야각국사의 재구성』, 부산대학교 한국민족문화연구소, 2000, pp.219-285.

46 김세기, 「墓制를 통해 본 安羅國」, 『지역과 역사』 14, 2004, pp.69-100.

47 金亨坤, 「阿羅伽耶의 성장과정 연구 - 考古學的 資料를 중심으로 - 」, 『加羅文化』 12, 경남대학교 가라문화

연구소, 1995, pp. 5-59.

48 南在祐,「文獻으로 본 安羅國史」『가야 각국사의 재구성』부산대학교 한국민족문화연구소, 2000, pp. 185-214.

49 김세기,「墓制를 통해 본 安羅國」『지역과 역사』14, 2004, pp. 69-100.

50 김세기,『고분자료로 본 대가야연구』학연문화사, 2003, pp. 211-248.

51 曺秀鉉,「火焰形透窓土器 研究」『한국고고학보』59, 2006, pp. 38-73.

52 이주헌,「토기로 본 안라와 신라」『가야와 신라』1998, pp. 45-77.

53 남재우,『安羅國史』혜안, 2003, 194쪽 <그림 5>를 재편집.

54 "是月 遺近江毛野臣 使于安羅 勅勸新羅 更建南加羅喙己呑 百濟遺將軍君尹貴 麻那甲背麻鹵等 往赴安羅 式聽詔勅 新羅恐破蕃國官家 不遺大人 而遺夫智奈麻禮 奚奈麻禮等 王赴安羅 式聽詔勅 於是 安羅新起高堂 引昇勅使 國主隨後昇階國內大人 豫昇堂者一二 百濟使將軍君等 在於堂下 凡數月再三 謨謀乎堂上 將軍君等 恨在庭焉"(『日本書紀』卷17, 繼體紀 23年 3月條).

55 南在祐,「文獻으로 본 安羅國史」『가야각국사의 재구성』부산대학교 한국민족문화연구소, 2000, pp. 185-218.

56 "安羅次旱岐 夷呑奚 大不孫 久取柔利 加羅上首位 古殿奚 卒麻旱岐 散半奚旱岐兒 多羅下旱岐 夷他 斯二岐 旱岐兒 子他旱岐等 與任那日本府 吉備臣 闕名字 往赴百濟 俱聽詔書…"(『日本書紀』卷19, 欽明紀 2年 4月條).

대가야의 라이벌, 성주 성산(벽진)가야

진·변한의 소국들은 대개 3세기후반부터 격동기를 거치면서 지역끼리 연맹하거나 복속을 통하여 진한지역은 사로국斯盧國을 중심으로 통합되어 갔고, 변한지역은 몇 개의 가야로 통합되는 변화를 겪게 되었다. 성주지역의 소국도 그 시기는 확실히 알 수 없으나 가야의 일원으로 발전한 것으로 생각되는데,『삼국유사』오가야조五伽耶條에 나오는 성산가야星山伽耶 혹은 벽진가야碧珍伽耶는 이러한 사실을 반영하는 것이라 하겠다.

그런데 성주의 성산가야(벽진가야)는 묘제와 출토유물에서 대가야와는 반대적 양상이다. 토기는 물론 은제관식이나 과대 등 위세품이 경주의 신라중앙에서 하사받은 것으로, 일반적인 대가야문화와는 완전히 달라 이른 시기에 신라에 복속되었다는 것이 일반적인 인식이다. 그뿐 아니라 대가야와 성산가야는 처음부터 적대적인 관계였던 것으로 보인다.

그것은 성주군 벽진면 매수리의 '태자공기돌' 전설에 잘 나타나 있다. 즉 매수리의 고령 쪽 고개 마루에는 공기돌을 쌓아놓은 것 같은 둥그런 바위 3개가 겹쳐 있고, 그 밑에 2~3개가 흩어져 있는 바위가 있다. 이 돌이 태자공기돌인데, 옛날 가야시절에 벽진가야에서 대가야의 왕자를 인질로 잡아 왔는데, 고향이 그리웠던 대가야의 왕자는 대가야가 있는 남쪽을 바라보면서 여기에서 놀았다고 한다. 이 왕자는 고향에 돌아가지 못하고 벽진가야에서 죽었다고 한다. 비록 전설이기는 하지만, 대가야와 성산가야의 관계를 상징적으로 보여주는 사례라 할 수 있다.

이러한 대가야와 성산가야의 라이벌 관계는 가야시대는 물론 현재에까지 이어져 오고 있다. 고령군과 성주군은 여러 가지 방면에서 경쟁하고 선의의 대결을 펼치고 있다. 그것은 쓰레기하치장 설치문제로 갈등을 빚기도 하고, 최근에는 KTX역을 유치하기 위해 치열한 결쟁을 펼치기도 하였다. 성주의 성산가야는 고령 대가야의 영원한 라이벌일까?

〈그림〉 성주군 벽진면 매수리의 태자바위 원경(좌)과 근경

1. 성주지역 문화의 고고학적 고찰

Ⅰ. 머리말

성주지역은 영남지방을 남북으로 관통하는 낙동강 중류의 서쪽에 연접하고, 동북-서남으로 비스듬히 뻗어내려 영남과 호남, 영남과 중부지방을 갈라놓은 소백산맥의 동남 산줄기들이 서북쪽을 감싸는 가야산의 북쪽사면에 위치하는 지역이다. 또한 『삼국유사』의 5가야조에서 가야의 하나인 성산가야星山伽耶 혹은 벽진가야碧珍伽耶지역으로 비정한 이래로는 성산가야의 고지로 알려져 왔고, 그 시대의 고분군도 군지역내에 많이 분포되어 있다. 그리고 성주지역의 고고학적 자료는 삼국시대 고분군 외에 청동기시대 묘제인 지석묘도 여러 곳에 분포되어 있다. 그런데 이 지석묘들은 하천변이나 구릉지에 일정한 무리를 이루고 분포되어 있는 것을 볼 수 있다. 따라서 이들의 분포와 입지를 분석하고 그 후대의 유적인 삼국시대 고분군의 분포를 비교 고찰해보면, 성주지역의 정치세력이 어떻게 변화 발전되었고 성주문화가 어떻게 형성되었나를 이해할 수 있을 것이다. 그러므로 본고에서는 청동기시대의 지석묘와 원삼국시대의 와질토기 유적, 삼국시대 고분 유적을 통해 성주지역 문화의 형성과 변천과정을 규명해 보려고 한다.

Ⅱ. 성주지역의 고고학적 환경과 입지

성주군의 영역변화를 문헌에서 보면 변화가 많아 쉽게 확정하기 어렵다. 『삼국사기』 지리지 성산군조에 보면 성산군은 본래 일리군一利郡을 개명한 것인데 지금의 가리현加利縣이라고 부른다고 하고 속현이 4개 있다고 하였다. 그 속현을 보면 사동화현(오늘날의 인동), 대무현(약목)이 있고, 본피현과 적산현은 오늘날의 성주군 지역에 해당되고 있어 시대에 따라 변화가 많아 정확한 영역을 선정하기 어렵다.

그러나 현재의 성주군 영역을 중심으로 산지와 하천의 지형을 통해 고고학적 입지를 살펴보면 대체로 문헌과 일치하는 것을 알 수 있다. 그러므로 현재의 성주군에 해당되는 지형을 개관하고, 그 하천이나 구릉이 갖는 고고학적 입지를 살펴보면 고대문화 형성의 기반을 이해할 수 있을 것이다.

성주지역은 서남쪽의 산지지형과 동쪽의 낙동강유역으로 대별된다. 우선 서남 산지는 구미의 금오산에서 뻗어 내린 지맥이 북쪽의 영암산(표고 792m)에서 서남단의 가야산(표고 1,430m)으로 활등처럼 휘어지면서 백마산(표고 715m), 염속산(표고 870m), 형제봉(표고 1,022m), 두리봉(표고 1,133m)의 고봉高峯으로 이어져 서북-서남방향을 병풍처럼 감싸고 있다.

동쪽의 낙동강유역은 왜관을 거쳐 내려온 낙동강이 북에서 남으로 곧게 흐르며 성주와 달성을 갈라놓고, 그 유역에 퇴적평야를 형성시키고 있다. 또한 남쪽은 표고 200~300m의 지맥이 동서로 달려 자연스럽게 고령과의 경계를 이루어 놓고 있다. 따라서 이와 같이 높은 지맥과 낙동강의 산천이 만들어 놓은 성주의 지형은 거의 원형을 이루고 성주의 중심부는 분지의 형태를 띠고 있다. 그러므로 서북편의 높은 지형에서 흘러내린 물줄기들은 대체로 동남방향으로 흘러 3개의 중요한 하천이 되어 낙동강의 지류를 형성하고, 또한 성주문화 형성의 중요한 역할을 하게 된다. 그 3개의 하천이 백천白川, 이천伊川, 대가천大伽川이다.

우선 백천은 서북쪽 금릉군과의 경계에 솟아있는 백마산의 동북쪽 사면에서 발원하여 초전면을 지나면서 여러 골짜기를 합쳐 수역이 넓어지고 유로流路를 동쪽으로 틀면서 월항면을 거쳐 대산리에서 이천을 합해 낙동강으로 들어간다. 백천 유역에는 북쪽으로부터 초전면의 봉정리, 동포리, 대장리에 이르는 남북으로 곧고 긴 평야를 만들고, 계속하여 월항면 수죽리, 용각리, 안포리와 대산리의 넓은 평야를 이루었고, 이들 유역에 청동기시대 지석묘나 입석, 삼국시대 대형

봉토분들이 집중적으로 분포할 수 있는 고고학적 입지를 제공하고 있다.

한편 이천은 백마산의 서남사면에서 발원하여 벽진면으로 남류하여 流域을 넓히고, 성주읍의 서남쪽을 휘감고 동쪽으로 흘러, 앞의 월항면 대산리에서 백천에 합류하여 낙동강으로 들어간다. 성주지역의 거의 중앙부를 휘감아 흐르는 백천과 이천의 두 하천이 요소요소에 널찍한 평야와 비옥한 농경지를 만들어 놓아 성주문화 형성의 기반이 되고 있다. 또 비교적 좁은 골짜기를 이루며 내려오던 이천은 벽진면 해평리에 이르러 활짝 넓어지며, 비스듬히 동남향으로 흐르면서 성주읍까지 이어지는 평야를 만들고, 성주읍 중심분지를 남쪽으로 둥글게 돌아 성주읍에 넓은 평야를 이루어 놓았다. 이 유역에 벽진면 해평리의 많은 지석묘군과 성산리 지석묘군 등 청동기시대 지석묘군을 군집시키고, 성산가야 최고 고분군인 성산동고분군도 이 유역에 분포할 수 있는 입지를 제공하고 있다.

한편 금릉군 중산면의 수도산에서 발원하여 깊은 산골짜기를 이루며 성주의 서쪽 끝을 가야산 북사면 쪽으로 흐르는 대가천은 가천면 창천리에서, 금수면 쪽에서 흐르는 물을 합쳐 계속 남쪽으로 흘러 성주에서보다 고령에서 더 큰 의미를 갖는 하천이다. 그러나 이 대가천 유역에도 대가면 옥화리 지석묘, 대천리 입석 등 청동기시대 유적과 금수면 명천리 고분군 등이 형성되어 있다.

선사와 고대로부터 영남지역 젖줄의 역할을 해온 낙동강은 성주지역에서도 고고학적 입지에 아주 중요한 역할을 하고 있다. 낙동강이 성주지역을 지나는 길이는 길지 않지만 낙동강의 서안에 연접한 선남면 도흥리, 소학리 일대 넓은 충적평야의 비옥한 토지는 이 주변에 청동기시대부터 많은 지석묘와 입석을 남겼으며, 선남면과 용암면으로 이어지는 백천과 낙동강의 합류지점에는 후포평야를 형성시켰다.

그리고 성주읍의 동쪽에 위치하여 선남면, 용암면을 분리시키는 성주의 진산 鎭山인 성산(표고389m)과 그 지맥들이 뻗은 사이로 소하천인 봉암천이 용암면 중거리에서 시작하여 장학리를 거쳐 선남면 명포리, 동암리를 돌아 선남면 관화리에서 백천에 합류하는데, 이 봉암천의 유역에도 많은 지석묘와 삼국시대 소형고분군들이 밀집해 있다.

선사와 고대에 있어 성주지역의 지형들을 보면 북쪽과 서쪽 남쪽의 높은 산봉들이 외부로부터의 침입을 막아주고 이 분지 안을 흐르는 이천과 백천을 통해 대하천인 낙동강으로 나와 외부세계와 통할 수 있어 사람들이 모여 살기 좋았다. 주변의 구릉과 평야의 농업생산을 통해 정치세력이 형성되고 발전될 수 있는 고고학적 여건을 가지고 있었다고 볼 수 있다.

III. 성주지역의 고고유적

1. 청동기시대 유적

1) 지석묘

① 성주읍 성산리 지석묘군[1]

성산리 지석묘군은 성주군 성주읍 성산리의 2곳에 분포하는데 이천의 남쪽, 성산의 서록西麓에서 이천으로 흐르는 개천변의 퇴적 대지상에 위치한다. 지석묘 I군은 성산리 함바위 마을도로 북쪽에 4기가 남아 있는데,[2] 길이 150~280cm 규모의 지석묘이다.

지석묘 II군은 성산리 살망태 마을 앞 구릉지 밭둑에 위치한다. 한곳에 3기의 지석묘가 모여 있는데, 길이 150~250cm의 규모로 원래 이보다 더 많이 있었던 것이 주위의 경작 등으로 다수 없어진 것으로 생각된다. 이천의 지류인 소하천 주변에 위치한 이 3기의 지석묘에서 100여m 내려오면 논둑에 또 1기가 분포하고 있다.[3]

이곳 성산리 지석묘군은 동쪽에 성산이 우뚝 서 있고 여기서 서쪽으로 뻗어 내린 산줄기들의 정상부와 사면에 가야시대 대형봉토분들이 위치한 성산동고분군의 서쪽평지에 해당하는 곳으로 성주를 감싸는 이천변에 형성된 평지와 하천 골짜기에 입지한 지석묘군이다.

② 대가면 용흥리 지석묘군

용흥리 지석묘군은 대가면 용흥리 서치뫼 마을과 율포마을에 위치한다. 이곳은 벽진면 매수리에서 내려온 이천이 성주읍을 휘감아 흐르기 직전의 이천 서안에 형성된 평야와 맞닿은 구릉의 말단에 해당하는 곳이다. Ⅰ군의 지석묘군은 율포마을 부근에 8기가 분포하고, Ⅱ군은 여기서 300여m 동쪽으로 서치뫼 마을 북서쪽 공지空地에 11기가 분포한다. 지석묘의 규모는 상석의 길이 140~380cm로 다양한 크기가 섞여 있다.

③ 벽진면 해평리 지석묘군

해평리 지석묘군은 벽진면사무소 소재지인 해평리 마을 동쪽 평지의 솔밭 속에 위치한다. 해평리지역은 이천의 상류에 해당하는 넓은 평야를 이루는 지역이다. 원래 이 지역에는 남북으로 펼쳐진 농경지에 수십기의 지석묘가 분포하고 있었는데, 경지정리 과정에서 없어져 현재는 이곳 솔밭에 11기만 남아 있다.[4] 현재 남아있는 지석묘들은 길이 110~200cm 정도의 크지 않은 규모이고 주변이 "묵인처사여공묘도비默忍處士呂公墓道碑" 등 여씨呂氏들의 묘역으로 조성되어 있다.

1984년 필자가 지표조사 할 때에는 현재 지석묘군에서 동쪽으로 50여m 떨어진 농로변에도 4기가 남아 있었는데, 이들 4기의 규모는 길이 160~300cm의 비교적 대형의 지석묘였다.[5]

④ 벽진면 매수리 지석묘군

매수리 지석묘군은 벽진면 매수리 수남마을 안에 위치한다. 이곳은 이천의 서쪽 유역이면서 이천의 소지류가 지나는 마을인데, 낮은 구릉의 말단부 솔밭에 15기의 지석묘가 군집해 있다. 지석묘의 규모는 120~220cm의 중소형 지석묘들이다. 즉 이천 중유역에는 동쪽에 펼쳐진 넓은 평지에 수십기의 지석묘군이 분포하고 이천 서안 구릉지에 10여기가 분포하는 셈이다.

⑤ 초전면 동포리 지석묘군

동포리 지석묘군은 백천의 상류지점 유역인 초전면 동포리 동산마을에 위치한다. 지석묘군은 동산마을 서쪽에 돌출한 나지막한 구릉을 돌아서 고산리로 가는 서쪽 경사지에 3기가 분포하고 있다. 지석묘 상석의 규모는 길이 220~300cm로 중대형에 속한다. 백천의 상류에 남북으로 길게 형성된 초전면 평야의 서쪽 구릉에 해당하는 곳이다.

⑥ 초전면 문덕리 지석묘군

문덕리 지석묘군은 초전면 문덕리 송천마을 입구에 위치한다. 초전면사무소에서 서쪽으로 벽진면 방향으로 가는 도로를 가면 백천의 지류인 세천(문덕교)을 건너게 되는데, 이 세천의 주위에 약간의 골짜기성 평지가 형성되어 있고, 이 평지에 이어지는 구릉지 사면에 6기의 지석묘가 분포하고 있다. 지석묘 상석의 규모는 200~320cm 정도이다.

⑦ 월항면 수죽리 지석묘군

수죽리 지석묘군은 월항면 수죽리 하남마을 앞 논 가운데 3기가 위치한다. 이곳은 백천중류역에 형성된 충적평야의 동안 깊숙한 곳에 해당한다. 동쪽에 우뚝 솟은 봉화산(표고 468m)과 그 주맥이 남북으로 뻗는 가운데 서쪽으로 뻗은 지맥들이 낮아지면서 구릉을 이루며 백천 유역의 평야에 닿아 있다. 이곳 지석묘 상석의 규모는 320~450cm의 중대형급으로 논바닥에 깊숙이 박혀있다. 지석묘주변의 경지 정리한 논에서 기형을 알 수 없는 적색토기편이 채집된 바 있다.[6]

⑧ 월항면 용각리 지석묘군

용각리 지석묘군은 월항면 용각리 묵산마을 북쪽의 낮은 구릉에 위치한다. 지석묘군이 위치한 구릉은 동쪽으로 봉화산과 연결되고, 서쪽과 남쪽온 백천의 중류역에서 가장 넓은 평야지대에 접하고 있다. 묵산마을에서 구릉으로 올라가는 경사면에 묵산마을의 당목堂木인 노거수老巨樹가 한그루 있고, 그곳에서 정상으로 올라서면 분지상의 넓은 평지가 나타난다. 이 평지에 5기의 지석묘가 모여 있고, 이곳에서 서북쪽으로 100여m 떨어져 또 6기의 지석묘가 2열로 분포하고 있다. 그리고 이 6기의 지석묘에서 80m 떨어진 구릉 하단에 또 2기의 지석묘가 위치하고 있어, 결국 용각리 지석묘군에는 13기의 지석묘가 3군데 모여 있는 셈이다. 지석묘 상석의 규모는 길이 130~310cm 정도로 크기가 다양하다.

⑨ 선남면 장학리 지석묘군

장학리 지석묘군은 선남면 장학리 양지밤실 마울의 안팎에 3기가 위치하는데 민가의 울타리 안 장독대 옆에 위치하는 것도 있고, 민가 곁의 밭에도 분포한다. 이곳은 白川 하류쪽의 지류인 봉암천의 상류지점 골짜기에 해당하는 곳이다. 지석묘의 규모는 상석의 길이 170~230cm 정도의 소형 지석묘이다.

⑩ 선남면 명포리 지석묘군

명포리 지석묘군은 봉암천 연변에 형성된 골짜기의 곡간평야 내 구릉지 3곳에 분포한다. 그중 성주골 지석묘는 선남면 명포리 성주골 마을에 2기가 위치한다. 이곳은 앞의 장학리 지석묘군에서 봉암천을 따라 1km 정도 하류로 내려온 낮은 구릉의 말단에 해당하는데, 현재는 과수원으로 개간된 배밭과 밭뚝에 2기가 100여m의 거리를 두고 위치하고 있다. 지석묘의 규모는 상석의 길이 200~510cm, 너비 320cm, 높이 240cm로 우뚝 솟아있는 형태이다.

또 일군一群의 지석묘인 금은기마을 지석묘군은 명포리 금은기 마을 뒤 나지막하게 펼쳐져 내려오는 곡간의 비교적 완만한 지형에 10여기가 분포한다. 그리고 이보다 더 하류로 내려오면 봉암천이 넓어지며 비교적 넓은 농경지가 펼쳐지는 굴바대 마을과 송천마을에 닿는데, 일군의 지석묘군이 송천마을 뒤 길게 뻗어 내린 구릉 말단부에 분포한다. 또 이 지석묘주변에서는 지석묘와 관련 있는 석기편도 채집되었다.

⑪ 선남면 취곡리 지석묘군

취곡리 지석묘는 선남면 취곡리 침곡마을에 위치한다. 이곳의 입지는 역시 봉암천의 중류역이며, 성산 남록南麓의 지맥이 완만한 사면을 이루다가 구릉상으로 봉암천 평지와 만나는 구릉지대에 대규모로 입지한다. 지석묘군은 침곡마을 입구 좌측에 6기와, 이곳에서 50m 떨어진 마을 안에 13기가 군집되어 있다. 지석묘의 규모는 상석길이 130~260cm의 소형 지석묘들이다.

⑫ 선남면 신부리 지석묘군

신부리 지석묘군은 선남면 신부리 예마마을에 위치한다. 이 지역은 白川의 하류역에 속하며 성산의 동남골짜기에서 내려오는 작은 개천이 백천과 합치면서 퇴적시킨 평지와 산자락이 만나는 기슭에 해당한다. 신부리 지석묘도 두무더기로 분포하고 있는데, Ⅰ군은 신기마 마을 남쪽 밭 가장자리에 3기가 모여 있고, Ⅱ군은 여기서 남쪽으로 250m 떨어진 예마마을 서쪽 구릉 소나무사이에 4기가 모여 있다.

지석묘의 규모는 상석의 길이 120~270cm 정도의 소형이고, 두께도 대체로 얇아 납작한 형태의 지석묘군이다. 이 지석묘 주위에서 무문토기편 3점과 숫돌, 대팻날 등 석기4점이 채집되었다.[7]

⑬ 선남면 관화리 지석묘군

관화리 지석묘군은 선남면 관화리 덤터리 마을 뒤 북서쪽 골짜기와 말티마을 사면에 위치한다. 선남면 소재지인 이 곳 관화리 일대는 백천의 하류역으로 앞서본 봉암천이 장학리와 명포리를 돌아 동류東流하여 백천에 합류하고, 또 칠곡군의 도고산(표고 348m)에서 발원하여 남류하여 내려오는 소지류인 문화천이 백천에 합류하는 지점이다. 성주지역을 흐르는 가장 의미 있는 하천인 백천과 소지류 하천인 봉암천과 문화천이 합류하는 관화리 일대는 넓은 평야가 펼쳐져 있다. 관화리 지석묘군은 이러한 관화리의 지역성을 반영하듯 다량 분포한다. Ⅰ군은 백천 동안의 산자락이 구릉지로 바뀌는 양지바론 남사면에 8기, Ⅱ군은 길게 뻗은 구릉지 능선상에 2기가 분포하고, Ⅲ군은 이보다 동남쪽 아래 문화천 동안의 능선말단에 13기가 분포한다.

남사면에 분포한 Ⅰ군 지석묘의 규모는 상석길이 140~360cm 정도이고, 구릉능선의 Ⅱ군 지석묘는 상석길이 130~290cm 규모이다. 말티마을 뒤 사면에 분포하는 Ⅲ군 지석묘는 상석길이 180~250cm 정도이며, 높이도 대개 50cm 정도로 납작한 편이나 가운데 1기만 높이 150cm로 우뚝 솟아있는 형태도 있다. Ⅲ군 지석묘 주위에서 석기 1점이 채집되었다.[8]

⑭ 선남면 도성리 지석묘군

도성리 지석묘군은 선남면 도성리 못둑 마을 뒤에 2기가 분포하고, 좀 떨어진

광영마을 뒤 선남 농공단지 남단에 1기가 위치한다. 이곳 역시 백천 하류의 동안에 해당하면서도 낙동강의 서안 구릉지대와 연결되는 입지立地에 해당한다. 못둑 마을에서 중리마을로 넘어가는 중간에 위치한 2기의 지석묘는 나지막하게 서남으로 뻗어 내리는 구릉상에 분포하는데, 규모는 상석의 길이 180~270cm이며 2기 모두 높이가 30cm 밖에 안 되는 납작한 지석묘이다. 광영마을 남쪽에 위치한 1기는 상석길이 240cm의 중형지석묘로 받침돌이 노출되어 있다.

⑮ 선남면 도흥리 지석묘군

도흥리 지석묘군은 선남면 도흥리 송내마을 서쪽 도원초등학교에서 120m 떨어진 북쪽 언덕에 4기가 위치하고, 여기서 더 북쪽으로 600m 떨어져 1기가 위치한다. 이곳은 낙동강 본류의 서안으로 1.5km의 폭을 가진 충적평야가 강을 따라 남북으로 길게 펼쳐져있고, 이 평야가 끝나는 서쪽은 강 방향을 따라 뻗은 산 능선이 낮은 구릉을 형성하고 있는 곳이다. 지석묘들은 이 구릉지대의 정상부 쪽에 분포되어 있다. 이 구릉지대에는 신흥리마을 뒤 나지막한 과수원과 채소밭에 반월형 석도편과 연석이 채집되는 선사 유적지가 있고, 더 서쪽으로 1km 떨어진 골짜기 마을 입구에는 立石도 1기 서있다. 지석묘의 규모는 상석의 길이 80~100cm 되는 최소형과 길이 220cm의 중형이 섞여 있다.

⑯ 선남면 소학리 지석묘

소학리 지석묘는 선남면 소학리 다개마을 북쪽의 주위보다 약간 높은 구릉에 1기만 위치한다. 이 지점은 앞의 도흥리 지석묘에서 남쪽으로 1km 정도 떨어진 곳으로 낙동강 서안을 따라 내려오는 지맥이 개천에 의해 끊기기는 하였으나 같은 낙동강유역권의 지석묘이다. 지석묘의 규모는 상석의 길이 230cm, 폭 160cm, 높이 120cm이며 상석은 약간 파손되어 깨진 상태이다.

⑰ 용암면 마월리 지석묘군

마월리 지석묘군은 용암면 마월리 진계마을의 아랫마을 안에 2기가 위치한다. 이 지점은 성주읍의 서남쪽에 솟아있는 칠봉산(표고 516m)의 남사면에서 발원하여 백천과 같이 용암면 동락리 후포평야에서 낙동강으로 들어가는 소지류인 신천의 상류골짜기에 형성된 곡간평지에 해당하는 곳이며 낙동강 유역과 관련된 지석묘이다. 지석묘의 규모는 상석의 길이 210~250cm의 2기이며 민가의 뜰안과 담장 밑에 자리 잡고 있다.

⑱ 대가면 옥화리 지석묘군

옥화리 지석묘는 대가면 옥화리 능골마을 입구에 위치한다. 이곳은 성주읍에서 가까운 대가면 지역이나 지형적으로 성주의 서쪽부분에 해당하는 대가천 수계에 속하는 곳이다. 대가천의 소지류인 대천천이 흐르면서 양 갈래로 나누어지는데, 한줄기는 금수면에서 내려오는 물줄기이고 또 하나는 옥화리의 땅고개에서 내려오는 물줄기이다. 이 소개천이 대가면 대천리에서 합해 대가천에 합류한다. 이 지역에 옥화리 지석묘와 도남리 지석묘 및 대천리 입석이 분포하여 대가천 유역 유적을 이루고 있다. 옥화리 지석묘는 이와 같이 소개천에 의해 만들어진 좁다란 평지에 이어지는 사면의 말단부에 3기가 모여 있으며 지석묘의 규모는 상석 길이 100~240cm의 규모이다.

⑲ 금수면 도남리 지석묘

도남리 지석묘는 금수면 도남리 뒷개마을 입구에 1기가 위치하는데, 이곳은 앞서 본 금수면 쪽에서 내려와 대가천의 지류가 되는 소하천이 굽으면서 형성시킨 곡간평지에 해당하는 곳이다. 지석묘의 규모는 상석의 길이가 280cm이다.

2) 입석立石

① 초전면 월곡리 입석

월곡리 입석은 초전면 월곡리 달밭마을 입구의 하천변에 위치하는데, 이곳은 백천의 최상류에 있는 고원처럼 평평한 곳이다. 입석의 크기는 높이 160cm, 폭 80cm, 두께 50cm의 비교적 소형의 입석이다. 바닥에는 2개의 돌이 지대석으로 고여져 있다.

② 초전면 용봉리 입석

용봉리 입석은 초전면 용봉리 봉소초등학교 북서쪽 500m 지점의 논둑에 위치한다. 입석의 크기는 높이 360cm, 폭 110cm, 두께 60cm이며, 화강암에 단면 마름모형의 석주로 만들어 세운 것인데 주변에 다른 시설은 보이지 않는다.

③ 초전면 자양리 입석

자양리 입석은 초전면 자양리 금단마을에 위치한다. 금단마을로 들어서면 우측으로 나지막한 구릉이 있는데, 입석은 이 구릉의 끝에 서 있다. 입석의 크기는 높이 145cm, 폭 66cm, 두께 50cm이며 화강암이다. 마을에서는 이곳을 "선돌백이"라고 부르고 있다.

④ 월항면 유월리 입석

유월리 입석은 월항면 유월리 월암마을 입구에 위치한다. 이곳은 달음치고개 바로 아래인데 북쪽의 봉화산에서 남쪽의 영취산으로 이어지는 산줄기가 높아 성주군과 칠곡군의 경계를 이루는 지형이다. 말안장 형태를 하고 있는 달음치고개는 칠곡군과의 교통연결 통로이다. 한편, 이 고개로 오는 곡간통로의 구릉지대는 서쪽으로 백천 중유역의 비옥한 평야와 이어지는 지형으로 청동기시대 취락이 형성되기 좋은 입지라고 할 수 있다. 성주 지역 입석 중 가장 크고 우람한 형태를 한 이 입석은 높이 295cm, 폭 57cm, 두께 23cm이다.

⑤ 선남면 도흥리 입석

도흥리 입석은 선남면 도흥리 차골마을 입구 논둑에 위치한다. 입석의 크기는 높이 200cm, 폭 40cm이며, 위쪽으로 갈수록 좁아져 입석의 끝은 도끼날과 같은 형태를 보이고 있다. 이 입석은 도흥리 지석묘군을 비롯하여 도흥리 선사유적지와 관련이 있다.

⑥ 대가면 대천리 입석

대천리 입석은 대가면 대천리 행화골 입구에 위치한다. 입석의 높이는 190cm, 아래폭 140cm, 두께 14cm로 다른 입석이 말뚝형 이라면 이 입석은 납작한 형태라고 할 수 있다. 이 입석은 옥화리 지석묘군이나 도남리 지석묘 등과 관련 있는 것으로 보인다.

3) 유물 산포지

① 선남면 도흥리 유물산포지

도흥리 유물산포지는 선남면 도흥리 신흥마을 뒤 나지막한 구릉에 위치한다. 이 구릉은 낙동강 서안에서 1.5km 정도 떨어져 있는데, 구릉의 일부는 과수원과 채소밭으로 되어 있고 나머지는 소나무가 자라고 있다. 이 소나무 주위에서 1984년도 지표조사 때 반월형석도편, 연석편 등이 채집되었다. 신흥마을 일대에 충적평야가 발달되어 있고, 가까운 차골마을은 입석과 지석묘 등이 분포하고 있는 구릉지이므로 이 지역 일대가 선사시대 이래의 생활지역이라 생각된다.

2. 원삼국시대 유적

1) 와질토기 유적

① 성주읍 예산리 와질토기 유적

예산리 와질토기 유적은 성주읍 예산리의 밭에 위치한다. 이 유적은 예산리에 거주하는 김형근씨가 밭을 갈다가 와질토기를 발견하여 국립경주박물관에 신고함으로써 알려지게 되었다.[9] 이 유적은 예산리의 나지막한 뒷산과 연결되는 경사진 구릉의 중턱에 위치하는 밭이었다. 이곳은 이천이 성주읍을 감싸고도는 북쪽언덕에 해당되는 나지막한 구릉지이다. 이곳에서 출토된 유물은 와질토기 6점과 주조철부 1점이었으며 유구는 확인되지 않았다.

와질토기는 흑색마연원저호(주머니호) 1점, 조합식 우각형파수부호 5점으로 와질토기 전기에 해당하는 것들이었다.[10] 주조철부는 자귀로 사용된 것으로 추정되는 것인데, 주조한 후 날 부분만 약간 단조한 것으로 보인다.

3. 삼국시대 유적

1) 산성

① 성주읍 성산리 성산성지

성산성지는 성주읍 성산리 동쪽에 우뚝 솟은 성산(표고389m) 정상부에 위치한다. 현재는 군사시설이 있어 확인할 수 없으나 성산정상부 근처까지 가야시대 고분이 분포하고 있고, 정상부근에서도 삼국시대 토기편이 채집되고 있는 것은 가야시대의 지배층 고분입지가 산성과 그 아래로 뻗은 능선의 정상부에 고총을 쓰는 일반적 현상에 비추어 산성임이 거의 확실하다. 또한 『신증동국여지승람』 성주목조에 보면 "성산봉수가 있는데 북으로 각산봉수에 응하고 남으로 이부로 산 봉수에 응한다."[11]고 되어 있어 조선시대에도 국방과 통신의 중요한 지점이었음을 알 수 있다.

② 월항면 용각리 용각성지

용각성지는 성주군 월항면과 칠곡군 약목면의 경계를 이루는 봉화산(표고 468m) 정상부에 위치한다. 산성은 봉화산 정상을 중심으로 퇴뫼식으로 토축과 석축이 섞여 있는 혼축성벽이다. 전체 성둘레는 1km 정도로 장방형을 이루고 있고 남쪽 일부에 봉수대의 석축이 남아있다. 산성안에서 삼국시대 토기편이 채집된바 있어 토석혼축으로 된 삼국시대(가야시대)부터 산성으로 이용되었으리라 추측된다. 이 용각성지에서는 백천 중류역의 넓은 평야와 성주읍까지 한눈에 내려다보이는 위치이며, 이 산성에서 서쪽으로 뻗어 내린 산줄기의 능선에 대형봉토분인 용각리고분군이 분포하고, 북쪽으로 뻗다가 서쪽으로 돌아내리는 지맥이 수죽리 마을을 감싸는 구릉사면에 수죽리고분군이, 그리고 남서쪽으로 뻗어 내린 지맥은 입석이 있는 유월리로 연결된다.

③ 금수면 명천리 명천산성지

명천리산성은 금수면 명천리와 광산리의 경계를 이루는 표고 300m의 산정상부에 위치한다. 남북으로 길게 뻗어 있는 산정상부를 퇴뫼식으로 돌리고 북쪽능선을 따라 토축을 한 산성으로 둘레는 1km 정도이다. 동쪽 사면은 비교적 완만하나 서쪽 사면은 매우 가파른 급경사를 이루고 있다. 이 성은 할미산성老姑山城이라고도 한다. 이 지역은 대가천 유역에 형성된 평야와 대가천의 소지류 유역에 분포하는 명천리의 대형고분군과 연결된 삼국시대(가야)산성으로 추측된다. 즉 이 산성은 남서쪽으로 대가천과 가야산이 훤히 보이고 주변의 경관이 한눈에 들어오는 위치이다. 이 산성의 북쪽 능선 아래에는 성주지역에서 3번째로 큰 에그네제 고분군(명천리고분군)이 있고, 남동쪽으로는 멀리 대가면 옥화리고분군, 동으로는 윗수름재, 아랫수름재 고분군, 남서로는 대가면 도남리고분군 등이 분포하고 있다.

④ 가천면 금봉리 독용산성지

독용산성은 성주지역의 서쪽 자연경계를 이루는 고준高竣한 산봉우리들이 연속되는 중의 하나인 독용산(표고 955m)의 정상에 위치한다. 이 성을 처음 축조한 것이 언제인지는 확실치 않지만 성 내부에서 삼국시대 토기편이 채집된바 있다. 이 성을『삼국사기』에 나오는 독산성禿山城으로 보기도 하나[12] 확실치 않고 이 성이 중요하게 여겨지는 것은 조선시대이다.[13] 현재 남아 있는 석축도 조선시대에 쌓은 것이며 옹성, 치성, 문루 등 모두 조선시대 산성의 형태를 하고 있다.

2) 고분

① 성주읍 성산동고분군

성산동고분군은 성주읍 성산리의 승왜리마을 뒷산 능선과 그 사면을 중심으로 봉토 직경 20~30m의 대형분들 70여기가 집중적으로 모여 있고, 그 주변의 봉토분까지 125호분이 번호가 부여되어 있는 국가사적 제86호로 지정된 고분군이다. 이 대형 봉토분들은 일제시대 5기와 1986년 계명대박물관에 의해 5기가 발굴조사 되어 성산가야 지배층의 주고분으로 밝혀졌다.

고분의 구조는 판석과 할석을 섞어 석실을 축조한 판석식과 할석으로만 석실을 축조한 할석식 석실의 수혈식 구조이다.[14] 이 고분군은 고령의 지산리고분군, 함안의 말이산고분군 등과 같은 가야시대 지배층 고분의 입지를 잘 보여주는 고분군이다.

한편 대형봉토분 주변과 능선 사면에는 소형 수혈식 석곽묘들이 밀집 분포하고 있다. 이 성산리고분군 범주에 속하는 중소형 고분군으로 완전히 다른 능선이나 산록을 이용하거나 지역이 좀 떨어진 고분군으로는 다음과 같은 것들이 있다. 성산리 차동골고분군, 성산리 시비실고분군, 성산리 별티고분군 등이며 성주읍 성산리는 아니지만 주변고분군으로는 선남면 장학리고분군, 명포리고분군, 신부리고분군 등으로 이들 고분군에는 직경 10~15m이하의 중소형 봉토분이 10기 이내로 분포하고 주변에 소형석곽묘가 밀집 분포하고 있다.

②월항면 용각리, 수죽리 고분군

용각리, 수죽리 고분군은 백천의 중류역에 형성된 넓은 평야를 끼고 있는 동쪽의 봉화산의 능선에 분포된 대형고분군이다. 규모와 고분 숫자에서 성주읍의 성산리 고분군 다음으로 큰 고분군이다. 이 고분군은 봉토직경 15~30m의 대형분이 현재의 지명으로 용각리, 수죽리에 걸쳐 나누어져 있으나 원래는 봉화산에서 뻗어 내린 같은 성격의 고분군이라 할 수 있다. 그러나 능선별로 정상부와 구릉 사면 등의 입지에 따라 약간 성격이 다른 면도 보여주고 있다.

좀 더 자세히 보면 성주군 월항면과 칠곡군 약목면의 경계를 이루는 봉화산에서 월항면 용각리로 뻗어 내린 용각리고분군은 높은 능선의 줄기 정상부를 따라 직경 20~30m의 대형분 10여기가 열을 지어 분포한다. 표고 250m 능선의 정상부에 위치한 대형분 1기의 예를 보면 심하게 파괴되어 원형을 파악하기 어렵지만 할석으로 장방형의 석실을 쌓은 횡구식 구조의 고분이다. 그리고 그 아래 능선에는 직경 5~10m의 소형봉토분 50여기가 계속 산재하고 있다. 또한 북쪽으로 뻗은 능선이 수죽리 죽방마을, 하남마을을 감싸는 나지막한 구릉에 분포하는 수죽리고분군에는 직경 20~30m의 대형봉토분 5기가 군집하고 있다. 그리고 이들 대형분에는 다곽분도 있는 것으로 파악된다. 하남 마을 논 옆의 대형봉토분 1기는 직경30m, 높이 5~7m의 초대형 규모인데, 도굴갱을 통해 내부를 파악한 결과 할석축조의 중앙연도 횡혈식석실분이었다. 그 밖에 이 주고분군 외의 주변 고분군으로는 직경 10m 내외의 소형 봉토분과 주변에 석곽분이 섞여있는 안포리고분군, 직경 5m 이내의 봉토분과 중형분이 섞여있는 유월리고분군이 각 능선의 사면에 분포하고 있다. 여기서 북쪽으로 지방리 모산마을 뒷산의 지방리고분군도 같은 백천 중류역에 분포된 고분군이다. 정식 발굴조사가 이루어지지 않아 정확하진 않지만 채집된 토기나 횡혈식 묘제로 볼 때 성산동고분군보다 후대의 고분군이라 판단된다.

③ 금수면 명천리고분군

명천리 고분군은 금수면 명천리 에그네재를 중심으로 주변 능선의 정상부에 분포된 대형봉토 고분군이다. 이곳은 대가천의 상류역에 속하는 곡간 평야지대의 수륜면, 대가면, 가천면, 금수면이 공통의 지역을 공유하고 있는 지역의 주고분군이다. 금수면 소재지에서 명천리 에그네재 정상에는 남북으로 뻗은 능선이 있다. 명천리 주고분군은 이 능선의 정상부를 따라 분포하는데 이 능선은 표고 300m의 명천리산성에서 북쪽으로 뻗어 나온 것이다. 북쪽으로 뻗어나가던 능선은 다시 동서로 방향을 바꾸며 돌아가는데, 이 동서능선의 정상부를 따라 직경 20~30m의 대형봉토분 7기가 10~20m의 간격을 두고 일렬로 서 있다. 그리고 산성 쪽으로 가면서도 10~15m의 중형분과 소형석곽분이 밀집 분포하고 있다. 봉토분 중 1기는 성산리고분군에서처럼 주실 외에 2기이상의 부곽을 가지고 있는 것이 확인되었으며, 이 명천리고분군 채집 토기도 성산리 고분에서와 같은 상하 엇갈린 2단 투창고배와 대부장경호 등이다. 이 명천리고분군 지역이 고령의 대가야로 이어지는 대가천의 동일 수계임에도 성산리고분군에서와 똑같은 문화양상을 보이는 것은 매우 의미 있는 일이다.

명천리 대형분과 관련되는 중소형고분군은 직경 10m 미만의 소형봉토분 30여기와 소형석곽묘가 섞여있는 대가면 도남리고분군이 있고, 또 하나는 명천리산성에서 동쪽으로 뻗은 능선에 분포하는 대가면 옥화리고분군이 있다. 옥화리고분군에는 직경4~5m의 소형봉토분 10여기와 소형석곽묘가 혼재되어 있다. 명천리고분군은 성주지역에 분포되어 있는 대형봉토분 3곳 중의 하나이며, 가야의 지배층 분묘의 입지인 산성과 관련된 능선 정상부에 열지어 봉토분을 축조하는 것과 동일한 구조를 보이고 있다.

④ 기타고분군

가. 벽진면 자산리고분군

자산리고분군은 벽진면 벽진중학교 뒷산인 연봉산 동쪽 산록에 위치하는데 직경 4~5m의 소형분이 10여기 분포한다. 토기편들은 성산리고분 출토 토기류와 동일한 양식이다.

나. 벽진면 운정리고분군

운정리고분군은 앞의 자산리고분군에서 동쪽으로 600여m 떨어진 나복실마을 서쪽 구릉에 위치한다. 봉토직경 2~3m의 소형고분 20여기가 분포하는데, 봉분은 거의 파괴되어 소형석곽묘처럼 보인다. 그리고 봉분 없는 소형석곽묘는 수백기에 이른다. 이천 상류의 넓은 평야에 형성된 많은 지석묘군에 비해 고분의 규모는 매우 열세한 양상이다.

다. 선남면 관화리고분군

관화리 고분군은 선남면 관화리 말티마을 북쪽 능선에 분포하는 소형석곽묘군으로 봉분은 없고 개석 규모가 길이 150cm, 폭 60cm, 두께 20cm의 소형이며 관화리 석곽묘들은 대개 이러한 것들이다.

라. 선남면 용신리고분군

용신리고분군은 선남면 용신리 동부초등학교에서 남쪽으로 500m 떨어진 나지막한 사면과 구릉에 위치한다. 이 지역은 낙동강 서안에서 1km 정도 떨어진 곳으로 60여기의 소형석곽묘가 군집되어 있다.

IV. 고고학적 고찰

1. 청동기시대

구석기시대부터 우리나라의 각 지역에 사람이 살기 시작하였다. 그러나 일반적으로 농경을 통해 취락을 형성하고 정착생활을 영위한 것은 대체로 신석기시대부터라고 할 수 있다.[15]

신석기시대 유적은 대개 해안지방이나 큰 하천변의 퇴적평야에서 주로 발견되고 있지만 근래에는 경북 내륙지방에서도 유적이 발견되고 있는데, 특히 성주와 가까운 김천 송죽리에서 대규모 신석기 취락지와 청동기시대 취락지가 발굴 조사 되었다.[16] 이 김천 송죽리유적은 감천상류가 U자형으로 굽어지는 안쪽의 퇴적지에 형성된 유적이다. 이와 같은 자연적 입지는 성주지역에도 여러 곳에 있기 때문에 성주지역에도 신석기 유적이 존재할 가능성은 많다고 생각된다. 앞에서 살펴 본 바와 같이 현재까지 성주지역에서는 신석기시대 유적은 알려지지 않고 있으나 청동기시대의 유적인 지석묘와 입석은 성주지역내의 여러 곳에서 다수 발견되었다. 성주지역 내에서 지금까지 지표조사 등 학술조사에 의해 알려진 지석묘는 모두 165기이고 입석은 6기이다.

우리나라의 지석묘는 지상에 판석의 매장부를 세우고 그 위에 넙적하고 큰 돌을 올려 놓아 탁자처럼 만든 북방식지석묘와 지하에 석관이나 석곽을 만들고, 그 위에 조그만 받침돌을 놓고 큰 상석을 올려놓은 바둑판 모양의 남방식의 두 형식으로 나누어진다.[17]

남방식은 상석上石을 고인 지석이 확실한 기반식基盤式과 고임돌支石 없이 그대로 상석을 얹어 놓은 개석식蓋石式으로 분류되기도 하는데, 성주지역에 분포된 164기 지석묘는 모두 남방식 지석묘이며 기반식支石式과 개석식이 섞여 있다. 그런데 지석식과 개석식은 받침돌이 빠지거나 주변에 흙이 덮이면 개석식처럼 보이기 때문에 발굴조사를 하기 전에는 엄밀히 구별하기가 어렵다. 대체로 남방식으로 보는 것이 타당할 것이다.

우리나라의 청동기시대는 금속기의 사용과 농업경제의 진전에 따라 사회분화가 이루어지고, 정복전쟁이 전개됨에 따라 그 사회 안에서 자연발생적으로 일정하고 영속적인 계급성과 집단성을 띤 세력이 형성되어, 그들에 의해 그 사회를 통괄하는 질서를 구축하기 위한 조직체인 국가가 성립되는 시기로 파악되고 있다.[18] 이러한 초기국가는 나지막한 구릉 위에 토성이나 목책木柵을 세우고 스스로를 방위하면서 그 바깥 평야에서 농경에 종사하는 농민들을 지배해 나가는 정도의 성읍국가城邑國家라고 부르기도 하고[19] 초기국가 혹은 추장사회酋長社會[20]라고 부르기도 한다.

이렇게 지배자 집단이 생기고 추장사회가 형성된 중요한 증거를 청동기의 사용과 지석묘의 축조로 보는 것이 일반적이다. 물론 대형지석묘의 경우 개석의 무게가 70톤, 혹은 150톤씩 나가는 대형인 경우 이를 축조하기 위해 엄청난 인력이 동원되어야 하고, 이런 지석묘의 주인공은 이를 역역力役 동원 할 수 있는 능력을 가진 지배자로 볼 수는 있다. 그러나 모든 지석묘들이 다 지배자의 분묘라고는 볼 수 없는 것이다. 물론 소형지석묘라도 10톤 정도의 무거운 돌을 사용하고 이를 움직이려면 많은 부락민이 동원되어야 한다. 그러나 그런 정도의 인원 동원은 지배자 집단이기 때문이 아니라 부락의 공동체 의식으로 행해질 수도 있는 일이다. 그러므로 좁은 지역에 집중되어 있는 중소형 지석묘는 권력을 가진 지배자 집단의 분묘라기보다 지석묘가 분포된 지역에 어떤 세력이 집단을 이루고 있었음을 뜻하는 것이라 하겠다. 그러므로 성주지역에 분포된 많은 지석묘들도 그것이 모두 지배자의 분묘가 아니라 지석묘가 분포된 지역에 정치세력이 형성되고 있었다는 것을 추측할 수 있는 자료가 되는 것이다.

이들 지석묘 분포를 지역별로 분석해 보면 몇 개의 지역권으로 나누어져 있는 것을 알 수 있다. 먼저 성주읍을 감싸고도는 이천유역부터 보면 이천상류역인 벽진면 해평리, 매수리 지역이다. 이 지역에는 이천이 골짜기를 내려와 넓은 벽진평야를 만들어 놓은 지역인데, 해평리에 15기와 매수리에 15기 등 도합 30기의 지석묘가 분포하고 있다. 경지정리 등으로 없어진 것을 감안하면 더 많은 지석묘가 있었던 것으로 추정되며, 주위의 넓은 평야와 구릉 사면에 분포하는 지석묘를 중심으로 하나의 세력권을 형성하고 있었던 것이라고 판단된다. 이것을 이천상류 세력권이라 하겠다.

다음 이천상류권에서 10km 쯤 하류로 내려온 성주읍 지역이다. 이 지역은 성주읍 성산리에 8기, 대가면 용흥리에 19기 등 합계 27기의 지석묘가 분포하고 있다. 이 지역은 성주분지의 중심지로 이천과 백천이 합류하는 지점과 가깝고, 동쪽과 남쪽은 높은 산으로 둘러싸인 아늑하고 농경지도 넓은 지역으로 이천하류 세력권이라 하겠다. 또 하나의 세력권은 백천의 상류인 초전면 동포리에 3기, 문덕리에 6기 등 9기가 분포 되고 있는 백천상류 세력권이다. 이 백천상류에는 다른 곳보다 지석묘는 적지만 立石이 3곳에 분포되어 있다.

입석유적은 대체로 청동기시대의 지석묘와 관련되어 경계표시라고 하기도 하고, 막연히 거석기념물이라고 생각되었다.[21] 이렇게 입석에 대한 명확한 해석을 할 수 없었던 것은 구체적으로 발굴조사된 사례가 적었기 때문이었는데, 최근 대구 진천동 입석을 발굴한 결과 입석 주위에 장변 20m 단변 10m의 넓은 장방형 石築을 쌓은 시설이 나타나고, 그 시설주변에서 무문토기가 출토되어 立石이 청동기시대 지석묘사회와 관련 있는 것이 확실해졌고, 또한 그 시설은 단순한 경계표시가 아니라 부락 공동의 제의장소로서 중요한 의미를 갖는다는 것이 밝혀졌다.[22] 물론 입석유적이 모두 그와 같은 부락공동의 제의장소로 사용된 것인지는 확실하지 않지만 청동기시대 주민의 공동생활과 관련된 것임은 분명하다 하겠다.

또 하나의 세력권은 백천의 중류역인 월항면 수죽리, 용각리 일대의 넓은 평야지대와 동쪽의 봉화산에서 서쪽으로 뻗은 산록과 구릉지대에 분포된 지석묘들이다. 이곳에는 수죽리에 3기, 용각리에 13기 합계 16기의 지석묘가 분포되고, 유월리에는 입석 1기도 분포되어 있다. 이 지역은 달음치재를 넘으면 바로 왜관으로 통할 수 있는 교통의 이점과 앞들의 비옥한 토지가 청동기시대부터 유력한 세력으로 발전할 수 있는 지역이다.

다음은 백천하류역인 선남면 관화리 지역 세력이다. 이 지역은 중심지가 관화리유역으로 이천을 합한 백천의 본류와 소지류인 봉암천과 문화천이 합류하는 지점으로 지역범위가 깊고 넓을 뿐만 아니라, 3km 하류에서 낙동강과 백천이 합류하고 있어, 백천의 하류이면서 낙동강 서안과 연결되는 중요한 지역이기도 하다. 지석묘 유적도 성주군의 다른 세력권보다 월등히 많아 79기가 이 유역에 집중되어 있다. 또한 낙동강 서안의 구릉지대인 도흥리에는 입석도 1기가 있고 유물산포지도 있어, 청동기시대 성주지역에서 가장 강력한 세력이었음을 알 수 있다.

또 하나의 다른 세력권은 성주지역 하천 중 고령으로 유입되는 대가천의 상류세력권이다. 이곳의 지형은 대가천 상류에는 넓은 평야도 없고 소지류도 많지 않아 곡간평야를 이루는 좁은 지역이다. 이곳의 지석묘는 대가면 옥화리에 3기와 도남리에 1기 등 4기뿐이고 대천리에 입석 1기가 있다. 그러나 지석묘는 많지 않으나 대가천의 수계에 위치하고 이천이나 백천과는 산줄기로 막혀있어 청동기시대에 또 하나의 세력을 형성하고 있었음이 분명하다.

이와 같이 지석묘와 입석을 통해 청동기시대의 성주를 고찰해보면 수계에 따른 분지와 유역에 따라 이천상류권, 이천하류권, 백천상류권, 백천중류권, 백천하류(낙동강연안)권 및 대가천상류권의 6개 생활권으로 형성되어 있었음을 알 수 있다. 이들 지역권 상호간의 거리는 대개 하천 주변을 따라 약10km 정도의 거리를 두고 있고, 다만 대가천 상류권만 15km 이상 멀리 떨어져 있다. 이들 세력권은 시대의 변천에 따라 외부로부터의 새로운 선진기술이나 정치력 혹은 새로 이주해 오는 유이민 등에 의해 새로운 정치적 통합과 발전을 지속하였을 것이라 생각된다.

2. 원삼국시대

한반도 남부지역은 기원전 1세기에 들어가면서 고조선 혹은 낙랑지역 주민들의 유이민 파동에 의해 발달된 한漢의 철기문화가 급속히 전파되고, 농경을 비롯한 철기 제작기술의 발달로 정치체간의 정복과 통합이 활발히 일어나게 되었다. 철기문화와 함께 무문토기가 주류이던 토기 제작기술에도 한의 발달된 회도문화灰陶文化의 영향을 받아 와질토기라는 새로운 토기가 등장하게 되었다.[23]

이 시기의 문화상을 잘 보여주는 것이 창원의 다호리유적이다. 다호리유적에서는 『삼국지가 보여주는 삼한의 국가형성을 그대로 확인시켜 주고 있는데, 한국식동검문화의 전통을 확실히 계승하면서도 철제의 무기류, 농공구류 등이 다량 출토되었다. 또 철기제품들은 단조품과 주조품이 모두 섞여 있어 철기 제작기술이 상당히 발달하였음을 보여주고 있다. 이들 철기제품과 함께 와질토기 주머니호가 출토되어 이 단계에서의 와질토기가 갖는 비중을 말해 주고 있다.[24] 이와 같은 와질토기가 성주읍 예산리에서 일괄로 출토되어 기원 1세기경의 성주지역에서의 변화의 추이를 알 수 있게 해 준다.

앞서 청동기시대에 6개의 지역 세력으로 각지에 분립하고 있던 성주지역의 각 세력권에도 이와 같은 유이민 파동에 의한 철기문화의 파장은 제 세력사이에 우열을 심화시키는 계기로 작용하였을 것이라 생각된다. 청동기시대에는 가장 유력한 세력으로 존재하였던 백천하류 세력인 선남면 세력은 이 시기에 와서 이천하류 세력인 성주읍 세력에게 주도권을 빼앗긴 것으로 생각된다. 한반도 남부지방에서 새로운 문화로 등장하는 와질토기와 철기문화가 이천하류권인 성주읍 세력에 나타난 것이다. 성주읍 예산리 출토의 와질토기는 주머니호와 조합우각형파수부호 등 와질토기 전기 단계의 빠른 토기들이고, 주조철부 또한 부분적으로 단조된 것으로 제철기술의 발달을 알 수 있는 것이다.[25]

와질토기가 발견된 성주읍 예산리는 성주읍 중심부에 토성처럼 돌을막하게 뻗어있는 언덕의 동북쪽 부분으로 야트막한 뒷산과 연결되는 약간 경사진 구릉이다. 이 예산리 와질토기 및 철기유물은 성주읍지역이 원삼국시대에 이르러 성주지역 여섯 개의 지석묘세력집단 중에서 확실한 주도권을 잡기 시작한 것을 의미하는 것이다. 성주의 다른 지석묘 세력지역에서는 이단계의 유적이나 유물이 발견되지 않아 확실치는 않지만 성주읍(이천하류)세력이 새로운 선진문화를 받아들여 진변한辰弁韓의 한 소국으로 성립한 것이라 판단된다.

3. 삼국시대

성주읍 예산리 와질토기 집단은 소국을 성립시킨 뒤 점차 같은 수계의 지석묘세력과 통합과 복속을 통하여 국읍과 읍락의 관계로 발전하였던 것이다. 이것이 『삼국유사』에서 말하는 성산가야 혹은 벽진가야라고 생각된다.[26] 이러한 사실은 지석묘세력을 이루고 있던 6개지역에 분포하고 있는 삼국시대 고분의 규모와 범위로 추정해 볼 수 있다. 이미 유적의 분포에서 본 바와 같이 성주지역내에는 산성을 배경으로 능선의 정상부에 묘역을 잡은 봉토직경 20~30m의 고총이 10기 이상 줄지어 분포하고 있는 고분군은 성주읍 성산리고분군을 비롯하여 월항면 수죽, 용각리고분군과 금수면 명천리고분군 등 3곳이다.

이 지역들은 모두 청동기시대의 지석묘 집단이 하나의 세력권을 형성하고 있던 지역이며 결국 6개의 지석묘 집단이 3개의 대형고분군 집단으로 통합되었음을 의미하는 것이다. 좀 더 구체적으로 그 통합된 상황을 고분군을 통하여 살펴보면, 성산동고분군이 중심이 된 성주읍 집단은 앞서의 와질토기와 철기유물에서 보듯이 이미 1세기경부터 우세한 지배력을 확보하기 시작하여 국읍으로 성장해 나갔다. 그러면서 같은 수계인 이천상류의 벽진면 해평리 매수리 세력을 통합시키고, 나아가 백천하류 낙동강유역의 선남면 세력까지도 이 세력에 흡수되었다. 어떻게 해서 지석묘의 숫자로 보아 훨씬 많았던 선남 세력이 성주읍 세력으로 흡수되었는지는 알 수 없으나 고분군의 규모나 출토유물로 보면 틀림없는 사실이다. 이천상류의 벽진세력이 자리 잡았던 해평리 매수리 주변에는 삼국시대고분군 중 운정리고분군과 자산리고분군이 분포하고 있으나 소형석곽묘가 주류를 이루고 있어 월등한 지배세력이 없었던 것을 알 수 있다.

또한 지석묘가 집중적으로 분포되었던 선남면의 장학리 명포리, 신부리에는 역시 많은 고분군이 분포되어 있으나, 이들 분포지역이 산성이 있는 성산을 중심으로 동서남쪽으로 뻗은 산록에 배치되어 있고, 석곽묘가 주류인 가운데 봉토직경 15m 정도의 중형봉토분이 2~3기 섞여있는 경우가 있다. 이러한 현상은 성주읍 주세력권 아래 복속된 소집단의 지배자 분묘라고 생각된다. 이와 같은 성산리 대형고분군을 둘러싸고 있는 고분군은 선남면의 장학리고분군, 명포리고분군, 신부리고분군 등이며 성주읍 성산리의 차동골고분군, 시비실고분군도 이에 속한다.

성산리 주고분군은 일제시대부터 발굴조사 된 바 있고,[27] 1986년 계명대학교 박물관에서 발굴조사 하여 고분의 구조와 많은 유물이 출토된 바 있어,[28] 성산가야의 지배계층 분묘로 밝혀진 바 있다. 이 성산동고분군의 고분구조와 출토 토기가 일반적으로 낙동강 서안지역 출토의 가야 양식이 아니고 대구지역의 고분양식과 아주 흡사하였으나[29] 성주지역의 가장 강력한 최고지배층의 분묘군임은 틀림없는 것이다.

다음으로 월항면 수죽리, 용각리고분군 세력이다. 백천의 중류역인 월항세력은 역시 백천의 상류세력인 초전면 동포리, 문덕리 지석묘세력을 통합하여 유력한 세력으로 성장하였다. 이 수죽리, 용각리고분군은 동쪽의 봉화산성을 배경으로 20여기의 대형분이 분포하는데, 묘제는 횡구식, 횡혈식 고분이 주류를 이루고 있어, 수혈식고분이 주류인 성산동고분군보다 약간 늦은 시기에 해당하는 고분들이다. 이는 넓은 평야의 농업생산력을 배경으로 성장한 월항세력이 성주읍 세력에 맞서다가 달음치재를 통해 왜관방면 낙동강 동쪽의 신라와 연결되어 어느 시기에는 성주의 주도세력으로 등장했던 것이 아닌가 추측된다. 발굴조사된 자료가 없어 더 이상의 상세한 고찰은 할 수 없는 실정이다.

또 하나의 중요한 세력으로 성장한 곳이 금수면의 명천리고분군 세력이다. 이곳은 앞서 본바와 같이 고령(대가야)지역으로 유입되는 대가천의 상류에 형성된 협착한 곡간평지와 작은 분지의 넓지 않은 지형임에도 명천리산성을 배경으로 봉토직경 20~30m의 대형봉토분이 15기 정도 분포하는 큰 세력으로 성장하였다. 이 지역은 청동기시대의 도남리, 옥화리, 대천리의 지석묘세력이 계속 이어진 것으로 주변의 소형고분군들인 대가면 옥화리고분군, 도남리고분군들이 이에 속한다.

명천리고분군 세력은 성주읍 세력과는 수계나 영역이 완전히 다른 별개의 독립적 세력으로 계속 성장한 것으로 추측된다. 그럼에도 불구하고 같은 수계에 있는 고령의 대가야계 문화상을 보유하지 않고 토기나 묘제에서 성주의 공통양식을 보여주고 있어 성산가야의 일원임을 분명히 하고 있다.

이와 같이 삼국시대(성산가야)의 성주지역에는 성주읍 성산성과 성산동고분군, 월항면 봉화산성과 용각리고분군, 금수면 명천리산성과 명천리고분군 등 3군의 대형고분군으로 상징되는 3개의 유력한 정치집단이 존재하면서 성주지역의 성산가야를 형성하고 있었다고 생각된다. 각각 하천과 평야의 영역을 기반으로 정립하면서 특히 토기문화에 있어 성주의 공통양식을 가지고 성주지역 문화를 이루고 있었던 것이다.

V. 맺음말

지금까지 성주지역의 지표조사 자료를 중심으로 한 고고유적 분포를 가지고 선사시대로부터 삼국시대에 이르는 사이의 성주지역 문화 형성 과정을 살펴보았다. 이를 요약하면 다음과 같다.

성주에는 신석기시대부터 사람들이 살았을 가능성은 높으나 현재까지는 신석기유적은 발견되지 않고, 청동기시대부터 주민이 취락을 이루며 정치세력을 형성하고 있었다. 이는 각 지역의 지석묘와 입석으로 파악되는데, 지석묘사회인 청동기시대의 성주는 6개의 세력군으로 나뉘어져 있었다. 그들은 河川과 평야 및 분지를 거점으로 벽진면 지역의 이천상류권 성주읍 지역의 이천하류권, 초전면 지역의 백천상류권, 월항면지역의 백천중류권, 선남면지역의 백천하류(낙동강유역)권, 금수면, 가천면 지역의 대가천상류권 등이다.

이렇게 6개의 세력권으로 나뉘어져 있던 지석묘세력은 서기 1세기경 성주읍 예산리의 와질토기 및 철기견적을 기점으로 서서히 소국을 형성하게 되고, 그 이후 5~6세기에는 산성과 대형고분군으로 상징되는 성산동고분군 세력, 용각리고분군 세력, 명천리고분군 세력 등 3개의 유력한 정치세력으로 통합되었음을 알게 되었다.

이와 같은 결과는 고고유적의 지표조사에 의한 고찰이었기 때문에 그 내부의 구체적 문화양상은 깊이 있게 다루지 못하였다. 이런 점은 앞으로 자료가 축적되면 좀 더 세밀한 분석을 통한 실체규명으로 보완할 생각이다.

미 주

1 이글에서의 유적자료는 필자가 직접 답사한 것 이외는 모두 아래의 자료를 이용하였다. 특별한 인용이 없
는 것은 다음 자료를 참고하기 바란다.
  1. 慶尙北道, 1986,『慶尙北道 文化財 地表調査報告書(Ⅲ)』
  2. 慶北大學校博物館, 1986,『伽倻文化遺蹟 保存 및 自然資源 開發計劃』
  3. 啓明大學校博物館, 1996,『星州農水路建設地域 文化遺蹟地表調査報告』
2 啓明大學校博物館, 1996,『星州農水路建設地域 文化遺蹟地表調査報告』p.48.
3 慶北大學校博物館, 1986,『伽倻文化遺蹟 保存 및 自然資源 開發計劃』p.114.
4 慶北大學校博物館, 1986,『伽倻文化遺蹟 保存 및 自然資源 開發計劃』pp.119~120.
5 慶尙北道, 1986,『慶尙北道 文化財 地表調査報告書(Ⅲ)』p.37.
6 慶尙北道, 1986,『慶尙北道 文化財 地表調査報告書(Ⅲ)』p.38.
7 啓明大學校博物館, 1996,『星州農水路建設地域 文化遺蹟地表調査報告』pp.90~91, p.182.
8 啓明大學校博物館, 1996,『星州農水路建設地域 文化遺蹟地表調査報告』p.102, p.194, 도판 77-2.
9 한병삼, 1984,「星州出土 一括 瓦質土器」『尹武炳博士回甲紀念論叢』pp.169~182.
10 韓炳三, 1984,「星州出土 一括 瓦質土器」『尹武炳博士回甲紀念論叢』p.174.
11 『新增東國興地勝覽』券28, 星州牧 烽燧條 '星山烽燧 南應加利縣伊夫夫老山北應角山'
12 大邱大學校博物館, 1992,『星州 禿用山城 地表調査報告』p.24.
13 『新增東國興地勝覽』券28, 星州牧 古蹟條.
14 金世基, 1987,「星州星山洞古墳發掘調査槪報-第37, 39, 57, 58, 59號墳-」『嶺南考古學』3.
15 金元龍, 1986,『韓國考古學槪說』一志社, pp.22~236.
16 曹永鉉, 1993,「金陵松竹里遺蹟發掘調査」『제17회 한국고고학전국대회 발표요지』pp.119~133.
17 金元龍, 1986,『韓國考古學槪說』一志社, p.92.
18 盧泰敦, 1981,「國家의 成立과 發展」『韓國史硏究入門』知識産業社, p.124.
19 李基白, 1990,「韓國史新論」新修版, 一閣, p.32.
20 李鍾旭, 1987,「韓國의 初期國家 形成과 新羅의 政治的 成長」『韓國史硏究入門』제2판, pp.74~75.
21 金元龍, 1986,『韓國考古學槪說』一志社, p.96.
22 慶北大學校博物館, 1998,「대구 진천동 선돌유적발굴조사 현장설명회자료」
23 申敬澈, 1982,「釜山·慶南出土 瓦質土器」『韓國考古學報』12, pp.39~87.
  崔鍾圭, 1982,「陶質土器 成立前夜와 그 展開」『韓國考古學報』12, pp.213~243.
24 李健茂外, 1989,「義昌 茶戶里 發掘進展報告(Ⅱ)」『考古學誌』1, 韓國考古美術硏究所.
25 韓炳三, 1984,「星州出土 一括 瓦質土器」『尹武炳博士回甲紀念論叢』p.174.
26 『三國遺事』紀異 五伽耶條.
27 朝鮮總督府, 1922,『大正七年度 朝鮮古蹟調査報告』
28 啓明大學校博物館, 1988,『星州星山洞古墳 特別展圖錄』
29 金鍾徹, 1988,「北部地域 加耶文化의 考古學的 考察」『韓國古代史硏究』1, pp.235~230.

2. 고분자료로 본 삼국시대 성주지역의 정치적 성격

I. 머리말

성주지역은 『삼국유사』 오가야조에 5가야의 하나인 성산가야(혹은 벽진가야)지역으로 기록된[1] 이래 성산가야의 고지로 알려져 왔고,[2] 또 성주지역에 분포한 고총고분군을 성산가야의 고분으로 이해하여 왔다. 그러나 『삼국유사』에 더 이상의 내용이 없고, 『삼국사기』에도 성주 역사에 대한 구체적 기록은 나오지 않는다. 다만 지리지에 '성산군은 본래 일리군 이었는데 경덕왕 때 개명한 것이며, 오늘날의 성주군 지역에 해당 된다'는[3] 내용뿐으로 그 외의 사정을 알 수 있는 사료가 없다는 것이 일반적 사실이다.

성주지역의 고고 자료를 보면 삼국시대 고분군 외에 청동기시대 묘제인 지석묘가 하천변이나 구릉지 여러 곳에 분포되어 있다. 또 원삼국시대의 목관묘 유적이 있어 선사시대부터 삼국시대에 이르기까지 성주지역에 일찍부터 정치세력이 형성되었고, 진변한 소국의 하나로 발전되었던 사실을 이해할 수 있는 단서가 되고 있다. 그래서 성주의 중심지에 자리잡고 있는 성산동의 고총고분들은 성산가야 최고 지배층의 분묘라고 인식하여 왔던 것이다.

그러나 1980년대 이래 성산동 고총고분들이 발굴조사 되면서 묘제와 출토유물의 성격이 다른 가야지역에서 일반적으로 나타나는 양상과 판이하게 다르다는 것이 밝혀지게 되었다. 그리고 이러한 고분 자료를 중심으로 학계에서 성산가야의 실체에 대한 많은 논의가 일어나기 시작하였다. 따라서 이 글에서는 성산동고분군과 주변지역 고분의 묘제와 출토유물을 중심으로 성주지역 고분의 성격을

따져보고 그를 바탕으로 성주지역 성산가야설의 진위에 대해 살펴보려고 한다.[4]

II. 성주지역 고총고분의 묘제

1. 고총고분 형성 이전의 고분

성주지역에서 삼국시대 주묘제는 봉분이 있는 석곽(석실)분이며 이 봉토분이 최고지배층의 분묘가 되면서 고총고분으로 축조되는 것이 일반적이지만, 그 이전의 묘제로 확인된 것은 영남지역 전체에 기원전 2세기부터 기원후 2세기 전반까지 공통적으로 축조되었던 목관묘이다. 목관묘는 기원전 2세기후반 낙동강하류지역에 나타나기 시작하여 가야지역뿐만 아니라 영남지역 전체에 퍼져 있었다. 물론 이 목관묘는 중국이나 만주를 포함한 서북한 일대의 초기철기시대 묘제에서 유래되어 한반도 전역에 퍼져 있는 토광묘(목관묘)와 맥을 같이 하는 것이므로 이 시기의 목관묘는 가야뿐만 아니라 영남전역과 호남, 중부지방과도 공통된 묘제이다.[5]

그 후 영남지역의 목관묘는 한반도 북쪽 고조선의 정치적 변동에 따른 유이민 이동이나 한-낙랑과의 교역과 문화적 영향을 받아 규모가 커지기도 하고, 유물 부장위치나 부장유물의 종류와 양이 많아지고 동경이나 철기 등 유물의 질적 변화를 거듭한다. 즉 묘광의 규모가 길이 200cm 내외, 너비 100cm 미만, 깊이 90cm 미만의 소형에서 길이 200~300cm 내외, 너비 80~180cm, 깊이 43~205cm 의 대형으로 변하지만 입지의 탁월성이나 유물의 월등한 차별성이 두드러지는 현상은 나타나지 않고 있다. 그러므로 이와 같은 목관묘 단계까지는 아직 가야 묘제로 보기 어렵다.[6] 이 시기의 가야지역 목관묘 유적은 낙동강 하류의 김해 양동리유적, 남해안의 창원 다호리, 도계동유적, 남강 하류의 함안 도항리유적 등이 조사되었는데[7] 대개 비슷한 양상을 보이고 있다.

한반도 남부지역은 기원전 1세기에 들어가면서 고조선 혹은 락랑지역 주민들의 유이민 파동에 의해 발달된 중국 한의 철기문화가 급속히 전파되고, 농경을 비롯한 철기제작기술의 발달로 정치체 사이의 정복과 통합이 활발히 일어나게 되었다. 철기문화와 함께 무문토기가 주류이던 토기 제작기술에도 한의 발달된 회도문화의 영향을 받아 와질토기라는 새로운 토기가 등장하게 되었다.[8]

이 시기의 문화상을 잘 보여주는 것이 창원 다호리의 목관묘 유적이다. 통나무형 목관묘와 판재형 목관묘로 이루어진 다호리유적에서는 『삼국지』가 보여주는 삼한의 국가형성을 그대로 확인시켜주고 있는데, 한국식동검문화의 전통을 확실히 계승하면서도 철제의 무기류, 농공구류 등이 다량 출토되었다. 또 철기제품들은 단조품과 주조품이 모두 섞여있어 철기제작기술이 상당히 발달하였음을 보여주고 있다. 이 철기제품들과 함께 와질토기 주머니호가 출토되어 이 단계에서의 와질토기가 갖는 비중을 말해주고 있다.[9] 이러한 초기국가 형성의 징후는 대구 팔달동 목관묘 유적에서도 나타나고 있어,[10] 금호강 유역의 대구지역 주민들이 다른 지역보다 빠른 시기에 소국을 형성하였다고 생각된다.

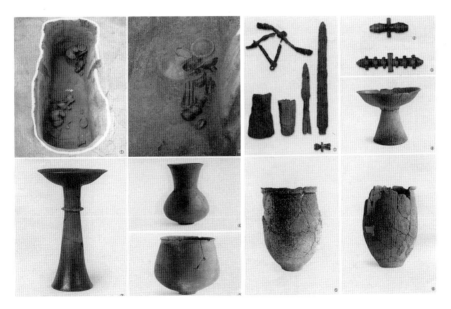

〈그림 1〉 성주 예산리 목곽묘와 출토유물

이러한 대구지역의 문화적 영향은 성주지역에도 나타나게 되는데, 그것이 성주읍 예산리 목관묘 유적이다. 성주읍 예산리 유적에서는 원삼국시대 목관묘 40여기가 발굴되었는데 통나무목관묘와 판재목관묘가 섞여 있어 비슷한 시기의 대구 팔달동 목관묘 유적과 비슷한 양상을 보이고 있다. 출토유물도 자루 끝을 옻칠로 장식한 청동검과 철검, 철모, 철부, 철착 등 철기류 및 칠기부채와 같은 고급 유물도 있어 소국형성의 정치체가 있었다고 생각되는 대구 팔달동유적이나 창원 다호리유적과 비슷하다. 이 목관묘의 시기는 무문토기와 함께 출토된 주머니호, 조합우각형파수부호 등 와질토기가 전기 단계의 빠른 토기들로 보아 삼한소국의 형성기와 일치하고 있다.[11] <그림 1>

또 이곳에서 출토된 두형토기나 와질토기류도 경산 임당동, 경주 조양동, 부산 노포동 등 다른 지역의 토기문화와 공통성을 가지고 있다. 특히 가야시대이후 극심한 문화적 차이를 보이는 고령지역과도 와질토기문화에서는 전혀 차이가 없다. 즉, 예산리 목관묘와 비슷한 성격의 유적이 고령 반운리에서도 조사되었는데, 이 유적에서는 철검, 철부, 철모와 같은 철제 농경도구 및 무기가 부장되고, 전기와질토기에 속하는 대부조합우각형파수부장경호, 원저조합우각형파수부장경호 등과 후기와질토기에 속하는 노형토기, 대부장경호와 함께 경질토기(고식도질토기) 단경호가 출토되었다.[12] 그런데 이들 목관묘에서 출토된 토기들은 가야토기 양식이나 신라토기 양식 등 지역색이 나타나지 않는다. 이것은 적어도 와질토기 단계인 3세기까지는 고령과 성주의 토기문화가 같았다는 것이며 더 나아가 대구, 경산, 경주, 울산, 부산 등 영남지역이 공통의 양식을 가지고 있었음을 말하는 것이다. 이는 원삼국시대까지는 대체로 진변한의 문화가 큰 차이 없이 공통적이라는 일반적 문화양상을 성주에서도 확인할 수 있는 것이다.

2. 고총고분의 묘제

그러나 가야문화의 상징처럼 되어 있는 삼국시대 고분유적에서는 성주의 특징이 나타나기 시작한다. 그러므로 성주의 고대문화는 결국 고분문화를 통해 이해하는 것이 가장 좋은 방법이라고 하겠다. 그 중에서도 성산리고분군은 주고분과 주변고분들이 발굴 조사되어 성주지역의 고대문화 성격을 어느 정도 밝혀주고 있다.

우선 중심고분군인 성산리 고분군의 대형분들은 일제시대에 구1, 2, 6호분의 3기[13] 및 대분大墳과[14] 팔도분八桃墳[15] 등 5기와 1986년에 계명대학교 박물관에서 5기(38, 39, 57, 58, 59호분)를[16] 발굴 조사하여 대형분에 대한 묘제를 파악할 수 있게 되었다. 그리고 1998년에 대구한의대학교 박물관은 성산리 고분군에서 남쪽으로 고개만 하나 넘으면 바로 연결되는 명포리고분군의 소형봉토분 5기와 석곽묘 20여기를 발굴 조사하였다.[17] 또 2003년부터 경상북도문화재연구원에서 성산리고분군에서 서쪽으로 들판을 건너 1km 정도 떨어져 있는 시비실고분군과[18] 장학리 별티고분군을 연이어 발굴 조사하여[19] 성주지역 봉토분의 묘제를 어느 정도 파악할 수 있게 되었다. 그 밖에도 소형분들이 발굴조사 되었지만 여기서는 생략한다.

이제 성주지역 묘제의 성격을 살펴보기 위해 지금까지 발굴조사 된 봉토분 자료를 중심으로 묘제의 유형을 분류하려고 한다. 그런데 묘제의 유형 분류 속성으로는 매장부의 형태, 축조재료와 석실 규모, 부곽의 유무, 호석의 유무 등 여러 가지를 들 수 있으나[20] 여기서는 성주지역 고분의 특징을 잘 나타낸다고 판단되는 매장부의 축조재료와 평면형태를 분류의 기준으로 삼았다. 유형분류의 대상 고분은 발굴 조사한 고분을 중심으로 봉분 직경 10m 이상의 봉토분을 기본으로 하였으나 그보다 작은 규모라도 성주지역 묘제의 특징을 보여주는 경우는 대상에 넣은 것도 있다. 이렇게 분류한 성주지역 고분의 유형은 ①매장주체부 한쪽 장벽에 잇대어 부곽을 설치한 평면 철(凸)자형 ②매장주체부를 할석으로 축조한 할석형 ③매장주체부를 대형 판석을 주로 사용하고 할석으로 보강한 판석형 등 3종류로 분류된다.[21]

이들을 중심으로 삼국시대 성주묘제의 성격을 검토해 보겠다.

1) 철(凸)자형(감실부곽형) 고분

철(凸)자형 고분은 막돌로 네 벽을 쌓지만 한쪽 장벽 쪽을 넓게 확장하여 바닥보다 약간 높게 벽장처럼 만들어 부곽으로 사용하는 묘제이다. 축조재료로만 본다면 할석식에 속하지만 비교적 소형분에 많고, 평면형태가 凸字 형태를 이루어 특이하기 때문에 성주지역 묘제의 한 종류로 분류하는 것이 의미가 있다고 생각된다. 이 묘제는 현재까지는 주로 명포리고분군과 시비실고분군에서 주로 확인되지만 성산동고분군과 장학리 벌티고분군에도 분포한다.

명포리 1호분을 통해 감실부곽 고분의 구조와 특징을 살펴보면 다음과 같다. 이 고분은 능선 사면이 완만하게 낮아지면서 평지에 연결되는 동쪽 사면의 끝자락에 위치한다. 고분의 외형은 남북 장경 11m, 동서 단경 9.5m의 소형봉토분으로 내부주체는 목곽묘이다. 고분의 축조는 약간 경사진 원지반을 길이 540cm, 너비 250cm의 장방형 묘광을 판 다음 바닥에 크기가 일정하지 않은 깬돌을 깔고 그 위에 목곽을 설치하였다. 목곽은 길이 380cm, 너비 100cm, 깊이 100cm의 규모로 장폭비가 3.8:1의 장방형을 이루고 있으며 나무 흔적은 발견되지 않았다. 목곽과 묘광 사이는 할석을 채워 보강하였는데 돌을 차곡차곡 쌓지 않고 들어붓듯이 채워 넣은 듯 목곽에 닿았던 안쪽 면이 가지런하지 않다.

목곽의 장축방향을 등고선 방향인 남북방향에 맞추어 목곽 장벽의 높이가 수평을 이루도록 하였다. 경사윗면인 서장벽 보강석 중간 부분에 폭 70cm만큼 보강석 대신 흙을 다져 넣은 다음 장벽에 직각으로 길이 160cm 크기의 석축을 쌓아 벽장형태의 감실부곽을 마련하였다. 부곽은 다진 흙을 그대로 바닥으로 이용하였고, 경사면의 위쪽에 설치하여 목곽 바닥보다 높게 자리잡고 있다. 그러나 부곽의 벽석을 낮게 쌓아 목곽의 윗면과 부곽의 개석이 같은 레벨이 되도록 하였다. 목곽의 위에는 개석은 덮지 않았던 것으로 판단되지만 목곽의 뚜껑 위에는 굴광을 메운 할석과 같은 돌로 덮었던 것으로 보인다. 이 감실부곽 고분은 매장주체부인 목곽이 썩어 보강석만 남아 있는 상태에서 주체부와 부곽을 보면 전체적으로 평면 凸자형을 이루고 있어 특징적이다.

이러한 凸자형 고분은 명포리 고분군과 시비실고분에 주로 분포하고 있는데 앞에서 본 명포리 1호분처럼 주체부가 목곽인 경우와 주체부가 석곽인 경우의 2 종류가 있다. 주체부가 목곽인 시비실 3호분은 길이 317cm, 너비 106cm, 깊이 96cm로 장폭비 2.9:1이며, 4-1호분은 목곽 길이 300cm, 너비 110cm, 깊이 62cm 로 장폭비 2.7:1이다. 감실부곽은 목곽보다 경사가 높은 쪽에 목곽과 나란히 배치하였다. 이 목곽묘들은 구릉의 능선부에 봉토직경 6m 정도의 크기를 가진 중심묘역을 형성하고 있고, 봉토의 윗면에 주구와 봉분을 둘러싸는 호석도 갖추고 있다.[22] 또 주체부가 할석조 석곽인 명포리 4호분은 현재 남은 길이 290cm, 너비 100cm, 깊이 80cm로 장폭비 2.9:1이고, 감실부곽은 낮은 쪽 장벽에 붙여 석곽과 나란히 설치하였다. 명포리 5호분은 석곽 길이 350cm, 너비 100cm, 깊이 85cm 로 장폭비는 3.5:1이며, 감실부곽은 높은 쪽 장벽에 붙여 설치하였다.

그리고 명포리에서 성산리로 넘어가는 별티고개 남사면에 위치한 별티1호분

〈그림 2〉 凸자형 고분(성주 성산동 57호분)

은 호석을 기준으로 동서 12.6m, 남북 11m의 묘역 중앙에 길이 350cm, 너비 113cm, 깊이 140cm 규모의 할석조 수혈식 석곽을 축조하고 있다. 석곽의 장폭 비가 3.0:1로 장방형이다. 부곽은 경사면 위쪽인 동장벽 중앙에 잇대어 쌓아 평 면 凸자형을 이루고 있다. 주곽, 부곽에 모두 개석을 덮은 후 할석으로 주부곽을 함께 덮어 보강하고 있다.

한편 성산리 57호분은 할석식 석실분에 속하지만 경사가 높은 쪽에 석실장벽 에 바로 잇대어 석실과 나란히 부곽을 배치한 凸자형 고분이다. 이 고분은 완만 한 경사면을 파고 석실은 경사면 아래쪽에 길이 374cm, 너비 159cm, 현재 깊이 120cm로 축조하였고, 부곽은 경사 위쪽인 남장벽에 바로 붙여 길이 199cm, 너 비 90~114cm, 깊이 78cm로 석실과 나란히 배치하였다. 석실의 남장벽 보강석 과 부곽의 북장벽을 함께 쌓아 석실과 부곽을 같이 붙여서 마치 칸 막은 凸자형 을 이루고 있다. 즉 장벽의 일부를 쌓지 않고 잇대어 부곽을 축조하는 전형적인 凸자형은 아니지만 주체부 목곽에 붙여 감실부곽을 설치하는 초기의 凸자형 전 통이 후에 주체부 석실인 57호분으로 이어진 것으로 생각된다. 〈그림 2〉

성주지역의 감실부곽 고분은 주체부가 원삼국시대 이래의 목곽묘라는 점과 토기 등 비교적 이른 시기의 유물이 출토되고 있어 5세기 초의 빠른 시기에 시작 하여 장학리 별티1호분과 같이 6세기까지 이어진 고분유형이라고 판단된다. 이 와 같은 감실부곽 묘제의 형태는 신라문화권 지역에서 일부 사용되지만 그 중심 지는 성주이며, 성주 묘제의 지역적 특성으로 볼 수 있다.

2) 보강석목곽묘

성주 묘제의 유형 중 보강석목곽묘는 막돌이나 깬돌을 이용해 네 벽을 축조한 묘제로 성주의 주고분군인 성산리고분군에 주로 분포하고 있다. 그러나 정식 발 굴조사하지는 않았지만 지표조사로 확인한 바에 의하면 용각리고분군과 명천리 고분군에도 나타나고 있다. 성주지역의 대형분들도 할석축조 고분처럼 보이지 만 내부주체는 보강석목곽묘일 가능성이 높다. 대형분에서의 성주지역의 보강

석목곽묘는 길이:너비의 비율이 3:1 정도의 장방형이다. 매장 주체부는 묘광을 파고 중앙에 목곽을 안치하고 묘광과 목곽사이의 공간에 막돌을 들어붓듯이 넣어 보강하는 것이다.[23]

보강석목곽묘의 대표적 예로 볼 수 있는 성산리 39호분을 통해 좀 더 상세히 보면 우선 완만한 경사면의 묘역 중앙에 목곽을 배치하고 석실보다 약간 높은 쪽에 부곽을 설치하였다. 석실은 장축의 방향을 동북-서남으로 두고 자연할석으로 목곽과 묘광사이를 채워 상부를 평평하게 한 후 석실처럼 개석을 덮은 구조로 고분의 축조방법은 먼저 경사진 지반을 장방형으로 넓게 파고 굵은 강자갈을 깐 다음 목곽을 설치한다. 묘광과 목곽사이에 크기가 일정하지 않은 자연석을 들어붓듯이 적당히 채워 목곽을 보강한 구조이다. 시간이 지나 목곽은 썩어 없어지고 돌만 남아 얼핏 보면 마치 수혈식 석실처럼 보인다.[24] 고분의 전체적 모습은 지반이 높은 쪽은 거의 지하식에 가깝고 낮은 쪽은 반쯤만 지하에 들어가고 반은 석실의 높이를 맞추기 위해 지상에 올라와 있는 상태이다. 물론 지상에 올라온 부분은 보강석 뒤에 흙을 다져 보충하고 있다.

즉 이 고분은 합천 옥전 M1, 2, 3호분과 같이 목곽이 중심묘곽이고 할석은 목곽을 보강하기 위한 보강자료이기 때문에 보강석補强石 혹은 위석식圍石式 목곽묘인 것이다. 또 묘광 어깨선 위의 지상부분에는 묘광선 범위보다 더 밖으로 넓게 돌을 깔아 목곽을 보강하고 있다. 이 보강석들이 타원형으로 돌면서 네벽의 모서리를 서로 엇물려 지탱하도록 하고 그 위에 둥글고 길쭉한 판석 3매로 개석을 덮었다. 이렇게 벽석을 두껍게 보강하였으나 목곽이 썩어 내려앉으면서 엉성한 벽면은 대부분 무너져 내리거나 토압에 의해 밀려나와 휘어져 있는 상태이다.

목곽의 규모는 길이 375cm, 너비 135~145cm, 깊이 195cm이다. 바닥의 너비가 다른 것은 보강석이 내려앉으면서 바닥의 선을 흩으러 놓아 일정하지 않기 때문이다. 따라서 길이: 너비의 비율이 약 2.5: 1을 보이고 있다. 이 비율은 판석식이나 감실부곽식 고분에서도 똑같은 양상으로 나타나고 있다. 이는 대가야지역인 고령의 할석축조 수혈식 석실분의 장폭비 5:1 세장형이나 아라가야 지역인 함안의 5.5:1 극세장형[25] 평면보다 아주 폭이 넓은 장방형이며, 낙동강 동안지역 봉토분 석실의 장폭비 3:1과 비슷한 것이다. 이 39호분 외에 이런 종류의 고분이라고 생각되는 구1호분은 길이 401cm, 너비 140cm, 깊이 163cm로 장폭비 2.9:1이며, 구2호분은 길이 345cm, 너비 171cm, 깊이 167cm로 장폭비는 2:1이고, 구6호분은 길이 312cm, 너비 152cm, 깊이 179cm로 장폭비 2:1이다. 〈그림 3〉

또 이 보강석목곽묘는 대부분 할석조 부곽을 설치하고 봉토기부에 원형 호석을 돌리는 것이 일반적이다. 호석의 축조는 봉토를 쌓기 전 봉토의 기부에 자연석이나 깬 돌을 이용하여 1~3단 쌓고 호석 위부터 봉토를 축조하여 호석이 봉토의 밖으로 노출되도록 하고 있다.[26] 부곽의 경우 순장곽의 기능을 가진 2기의 부곽이 있는 구2호분을 제외하고 나머지는 부장품을 넣는 부장품곽의 성격을 가지고 있다. 그러나 39호분의 경우는 부곽에도 부장품 한편에 순장자를 매장하고

〈그림 3〉 보강석 목곽묘(성주 성산리 39호분)

있다. 구1호분과 구6호분은 부곽이 없는 것으로 되어 있으나 전면 발굴을 하지 않은 관계로 확실한 것은 알 수 없으며 성주지역의 다른 예로 보아 부곽이 있었을 가능성이 매우 크다.

3) 판석식 석실분

판석식 석실분은 성주지역에서 현재로서는 성산리고분군의 대형분에만 나타나고 있다. 판석식 고분은 매장주체부인 석실의 4벽을 넓적하고 길쭉한 판석을 세워 만든 석실분을 말한다. 이 판석 축조의 경우도 벽체는 대형판석을 사용하고 사이사이에 할석을 보강하여 4벽 전체가 견고하게 유지되도록 한 것이다. 평면 형태는 할석식과 같이 장방형이다. 이와 같은 판석식 석실구조는 이곳 성산리 고분군과 대구 내당동의 달서고분군이[27] 축조재료와 세부 축조수법은 물론 평면 형태까지도 거의 똑같은[28] 양상이다.

판석식 석실분인 성산리 38호분은 경사면이 낮아지면서 돌출한 곳에 위치하는데, 남에서 북으로 완만하게 경사진 지형을 그대로 이용해 묘역을 잡아 석실과 부곽을 축조한 다곽식 봉토분이다. 원지반이 낮은 쪽에 설치된 석실은 반지하식으로, 높은 쪽에 설치된 부곽은 지하식으로 축조하였으나 석실과 부곽의 개석 레벨을 맞추어 수평이 되게 하였다. 봉분의 외형은 장경 17.5m, 단경 13.8m이며, 높이는 경사면 아래쪽인 북쪽은 5.8m, 위쪽인 남쪽은 2.8m로 약간 긴 타원형을 이루고 있다.

이 38호분을 통해 판석식 석실분의 구조를 좀더 상세히 보면 석실 규모보다 넓게 묘광을 파고 바닥에 강자갈을 부어 깐 다음 대형판석으로 4벽을 세웠다. 판석 뒤에는 판석이 넘어지지 않도록 둥글둥글한 자연석을 쌓아 보강하였다. 양장벽은 높이가 같지 않은 2매의 넓은 판석을 바닥에 깐 강자갈 위에 잇대어 세웠는데 개석이 놓일 판석 윗면을 맞추기 위해 짧은 판석의 아래쪽은 모자라는 만큼 할석을 쌓은 뒤 그 위에 판석을 올려 세우고 있다. 또 판석과 판석 사이에 간격을 띄우고, 그 사이는 할석을 쌓아올려 판석과 할석축이 서로 꽉 끼이도록 하였다. 양단벽은 각각 1매의 판석을 가운데 세우고 양옆과 장벽과 이어지는 연접부에는 역시 할석을 끼워 쌓아 4벽 전체가 견고하게 유지되도록 하고 있다. 장벽과 단벽 뒷면의 자연석 보강 방법은 할석식과 마찬가지로 벽체와 묘광사이 공간에 보강석을 축대 쌓듯이 차곡차곡 쌓은 것이 아니라 돌을 던져 넣듯이 무질서하게 부어 넣었다. 이렇게 던져 넣은 보강석들은 4벽을 돌아가면서 서로 엇물려 세워 놓은 판석과 벽체를 견고하게 유지시키고 있다. 또 4벽의 상면은 수평레벨을 맞추어 두툼한 괴석 1매와 얇고 평평한 판석 1매로 개석을 덮고 개석사이의 틈과 주위에도 작은 할석을 지붕 잇듯이 깔아 놓았다.

이러한 구조의 석실 중 한쪽 단벽만을 안에서 보면 판석 1매를 세워 입구를 막고 나머지 공간을 할석으로 보충한 것으로 보이고, 밖에서 보면 보강석 돌무더기가 마치 폐쇄석처럼 보여 횡구식 석실로 오해할 수 있는 형태이다. 그러나 성산리 고분군의 판석식 석실은 4벽의 연접구조를 보나 봉토의 층위로 보나 수혈식 석실분임이 분명하다.

〈그림 4〉 판석식 석실분(성주 성산동 38호분)

석실의 규모는 길이 390cm, 너비 170cm, 깊이 195cm로 장폭비가 2.3:1을 이루어 할석식 과 마찬가지로 길이에 비해 폭이 넓은 장방형 석실이다. 성산리 38호분 이외의 판석식 고분인 58분은 길이 332cm, 너비 125cm, 깊이 175cm로 장폭비 2.6:1이고, 59호분은 길이 378cm, 너비 110~128cm, 깊이 175cm로 장폭비 2.9:1이다. 〈그림4〉

또 성주 성산리고분군과 석실의 유형과 구조에서 가장 비슷한 양상을 보이고 있어 성주와 특별한 관계에 있었다고 생각되는 대구 달서고분군의 판석식 석실분의 장폭비도 이와 대동소이하다. 즉 달서고분군 중 비산동 37호분은 판석조 석실이 2개 있는데 제1석실은 길이 438cm, 너비 135cm, 깊이 154cm로 장폭비 3.2:1이며, 규모가 조금 작은 제2석실은 길이 351cm, 너비 133cm, 깊이 136cm로 장폭비 2.6:1이고, 내당동 55호분은 길이 457cm, 너비 187cm, 깊이 193cm로 장폭비 2.4:1이다. 다만 대구 달서고분군의 비산동 37호분과 내당동 55호분이 횡구식으로 보고되어 있으나 이것이 수혈식이라는 점은 이미 밝혀진 바 있다.[29]

성주 성산리고분군의 판석식 석실분에도 보강목곽묘와 마찬가지로 대개 봉토기부에 호석을 돌리고 있다. 그 중 58호분은 봉토의 기부에 원형으로 호석을 돌려 쌓고, 석실중앙으로부터 방사상으로 퍼져 봉토기부의 원형호석과 연결되는 봉토 석축렬이 뻗어 있어 특이하다. 이 석열은 발굴당시 10줄이 남아 있었지만 봉분의 낮은 부분이 많이 삭평 되었거나 훼손되어 없어진 것으로 보이고, 남아있는 석축렬 간격이 일정한 것으로 보아 원래는 12줄이었을 것으로 추측된다. 이 봉토석축열은 봉토축조 과정에 나타나는 구분쌓기의[30] 흔적으로 판단된다. 대구지역의 경우는 봉토조사를 하지 않아 알 수는 없지만 아마도 호석이 있었을 것으로 생각된다.

또 부곽도 보강목곽묘와 마찬가지로 경사면의 높은 쪽에 석실개석과 레벨을 맞추어 축조하는 것이 일반적인데 38호분은 석실에 잇대어 순장곽 부장곽의 순서로 장축을 나란히 축조하고 있고, 59호분 역시 경사면의 위쪽인 석실의 남쪽에 부장곽과 순장곽을 일열로 배치하였다. 다만 58호분만 경사가 낮은 쪽에 석실과 나란히 부장곽을 배치하고 있다. 순장자는 순장곽에는 물론이고 부장곽에도 부장품의 끝에 한사람씩 순장시키고, 38호분의 경우는 석실에도 순장자가 있었던 것으로 파악된다.

석실의 바닥에 깐 강자갈 위에는 4벽면을 따라 일정한 간격을 두고 목질흔적이 남아 있고, 유물들도 이 목질선 안쪽을 따라 열을 지어 놓여 있었다. 이것으로 보아 판석식 석실분에도 석실에 목곽을 설치하였음이 분명한 것으로 판단된다. 목곽이 필요하지 않을 것 같은 판석식석실에 굳이 목곽을 설치한 것은 소국이 형성되었던 예산리 목관묘유적에서 시작된 원삼국시대의 목곽묘 전통이 그대로 성산가야 시대의 석실분으로 이어져 내려온 것을 말하는 것이며, 석실 평면의 장폭비가 2~3:1로 장방형을 이루고 있는 것은 세장한 평면을 가지고 있는 고령지역의 대가야보다 대구, 경주로 이어지는 신라와 친밀한 관계를 맺고 있는 것을 보여주는 것이다. 이러한 묘제의 지역성은 장신구를 비롯한 위세품과 토기에도 그대로 반영되어 범 신라양식에 속하면서 지역색이 뚜렷한 성주의 고분문화를 잘 보여주고 있다.

Ⅲ. 성주지역 고분의 출토유물

1. 토기류

영남지방에서 지역별로 토기양식이 나누어지는 것은 4세기 후엽에서 5세기 초기로, 대체로 고총이 축조되는 시기와 비슷한 것으로 알려져 왔다.[31] 따라서 토기의 지역양식이 성립되기 이전의 토기는 기원전후에 등장하는 와질토기와 4세기대의 소위 고식도질토기 단계까지는 각 지역 토기가 공통양식을 이루고 있었다는 것이다.[32] 성주지역도 예외는 아니어서 신라·가야시대에 들어 극명하게 달라지는 고령의 대가야양식 토기와 성주 성산가야 토기양식이 와질토기 단계까지는 고령 반운리 와질토기와 성주 예산리 와질토기가 기형과 제작수법까지

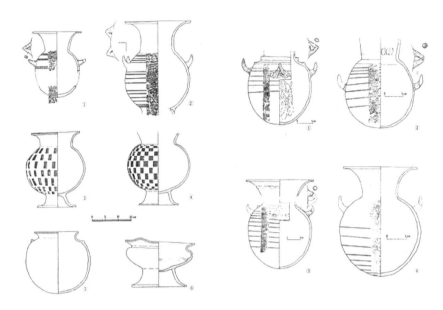

〈그림 5〉 성주지역과 고령지역의 와질토기(좌 고령 반운리, 우 성주 예산리)

동일한 양상을 보이고 있다[33]. 성주의 와질토기는 발굴 조사된 성주읍 예산리 목
관묘 유적 출토품과 매장문화재로 신고된 예산리 와질토기가 있다.[34] 〈그림5〉

이와 같이 공통양식을 가지고 있던 토기문화는 4세기 후엽~5세기 초면 크게
는 낙동강 이동양식(신라토기)과 이서양식(가야토기)으로 나누어지고, 각 지역별
로 고총고분이 조영되면서 그 지역의 문화적 성격을 가미한 지역토기양식이 성
립되기 시작한다. 이러한 양상은 성주지역도 마찬가지이다. 성주지역은 대체로
5세기 초엽부터 성주의 지역성을 띤 성주양식 토기가 성립하기 시작하는 것으
로 생각되는데, 이른 시기고분인 명포리 1호분은 목곽묘가 주체부인 凸자형 고
분으로 이 고분출토 토기나 성산리 고분의 토기들이 성주양식 토기의 특징을 잘
반영하고 있다고 하겠다. 그 중에서 대표적 기종은 장경호, 유개고배, 대부장경
호, 대부완, 단경호, 통형기대 등인데, 사실은 성주양식이 성립되기 전의 목곽묘
토기들도 범신라양식 일색으로 가야양식 토기는 존재하지 않고 있다.[35]

1) 장경호

장경호는 유개원저장경호와 무개원저장경호, 대부장경호로 세분되는데 이 장경호의 공통된 특징은 긴 목부분이 직립원통식으로 일관되어 가운데가 약간 졸린 듯하면서 부드러운 곡선을 이루는 고령양식과 대조적이다. 또 몸체의 어깨부분이 발달하여 동최대경이 어깨에 있고 동부와 구분되도록 각져 꺾이거나 돌선이 한 줄 돌고 있는 점이다. 이는 목과 몸체가 S자 형태로 부드럽게 연결되는 고령양식과 두드러지는 차이점이다. 그리고 장경호 저부에 대각이 붙고 대각에 방형의 투창을 뚫은 대부장경호가 많은 것도 고령과는 다른 점이다. 장경호의 뚜껑은 사발을 엎어놓은 듯이 가운데가 높고 꼭지는 고배의 대각을 거꾸로 붙여 놓은 듯한 '대각도치형'이 특징이다. 이 대각도치형 뚜껑은 유개고배의 뚜껑에도 많이 있는데 역시 대구, 경산, 경주 등 신라양식 토기에 보이는 공통적 양식이다.

2) 유개고배

유개고배는 출토된 토기중 가장 많은 숫자를 점하는 기종이다. 유개고배는 배신부와 뚜껑 모두가 깊고 높으며 대각도 상부에서 사다리꼴로 직선적으로 뻗어

〈그림 6〉 성주 출토 유계고배(성산동 38호분)

내려 갑자기 끝나 저부가 오똑한 느낌을 준다. 대각의 장방형 투창도 상하단이 엇갈려 있어 고령양식과는 대조적이다. 고배의 뚜껑은 대각도치형이 대부분이고 납작단추형 뚜껑도 일부 보이나 그 세부는 고령양식과 다르다.〈그림6〉

　유개고배의 뚜껑표면에는 방사상점열문과 조족문이 그려진 것이 있지만 무문이 많고 명포리 고분의 경우는 삼각거치문, 파상문, 침엽문 등 문양이 다양하다. 특히 고배대각의 투창사이에도 조밀하게 문양을 시문하고 고배뚜껑의 드럼턱에도 파상문을 시문한 것도 있다.〈그림 7〉

3) 단경호

　단경호는 구연부가 짧게 외반한 것과 짧게 직립한 것이 있는데 외반구연 단경

〈그림 7〉 성주 출토 각종 토기

호는 몸체가 구형이고 표면에 굵은 승석문이 타날되어 있다. 직립구연 단경호는 상하로 약간 긴 타원형을 이루는데 표면에 가는 승석문이 타날되어 있고 어깨에 2, 3개의 귀가 등간격으로 붙어 있다. <그림7>

4) 통형기대

통형기대는 대형분에서만 출토되는데 대체로 밋밋한 원통의 몸체에 아래위가 같이 벌어져 장구를 세워놓은 듯한 기본형에 장방형투창과 세로띠로 약간의 장식을 붙인 형식으로 범신라지역 출토품과 상통한다. 한편 명포리 4호분에서는 단경호에 원통형기대의 대각과 비슷한 긴 대각을 붙인 기대형단경호가 출토되었다. 단경호에 2단투창 혹은 3단투창 대각을 붙인 형식은 함안이나 고성 등 남부가야지역에서 일부가 보이지만 5단의 긴 대각을 달아 기대처럼 만든 것은 성주의 지역적 특성이라 할 수 있을 것이다.

2. 관모와 장신구(위세품)

관모와 장신구는 신분을 나타내는 위세품으로서 그 지역집단 성격을 보여준다는 의미에서 매우 중요한 요소이다. 신라의 경우 경주의 왕릉급 고분에서 금관과 금제관식, 금제허리띠 장식과 금동신발 등이 세트로 출토되어 이것이 최고위의 신분표시 물품임을 알 수 있다. 그러나 신라의 지방정치체가 있었던 경산, 대구, 의성 등 고총고분에서는 신라왕실에서 사여한 것으로 판단되는 금동관이나 은제관모, 은제허리띠 장식이 세트로 출토된다.[36] 가야의 경우에도 관모는 최고신분을 나타내는 것으로 보이지만, 가야의 관모는 현재 고령을 중심으로 한 대가야 지역에서만 출토되었다. 고령 출토로 전해지는 순금제 가야금관은 꽃봉오리나 나뭇가지 형태를 한 초화형이고 고령 지산동 45호분에서 나온 금동관식도 비슷한 형태이다. 그리고 지산동 32호분 출토의 금동관은 불상 광배형 몸체에 보주형 가지가 달린 독특한 형식으로 신라식인 출자형과는 완전히 다른 양식이다.

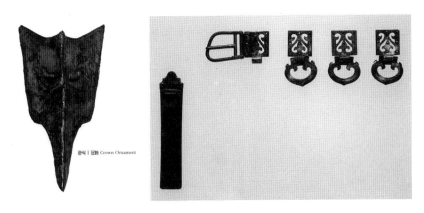

관식 | 冠飾 Crown Ornament

〈그림 8〉 은제관식(좌)과 과대(우)(성주 성산동 구1호분)

성주 고분에서는 성산동 구 1호분에서 신라식의 나비형 은제관식이 신라식
은제과대와 함께 출토되었고, 귀걸이 또한 신라식의 굵은 고리식이 성산동 구 1
호분과 58호분에서 출토 되어 토기문화와 함께 관모와 장신구에서도 신라문화
의 양상을 보이고 있다. 〈그림8〉

단, 성주 가암동에서 출토되었다는 금동관이 있는데, 관테에 사람이 팔을 들
고 서 있는 듯한 솟은 장식이 정면과 좌우에 붙어 있어 신라식이 아닌 독특한 양
식이나 출토지라고 하는 가암리에 고총고분군이 없고, 출토위치도 석연치 않아
성주 것이 맞는지 의심스럽다.

IV. 고분으로 본 성주지역의 정치적 성격

1. 묘제로 본 성격

성주지역에서 발굴조사 된 봉토분 자료를 중심으로 묘제의 유형을 분류해 보
면 매장주체부 한쪽 장벽에 잇대어 감실을 설치한 평면 凸자형의 감실부곽식 고
분, 매장주체부를 할석으로 축조한 할석식 석실분, 매장주체부를 대형 판석을

주로 사용하고 할석으로 보강한 판석식 고분 등 3유형으로 분류된다.

이 묘제의 유형 중 凸자형 고분은 주체부는 목곽이고 부곽은 석곽으로 축조되어 봉토분으로서는 가장 빠른 묘제이지만, 최고위계의 고총분은 판석식 석실분이다. 이 판석식 석실분은 모두 수혈식석실분으로 대구의 내당동·비산동고분군과 동일계통의 묘제이다. 또 할석식 석실분의 경우 네벽을 가지런히 쌓은 것이 아니라 대형의 목곽을 설치하고, 목곽을 보강하기 위하여 목곽주위에 많은 돌들을 들어붓듯이 던져 넣어 서로 얽혀 목곽을 보호하는 위석식 목곽묘의 형태이다. 〈그림9〉

성주 묘제의 특징적 지역성은 석실의 길이 대 너비의 비율이 3:1의 장방형을 이루고 있는 점으로 고령 대가야 묘제의 5:1의 세장방형이나 함안 아라가야 묘제의 5.5:1이상의 극세장형 석실과 비교되는 특징이다. 따라서 성주묘제의 성격은 가야고분이 아니라 대구, 성주, 칠곡(약목 1호분), 구미, 김천으로 이어지는 경

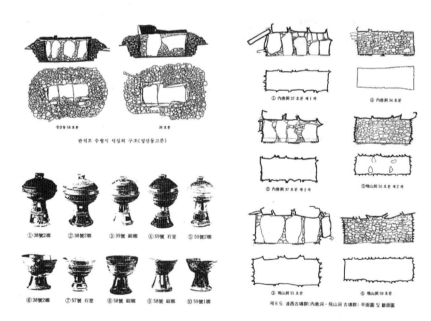

〈그림 9〉 성주 성산동 고분(좌)과 대구 내당동, 비산동 고분(우)

북 서북부 지역으로 연결되는 신라고분인 것이다. 즉 성주고분은 신라의 지방 세력으로서, 소백산맥 서남라인의 거점지역으로 남쪽에 인접하고 있는 대가야를 견제하고 백제지역으로 진출하는 중간거점으로의 역할을 하는 지역의 고분이라고 생각된다.

2. 유물로 본 성격

성주지역의 토기는 ①고배대각 투창의 상하 엇갈림 ②사다리꼴의 직선대각 ③깊은 배신 ④대각도치형 뚜껑 ⑤장경호의 직립원통형 목의 형태 ⑥각진 어깨 ⑦대부장경호의 존재 등 신라 토기의 범주에 속하고 있다. 그러나 세부에 있어서는 「경주양식」과는 뚜렷이 구분되어 필자는 이러한 성산리 고분출토 토기를 「성주양식」으로 설정한 바 있다.[37] 이러한 성주양식 토기의 성립에 대해 고배 배신이 아주 깊은 것으로부터 성주의 지역색이 싹트기 시작하여 고배대각이 끝부분 가까이에서 크게 벌어지는 단계에 「성주 Type」이 성립하는 것으로 보기도 한다.[38] 좀 더 구체적으로는 5세기 중엽에서 말엽까지의 기간 동안 성주분지 내에서 제작되고 사용되어 타 지역과 구분될 수 있는 형태적, 기술적 특징(지역색)을 가진 일련의 토기군으로 정의하기도 한다. 특히 이단투창고배의 배신부에 형성되어 있는 1조의 돌대는 타 지역 토기에서는 확인되지 않는 성주 지역만의 특징이며, 또한 이단투창고배의 대각부 형태 중 대각부 중하위에서 급격하게 바깥쪽으로 꺾이는 대각부의 형태도 배신부의 돌대와 마찬가지로 성주양식 고배류에서만 나타나는 특징적 지역색의 하나이다.[39]

성주양식 토기의 성격은 대구의 비산동·내당동고분의 구조와 토기양식이 가장 유사하여 대구지역과의 밀접한 문화관계를 엿볼 수 있다. 지역적으로 가까이 붙어 있고 정치적으로나 문화적으로 강력하고 광범위한 분포범위를 가졌던 대가야의 영향을 받지 않고, 가야라는 명칭을 가지고 있으면서 오히려 낙동강을 건너 멀리 떨어진 대구의 영향을 받고 있는 점이 성주지역 토기가 가지고 있는 정치적 성격이라 하겠다. 〈그림10〉

이와 같은 성주 묘제와 토기에 보이는 고고학적 자료를 통해 고대사회에 대해 살펴보면, 일찍이 성주읍에는 원삼국시대에 국명은 확실치 않으나 소국이 성립되어 있었다. 그런데 낙동강 유역의 진·변한 소국들이 지역연맹체를 구성하면서 10여개의 가야로 발전할 때 성주의 소국은 성산가야 혹은 벽진가야의 명칭으로 가야연맹체에 들어가 얼마간 가야세력으로 존재하고 있었을 가능성은 있다.[40]

그런데 성주의 소국을 성립시켰던 목관묘 세력은 목관묘의 구조와 출토유물 특히 철기와 칠초동검 등 위세품에서 대구 팔달동유적의 목관묘와 매우 유사한 양상을 보이고 있어 정치적, 문화적 교류 혹은 관련성을 상정해 볼 수 있다. 이러한 관련성은 5세기 이후에도 대구의 달성을 중심으로 하는 내당동·비산동고분 세력과 계속 친밀한 정치적 관계로 이어졌던 것으로 추측된다. 그래서 대구 달성의 정치체와 연맹과 같은 공동 시스템을 유지하고 있었기 때문에 묘제와 유물도 대구지역과 아주 비슷한 것으로 볼 수 있다. 그러다가 대구가 경주의 사로

〈그림 10〉 성주 토기(좌 성산동 38호분)와 대구 토기(우 달서고분군)

국에 복속됨으로써 성주의 성산가야도 일찍이 신라의 지배하에 들어간 것으로 생각된다. 신라는 대구 달성의 비산동, 내당동 고분세력을 지배하에 넣은 다음, 바로 원래 범신라적 문화기반을 가지고 있었던 성주세력을 복속시켜 은제관식과 허리띠 장식 등 위세품을 사여하였던 것이다.

묘제와 출토유물로 볼 때 성주세력이 신라에 복속된 시기는 대구가 신라에 복속된 시기와 비슷한 4세기 중후반에는 이루어졌다고 생각된다.[41] 그것은 이 시기에 해당하는 시비실 목곽묘 1호분과 바로 이어지는 명포리 1호분의 토기가 신라양식 토기뿐이라는 점이며, 대구 내당동 비산동고분의 묘제와 유물이 성주 성산동고분과 거의 혹사하다는 것을 통해서 알 수 있다.

V. 맺음말

지금까지 성주지역의 고분을 바탕으로 묘제와 출토유물을 통해 성주지역의 성격에 대하여 살펴보았는데 요약하면 다음과 같다. 성주는『삼국유사』에서 성산가야로 비정한 이래 성산가야의 고지로 알려져 왔고, 성주읍 성산리 일원에 분포되어 있는 성산동고분군을 성산가야의 고분으로 이해하는 것이 일반적이었다. 그러나 지표조사나 발굴조사의 결과에 의하면 묘제나 출토유물이 일반적으로 알려져 있는 가야적인 것이 아니라 신라적인 것으로 밝혀졌다.

성주지역에서 발굴조사 된 봉토분 자료를 중심으로 묘제의 유형을 분류해 보면 매장주체부 한쪽 장벽에 잇대어 감실을 설치한 평면 凸자형의 감실부곽형 고분, 매장주체부를 할석으로 축조한 할석형 석실분, 매장주체부를 대형판석을 주로 사용하고 할석으로 보강한 판석형 석실분 등 3유형으로 분류된다. 이 묘제의 유형 중 감실부곽식 고분의 주체부는 목곽이고 부곽은 석곽으로 축조되어 가장 빠른 묘제이고, 판석식 석실분은 모두 수혈식석실분으로 대구의 내당동·비산동고분군과 동일계통의 묘제이다. 성주 묘제의 특징적인 지역성은 석실의 길이:

너비의 비율이 3:1의 장방형을 이루고 있는 점으로 고령 대가야 묘제의 5:1의 세장방형이나 함안 아라가야 묘제의 5.5:1이상의 극세장형 석실과 비교되는 특징이다.

한편 성주지역의 토기문화는 고배대각 투창의 상하 엇갈림, 사다리꼴의 직선대각 형태, 깊은 배신, 대각도치형 뚜껑, 장경호의 직립원통형 목의 형태, 각진 어깨, 대부장경호의 존재 등 신라토기의 범주에 속하고 있다. 그러나 세부에 있어서는 「성주양식」으로 설정할 수 있는 지역적 특징도 나타난다.

토기뿐만 아니라 관모, 관식, 요패, 장신구 등 위세품도 모두 경주식이자 신라식이다. 이 위세품은 신라의 왕실에서 지방 정치체의 지배자에게 사여한 것이 대부분이다. 성주지역 토기양식과 위세품이 신라적인 것은 성주지역이 신라문화권임을 보여주는 것이며, 토기로 보아 적어도 4세기 중후반에는 대구와 비슷한 시기에 신라의 지배지역으로 편입되었음을 의미하는 것이다. 이러한 상황은 성주지역이 성주 묘제의 판석식 석실분과 함께 대구 내당동·비산동고분 세력과는 혈연적 혹은 정치적으로 매우 친밀한 관계를 유지하고 있었기 때문이라고 판단된다.

따라서 성주고분의 성격은 가야고분이 아니라 대구, 성주, 칠곡, 구미, 김천 등 경북 서북부 지역으로 연결되는 신라고분으로 판단된다. 즉 성주고분은 4세기 후반 이후 신라의 서쪽 변방 세력의 고분이다. 신라는 성주를 거점으로 소백산맥 서남라인의 남쪽에 인접하고 있는 대가야를 견제하고, 또 백제지역으로 진출하는 교두보로 이용하였다고 생각된다.

미 주

1 「…星山伽耶 今京山 一云碧珍…」『三國遺事』紀異第二. 五伽耶條.

2 星州郡, 1996,『星州郡誌』pp. 102~121.

3 「星山郡 本一利郡(一云 里山郡) 景德王改名 今加利縣 嶺縣四 壽同縣 本斯同火縣 景德王改名 今未詳 谿子縣 本大木縣 景德王改名 今若木縣 新安縣 本本彼縣 景德王改名 今京山府 都山縣 本狄山縣 景德王改名 今未詳」『三國史記』卷 第三十四 志 第三 地理 一 星山郡條.

4 이 글은 그동안 필자가 발표한 성주관련 논문과 발굴자료를 중심으로 성주지역의 정치적 성격을 고고학적으로 정리한 것이다. 아래의 글에 나오는 내용은 따로 각주를 달지 않는다.

  金世基,「星州 星山洞 古墳 發掘調査槪報 -星山洞 第38, 39, 57, 58, 59號墳-」『嶺南考古學』3, 1987, pp. 183~213.

  金世基,「星州 星山洞 古墳」『星州星山洞古墳 特別展圖錄』啓明大學校博物館, 1988.

  김세기,「고대 성주의 역사와 문화」『영남의 큰 고을 星州』2004, 국립대구박물관.

  김세기,「성주지역 고분의 유형과 지역성」『발굴유물 특별전』대구한의대학교, 2006.

5 崔秉鉉,〈신라와 가야의 墓制〉《韓國古代史論叢》3, 1992.

6 林孝澤,「洛東江下流域 加耶의 土壙木棺墓 硏究」漢陽大學校 大學院 博士學位 論文, 1993.

7 李柱憲,「三韓의 木棺墓에 대하여 -嶺南地方 出土 資料를 中心으로-」『고문화』44, pp. 27~50, 1994.

8 申敬澈,「釜山・慶南出土 瓦質土器」『韓國考古學報』12, 韓國考古學會, 1982, pp. 39~87.

  崔鍾圭,「陶質土器成立前夜와 그展開」『韓國考古學報』12, 韓國考古學會, 1982, pp. 213~243.

9 李健茂外,「義昌 茶戶里 發掘進展報告(2)」『考古學誌』1. 韓國考古美術硏究所, 1989.

10 嶺南文化財硏究院,『大邱 八達洞遺蹟 Ⅰ』2000.

11 慶尙北道文化財硏究院,「성주 가암리・시비실유적」指導委員會 및 現場說明會 資料, 2003.

12 洪鎭根,「高靈 盤雲里 瓦質土器遺蹟」『嶺南考古學』10, 1992, pp. 69~86.

13 朝鮮總督府,『朝鮮古蹟調査報告 -大正七年度・西紀一九一八年-』1922.

14 朝鮮總督府,『朝鮮古蹟調査報告 -大正十二年・西紀一九二三年-』1931.

15 梅原末治,『朝鮮古代의 墓制』日本國書刊行會, (圖板27), 1972.

16 啓明大學校行素博物館,『星州星山洞古墳群』2006.

17 慶山大學校博物館,「星州 明浦里遺蹟 發掘調査」현장설명회자료, 1998.

18 경상북도문화재연구원,『성주 시비실유적』2008.

19 경상북도문화재연구원,『성주 장학리 별티유적』2008.

20 金世基,「竪穴式 墓制의 硏究 -加耶地域을 中心으로-」『韓國考古學報』17・18, 1985, pp. 41~89.

21 김세기,「星州 古墳의 地域性 檢討」『啓明史學』15, 啓明大史學科, 2004, pp. 15~49.

22 경상북도문화재연구원,『성주 시비실유적』2008.

23 金世基,「大加耶墓制의 變遷」『加耶史硏究 -대가야의 政治와 文化-』慶尙北道, 1995, pp. 361~364.

24 매장주체부의 명칭 중에서 수혈식고분은 석곽, 횡구・횡혈식고분은 석실로 부르는 것이 일반적이지만, 여기서는 수혈식이라도 고총고분의 매장주체부가 대형(5㎡이상)인 경우 석실로 부르는 필자의 기준에 따라 석실로 표기한다. (金世基,「竪穴式 墓制의 硏究-加耶地域을 中心으로-」『韓國考古學報』17・18, 1985, pp. 361~364.)

25 김세기,「墓制를 통해 본 安羅國」『지역과 역사』14, 부경역사연구소, 2004, pp. 69~100.

26 金世基,「三國時代 封土墳의 護石에 대하여」『古文化』57, 2001, pp. 41~75.

27 朝鮮總督府, 『朝鮮古蹟調査報告 -大正十二年 · 西紀一九二三年-』, 1931.

28 金鍾徹, 「北部地域 加耶文化의 考古學的 考察」, 『韓國古代史研究』1, 1988, pp. 235~260.

29 金鍾徹, 「北部地域 加耶文化의 考古學的 考察」, 『韓國古代史研究』1, 1988, pp. 235~260.

30 曺永鉉, 「封土墳의 盛土方式에 관하여 -區分盛土現狀을 중심으로-」, 『영남고고학』13, 1993, pp. 31~54.

31 고총의 성립과 토기의 지역색이 나타나는 구체적 연대에 대하여는 연구자마다 다양한 견해가 있다.

32 安在晧 · 宋桂鉉, 「古式陶質土器에 관한 약간의 考察 -義昌 大坪里出土品을 通하여-」, 『嶺南考古學』1, 1986, pp. 17~54.

33 김세기, 「고령양식토기의 확산과 대가야문화권의 형성」, 『加耶文化遺蹟 調査 및 整備計劃』, 경상북도, 1998, pp. 83~121.

34 韓炳三, 「星州出土 一括瓦質土器」, 『尹武炳博士 回甲紀念論叢』, 1984, pp. 169~182.

35 南翼熙, 「5~6세기 성주양식 토기 및 정치체 연구」, 『嶺南考古學』49, 2008, pp. 53~92.

36 李熙濬, 「경산 지역 고대 정치체의 성립과 변천」, 『嶺南考古學』34, 2004, pp. 5~34.

37 金世基, 「星州 星山洞古墳 發掘調査槪報 -星山洞 제38, 39, 57, 58, 59號墳-」, 『嶺南考古學』3, 1987, pp. 183~213.

38 定森秀夫, 「韓國慶尙北道 星州地域出土 陶質土器에 대하여」, 『伽倻通信』17, 1988, pp. 25~37.

39 南翼熙, 「5~6세기 성주양식 토기 및 정치체 연구」, 『嶺南考古學』49, 2008, pp. 53~92.

40 朱甫暾, 「古代社會 星州의 향방」, 『新羅文化』42, 2013, pp. 1~25.

41 朱甫暾, 「新羅國家形成期 大邱社會의 動向」, 『韓國古代史論叢』8, 1996, pp. 83~146.

대가야의 넘을 수 없는 벽, 신라

대가야는 479년 남제에 단독으로 사신을 파견하여 공식인정을 받고, 당당히 국제무대에 등장하였다. 그 후 가야산신인 정견모주를 중심으로 건국신화를 창조하고, 관제를 왕중심 체제로 전환함과 함께 상하부의 지방제도를 정비하였다. 그리고 우륵12곡으로 예악을 제정하여 고대국가체제를 완성하였다. 영역을 경남 진주를 거쳐 전남 광양과 순천까지 확장하였다. 그러나 김해의 금관가야나 함안의 아라가야 고성의 소가야 등 가야전체를 통합하지는 못하였다.

그리고 6세기 중반에 가까워지며 대국이던 신라와 백제의 틈새에서 양쪽을 자극하지 않으면서 국가를 유지하기 위해 때로는 백제와 친하게 지내고, 때로는 신라와 친하게 지내게 되었다. 그러나 백제를 도와 파병했던 옥천전투에서 백제가 대패하면서 대가야는 절체절명의 위기를 맞이하였다. 그런 와중에서 고육지책으로 대가야는 신라에 결혼동맹을 제의하였고, 신라는 대가야를 합병하려는 의도로 이를 받아들여 왕족인 이찬 비지배의 딸을 대가야에 시집보냈다.

신라의 목적은 쉽게 대가야를 병합하는 것이 목적이었으므로 100여명의 시종을 딸려 보내며 여러 가지 작전을 수행한 것으로 보인다. 그러나 그것이 여의치 않자 결혼조건의 파기를 빌미로 대가야를 공격하여 대가야 변방의 성을 점령하여 정복의 전초로 삼았다.

대가야는 끝까지 살아남기 위해 발버둥 쳤지만 결국 562년에 장군 이사부의 부장 사다함에게 궁성의 정문인 전단량旃檀梁이 함락됨으로써 항복할 수밖에 없었다. 이와 같이 대가야에게 신라는 넘을 수 없는 벽이었다. 신라는 왕경의 생산체계를 정비하고 대가야는 물론 가야전체와 백제, 고구려 등 삼국을 통일한 후, 수도를 경주에서 대구로 천도하는 계획을 수립하였으나 여러 가지 여건으로 실천하지는 못하였다. 신라는 결국 대가야의 이웃이면서 넘을 수 없는 벽이었던 것이다.

1. 신라왕경의 생산유적과 생산체계의 변화

Ⅰ. 머리말

신라왕경의 생산시설을 살펴보는 것은 통일신라 왕경의 의식주생활에 관련된 생활사의 측면에서 당시 왕경에 살던 사람들의 생활을 통해 고대사회의 한 단면을 알아보려는 생각에서이다. 『삼국유사』에 의하면 신라전성기의 왕경 호수가 17만8,636호였다고 한다. 이 숫자는 신라의 왕경인 경주의 고대 도시규모가 대단히 컸다는 것을 의미하고 이 도시에 사는 사람들의 생활상이 매우 복잡하였다는 것을 말해주는 것이다. 17만호 속에는 왕족을 비롯한 진골로 대표되는 귀족세력과 백성으로 표현되는 평민과 향이나 부곡에 거주하면서 생활물품을 생산하는 천민집단 등 여러 계층이 존재하고 있었다. 그리고 이들의 의식주와 국가체제 유지에 관련되는 각종 도구와 농기구, 무기, 직물, 토기, 건축자재인 기와와 이들을 생산하기 위한 연료인 숯 등 매우 많은 생산관련 시설이 있었을 것이다.

그러나 우리가 잘 알다시피 고고학자료로 남아 있는 유적, 유물자료는 화석화되어 남아 있는 일부 자료에 불과하다고 할 수 있다. 그것들은 곧 철기제작 공방, 유리공방, 토기가마, 기와가마, 숯가마 유적 등 매우 제한적이고, 그것도 전모가 아닌 일부분이거나 단편적 유구의 편린만이 남아 있는 것이다. 또 문헌사료 또한 이러한 생산시설이나 생산체계에 대한 기록은 매우 미미한 실정이다. 그래도 이러한 유적과 유물자료를 분포위치와 시기의 변화, 유물의 성격 등을 파악하면 신라왕경의 생산시설과 생산체계의 변화를 추적할 수 있을 것이라 생각된다. 따라서 이 글에서는 왕경내부인 경주시내 생산유적 분포와 왕기기지역인 경주시내 주변지역의 생산유적을 통하여 신라 왕경의 구조와 체계에 접근해 보려고 한다.

II. 생산유적 분포 현황

1. 왕경내의 생산유적〈그림 1〉

1) 경주 황성동 제철유적

① 황성동隍城洞 907-2번지와 526-4번지 일대

황성동 제철유적의 발굴조사는 1987년 10월 대한주택공사 경북지부에서 이 일대에 임대아파트를 건설하려는 계획을 착수함에 따라 국립경주박물관에서는 이 일대지역에 유적이 분포하고 있을 가능성에 대하여 유적조사의 필요성을 경주시와 대한주택공사에 통보함으로서 유적조사를 실시하게 되었다.[1] 이 유적은 국립경주박물관, 경북대학교박물관, 계명대학교박물관, 동국대학교고고미술사학과가 가나다라 지구로 나누어 공동으로 발굴조사 하였다.[2]

제련과정을 통해 얻어진 철은 제품생산을 위해 다음단계의 공정인 용해로와 단야공정을 거쳐 철기제품으로 제작된다. 경주 황성동유적에서는 이러한 철기생산 공정에 해당하는 유구들이 조사되었다. 특히 주조제품을 생산하는 단계의 용해유구 및 단조철기를 제작하는 단야유구는 이 유적 조사 이후에도, 1996년의 국립경주박물관에 의한 조사와[3] 1999년 한국문화재보호재단의 조사[4] 등에서도 계속 확인 되어 이 황성동 일대에서 행해진 철기제작의 공정을 알 수 있게 되었다. 이와 더불어 생산 활동에 참여한 주민들의 주거지 및 분묘유적도 조사되어[5] 당시 철기 생산단지의 성격을 파악하는데 중요한 자료를 제공해 주고 있다. 따라서 이 유적은 철기생산 공정의[6] 내용 파악이나 기술복원의 문제뿐만 아니라 생산체제와 유통의 측면에서 고대의 철기생산연구에 접근 할 수 있는 유적이다.

조사된 유구로는 용해로, 주조철부용범 폐기장과 송풍관, 철재 및 노벽폐기장이 조사되었다. 또한 다지구에서는 기원전후한 시기의 원형주거지가 사철을 이용한 철기제작공방으로 밝혀졌고,[7] 이러한 제작공방의 제작공정이 3세기 가지구의 철기제작공정으로 연결되는 신라의 중요한 철기제작 유적으로 밝혀졌다.[8] 출토유물로는 주조공정의 소형철괴, 노벽, 철재, 송풍관, 주조철부용범, 범심과 단조관련의 단조박편, 소형철편, 단야재 및 원판형 토제품 등이 출토되었다.

② 경주 황성동 주택건립지 유적

이 유적은 황성동 524-9번지에 위치하는데, 개인주택을 신축지를 국립경주박물관에서 발굴조사 하였다.[9] 이 일대는 1985년 국립경주박물관에 의해 원삼국시대 토광묘 1기가 발굴조사 된 이후 다수의 유적이 조사된 지역이며, 특히 1990년도 위에서 설명한 황성동제철유적 조사지와 인접해 있는 지역이다. 조사결과 방형의 용해로와 그와 관련된 것으로 추정되는 작업장이 확인되었다.

③ 경주 황성동 강변로 유적

이 유적은 황성동 884-8번지 일대에 위치하는데 한국문화재보호재단에서 발굴조사 하였다. 약 3,500평의 범위를 4개의 구역으로 나누어 실시한 조사에서 청동기시대 주거지, 원삼국시대 목관·목곽·옹관묘, 삼국시대 적석목곽묘·석곽묘·석실분·옹관묘 및 용해로 등의 철기생산 관련유구가 다수 확인되었다.[10] 이중 철기생산 관련유구는 소방도로와 진입로 및 배수로 구간에서 모두 20기가 조사되었으며 9기는 노적爐跡이고 나머지는 폐기장으로 추정되는 수혈유구이다. 노적 중 소방도로구간의 5호 노적은 수혈을 굴착하고 조성된 용해로이며 나머지는 모두 지상에 설치된 것으로 보인다. 이 지상식노는 지름 50cm 내외의 원형 또는 타원형으로 수혈을 파고 점토에 노벽 등을 섞은 재료와 재를 이용하여 수혈 내부를 채운 후 다시 노의 크기로 파내고 점토에 짚을 섞어 노벽체를 조성한 형태와 수혈조성 후 바로 점토로 노를 조성한 형태의 두 가지 양상이 있다. 노는 대부분이 동쪽 벽과 바닥의 일부가 파괴된 상태며 주변에서 단조박편이 검출된다.

2) 경주 계림남편 제철유적

월성의 서북 해자 외곽 쪽에 위치한 계림의 남쪽 평탄면에 입지해 있는 유적으로 국립경주문화재연구소에서 발굴조사 하였다.[11] 이곳에서 제철과 관련된 4개소의 유구가 확인되었다. 4호 유구는 평면 부정형이며 서쪽에 치우쳐 단야로의 흔적으로 추정되는 흑색소토와 함께 내부에서 다수의 철재가 출토되었고, 북서편에서는 대석으로 추정되는 네모난 돌이 노출되었다. 5호 유구는 평면 부정형으로 북편에 붉은 소토가 타원형으로 형성되어 있으며 동편에 대석으로 보이는 방형석이 있다. 내부에서는 숯과 함께 철재, 토기편, 도가니 등이 출토되었다. 유구의 크기는 길이 300cm, 폭 250cm, 깊이 15cm이다. 6-1호 유구는 평면 부정형으로 상부에서는 많은 토기편과 함께 돌, 소토, 철재가 섞여서 무리를 이루고 있었고, 하부에는 중앙에 소토군을 중심으로 주혈이 노출되었다. 8호 유구는 평면 원형으로 자갈로 이루어진 집석군이다. 외곽으로 4개소의 주혈이 확인되었으며 동편으로 황갈색의 얇은 피막이 형성된 수혈이 연결되어 있다.

3) 경주 동천동 유적

① 동천동 7B/L지구 (우방아파트 신축부지)

경주시 동천동 681-1번지 일대로 경주시의 택지 조성지구의 7B/L지구(우방아파트부지)와 이와 연결되는 택지지구인데 동국대학교 경주캠퍼스 박물관에서 발굴 조사하였다.[12] 이 지역에서 구리공방지가 확인되었다. 구리 공방지는 조사구역의 남서쪽에 치우친 지점에서 확인되었다. 로적은 남북방향 길이 2.65m, 동서방향 너비 2.20m, 깊이 0.30m의 장방형 수혈유구의 내부 남동모서리에 노적을 설치하였다. 수혈은 남쪽 벽을 제외한 3면의 벽을 1.5cm 두께의 황갈색 점토를 발라 벽체를 만들었으며, 벽체 소토와 바닥 소토면이 연결되어 있다. 바닥은 적갈색의 점토로 소토화 된 상태이며 매우 단단하게 처리하였다. 소토화 된 바닥과 벽체로 된 수혈의 남동모서리에 붙여 윗면이 수혈의 바닥보다 10cm 높게 만들어 놓은 노적은 윗면이 가로 60cm, 세로 60cm 정도로 그 가운데 부분에 직경

15cm 정도 크기의 노爐를 설치해 놓고, 노의 밑면 서쪽방향에 송풍구를 만들어 놓았다. 이 송풍구의 내부바닥은 수혈의 소토바닥보다 더 깊게 되어있다. 이렇게 거의 전면을 소토화 시키고 노의 시설을 단을 지워 만든 데는 도가니의 제작, 제작로의 작업공정 또는 노의 구조적인 문제 등 다른 이유가 있을 것으로 보인다. 수혈의 내부에서는 비교적 많은 양의 도가니편, 청동찌꺼기 붙은 잔자갈돌, 기와편, 토기편과 소량의 청동찌꺼기, 청동덩어리 등의 유물과 자갈돌 크기의 구리광석으로 추정되는 것이 수습되었다. 본 노적은 구조와 수습된 유물로 미루어 보아 구리 제련로 또는 용해로일 두 가지의 가능성이 제시되었다. 이 청동 생산노적과 연접하여 남쪽에서 확인된 부정형의 유구로 남북 길이 5.0m 동서 폭 3.0m 가량의 흑갈색 부식토 범위가 확인 되는 데 여기서는 많은 양의 도가니가 수습되었다. 또 소량의 청동 찌꺼기와 목탄이 확인되는 것으로 보아 청동생산 용해로로 추정된다.

② 경주 동천동 791번지 건물신축부지

경주시 동천동 791-15, 16번지에 상업용 건물 부지에 위치하는데 동국대학교 경주캠퍼스 박물관에서 발굴조사 하였다.[13] 여기서는 Ⅲ층의 문화층이 조사되었는데, 이중 Ⅰ층에서는 조선시대의 건물지를 비롯하여 우물이 확인되었다. Ⅱ·Ⅲ층에서는 통일신라시대의 8~9세기에 이르는 시기의 건물지와 구리공방지 등이 조사되었다. 이중 구리 공방지와 관련된 내용은 다음과 같다.

이 유적지는 9세기를 전후한 시점에 설치된 구리 생산 공방지라고 추정된다. 장방형의 로시설물과 함께 구리 생산의 용구인 도가니 다수와 구리덩이, 구리의 찌꺼기(슬래그)등이 출토되었다. 로의 바닥은 수평이며 적갈색 또는 회색을 띠고, 연질토기 정도의 굳기를 나타낸다. 따라서 로의 온도는 최고 섭씨 700~800℃ 정도였을 것으로 추정된다. 로 내부에서는 구리덩이와 슬래그도 출토되지만 모래알 정도의 구리산화물이 많이 보이고 있다. 도가니는 로 주변에서도 다수 출토되지만 로 바닥에 놓인 상태로도 출토되고 있으며 또한 로 바닥에는 구리광물과 숯 등을 채운 많은 도가니들을 세워 나열하고 로 전체에 고온을 올

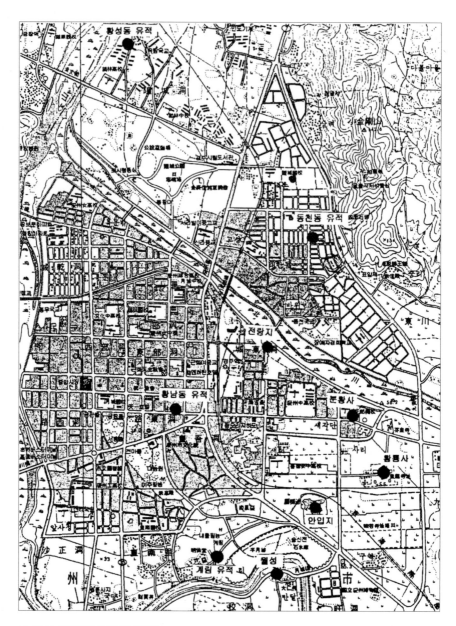

〈그림 1〉왕경 내의 생산유적 분포도

려서 구리를 만들었던 것으로 추정된다. 로의 입구는 확인되지 않지만 로 내부를 숯이나 나무 연료를 채워 넣고 연소시킨 것이 아닐까 추측된다. 그런데 이러한 경우 순수 구리의 용융점이 섭씨 1,000도 이상인 점을 감안한다면 본 로의 용도는 구리가 아니라 청동(주석 30%의 합금일 경우 700도 정도가 융점임)을 만들던 로일 가능성이 높다. 주변에서 미완성 주조품의 청동제곳이라든가 주사로 만든 주조틀의 파편이 출토되고 있어 청동제품을 제작하던 곳으로 추정된다. 로의 면적이 비교적 넓은 점으로 보아 청동을 다량으로 동시에 녹였을 가능성이 크다. 따라서 범종같은 비교적 큰 제품을 주조한 것으로 생각된다.

4) 경주 황남동 376번지 유적

이 유적은 개인 주택 신축지에서 확인된 유적으로 동국대학교 경주캠퍼스 박물관에서 발굴조사 하였다. 조사결과 통일신라시대의 건물지를 비롯하여 공방지, 수혈유구, 집석유구集石遺構 등이 복합된 유구가 확인되었다.[14] 특히 건물지 유구에서 목간木簡이 출토되어 통일신라시대의 창고와 관련된 유적으로 주목되기도 하였다.[15] 그중 공방지는 크게 칠공방지, 유리공방지, 청동공방지로 구분해 볼 수 있다. 그러나 좁은 공간에 여러 유구가 중복되어 있고, 유구의 상태도 분명하지 않아 좀 더 면밀한 검토가 필요하지만 여러 종류의 도가니와 유리덩어리가 출토되었다. 특히 4호 수혈유구는 별도로 독립된 공간에 위치하며, 내부에 로지가 있고, 엉겨 붙은 유리덩어리가 출토되고 있어 이곳이 유리 공방지임을 알 수 있다. 또 이 유적에서는 '官印(관인)'이란 글자가 새겨진 인장이 출토되어 관영수공업의 형태로 운영되었을 것이라는[16] 단서를 제공하고 있다.

5) 경주 분황사 유적

경주문화재연구소에서 실시하는 분황사 유적 연차발굴 중 7차연도 조사에서 확인된 유구이다. 1990년부터 1995년까지 실시된 5차년도에 걸친 조사는 분황사 사역을 중심으로 진행되었으며, 이후 사역의 동편에 원지유적이 확인되므로

써 분황사와의 관련성 여부를 확인하기 위하여 발굴조사를 실시하였는데 이 조사에서 동제련로 1개소가 확인되었다.[17] 동로는 조사지역 가장 서쪽에서 발견되었으며, 평면 원형으로 내부에서 숯과 동슬래그가 확인되어 동제련로로 추정된다, 노의 내경은 27cm, 노벽은 6~8cm, 깊이는 7~8cm이며, 주변에서 일부 숯 층이 발견된 이외에 관련유구는 발견되지 않았다.

2. 근기지역의 생산유적 〈그림 2〉

1) 경주 손곡동 · 물천리 유적(경주경마장 예정부지)

경주시 손곡동, 천북면 물천리 일원은 1995년 한국마사회와 경주시가 경주경마장건설예정부지로 선정했던 지역이다. 이 지역은 이미 많은 문화재가 분포하고 있음이 알려져 온 지역으로 이 일대에 정확한 유적의 성격과 규모를 확인하기 위해서 지표조사와 시굴조사를 실시하였다. 시굴조사결과 청동기시대 주거유적을 비롯한 삼국시대의 대규모 토기요지군 · 요적공방지군 · 분묘군 등 복합유적이 집중 분포되었음을 확인하였다. 이 유적은 3지구로 구분하여 A지구는 국립경주문화재연구소[18], B지구는 동국대학교 경주캠퍼스박물관[19], C지구는 한국문화재보호재단에서[20] 발굴조사 하였다.

유적의 위치는 동편에 동대봉산(해발465m)과 서편의 소금강산(해발268m)사이에 형성된 대지상의 완만한 경사지역이다. 유적의 입지는 동대봉산에서 뻗친 3개의 지맥이 해발 100m 이내의 얕은 구릉을 이루면서 돌출되어 곰장곰들과 개장만리들로 이어져 있고, 구릉과 평지가 만나는 지역에는 남에서 북으로 하천이 흐르고 있다. 이 지역일원에는 조사구역 이외에 17개소의 요적군이 형성되어 있음으로 보아 지리적 환경이 요업지역의 입지조건으로 최적의 장소이다.

그리고 이 유적에서는 생산유적과 함께 장인들의 생활공간인 주거지와 매장공간인 분묘군이 함께 분포하고 있어 당시의 생산시설과 생산체계를 이해할 수 있는 자료가 되고 있다. 유적의 성격은 토기가마, 기와가마, 숯가마로 대체적인 상황은 다음과 같이 요약할 수 있다.

(1) 토기 가마

B지구 토기가마를 통해서 이 지역 토기가마의 대강을 보면 1호 토기요는 조사구역의 구릉 남사면에 입지해 있으며 2호 토기요지에서 동쪽 18m에 위치하고 있다. 요지는 얕은 반구형구릉의 가파른 경사면에 위치해 자연적인 유실이 이루어진 후에서 조선시대의 분묘가 요의 소성부 중심 상면를 파괴하고 설치됨으로 유구의 잔존상태는 양호하지 않다.[21]

소성부는 연도부를 포함하여 반정도가 삭평되고, 잔존한 소성부에도 조선시대 분묘가 요상면을 파괴한 상태이다. 연소부 역시 파괴가 심하여 원형을 파악하기는 어려운 점이 있다. 그러나 이러한 파괴에도 불구하고 소성부의 잔존부 양쪽 요벽의 흔적이 일부 잔존하고 있고 소성부의 서벽에 붙여서 대부완 23점이 나란하게 배열되어 소성된 흔적을 확인하였다. 대부완 23점은 1호요 최후 조업품으로 판단되면 토기재임 방법 등을 확인할 수 있는 귀중한 자료이다.

연소부는 경사가 완만하며, 서벽에는 직경 20×20, 20×40㎝크기의 할석 2매로 연소부를 수축한 흔적이 확인된다. 회원은 지형의 삭평으로 인하여 간격을 두고 2개가 확인된다. 회원내부에서 출토되는 유물의 양이나 내용면에서도 뚜렷한 차이점을 나타내고 있음으로 회원이 손상되지 않았다면 층위 구별이 뚜렷하게 되었을 것으로 판단된다. 조사자는 이러한 점에 있어서 회원기술을 1차 회원(灰原)과 2차 회원으로 구별하였다.

1차 회원은 2차 회원의 경사면 하단에 위치하며 많은 삭평이 이루어져 잔존범위는 크기 300×140×20㎝로 기와편과 토기편, 슬래그편으로 채워진 부분으로 명칭하였다.

2차 회원은 가마의 연소부와 접해서 반구형을 이루고 있는 흑회색층으로 두텁게 이루어진 부분을 명칭한다. 2차 회원은 마지막단계나 그에 바로 선행한 요업작업에 의해서 형성된 것으로 1차 회원 이후에 형성된 것으로 판단된다.

1차 회원에서 출토되는 유물의 종류를 보았을 때 와편과 토기류편이 다량 혼재하고있기 때문에 1호 요의 성격은 와도겸업요로 추정된다. 출토된 기와류 역시 전문적인 와공인이 만든 것이라기 보다는 제작방법이 토기적 기법이 보임으로 해서 토기공인이 기와를 생산하였을 것으로 판단되면 가마 역시 와도겸업을 하였을 것으로 판단된다.

2차 회원은 연소부 보다 60cm 낮으며 평면형태는 연소부 입구를 감싸는 반원형이다. 회원의 평면형태는 반원형을 이루고 있으며, 반원형의 끝으로 갈수록 지표면과 연결되어있고, 연도부쪽으로 올수록 깊다. 회원내부에는 토기편은 거의 확인되지 않고 작은 알갱이의 목탄이 흙에 섞인 흑회색층이 두텁게 퇴적되어 있는 양상이다. 토층상에는 크게 구분하면 상하층은 구분된다. 상층은 최후 조업단계에 형성된 것으로 보이며, 하층은 최후조업단계 직전단계로 추정된다. 상층과 하층에 간층이 확인되지 않은 뿐만 아니라 소결된 토층들이 보이지 않음으로 보아서 가마의 수리는 없었으며 상층과 하층사이에 형성된 층위의 시기는 동일시기로 판단된다.

요의 구조는 현재로서는 명확하게 파악할 수 없다. 요의 성격은 토기·기와를 겸업한 요로 확인되면 요의 구조는 반지상식으로 판단된다. 요는 잔존한 연도부와 소성부를 복원추정하여 보면 소성부의 경사도는 19°연소부 경사도는 34°로 추정된다. 소성부 바닥면은 2개의 층위이고, 3차례의 보수 흔적이 있다.

요상면 축조방식은 처음 조업시 바닥에는 3cm가량의 두께로 점토를 발랐다. 2차부터는 바닥면에 잔존한 소결층을 이용한 것으로 보이며, 2차 바닥면에서 연소부를 보수하는 과정에서 소성부를 축소하였다. 연소부 보수시에는 벽면을 돌로 보수하였다. 동편의 연소부 벽석은 요내부에 분묘조성으로 파괴된 상태로 보인다. 1호 요는 소성부 내부에 조업 당시의 상태로 23점의 고배류가 나란히 출토되었다.

회원에서의 출토유물은 대부분 토기편과 와편이다. 토기의 기종은 대부완, 탁잔형토기가 주류를 이루고 있다. 기와는 무문의 평기와이며, 연화문수막새편도 1점 확인된다. 평기와는 내면에 포목흔이 있는 것과 없는 것 2종류가 있으나 대부분 내면의 포목흔을 물손질로 정면하였으며, 분할기법 등으로 보아, 백제식

기와의 형태로 파악된다. 요의 소성시기는 6세기후반에서 7세기전반이다.

1호 요에서 만들어진 기와는 토기제작수법으로 만들어진 신라초기 기와이며 백제기와의 영향을 받은 것이다. 내면에는 포목흔을 지운것과 토기를 만드는 성형법으로 조성한 것이 특징이며 외면에는 타날문 흔적이 확인되지 않는다. 출토유물로 보아서 요지는 6세기 중후반대로 편년된다. C지구의 경우도 회구부에서 출토된 토기를 기준으로 하여 보면 중심연대가 6세기 후반이전으로 볼 수 있으며, 빠르면 6세기 중반까지 늦으면 7세기 초까지로 볼 수 있을 것으로 보인다.

(2) 기와 가마

기와가마는 와요겸업요瓦陶兼業窯 1기를 포함하여 3기가 확인되었다. B지구에서는 5호요 회원에서 토기와 기와편이 함께 수습되어 와도겸업요로 볼 수 있다. C지구 3호 토기가마에서는 기와편이 확인되었고 가마구조가 기와가마 형태를 띠고 있기는 하나 보통의 기와가마 보다 경사도가 가파른 것이 특이하다.[22] 이외 A지구에서 확인된 와요는 전형적인 와요로 조사구역의 동쪽 끝단의 구릉의 하단에서 확인되었다. 와요는 유계무단식有階無段式 남북방향으로 전체길이 540cm(연소실 140cm, 소성실270cm, 연도 130cm) 최대너비 150cm, 깊이 70~110cm 이다. 가마는 구지표층 암반층을 파내고 구축하였는데, 서벽은 그대로 요벽으로 이용하였으나 상층인 구지표층부터는 점토를 덧발라 소결하였다. 동벽은 연도쪽 소성실 일부를 제외하고는 모두 인두대 크기의 돌을 5~7단정도로 막쌓기 하고 그 사이사이에 점토로 덧붙여 소결하였다. 화구는 50×65cm 크기의 방형으로 긴 냇돌을 세우고 그 위에 횡으로 1개의 돌을 걸쳐놓았다. 연소실과 소성실 사이에는 단階部이 있고 연소실 중앙에는 직경 20cm의 기둥구멍이 있는데 이는 천정구축시 기둥을 세웠던 것으로 확인된다. 소성실은 약 12°의 경사를 이루며 연도로 이어져 있고 가마바닥에는 평와편들이 불규칙하게 깔려 있다. 연도는 직경 30~50cm 크기의 장방형으로 소성실 중앙에 가마바닥 경사를 따라 외부로 이어지며, 가마 주변으로는 「∩」자 형태로 폭 75~120cm, 깊이 35~45cm의 도랑이 파여져 있었다. 이 가마는 고고지자기측정考古地磁氣測定 연대와 방사선탄소연대측정으로 8세기말에 최종조업이 있었던 것으로 파악된다.[23]

B지구에서 확인된 기와가마는 구릉의 하단부에서 목탄요의 소성부를 파괴하고, W-45°-N 장축방향으로 시설되었다. 등고선과 직교된 남북방향으로 축조되고 바닥면에는 경사가 있으나 평요이다. 평면 형태는 화구부가 2개인 형태로 가마외부 각모서리에는 주혈이 있다. 가마의 구조는 지상식이며, 기둥구멍으로 보아 가마를 보호하는 지상구조물이 있었던 것으로 생각된다.[24]

소성실燒成室의 크기는 가로 226×174cm이며 내부에는 직경 30×30cm의 격자모양의 4×3열로 기둥을 만들고, 사이에는 암반층을 22~25cm 크기로 파서 연소시설의 통로를 만들었다. 격자화된 기둥의 상층에는 점토를 바른 흔적이 약하게 남아 있다.

(3) 숯가마

경주 경마장부지에서 확인된 숯가마는 A지구에서 17기, B지구에서 6기, C지구에서 2기 등 25기 정도이다. 이들 중 B지구의 숯가마를 중심으로 살펴보면 다음과 같다.[25] 6기의 가마는 유실로 인하여 모두 파괴가 심한 상태이며 평면 형태만 확인 가능한 정도이다. 1, 2, 3, 4호는 동일한 구릉의 등고선 방향을 따라 설치되었고, 3, 4호는 구릉의 하단에, 1호는 구릉의 중단부에, 2호는 구릉의 정상부에 설치되어있다. 4호는 후대의 기와가마 배수구와 민묘의 이장으로 파괴된 상태이며 바닥부분의 평면은 불 맞은 범위로 확인하는 정도였다. 소성부 바닥에서는 주혈이 2개 확인되며 주혈내부에는 목탄의 흔적이 있다. 연도부 외부에는 가마를 보호하는 반원형으로 구가 확인된다. 3호 가마는 4호 가마에서 서쪽으로 30m지점에 위치하며, 현재 전신주에 의하여 소성부 일부가 파괴된 상태이다. 내부에는 주혈 2개, 측구 6개가 확인되고, 또 전정부의 작업 공간도 일부 확인된다.

1호 가마는 연도부에서 소성부 일부의 형태만 잔존한다. 소성부에는 2개의 주혈이 확인되며 주혈 내부에 직경 10cm의 목탄화된 기둥이 잔존한다.

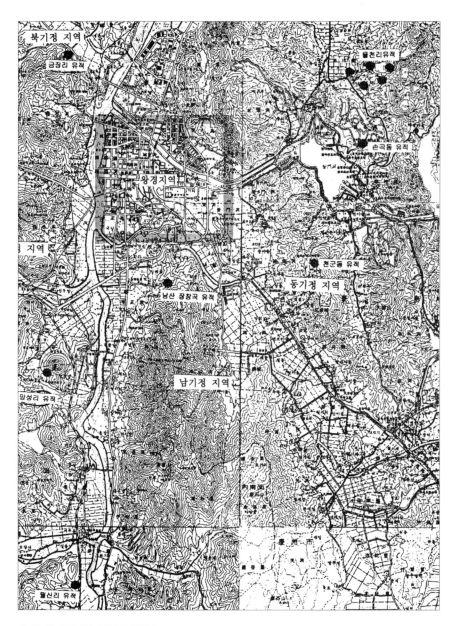

〈그림 2〉 근기지역 생산유적 분포도

2호는 구릉의 정상부 가깝게 설치되었으며 시굴조사트렌치 및 지형의 변화로 소성실과 연도부 쪽이 파괴된 상태이다. 소성부에 주혈 1개, 측구 5개가 잔존하고 일부 전정부도 확인된다. 8호는 독립된 구릉의 하단부에 위치하며 내부에서는 주혈이 확인되지 않는다. 전국에서 확인되는 목탄가마의 형태와 구조 등은 유사하며 유구간의 지역적 특징은 확인되지 않는다. 대부분의 가마는 전정부에서 볼 때 좌측에 연소부가 있고 우측에 연도부가 있는 것이 일반적이다. 가마의 크기는 10~13m가 일반적이며, 현재까지는 대소의 구별이나 유형의 분류는 어렵다. 측구는 6~9개가 일반적이다. 측구부분에는 바닥시설이 고른 것도 있지만 사용을 많이 한 가마에 있어서는 바닥부의 파괴가 심하다. 대부분 완만한 구릉의 경사면이나 정상부 또는 하단부에 생토층을 파고 형성한 반지하식이다. 내부에는 출토유물이 거의 없으며 간혹 목탄이나 소성후의 퇴적물이 일부 남아 있다. 유구의 시기와 용도에 대해서는 정확하게 알 수 없으며 아직까지 각각의 견해가 있다.

가마의 조성시기는 고고지자기측정의 연대가 3세기 후반에서 4세기로 측정되고 있다. C지구의 경우도 탄요의 조업시기는 1호의 경우 고고지자기 분석결과에 따르면 A.D 310±20년이다. 2호 유구는 중복으로서 상대적인 편년이 가능한데 2호는 A.D 7세기초로 편년되는 회구부에 의하여 파괴되었다. 그러므로 이보다는 빠른 시기에 조성되었다고 판단된다.

2) 경주 천군동 유적

경주시의 광역쓰레기 매립장 건설지역의 유적으로 국립경주박물관과 국립경주문화재연구소가 공동으로 발굴조사를 실시하였다. 조사된 유구들은 대부분 구릉의 하단부에 조영된 고분들은 훼손이 심하고 구릉의 정상과 사면에 위치한 주거지, 석곽묘, 요지, 민묘 등은 훼손이 덜한 편이다. 조사된 유구는 청동기시대 주거지, 신라시대 토광묘와 석곽묘, 숯가마와 조선시대로 추정되는 제철유구, 민묘 등이다.

숯가마는 『라』지역에서 1기가 확인되었는데 유구는 비교적 양호한 상태로 남아있다.[26] 장축은 북서-남동(N-16°-W) 向으로 축조되었는데, 연소부와 소성부로 구분이 되어 있고 횡구부 쪽에 작업장이 있다. 연소부는 길이 220cm, 너비 148cm, 깊이 28cm로서 타원형의 구덩이 형태이고 소성부보다 약 10cm정도 낮게 설치되어있다.

소성부의 바닥 기울기는 약 2°정도로서 거의 평탄하다. 소성부 벽면은 굴지구로 땅을 판 흔적이 완연하고, 벽면에서는 덧붙인 흔적도 관찰되어 보수흔적이 있다. 소성부 길이 596cm, 너비 92~112cm, 최대깊이 45cm이다. 소성부에서는 목탄이 부분적으로 출토되고 있다. 연도는 길이 74cm, 너비 34cm, 깊이 43cm이다. 연도는 입구에서 소성부의 바닥보다 8cm정도 낮아지고, 입구의 폭이 32cm로서 출구쪽으로 가면서 좁아지고 있다. 횡구부는 모두 4개이고 폭 50~60cm이다.

천군동 숯가마의 연대측정은 고고지자기법을 실시하였다. 연대측정의 결과는 A.D. 310±20, A.D. 1300±30이라는 2개의 연대가 조사되었다.

3) 경주 망성리 토기 가마

경주시 내남면 망성리 일대에 분포하고 있는 토기가마 유적은 1965年 4月 신라오악조사단 사업의 일환으로 발굴조사를 실시하였다. 발굴된 지역은 산기슭 소나무 숲에 접하고 있는 밀밭이었다. 이 밭은 산의 동쪽으로 완경사하고 있으면서 그 남쪽과 동쪽 끝은 모두 주변지대보다 1.5m 정도로 1단 높다. 조사된 가마는 화구를 동쪽에 두고 동서방향으로 뻗어 있다. 바닥은 지면을 10°가량 경사지면서 편평하게 다진 것이지만 벽은 석열을 삼중으로 쌓고 그 외부에 다시 진흙을 씌운 것으로, 석열의 두께는 30~40cm 정도, 진흙벽은 20~30cm 정도이다.

그런데 요벽 내부에 다시 진흙을 바르고 그 안쪽에 석열을 쌓아 이차적인 보수를 하고 있으며 이것은 바닥이 7cm정도의 회층을 사이에 두고 상하 2층의 소토층으로 되어 있는 점과 아울러 이 가마가 건설된 뒤 1회의 보수를 거친 것임을 말하고 있다. 요벽은 화구 근처에서 좁아지고 중앙부에서 약간 넓어지고 있는데 현재 노출된 부분에서는 양벽 사이의 폭이 1.7m이고 높이는 최소 1m를 넘었을 것이라 생각된다. 가마의 길이는 최소 10m를 넘었던 것으로 보이며, 구조는 터널식 등요이다. 출토유물 대부분이 다리가 짧은 단각고배이었으며, 그 밖에 적갈색 연질토기도 다수 출토되었다.[27]

이 망성리 가마유적에 대하여는 그 후 많은 지표조사를 통해 범위가 상당히 넓고 사용 기간도 길어 통일신라기의 중요한 토기, 기와가마 유적으로 확인되었다.[28]

4) 경주 월산리 유적

경주시 내남면 월산리에 위치하는데 경부고속도로 하행선 369㎞지점에 화물 주차장부지 건설사업 중 복합적인 유적이 확인되어 경주문화재연구소에서 발굴조사를 실시하였다. 이중 생산유적으로 숯가마와 기와 가마가 확인되었다. A지구에서는 석곽 하부에서 15기의 숯가마가 확인되었고, B지구에서도 12기가 확인되어 모두 27기가 확인되었다.[29] 숯가마는 등고선방향과 일치하며 크기는 소성부 폭이 1m 내외 또는 미만, 길이 8~14m이다. 가마 옆 부분에는 아치형의 소성온도 조절용 창구가 4~16개까지 만들어져있다.

기와가마는 B1지역의 동단부에 1기가 조사되었다. 장축이 남서-북동향인 등요이며, 길이 8.38m, 최고 너비 1.5m이며, 연소실, 소성실, 연도로 구분된다. 황갈색 풍화암반층을 굴착하여 만든 반지하식의 유계무단식 구조이다. 아궁이는 1m 전후의 좁고 긴돌로 축조하였으나 무너져 있어 구조를 추정 할 뿐이며, 길이 60cm, 폭 59~63cm 높이는 알 수 없다. 연소실은 1.65m이며, 소성부 보다 약 50cm 낮게 단을 두었다. 양 측벽은 암반층을 거의 수직으로 굴착하여 조성되었으며, 바닥에는 재가 약 2~3cm 두께로 깔려있다. 소성실은 길이 3.45m이며 소성실 입구에 1매의 암키와를 놓아 바닥보다 10cm 높게 하여 연소실과 구분하고 있다. 바닥전면에 평와平瓦를 깔았으며, 가마의 경사도는 15°이다. 연도煙道는 소성실의 경사면과 연결되며, 상부에 1매의 돌을 얹어 축조하였는데 너비 40cm, 높이 20~35cm이다.

5) 경주 금장리 기와 가마 유적

금장리 기와가마는 1977년 당시 월성군에서 농경지정리 작업을 추진하던 중 발견되어 1978年 국립경주박물관에서 발굴조사를 실시하였다. 유적의 위치는 경주 현곡면에서 영천으로 이어지는 국도 북서편을 따라 조성된 평지 논인데, 전체유적의 범위는 동서 410m, 남북 450m로 약 4만평에 이른다. 조사는 그 중 북서-남동 330cm, 북동-남서 150m인 총 13,221평의 범위를 대상으로 하였다. 조사는 A · B · C 3개 지구로 나누었는데 이중 와요지 20여기는 전부 B · C지구에 위치하였고 와요지 이외에는 무문토기의 유구가 있다.[30]

금장리 기와가마는 대표적인 통일신라시대 가마로 가마터는 농지정리사업이 진행되는 과정에서 발견되었음으로 대부분이 훼손되고 있었으나 가마의 바닥과 회구부가 약간씩 확인되었다. 가마터에는 많은 종류의 와전류와 이채벼루二彩陶硯 등이 출토되었는데 그 가운데에서도 특히 암 · 수막새와 귀면와의 여러 가지의 도제와범陶製瓦范이 수집되어 주목되었다. 이와 같이 여러 가지의 도제와범이 가마터에서 실제로 발견된 예는 금장리가마터가 처음으로, 당시의 제작기법을 밝히는 데 매우 중요시되고 있다. 그런데 암 · 수막새의 와범에는 각각 연꽃무늬와 당초무늬, 연주문連珠文 등이 음각되고 있는데 그 외측에 한 단이 낮아진 편편한 면이 형성되어 있다. 이 가마터는 30,000여평의 대규모의 가마단지로서 8세기 이후부터 신라가 멸망하는 10세기 전반까지 신라의 왕궁과 경주일원에 조영된 사원건축에 많은 와전을 생산하여 공급한 대표적인 관요官窯이었을 것으로 생각되고 있다.

6) 경주 남산 장창곡 기와가마 유적

경주 남산 장창곡 신라와요지는 위덕대학교박물관의 지표조사에 의해서 발견되었다. 와요지는 매몰되어 있어서 현재까지 확인되지 않았던 유적으로, 장창곡에 소재한 전 천은사지에서 동쪽으로 약 70여m 떨어진 계곡의 계단식 논과 주변 언덕에 위치하고있다. 이 일대에 소규모의 계단식 경작지를 평탄하게 고르기 위하여 굴삭기로 절삭한 과정이후에 확인되었으며, 현재 논둑 단면에서는 회원층이 경사면 아래로 흘러서 다시 퇴적된 상황을 나타내고 있다.[31]

경주남산 장창곡 와요지는 현재까지 알려진 신라와요지 중에서 신라왕궁이었던 월성과 직선거리가 가장 가까운 곳으로 주목되는 유적이다. 와요지에서 수습된 유물은 극소수의 토기와 토기제작기법 기와가 수습되었지만 이곳은 기와만을 생산하던 와전요업이었다고 생각된다. 와요의 조업기간은 조업개시 시기는 6세기 후반대로 추정되며, 폐요廢窯시기는 통일신라시대의 말기로, 고려시대까지 연결되는 기와는 수습되지 않고 있다. 이곳에서 생산된 와요의 수급관계를 생각하면 기존의 연구에서 대개 4㎞ 이내의 사지 또는 건물지와 공급관계를 맺고 있었던 것으로 연구되는 것으로 보아서, 이곳 장창곡 와요지의 암·수막새중 통일신라시대에 제작된 것은 주로 서남산을 중심으로 한 인근의 사원에 집중적으로 공급되었을 것으로 추측 가능하다.

Ⅲ. 생산관련 문헌자료

1. 생산과 사용 관련 자료

1) 길쌈관련 기사

A. 「왕이 6부를 정하고 나서 이를 반씩 둘로 나누어 왕의 딸 두 사람으로 하여금 각각 部안의 여자들을 거느리고 무리를 나누어 편을 짜서 가을 7월 16일부터 매일 아침 일찍 大部의 뜰에 모여서 길쌈을 하도록 하여 밤 10시경에 그치는데, 8월15일에 이르러 그 공적의 많고 적음을 헤아려 전 편은 술과 음식을 차려서 이긴 편에게 사례하였다. 이에 노래와 춤과 온갖 놀이를 모두 행하는데 그것을 嘉俳라 하였다.」『삼국사기』 신라본기 제1, 유리이사금 9년(서기32년)조]

이 기사는 한가위의 유래를 설명하는 기사로 잘 알려진 내용이지만, 직물을 생산하는 과정의 일단을 보여주는 예이다. 이 기사를 집단사역의 형태를 시사하는 것으로 해석하여 길쌈의 재료인 마포를 6부가 공동 경작한 것으로 보기도 한다.[32] 그러나 이것은 길쌈을 장려하고 집단적인 신라내부의 결속을 위한 축제로써 특별한 경우라고 생각되며 모든 직물을 이와 같은 방법으로 생산하지는 않았으리라 생각된다.

2) 금, 은, 사용금지 기사

B. 「봄 2월에 슈을 내려 말하였다. "농사는 정치의 근본이고 먹는 것은 백성이 오로지 하늘로 여기는 것이니, 여러 州와 郡은 제방을 수리·보완하고 밭과 들을 널리 개간하라."또 영을 내려 민간에서 金銀과 珠玉을 사용하는 것을 금지시켰다.」(『삼국사기』 신라본기 제1, 일성이사금 11년(서기 144년)조)

제방을 수축하고 농지를 개간하여 생산량을 늘리게 하여 백성들의 생활을 풍족하게 하며 사치를 금하여 검소한 생활을 하도록 한 명령이지만, 민간에서 금은과 주옥을 금지시켰다는 것은 귀중품의 생산과 사용을 왕족이나 귀족에게만 허용함으로써 이러한 귀중품은 궁중수공업으로 생산되었음을 보여주는 것으로 해석된다.

3) 숯의 사용 기사

C. 「9월 9일에 왕이 좌우의 신하들과 함께 月上樓에 올라가 사방을 둘러보았는데, 서울 백성의 집들이 서로 이어져 있고 노래와 음악소리가 끊이지 않았다. 왕이 시중 敏恭을 돌아보고 말하였다. "내가 들건대 지금 민간에서는 기와로 지붕을 덮고 짚으로 잇지 않으며, 숯으로 밥을 짓고 나무를 쓰지 않는다고 하니 사실인가?"민공이 "신도 역시 일찍이 그와 같이 들었습

니다."하고 아뢰었다. "임금께서 즉위하신 이래 음양이 조화롭고 비와 바람이 순조로와 해마다 풍년이 들어, 백성들은 먹을 것이 넉넉하고 변경은 평온하여 민간에서 즐거워하고 있습니다. 이것은 거룩하신 덕의 소치입니다." 왕이 기뻐하며 말하였다. "이는 경들이 도와준 결과이지 짐이 무슨 덕이 있겠는가?"[『삼국사기』 신라본기 제11, 헌강왕 6년(880)조]

이 기록은 신라의 최고 전성기라고 일컬어지는 헌강왕 때의 기록이다. 『삼국유사』에 의하면 '신라전성지시新羅全盛之時'의 왕경의 호수는 178,936호戶이며, 1,360방坊, 55리里라고 한다.[33] 이러한 규모의 왕경의 민가에서 숯을 사용하여 밥을 짓는다는 것은 엄청나게 많은 숯을 생산했다는 것을 의미하는 것이다.[34]

2. 생산자의 신분관련 자료
1) 제철기술자의 신분

D. 「남해왕 때 가락국 바다 가운데 어떤 배가 와서 정박하였다. 그 나라 수로왕이 신하와 백성들과 더불어 북을 치며 떠들며 맞이하였다. 장차 머무르게 하려고 하였으나 배는 나는 듯이 달아나 계림 동쪽의 下西知村 阿珍浦에 이르렀다. 그 때 포구 해변에 한 노파가 살고 있었는데 이름은 阿珍義先이며 바로 혁거세왕의 海尺의 어머니였다. … (아진의선이)배를 저어 나아가 살펴보니 까치가 배위에 모여 있고, 배 안에는 상자 하나가 놓여 있었는데 길이가 20척이고 넓이가 13척이었다. 그 배를 끌어다가 어떤 나무숲 아래에 두고 길한 일인지 흉한 일인지 알지 못해 하늘에 맹세를 하였다. 잠시 후 궤짝을 열어 보니 단정한 남자아이가 있었고, 아울러 일곱 가지의 보배와 노비가 배 안에 가득 실려 있었다. (먹을 것을) 공급해 주기를 7일만에 (사내아이가) 말하였다. … 말을 마치자 그 동자는 지팡이를 잡고 2명의 노비를 거느리고 토함산에 올라 돌무덤을 만들고 7일을 머물렀다. (그는) 성안의 살만한 곳을 살폈는데 한 봉우리를 보니 (모양이) 초승달과 같았으

며, 그 형세가 오래 살만한 곳이었다. 이에 내려와 물으니 瓠公의 집이었다. 이에 계책을 세워 숫돌과 숯을 그 집 곁에 몰래 묻고는 이튿날 아침 그 집 문에 이르러 말하였다. "이 집은 나의 조상 대대로의 집이다."호공이 "아니다."라고 말하니 시비가 결판나지 않았다. 이에 관청에 고하니 관리가 "무엇으로 너의 집이라고 증거할 수 있느냐."하니 동자가 "나는 본래 대장장이였는데 잠시 이웃 지방으로 나간 동안 다른 사람이 차지해 살고 있습니다. 청컨대 땅을 파서 검사해 보십시요."라고 말하였다. (관리가) 그 말을 따라 (땅을 파보니) 과연 숫돌과 숯이 나왔다. 이리하여 (탈해는 호공의 집을) 차지하여 살았다.〔『삼국유사』권1 기이 제1, 제4대 탈해왕조〕

이 기사는 이른바 석탈해 집단의 야장기술자 설화이다. 이 기사를 통해 국가형성기 철기제작자 집단의 정치적 지위가 상당히 높았던 것으로 이해하기도 하고,[35] 신라의 철 생산이 석씨왕계의 시기에 확대되는 점에 주목하여 석씨왕실의 철 생산 욕구를 반영하여 형성된 것으로 파악하기도 한다.[36] 필자는 이 석탈해 신화를 사로지역의 정치세력이 기술자 집단인 석탈해 세력과 연합하여 세력을 확장해가는 모습을 보여주는 것으로 판단한다. 그리고 이러한 사실을 고고학적으로 반영하는 것이 황성동 유적이라고 생각된다. 황성동 유적은 철기제작자 집단의 주거와 분묘, 제작공방이 모여 있는 1세기에서 5세기이전의 종합유적인데[37], 이들 철기제작자 집단의 분묘인 강변로3호 목곽묘에서 단조철부와 주조철부와 함께 청동제 검파와 검이 발굴된 것으로도 확인할 수 있다.[38]

2) 벌목노예 기사

E. 「 … 王莽 地皇 年間(서기 20-22년)에 廉斯鑡이 진한 우거수가 되어 낙랑의 토지가 아름답고 인민이 풍요롭게 산다는 말을 듣고 도망하여 투항코자 했다. 이에 그 읍락을 나와 길을 가다가 밭에서 참새를 쫓는 남자 한 사람을 보았다. 그의 말이 韓人과 달라 물어보니 남자가 "나는 漢나라 사람으

로 이름을 戸來라고 한다. 우리들 무리 1,500명이 벌목을 하다가 韓의 습격을 받아 모두 머리를 깎이고 노예가 된지 3년이 되었다."고 말하였다. 염사착이 "우리는 漢 樂浪에 투항하려고 하는데 너도 가겠느냐."고 물으니 호래가 좋다고 하였다. 이에 염사착이 호래를 데리고 길을 떠나 含資縣에 이르러 고하니 縣이 郡에 보고하였다. 군이 염사착을 통역자로 삼아 岑中으로부터 큰 배를 타고 진한에 들어가 호래와 함께 붙들려 항복한 무리 1천명을 다시 취하였으나 나머지 500명은 이미 죽었었다. 염사착이 진한에게 "너희들은 500명을 돌려보내라. 만일 그렇지 않으면 낙랑이 마땅히 배에 1만여의 군대를 보내어 너희를 칠 것이다."라고 일렀다. 진한이 500명은 이미 죽었으니 우리는 마땅히 그에 대한 대가를 치르겠다고 하고 辰韓人 1만5천명과 弁韓布 1만5천필을 대가로 치렀다. …〔『삼국지』위서 동이전 한조〕

이 기사는 1세기 무렵 진한지역 및 한군현 지역의 집단사역 모습을 보여주는 것으로 잘 알려진 내용이다. 즉 호래의 말로 보아 진한지방에는 노예를 이용한 집단사역 방식이 있었음을 알 수 있는 것이다. 곧 한노漢奴들은 호래와 같이 농경에 사역되기도 하였지만 달리 수공업생산에도 충당되었을 것으로 추측하기도 한다.[39] 이와 같이 집단으로 벌목을 하러 나온 사람들의 신분은 매우 낮은 것으로 보이며, 또 이들을 포로로 잡아 새를 쫓는 농경에 종사하는 노예로 삼거나 숯이나 기와, 토기 등을 굽는데 필요한 연료용 목재를 베는 집단 사역에 종사시켰던 것으로 생각된다.

3) 소금생산자의 노예신분 기사

F. 「첨해왕 7년 계유(235)에 왜국의 사신 葛那古가 객관에 와 있었는데 (昔)于老가 대접을 맡았다. 손과 희롱하여 말하기를 "조만간에 너의 왕을 소금만드는 노예〔鹽奴〕로 만들고 왕비를 밥짓는 여자로 삼겠다."고 하였다. 왜왕이 이 말을 듣고 노하여 장군 于道朱君을 보내 우리를 치니 대왕이 柚村으로

나가 있게 되었다. (석)우로가 말하기를 "지금 이 환난은 내가 말을 조심하지 않은 데서 생긴 것이니, 내가 당해내겠다."하고 왜군에게로 가서 말하였다. "전일의 말은 희롱이었을 뿐이었다. 어찌 군사를 일으켜 이렇게까지 할 줄 생각하였겠는가."왜인이 대답하지 않고 잡아서, 나무를 쌓아 그 위에 얹어놓고 불태워 죽인 다음 돌아갔다.」(『삼국사기』 열전 제5, 석우로전)

이 기사는 동해안 우시(于尸)지방(울진)의 왜구퇴치 설화인데 신라가 정복국가로 발전하면서 이 지역에 있었던 성읍국가의 개국전설을 신라왕족의 영웅설화로 변형하여 확대, 정리한 것이라고 하는[40] 석우로전의 내용이다. 여기서 소금을 만드는 일에 종사하는 사람은 노예 신분임을 나타내고 있다. 소금의 생산은 매우 힘 드는 작업이며 대체로 전쟁포로를 염노로 삼아 이 일에 종사시킨 것으로 이해하고 있다. 이것으로 추론하면 조선시대까지 매우 낮은 신분으로 남아 있었던 백정이나[41] 가죽을 다루는 피장처럼 숯을 만드는 일도 이와 비슷한 신분의 사람들이 담당했을 것으로 생각된다.

IV. 왕경의 생산시설 분포와 생산체계의 변화

1. 왕경내부 생산유적의 분포변화
1) 철기제작유적의 변화와 사회적 지위

신라왕경의 범위를 남천의 남쪽 남산이 시작되는 곳으로부터 북천을 건너 동천동을 포함하여 황성공원까지를 잡는다면 현재의 경주시내 보다 조금 좁은 범위이지만 용강동 원지유적을 포함하는 것으로 보면 대체로 현재의 경주시가지와 거의 일치한다고 생각된다.[42] 경주지역의 철기제작 관련유적은 앞에서 살펴본 바와 같이 5세기 이전까지는 월성의 서편인 계림 남쪽에 위치하고 있는 단야로 유적과 철기제작과 관련된 공방지, 주거지, 분묘가 종합되어 오랜 기간 철기

제작지로 사용된 황성동 유적처럼 왕경구역 안에 자리 잡고 있었다. 특히 석탈
해 설화에서 보는 것처럼 철기제작 기술자 집단들은 토착의 정치집단과 일정한
정치적 연합을 통해 그들의 정치적 지위를 확보할 수 있었다. 이들이 황성동 일
대에서 철기의 제작과 공급을 통해 신라 왕실과 특정한 관계를 통해 높은 사회
적 지위를 누리면서 고신라의 국가발전에 일정한 역할을 하였다고 생각된다.

그리고 신라초기에는 철기제작에 필요한 원료를 주변의 강에서 채취한 사철
을 녹여 제작하다가[43] 점차 철광의 개발을 통한 철광석을 확보함으로써 대규모
의 철 생산을 할 수 있게 되었다. 이와 같은 사실은 황성동유적 출토 철재鐵滓의
높은 비소함량이 울산의 달천광산 철광석의 비소함량과 비슷하게 나타남으로써
확인된 바 있다.[44] 이러한 단계적 공정을 거쳐 주조철부, 단조철부는 물론 전쟁
에 필요한 무기를 제작공급하면서 철기의 대량생산을 실시하게 되었다.[45] 철기
의 대량생산을 위해서는 철소재 뿐만 아니라 용해로와 단야로에 많은 양의 숯이
필요한데 이와 같은 숯은 주변에 산림과 적당한 경사의 구릉이 발달되어 숯을
생산하기 좋은 자연조건을 갖춘 왕경의 동쪽산지와 서남의 산지에서 공급받았
던 것으로 보인다.[46] 그러한 조건을 갖춘 유적이 바로 경주경마장 예정지구의 손
곡동, 물천리 및 내남면 월산리의 숯가마유적이었다.[47] 이들 유적의 숯가마 연대
가 대체적으로 2세기에서 5세기이전으로 편년되고, 거리 또한 15km이내에 위
치하고 있어 이를 뒷받침하고 있다.

그러나 왕권이 확립되고 영토가 확장되면서 신라는 율령국가 체제로 발전하
게 되었다. 이에 따라 철기제작 집단의 사회적 지위도 점차 낮아지게 되었고, 철
기제작공방도 철소재가 생산되는 원거리지역으로 이동하게 되었다. 이것은 국
가권력체제에 의한 율령지배가 가능하게 되었고, 또 삼국통일 이후에는 인구의
증가와 도시의 발달로 왕경의 범위가 점차 확대되는데 따른 불가피한 현상이었
다. 그러므로 왕경가까이에 있던 철기제작장이 왕경에서 50km이상 떨어진 밀
양 사촌리유적이나[48] 양산 물금(범어리)유적[49] 혹은 철광석 생산지인 울산의 달천
지역으로 옮겨가게 되는 것이다.[50] 이러한 제철유적은 왕경에서 원거리이지만

밀양 동진광산과 양산 물금광산을 중심으로 유적이 형성된 것으로 국가의 통제와 관리하에 철기가 제작되고 보급된 것을 말해주는 것이다.

그러나 점차 철기의 제작기술과 철기의 사용이 일반화되었고,[51] 주요 철광산을 중심으로 형성되었던 생산거점이 소규모 철광산 혹은 사철생산지를 따라 다원화되면서 광범위한 지역으로 분산된 것으로 생각된다.[52] 이러한 현상은 철생산 체계가 관영에서 사원 혹은 사영으로 이전되었다고 보는 견해를[53] 뒷받침 한다고 생각된다. 따라서 이 시기의 철생산 유적이 철광석 운반이 쉬운 철광산 주변의 산간계곡이나 사철이 생산되는 하천의 충적지 등에서 산발적으로 확인되는 것이다.

2) 귀중품 생산체계와 사회적 지위

삼국통일 이후에는 왕경지구안의 생산유적은 철기제작유적이나 토기가마유적은 없어지고 청동기나 유리제작 등 장신구 혹은 귀중품을 생산하는 소규모 공방만 존재하게 된다. 동천동의 청동도가니 유구나 유리제작 공방 유적은 이러한 상황을 말해주고 있다.

그리고 동천동 유적에서는 출토되지 않았지만 이 귀중품내지 사치품 공방에서는 금은공방도 함께 존재하였을 것이 틀림없다고 생각된다. 특히 위 사료 B에서 보았듯이 일반백성에게 금은을 금지시킨 것으로 보아 금은과 같은 사치품내지 귀중품을 생산하는 공방은 궁중수공업 형태로 왕실에서 직접 운영하였을 것으로 보인다. 궁중수공업 형태로 운영되었으므로 왕경구역안의 특정한 공방지구를 지정하여 생산 및 공급의 독점권을 행사하였을 것으로 추측된다.

그러나 8세기 중반 경덕왕 18년(759)의 관제개혁 이후 궁중수공업은 관영수공업으로 흡수 통합된다고 하므로[54] 후기로 갈수록 귀중품의 생산체계는 관영수공업 형태로 운영되었을 것으로 생각된다. 또한 이들 생산을 담당하는 관직의 관위가 대체로 하급관리에 불과하므로 생산자의 사회적 지위는 매우 낮은 것으로 판단된다. 앞의 유적분포에서 살펴 본 바와 같이 황남동 376번지 유적에서 출토된 '관인官印'명 인장은 이러한 사실을 말해주는 것이라 하겠다.

2. 근기지역近畿地域 생산 유적의 성격과 생산체계
1) 근기지역 분포 유적의 성격

　여기서 근기지역이란 용어는『삼국사기』지리지에 보이는 육기정六畿停지역,[55] 즉 동기정東畿停, 남기정南畿停, 중기정中畿停, 서기정西畿停, 북지정北畿停, 막야정莫耶 停의 지명을 포함하는 지역을 의미하는 것이다. 6기정에 대한 위치 비정은 대체 로 두 가지의 견해가 제기 되었는데,[56] 하나는 청도군 각남면이나 영천시 북안면 등 왕경에서 멀리 벗어난 지역에 비정하는 견해이고,[57] 다른 하나는 왕경 주위의 산성과 관련시켜 보는 견해이다.[58] 그러나 필자는 6기정이라는 글자가 갖는 왕기 지역이라는 의미에 착안하여 왕경의 근처에 비정하는 것이 타당하다고 생각한 다. 따라서 6기정의 위치는『삼국사기』지리지의 내용과 옛날 지명을 참고하여 경주부근에 비정한 견해를 받아들인다. 그리고 이에 해당되는 생산유적의 위치 를 통해 왕경의 생산시설과 생산체계의 변화과정을 살펴보겠다.

　동기정의 위치는 현재의 동방동 일대를 포함하는 천군동지역에 비정되고[59] 있 어 조금 더 확대하면 손곡동, 물천리유적을 포함하는 지역이라고 생각된다. 또 남기정은 남산성을 포함하는 남산동 일대로 비정되는데, 이를 조금 더 넓혀보면 남산의 동서사면과 그 남쪽을 포함하는 남산지역이므로 남산의 여러 기와가마 와 장창곡 기와가마 유적이 해당된다. 중기정은 건천읍의 부산성일대로 비정되 고 있는데 이 지역은 최근의 고속철도 건설구간의 방내리, 화천리 유적이 해당 된다. 그리고 7, 8세기의 토기가마와 기와가마가 집중되어 있는 내남면 망성리 유적과 숯가마가 집중 조사된 월산리유적이 여기에 해당된다. 서기정은 경주의 서쪽 끝인 서면지역에 비정되고 있는데 사라리유적이 해당된다고 하겠다. 북기 정은 현곡면 지역에 비정되고 있는데 금장리 기와가마 유적이 여기에 해당된다. 막야정은 천북면 지역에 비정되는데 경주에서 포항으로 통하는 도로의 동북지 역이며 화산리신라토기 요지[60] 등의 유적이 여기에 해당된다.

이러한 6기정지역은 경주의 월성으로부터 반경 15km 정도 떨어진 지역으로 아마도 왕경을 방위하기 위한 군사적 목적의 정을 설치한[61] 것이라 생각되지만 생산유적 특히 토기가마, 기와가마, 숯가마가 집중적으로 분포되어 있는 지역이다. 그것은 왕경이 위치한 경주분지를 둘러싸고 있는 산지가 발달되어 있고 거리상으로도 15km 이내로 떨어져 있어 왕경에 대한 물자공급이 쉽고 국가에서 이들을 집중적으로 관리하는데도 편리하므로 근기지역에 이와 같은 생산시설을 설치한 것으로 볼 수 있다. 그러므로 군사적 방어의 목적도 달성하고 이들을 통제 운영하는데도 편리한 이점이 있었을 것이다.

한편 이 근기지역은 자연지리적 조건에서도 낮은 경사의 구릉지에 이어 밖으로는 비교적 높은 산지로 연결되므로 숯을 생산하기 위한 좋은 목재를 구하기 쉽고,[62] 토기나 기와를 굽는데 필요한 땔감을 공급하기 좋은 조건을 가지고 있다는 점이다. 또한 산지 사이로 상당히 큰 하천이 흐르고 있어 하천주변에 퇴적된 토양이 양질의 토기나 기와를 제작할 수 있는 태토를 제공하고 있는 점이 장기간 생산유적이 존재할 수 있는[63] 좋은 조건을 갖추고 있다고 하겠다.〈그림 2〉

2) 토기, 기와, 숯 제작 집단의 사회적 지위

사실 생산시설의 유적이나 유물을 통해서 이들 생산자 집단의 사회적 지위를 알 수 있는 자료는 없는 실정이다. 따라서 생산체계의 변화나 이들의 사회적 지위의 변화 등은 문헌사료를 통하여 간접적으로 추론할 수밖에 없다고 하겠다. 위의 사료 F의 석우로전에 나오는 것처럼 소금을 굽는 사람을 '염노'라고 칭하는 것으로 보아 소금을 생산하는 사람 혹은 집단은 노예의 신분이라고 생각된다. 그런데 이와 비슷한 힘이 들고 특별한 기술이 없이도 생산할 수 있는 일로 숯을 생산하는 일이라 생각된다. 따라서 이들은 비교적 낮은 사회적 지위를 가지고 이러한 일에 종사한 것으로 보인다.

그리고 토기의 제작이나 기와의 제작도 중앙관부의 통제와 일정한 제약을 받는 신분의 사람들이 제작하여 국가에서 주관하는 관영수공업 체제로 운영되었던 것으로 판단된다.[64] 이러한 천민집단의 집단거주지가 향이나 부곡이며, 이들은 왕경에서 15km 정도의 일정한 거리를 두고 6기정의 통제와 감시 속에서 물품을 생산하고 있었다. 그와 같은 사실은 북기정 지역에 해당하는 현곡면 금장리 기와가마에서 도제와범과 함께 '관인'이 찍힌 기와가 출토된[65] 것으로 증명한다고 하겠다. 또 손곡동 B지구의 고분에서는 요체편이 출토되어 공인집단의 무덤임을 암시하고, 신라의 상위계층묘제인 적석목곽분이 축조되어 있는 것은 당시 요업집단의 운영, 관리를 맡았던 왕경인, 혹은 이와 상응하는 신분을 가진 사람의 무덤임을 상정할 수 있고 A지구에서 확인된 와즙초석건물지瓦葺礎石建物址는 이들의 거주공간일 가능성이 높다 하겠다.[66]

그러나 사찰수공업이 발달하고 사회적 신분분화가 계속되는 신라하대가 되면 점차 댓가를 받고 물건을 생산하는 민영수공업 형태로 변화된다고 한다.[67]

V. 맺음말

지금까지 신라의 왕경인 경주시내와 근기지역 혹은 왕기지역인 경주근교에서 발굴조사된 생산관련 유적의 분포상황과 출토유물, 그리고 유적의 성격을 중심으로 신라왕경의 생산시설과 생산체계의 변화에 관해 논의하였다. 이러한 논의의 구체적 대상인 고고학적 유적은 철기제작 공방, 유리공방, 토기가마, 기와가마, 숯가마 유적 등이었다. 그 내용을 정리하면 다음과 같다.

철기제작 관련유적은 5세기 이전까지는 월성의 서편인 계림 남쪽에 위치하고 있는 단야로 유적과 오랜 기간 철기제작지로 사용된 황성동 유적처럼 왕경구역 안에 자리 잡고 있었다. 신라초기에는 석탈해 설화에서 보는 것처럼 철기제작 기술자 집단들은 신라 왕실과 특정한 관계를 통해 높은 사회적 지위를 누리면서 고신라의 국가발전에 일정한 역할을 하였다.

그리고 신라초기에는 철기제작에 필요한 원료를 주변의 강에서 채취한 사철을 녹여 간단한 철기를 제작하다가 점차 대규모의 철 생산을 할 수 있게 되었다. 철기의 대량생산을 위해서는 철소재 뿐만 아니라 많은 양의 숯이 필요한데 이와 같은 숯은 주변에 산림과 적당한 경사의 구릉이 발달되어 숯을 생산하기 좋은 자연조건을 갖춘 왕경의 동쪽산지와 서남의 산지에서 공급받았던 것으로 보인다. 그러한 조건을 갖춘 유적이 바로 경주경마장 예정지구의 손곡동, 물천리 유적과 내남면 월산리의 숯가마유적이었다. 이들 유적의 숯가마 연대가 대체적으로 2세기에서 5세기이전으로 편년되고, 거리 또한 15km이내에 위치하고 있어 이를 뒷받침하고 있다.

그러나 삼국통일 이후에는 인구의 증가와 도시의 발달로 철기제작장이 왕경에서 50km이상 떨어진 밀양 사촌리유적이나 양산 물금유적 혹은 철광석 생산지인 울산의 달천지역으로 옮겨가게 된다. 또 왕경지구안의 생산유적은 철기제작유적이나 토기가마유적은 없어지고 청동기나 유리제작 등 장신구 혹은 귀중품을 생산하는 소규모 공방만 존재하게 된다.

근기지역 혹은 왕기지역인 6기정지역은 경주의 월성으로부터 반경 15km 정도 떨어진 지역으로 아마도 왕경을 방위하기 위한 군사적 목적의 정을 설치한 것이지만, 생산유적 특히 토기가마, 기와가마, 숯가마가 집중적으로 분포되어 있는 지역이다. 그것은 왕경이 위치한 경주분지를 둘러싸고 있는 산지가 발달되어 있고 거리상으로도 15km 이내로 떨어져 있어 왕경에 대한 물자공급이 쉽고 국가에서 이들을 집중적으로 관리하는데도 편리하므로 근기지역에 이와 같은 생산시설을 설치한 것으로 볼 수 있다. 그러므로 군사적 방어의 목적도 달성하고 이들을 통제 운영하는데도 편리한 이점이 있었을 것이다.

생산시설의 유적이나 유물을 통해서 이들 생산자 집단의 사회적 지위를 알 수 있는 자료가 없어 확실한 사실은 알 수 없는 실정이다. 그러나 출토된 유물이나 유구의 조합상 등 고고학적 정황과 문헌사료를 통하여 간접적으로 추론하면 석우로전에 나오는 것처럼 소금을 굽는 사람을 '염노'라고 칭하는 것으로 보아 소금을 생산하는 사람 혹은 집단은 노예의 신분이라고 생각된다. 이와 비슷한 것이 숯을 생산하는 일이라 생각된다. 따라서 이들은 비교적 낮은 사회적 지위를 가지고 이러한 일에 종사한 것으로 보인다. 이러한 천민집단의 집단거주지가 향이나 부곡이며, 이들은 왕경에서 15km 정도의 일정한 거리를 두고 근기정의 통제와 감시 속에서 물품을 생산하고 있었다.

그리고 토기의 제작이나 기와의 제작도 중앙관부의 통제와 일정한 제약을 받는 신분의 사람들이 제작하여 국가에서 주관하는 관영수공업 체제로 운영되었던 것으로 판단된다. 다만 금, 은, 청동제품 등 귀중품은 왕경내에 위치한 공방에서 궁중에 소속된 장인들이 생산하여 궁중에서 관리하는 궁중수공업 형태를 이루다가 점차 관영수공업으로 흡수 통합된다. 그러나 신라하대가 되면 댓가를 받고 물품을 생산하는 민영수공업 형태로 변화하는 것으로 판단된다.

미 주

1 隍城洞遺蹟發掘調査團, 1991, 「慶州 隍城洞 1次 發掘調査 槪報」, 『嶺南考古學』8.

2 國立慶州博物館, 2000, 『慶州 隍城洞 遺蹟 Ⅰ』.
　國立慶州博物館, 2000, 『慶州 隍城洞 遺蹟 Ⅱ』.
　慶北大學校博物館, 2000, 『慶州 隍城洞 遺蹟 Ⅲ』.
　慶北大學校博物館, 2000, 『慶州 隍城洞 遺蹟 Ⅳ』.
　啓明大學校博物館, 2000, 『慶州 隍城洞 遺蹟 Ⅴ』.

3 國立慶州博物館, 1997, 『國立慶州博物館 96年報』pp.44~45.

4 韓國文化財保護財團, 2001, 『慶州隍城洞 537-2 賃貸아파트 新築敷地 發掘調査 報告書』.

5 安在晧, 1995, 「慶州隍城洞墳墓群에 대하여」, 『新羅文化』12.

6 大澤正己, 1993, 「韓國の鐵生産-慶州市所在隍城洞遺蹟槪報に寄せて」, 『古代學評論』3.

7 金世基, 1994, 「隍城洞 原三國 聚落址의 性格」, 『마을의 고고학』韓國考古學會.

8 孫明助, 1997, 「慶州隍城洞遺蹟의 性格에 대하여」, 『新羅文化』14輯.

9 國立慶州博物館, 1999, 『慶州 隍城洞 524-9番地 溶解爐跡』.

10 韓國文化財保護財團, 2001, 「경주황성동 강변로 개설구간(3-A공구)內 遺蹟發掘調査」지도위원회 및 현장
　설명회(2차)자료.

11 國立慶州文化財研究所, 1991, 『年報』第2號.

12 동국대학교 경주캠퍼스 박물관, 1997, 「경주시 동천동 택지개발 사업지구내 유적발굴조사」지도위원회자
　료.
　경주대학교 박물관, 1999, 「경주시 동천동 7B/L 內 靑銅 生産 工房址 遺構」현장설명회자료.

13 동국대학교 경주캠퍼스 박물관, 1995, 「경주시 동천동 791번지 유적」지도위원회자료.

14 東國大學校 慶州캠퍼스 博物館, 1994, 「皇南洞 376番地 發掘調査略報告」.
　東國大學校 慶州캠퍼스 博物館, 2002, 『慶州 隍南洞 376遺蹟 發掘調査報告書』.

15 李容賢, 2001, 「경주황남동 376유적 출토목간의 형식과 복원」『新羅文化』19, 東國大學校 新羅文化研究所.
　金昌錫, 2001, 「皇南洞376遺蹟 출토 木簡의 내용과 용도」, 『新羅文化』19, 東國大學校 新羅文化研究所.

16 이상준, 2004, 「통일신라시대의 생산유적 -토기, 기와, 철, 철기,유리- 」『통일신라시대고고학』제28회 한구
　고고학전국대회 발표요지, pp.55~69.

17 國立慶州文化財研究所, 2003, 「경주 분황사유적-7次年度 發掘調査 指導委員會資料」.

18 國立慶州文化財研究所, 2004, 『慶州 蓀谷洞 · 勿川里遺蹟』.

19 東國大學校慶州캠퍼스博物館, 2002, 『慶州蓀谷洞 · 勿川里遺蹟(慶州競馬場豫定敷地(B)地區) 發掘調査報
　告書(Ⅰ)-木炭窯-』.
　東國大學校慶州캠퍼스博物館, 2002, 『慶州蓀谷洞 · 勿川里遺蹟(慶州競馬場豫定敷地(B)地區) 發掘調査報
　告書(Ⅱ)-古墳群-』.
　東國大學校慶州캠퍼스博物館, 2002, 『慶州蓀谷洞 · 勿川里遺蹟(慶州競馬場豫定敷地(B)地區) 發掘調査報
　告書(Ⅲ)-窯跡工房址 · 朝鮮時代墳墓-』.

20 韓國文化財保護財團, 1999, 『慶州競馬場豫定敷地 C-Ⅰ地區 發掘調査報告書』.

21 東國大學校慶州캠퍼스博物館, 2002, 『慶州蓀谷洞 · 勿川里遺蹟(慶州競馬場豫定敷地(B)地區) 發掘調査報
　告書(Ⅲ) -窯跡工房址 · 朝鮮時代墳墓-』.

22 韓國文化財保護財團, 1999, 『慶州競馬場豫定敷地 C-Ⅰ地區 發掘調査報告書』.

23 國立慶州文化財研究所, 2004, 『慶州蒜谷洞·勿川里遺蹟』.

24 東國大學校慶州캠퍼스博物館, 2002, 『慶州蒜谷洞·勿川里遺蹟(慶州競馬場豫定敷地(B)地區) 發掘調査報告書(Ⅲ)-窯跡工房址·朝鮮時代墳墓-』.

25 東國大學校慶州캠퍼스博物館, 2002, 『慶州蒜谷洞·勿川里遺蹟(慶州競馬場豫定敷地(B)地區) 發掘調査報告書(Ⅲ)-窯跡工房址·朝鮮時代墳墓-』.

26 國立慶州博物館·慶州文化財研究所, 1999, 『慶州千軍洞 遺跡發掘調査報告書』.

27 金元龍, 1965, 「望星里 新羅陶窯址 發掘豫報」, 『考古美術』 58.

28 李殷昌, 1982, 『新羅伽倻土器窯址』, 曉星女子大學校 博物館.
嶺南大學校 文化人類學科, 1995, 『慶州文化遺蹟地表調査報告書』.
國立慶州文化財研究所, 1999, 『慶州-彦陽間 京釜高速道路擴張區間 文化遺蹟地表調査報告書』.

29 國立慶州文化財研究所, 2003, 『慶州月山里遺蹟 Ⅰ, Ⅱ』.

30 崔夢龍·李清圭 外, 1999, 『慶州 金丈里無文土器遺蹟』, 서울大學校博物館.
김성구, 1992, 『옛기와』, 대원사.

31 威德大學校博物館, 2001, 『慶州 南山 長倉谷 新羅瓦窯址 地表調査報告書』.

32 朴南守, 1996, 『新羅手工業史』, 신서원, pp.34~36.

33 新羅全盛之時 京中十七萬八千九百三十六戶 一千三百六十坊 五十五里 三十五金入宅(言富潤大宅也)(『三國遺事』卷2 紀異 辰韓)

34 이 기사에 대하여 신라의 전성시기는 헌강왕 때가 아니라 경덕왕 때라는 견해가 있다. 그러나 여기서는 시기의 문제가 아니라 숯의 사용사실에 주목하므로 연대문제는 논하지 않는다.
이영호, 2004, 「7세기 新羅 王京의 변화」, 『國邑에서 都城으로』 제26회 신라문화제학술회의 발표집, pp.129~132.

35 金義滿, 1992, 「新羅 匠人層의 形成과 그 身分」, 『新羅文化祭學術發表會論文集』 13, pp.180~181.

36 朴南守, 1992, 「新羅 上代 手工業과 匠人」, 『國史館論叢』 39.

37 孫明助, 1997, 「慶州隍城洞遺蹟의 性格에 대하여」, 『新羅文化』 14.

38 韓國文化財保護財團, 2001, 「慶州 隍城洞 江邊路 開設區間(3-A工具)內 遺蹟 發掘調査(1次)」 指導委員會 및 現場說明會 資料.
韓國文化財保護財團, 2001, 「慶州 隍城洞 江邊路 開設區間(3-A工區)內 遺蹟 發掘調査」 指導委員會 및 現場說明會(2次) 資料.

39 朴南守, 1996, 『新羅手工業史』, 신서원, pp.32~34.

40 李基東, 1985, 「于老傳說의 世界」, 『韓國 古代의 國家와 社會』, 歷史學會, p.201.

41 李俊九, 2001, 「조선후기 마을을 이루고 산 고리백정의 존재양상 -<大丘府戶口帳籍>을 중심으로-」, 『朝鮮史研究』 10, pp.337~367.

42 朴方龍, 1998, 「新羅 都城 研究」, 東亞大學校 大學院 博士學位 論文.
朴方龍, 2004, 「六世紀 新羅王京의 諸樣相」, 『國邑에서 都城으로』 제26회 신라문화제학술회의논문집.

43 金世基, 1994, 「隍城洞 原三國 聚落址의 性格」, 『마을의 고고학』, 韓國考古學會.

44 大澤正己, 1993, 「韓國の鐵生產-慶州市所在隍城洞遺蹟概報に寄せて」, 『古代學評論』 3.

45 孫明助, 1997, 「慶州隍城洞遺蹟의 性格에 대하여」, 『新羅文化』 14.

46 李惠京, 2004, 「三國時代 白炭가마 研究」, 嶺南大學校大學院 碩士學位論文.

47 金鎬詳, 2000,「慶州蓀谷洞·勿川里遺蹟 調査槪報」,『慶州文化』6, 慶州文化院.

　　金鎬詳, 2002,「古代 木炭生産에 대한 考察」,『韓國古代史硏究』26.

48 國立金海博物館, 2001,『密陽沙村製鐵遺蹟』.

49 李東注, 2001,「梁山 勿禁 製鐵遺蹟」,『6~7세기 영남지방의 고고학』제10회 영남고고학회 학술발표회 자료집.

　　沈奉謹·李東注, 2003,『梁山 勿禁遺蹟』, 東亞大學校博物館.

50 이상준, 2004,「통일신라시대의 생산유적 -토기, 기와, 철·철기, 유리-」,『통일신라시대고고학』, 제28회 한국고고학전국대회 발표요지, pp. 55~69.

51 차순철, 2003,「단야구 소유자에 대한 연구」,『文化財』36, 國立文化財硏究所.

52 이상준, 2004,「통일신라시대의 생산유적 -토기, 기와, 철·철기, 유리-」,『통일신라시대고고학』, 제28회 한국고고학전국대회 발표요지, pp. 55~69.

53 朴南守, 1996,『新羅手工業史』, 신서원, pp. 331~337.

54 朴南守, 1996,『新羅手工業史』, 신서원, pp. 91~165.

55 이는 왕경주위에 있었던 6개의 停이 景德王代에 王畿의 方位를 의미하는 칭호를 가진 명칭으로 개명된 기사이다. 이 기사를 경덕왕대에 왕기가 제도화한 증거로 보는 견해가 있다.

　　李文基, 1997,『新羅兵制史硏究』, 一潮閣, p. 362.

　　木村誠, 1983,「統一新羅의 王畿について」,『동양사연구』42-2, p. 45.

56 李文基, 1997,『新羅兵制史硏究』, 一潮閣, p. 387.

57 李基東, 1993,「新羅의 花郎徒와 嘉瑟岬寺」,『嘉瑟岬寺址 地表調査報告書』, 慶北大學校博物館, pp. 141~148.

58 朴方龍, 1992,「新羅 王都의 守備」,『新羅文化』9, 東國大學校 新羅文化研究所, pp. 26~30.

59 鄭求福 외, 1997,『譯註 三國史記』4, 주석편(하), 韓國精神文化研究院.

　　이하 6기정 지역 비정은 모두 이 책을 참고 하였다.

60 中央文化財研究院, 2005,「慶州 川北地方産業團地 造成敷地內 遺蹟調査 指導委員會議 資料」.

61 李文基, 1997,『新羅兵制史硏究』, 一潮閣, pp. 354~400.

62 金鎬詳, 2003,「韓國의 木炭窯 硏究」, 大邱가톨릭大學校大學院 博士學位論文.

63 李相俊, 2000,「生産考古學의 研究成果와 課題」,『고고학의 새로운 지향』, 부산복천박물관.

64 朴南守, 1996,『新羅手工業史』, 신서원, pp. 137~165.

65 김성구, 1992,『옛기와』, 대원사, pp. 112~113.

66 이상준, 2003,「嶺南地方의 土器窯」,『도자(陶瓷)고고학을 향하여』제29회 한국상고사학회 학술발표대회 자료집, pp. 5~33.

67 朴南守, 1996,『新羅手工業史』, 신서원, pp. 331~337.

2. 대구지역 고대정치체의 형성기반과 달성토성의 위상
- 고고자료를 중심으로 -

Ⅰ. 머리말

대구지역은 다른 지역과 다르게 대분지로 이루어진 자연환경 속에서 선사시대로부터 많은 사람들이 역사를 이루고 살아왔다. 대구지역에 처음 사람이 살기 시작한 시기는 구석기시대 후기부터이다. 그 이후 신석기시대에서 고대에 이르기까지 주거지역의 확대와 농경의 발달, 인구의 증가로 인한 사회가 형성되면서 고대정치체가 형성되고 이것이 발달하여 고대국가로 발전하는 역사 속에서 대구지역이 어떻게 변하고 대처해 왔나를 고고자료를 중심으로 추구하려는 것이다.

이 논의에서 시대구분은 구석기기대-신석기시대-초기철기시대-원삼국시대-삼국시대로 구분하는 안을 따른다. 그리고 정치체라는 용어는 고대의 사회단위를 가리키는 용어로 사용하는데, 특히 영남지방의 원삼국시대와 삼국시대의 각 지역 단위를 이르는 것으로 많이 사용되고 있다. 정치체란 일정한 지리적 범위 안에서 상호 작용을 한 복수의 단위 존재를 기본으로 하고, 위계적 구조를 갖춘 취락의 분포정형을 보이면서 정치적 의미의 중심지가 존재하는 수준을 말한다.[1] 그러나 취락의 분포정형이 가장 적합한 자료이기는 하나 발굴자료 중 주거지나 취락자료가 극히 제한적이므로 분묘유적 특히 고총분도 함께 사용하기로 한다.

여기서는 정치체를『삼국지』위서 동이전의 진변한 '국'이나『삼국사기』의 소국을 지칭하거나 '국'의 구성단위인 국읍과 읍락을 지칭할 때도 사용하기로 한다. 이러한 정치체의 형성기반과 변천을 발굴 조사되었거나 채집된 고고유물을 통하여 살펴보려고 한다.

Ⅱ. 대구지역의 범위

이 글에서 대구지역의 범위는 지형을 중심으로 분류하는 대구분지를 기본으로 하는데, 지리학에서 말하는 대구분지는 광의의 대구분지와 협의의 대구분지로 나누어진다. 대구의 전체적인 지형은 남·북쪽이 높고 동·서쪽은 낮으며 중앙이 움푹한 전형적인 침식분지를 이루고 있는데, '대구분지'라 불린다.

주변 산지의 여러 골짜기에서 발원한 하천 들은 금호강에 유입한 뒤, 다시 이 금호강이 고령군과 경계를 이루는 낙동강에 유입한다. 대구의 중심을 북-남으로 관류하는 주요 하천은 팔조령 일대의 여러 골짜기에서 발원하여 대구분지의 중앙부를 관류하여 금호강에 유입하는 신천과 수도산에서 발원하여 이천동-건들바위-대구초등학교-반월당-계산오거리-달성을 거쳐 달서천으로 합류하는 옛 대구천이 있다. 그 외 하천으로는 금호강 북편 칠곡의 높은 산지에서 발원하여 남쪽으로 흘러 금호강에 유입되는 동화천, 팔계천, 이안천이 있고, 서남편에는 산성산에서 발원하여 낙동강 본류로 합수하는 진천천과 월배선상지 주변의 낮은 구릉에서 발원하여 낙동강으로 유입되는 성당천이 위치하고 있다. 〈그림 1〉

이 대구분지는 대체로 북쪽은 팔공산을 주축으로 하여 이를 둘러싸고 있는 환상산맥으로 산지를 이루고 있고, 남쪽은 대구와 청도 사이에 끼여 있는 산지로 비슬산을 주봉으로 하여 앞산과, 용지산으로 연결되는 산지로 형성되어 있다. 중앙부는 충적평야와 침식저지가 넓게 이루어진 저지대로, 충적평야는 중앙저지의 북부를 동서로 관류하는 금호강 범람원과 남부산지에서 발원하여 중앙저지를 동서로 이분하면서 북쪽으로 흘러 금호강과 합류하는 신천의 범람원이 주를 이룬다. 침식저지는 신천범람원에 의해서 이분되는데, 동쪽은 동부구릉지(지산동, 황금동, 이천동, 연호동, 시지동, 매호동, 고모동지구)와 동부침식저지(효목동, 신천동, 신암동, 만촌동, 복현동, 산격동지구)로 나누어지고, 서쪽은 서부침식저지(대명동, 남산동, 대신동, 비산동, 성당동, 내당동, 중리동지구)와 와룡산구릉지로 나뉜다.[2]

대구분지에 대한 이러한 인식은 자연지리적인 관점으로 협의의 대구분지를 의미하는 것처럼 보이지만, 여기서는 대구지역의 정치체들이 형성되고 변천되는 역사성을 고려하기 위해서 인문지리적인 관점을 더하여 논의하기로 한다. 그러므로 그 범위는 대구의 초기국가 형성과 관련된 고고유적과 유물이 출토되는 것을 감안하여 서남쪽은 낙동강과 금호강이 합류하는 화원의 성산리고분군과 다사의 죽곡리고분군을 포함하는 지구이다.[3] 북쪽은 금호강의 지류인 팔거천 유역인 팔달동고분군과 구암동고분과 동화천유역의 서변동유적을 포함하는 지구이며, 이 연장선상에서 봉무토성과 불로동고분군을 대구지역에 넣어 함께 다루기로 한다.

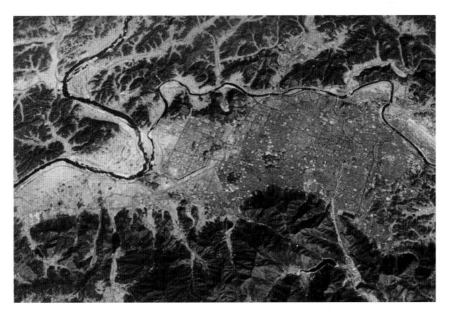

〈그림 1〉 대구분지의 위성사진

Ⅲ. 고고자료로 보는 고대 정치체

1. 선사시대 유적과 유물

대구지역에 처음 사람들이 살기 시작한 시기는 월성동 777-2유적에서 좀돌날 석기를 포함한 석기 제작장이 조사된 바 있어 늦어도 후기 구석기시대부터이 다.<그림2> 이후 신석기문화는 대구분지 전역으로 확산되어갔다. 대표적인 유 적으로 남서부 진천천 유역과 월배 선상지 일대의 유천동, 월성동, 상인동, 진천 동과 북부 동화천 유역의 서변동 취락유적 등이 있다. 주로 충적지에서 확인되 며, 신석기시대의 중기에서 후기에 이르는 유구와 유물들이 출토된 바 있다. 신 석기시대 중기에 속하는 것으로 여겨지는 1999년 국립대구박물관의 상동지역 발굴과정에서 밝혀진 태선문 빗살무늬토기편과[4] 영남문화재연구원에서 무태교 건너의 서변동택지개발지구 발굴과정에서 확인한 빗살무늬토기편과 집석유구 를 들 수 있다.[5] 1999년에 있은 상동과 서변동에서의 신석기 유적의 발굴조사로 점차 시대가 지날수록 생활무대가 확대되면서 청동기시대로 이어지게 되었다.

청동기시대에 이르면 금호강의 소지류인 신천, 대구천, 팔거천, 동화천, 율하 천, 욱수천 유역과 낙동강으로 직접 유입되는 달서구 진천천, 성당천 유역을 포 함하는 월배선상지의 낮은 구릉지와 충적지에서 지석묘, 주거지를 포함한 대규 모 마을유적들이 집중분포하고 있음이 확인되고 있다.

청동기시대의 유적으로 월성동주거유적, 송현동주거유적, 상동 옛 정화여고 부지의 마을유적, 서변동마을유적, 동천동마을유적, 구대구상고 부지의 마을유 적과 상동지석묘, 상인동지석묘, 대봉동지석묘, 이천동지석묘, 칠성동지석묘, 진천동석관묘, 진천동 입석유적 등이 현재 확인되고 발굴되었다. 청동기시대 전 기의 주거지들은 월성동, 송현동유적이 보여주듯 구릉사면에 위치하고 경우에 따라서는 강가이면서 주변을 조망하기 좋은 곳에 입지하고 있다. 그러나 최근 구 정화여고자리와 서변동과 같이 하천 변 평지에서도 마을 유적이 확인되어 당 시 구릉 뿐 만 아니라 평지에도 사람들이 거주하고 있었음을 암시한다. 그리고

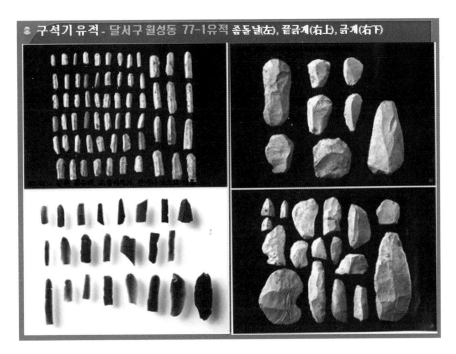

〈그림 2〉 대구 월성동 출토 구석기

그 사람들의 무덤인 지석묘나 석관묘 등은 강가의 자연제방이나 구릉이나 야산이 평지와 만나는 구릉 말단부나 야산 말단부 등지에 집단을 이루며 입지하고 있다.[6]

대구주변 지석묘의 경우에는 하천의 흐름과 동일한 방향으로 지석묘가 배치된 경우도 있으며, 아마도 상동, 이천동, 대봉동, 칠성동 등지의 지석묘들도 옛 신천의 자연제방을 따라서 만들어진 것으로 여겨진다. 이들 지석묘에서는 마제석검, 마제석촉, 옥, 홍도 등이 나온다.

청동기시대 중·후기에 속하는 유적으로서 동천동 마을유적, 서변동유적 일부에서 확인된 집자리, 달서구 진천동석관묘 등이 있다. 동천동 마을 유적에서는 57기의 주거지와 방어시설로 이용된 것으로 여겨지는 환호가 확인되었으며, 마을전체가 저습지로 둘러싸인 평지에 입지하고 있어서 당시의 마을규모와 방어의 필요성이 있었음을 잘 보여주고 있다.

초기철기시대의 유적은 신천과 금호강이 만나는 지점의 양측에 입지한 연암산, 침산이 유명한데, 지표채집품이지만 유구석부 등 농경도구 석기들이 많이 수집된 바 있다. 이밖에 동구의 반야월, 괴정동 등지에서도 확인된 바 있다. 기원전 2세기경에서 기원전 1세기경 전후에 속하는 유적으로는 팔달동무덤유적이 있어서 철기문화의 도입과 와질토기의 등장을 잘 보여주고 있다. 그리고 만촌동, 평리동, 비산동, 지산동 등지에서 수습된 유물들 중에서는 한국식 동검과 더불어 중국 한경이나 그를 모방한 방제경 등이 출토되어 중국문물이 이 지역에 출현하는 과정을 보여주고 있다. 유이민 집단이 이 지역에 들어온 것을 의미하고 있어 매우 중요한 정치체 형성의 기반을 암시하고 있다. 이 사실은 다음에서 구체적으로 살펴보기로 한다.

2. 정치체 형성과 관련 유적

1) 원삼국시대 유적과 유물

(1) 대구 만촌동 유적: 1966년 금호강변의 낮은 구릉에서 발견되었으며 무덤유적으로 생각된다. 출토유물은 한국식 동검, 검파두식(칼자루 끝장식), 칼집 부속구, 동과 등의 청동기 유물이다.[7]

(2) 대구 신천동 유적: 1972년 구 영신고등학교와 신천 사이의 낮은 구릉에 위치한 주택가에서 집수리를 하던 중 우연히 발견되었다. 출토지점은 구릉의 남서쪽 경사면으로 신천변과 접하는 곳이지만 유구의 성격은 알 수 없다. 출토유물은 동모, 동과 등 모두 8점이다. 이중 동과는 길이40cm가 넘는 것들로 자루 부분에 문양이 있는 것도 있다. 이 동과는 등대에 등날을 세우지 않은 형식으로 이중한 점에는 피홈의 앞뒷면에 문양이 새겨져 있다. 이들 유물에는 철녹이 부분적으로 남아 있어 철제품들과 함께 부장되었을 가능성이 크다.[8]

(3) 대구 평리동 유적: 1974년 와룡산 자락에서 건축 공사 중 각종 청동기와 철기유물이 발견되었다. 출토된 유물이 어떤 성격의 유구에서 발견되었는지는

밝혀지지 않았으나 출토된 유물이나 수량으로 보아 여러 기의 무덤에서 나온 것으로 보인다. 출토된 유물은 의기화된 동과, 청동재갈, 철제재갈, 말방울 등 마구류와 한경과 이를 본떠 만든 방제경 등이 있다.[9]

(4) 전 대구 지산동 유적: 지산동에서 출토된 것으로 전해지는 일괄유물로 이양선씨 수집품이다. 이 가운데 동과집과 한경은 평리동 출토품, 칼자루 끝장식은 비산동 출토품과 비슷하여 기원전후에 만들어진 것으로 생각된다. 특히 청동유물에 남아 있는 쇠의 녹으로 보아 철기류와 함께 묻혔을 가능성이 크다.

(5) 대구 팔달동유적

대구 팔달동 유적은 1996년 8월 16일부터 1997년 5월 31일까지 영남문화재연구원에서 발굴 조사한 유적으로 청동기시대 주거지 19동, 원삼국시대 목관묘 102기, 목곽묘 1기, 옹관묘 139기, 삼국시대 목곽묘 22기, 석곽(실)묘 32기, 조선시대 분묘 146기, 기타유구 8기 등 총 499기의 유구가 조사되었다.[10] 이 중 원삼국시대 목관묘가 유명한데 대구 팔달동 유적이 조사되기 전까지 대구 지역 내에서는 원삼국시대 목관묘가 발굴조사를 통하여 조사된 사례가 없었고, 청동유물들이 수습되었다고 전해지는 유적만이 확인되었기 때문이다. 대구지역 내에서 최초로 조사된 목관묘이고, 다양한 토기와 함께 청동기, 철기 등의 다종다양한

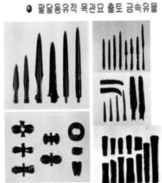

〈그림 3〉 대구 팔달동 목관묘 출토 금속유물

유물들이 출토되어 성주 예산리 유적, 경산 임당동 유적, 경주 조양동 유적, 창원 다호리 유적 등과 함께 영남지역의 목관묘 문화를 대표하는 표지적인 유적으로 알려져 있다.〈그림 3〉

가장 중요한 의미를 갖는 목관묘는 BC. 2세기 후반의 통나무관의 적석목관묘와 BC. 1세기 전반의 판재관 목관묘로 구분되는데, 최고의 위세품인 청동기와 철기가 부장된 통나무관 목곽묘에서 판재관 목곽묘로 변하는 양상을 보인다.

2) 영남지역의 정치체 형성

한반도 남부지역은 기원전 2세기말이 되면서 고조선 혹은 낙랑지역 주민들의 유이민 파동에 의해 발달된 중국 한漢의 철기문화가 급속히 전파되고, 농경을 비롯한 철기제작기술의 발달로 정치체 사이의 정복과 통합이 활발히 일어나게 되었다. 철기문화와 함께 무문토기가 주류이던 토기 제작기술에도 한의 발달된 회도문화灰陶文化의 영향을 받아 와질토기라는 새로운 토기가 등장하게 되었다. 이러한 징후들을 고고학에서는 국가가 만들어지는 단초로 이해하고 있다. 이시기의 문화상을 잘 보여주는 것이 창원의 다호리 유적이다. 다호리유적에서는『삼국지』가 보여주는 삼한의 국가형성 징후를 그대로 확인시켜주고 있는데, 한국식동검문화의 전통을 확실히 계승하면서도 철제의 무기류, 농공구류 등이 다량 출토되었고, 또 철기제품들은 단조품과 주조품이 모두 섞여있어 철기제작기술이 상당히 발달하였음을 보여주고 있다.

이와 같은 급격한 변화를 가져온 한국형동검과 철제무기 및 무엇보다 중요한 철제 농공구 등이 대량으로 출토되는 유구가 목관묘라는 새로운 묘제라는 점이다. 종래까지 청동유물이 출토되었던 유구는 지석묘이거나 그 하부구조라고 생각되는 석관묘였다. 그러나 목관묘는 구덩이를 파고 목관을 안치하는 묘제로 지석묘나 석관묘와는 성격이 다른 새로운 묘제로 주민의 성격이 다르거나 매우 급격한 사회변화를 반영하는 묘제이다. 이와 함께 이들 목관묘는 낮은 구릉에 집단적으로 조영되는 경향을 보이고 있다.[11] 이러한 변화는 주민의 집단적 이동에 의

한 정복이거나 문화의 변동으로 파악되고, 이것이 한반도 북부의 위만조선의 멸망과 유이민 파동과 연계된 것이며 초기의 정치체가 형성되는 배경으로 인식되고 있다. 팔달동목관묘와 만촌동, 평리동, 비산동, 지산동 유적의 피장자나 관련자는 적어도 그들이 다른 사람들이 소유하지 못한 물건들을 독점적으로 소유하고 있는 수장층 내지는 유력자라고 말할 수 있어서, 이 지역에서의 복합사회발전 과정을 잘 보여주고 있다고 하겠다.[12] 그러나 팔달동고분군의 경우 재지세력의 무덤으로 생각되는 통나무 목관묘에 더 많은 위세품이 부장된 것으로 보아 반드시 유이민 집단에 의해 정치체가 형성되었는지에 의문을 제기하기도 한다.[13]

3) 대구의 초기국가

이러한 초기국가 형성의 징후는 대구 팔달동 유적에서 잘 나타나고, 앞에서 본 만촌동과 평리동에서도 이시기의 청동유물들이 출토된바 있어 금호강 유역의 대구지역이 다른 지역 보다 빠른 시기에 소국이 형성되었다고 생각된다.[14] 이러한 대구지역의 문화적 영향은 경산 임당동을 비롯한 고령, 성주지역 등 삼국시대 고총고분군이 분포하는 지역에 나타나게 된다. 낙동강의 중상류에는 본류와 금호강 등 지류의 주변에 분지성 유역을 중심으로 선사시대로부터 사람들이 모여 살면서 정치체가 형성되었고, 원삼국시대(진변한)에 여러 소국들이 자리 잡고 있었다. 이들은 낙동강 대수로를 이용한 교통과 교역 등을 통해 공통성과 독자성을 가지면서 발전하였다.

이러한 소국이 성립하여 발전하는 시기인 기원전후에서 A.D.300년 사이를 문헌사학에서는 삼한시대三韓時代, 고고학에서는 원삼국시대原三國時代라고 한다. 삼한시대란 한반도 남부에 한정되는 개념이므로, 고고학에서는 한반도 전체를 포괄하는 유적과 유물을 중심으로 삼국이 성립되는 원초적 삼국시대라는 의미에서 원삼국시대라 부르는 것이다.[15]

따라서 원삼국시대란 용어는 주로 고고 유적이나 유물을 중심으로 이해하는 것이고, 삼한시대란 말은 중국의 역사서인 『삼국지』 위지 동이전에 나오는 마한,

진한, 변한의 삼한소국이 존재하는 시기라는 의미이다. 이 삼한 중 영남지방에는 진·변한 24개국이 존재한 것으로 되어 있지만, 위치에 대한 설명이 없고『삼국 사기』에 나오는 소국의 명칭과 일치하는 것도 별로 없어, 소국의 정확한 위치를 알기 어렵다. 그런 소국들이 경산의 압독국, 의성의 조문국, 청도의 이서국, 안강 의 음즙벌국, 흥해(혹은 삼척)의 실직국, 영천의 골벌국, 김천의 감문국 등이다.

이러한 '소국'들은 대구지역에서 여러 개가 성립된 것으로 보이는데,『삼국지』 동이전에 국읍과 읍락, 별읍 등으로 기록되어 있어 소국을 형성한 단위로 표현 된 것으로 이해된다. 이렇게 형성된 지역정치체를 성읍국가, 혹은 읍락국가로 부르는데,[16] 그렇게 할 경우 각 읍락이 모두 국가인 듯한 오해를 불러올 수 있다 는 지적도 있다.[17]

진변한 소국들은 신라, 가야가 성립되면서 각 소국들의 역사 지리적 환경, 혹 은 문화적 기반이나 정치적 입장에 따라 혹은 신라진영에, 혹은 가야진영에 속 하면서 자신들의 정치적 경제적 이익을 추구하고 있었다. 대구지역에 존재했던 소국의 명칭은 분명치 않으나『삼국사기』등에 나오는 다벌국多伐國, 혹은 달벌국 達伐國이 있었던 것으로 알려져 있는데, 이 밖에 달구벌達句伐, 달구화達句火, 달불達 弗 등으로도 불렸다. 이러한 이름들은 대구의 고총고분군 분포와 관련이 있는 것 이다.

이 시기에 형성된 소국들은 도들막한 언덕에 토성을 쌓고, 평지의 농경지를 경작하면서 주변지역을 다스리는 초보적인 형태의 소국으로 대구지역에서 이러 한 소국이 존재했던 곳은 대구 중심부의 내당동, 비산동, 평리동지구, 화원지구, 팔달동지구, 불로동지구 등인데, 이들 지구에는 달성토성을 비롯하여 화원의 성 산토성, 봉무동토성, 검단토성 등이 존재하고 있다. 또 이때의 고분으로는 앞서 말한 목관묘가 주류였으나 점차 정치권력이 확대 되면서 고총고분군으로 이어 진다.

IV. 고총고분의 축조와 정치체의 변화

1. 고총고분군
1) 대구 달성고분군

달성고분군은 달성에서 출발하여 서쪽 와룡산 방면으로 연결되는 구릉에 조성된 고분군이다. 지금은 파괴되어 거의 흔적을 찾아보기 어렵지만 일제강점기에 봉분이 있는 것만 87기가 확인되었는데 그 중에서 1923년에 37호를 포함하여 7기가 조사되었다.[18]

이 달서고분군은 분포와 규모 등에서 몇 가지 특징이 있다. 우선 고분군의 규모가 달구벌의 여타 지역에 비해 크며, 남아 있던 봉분도 직경 평균 10여 미터에 이르고 가장 큰 것은 30여 미터에 달한다. 그리고 다른 지역의 고분군에서는 봉분 파악이 곤란할 정도의 소형 분묘와 대형 분묘가 혼재되어 있지만, 이 고분군에서는 대형분이 분포하는 능선에는 그러한 소형분이 없다. 또 대형분들도 4~5개의 그룹으로 나누어지는데 이는 지배자 집단의 내부구조와 관련되는 것으로 주목되는 현상이다. 달서고분군의 묘제와 출토유물이 성주성산리 고분군과 아주 흡사해 양지역의 정치적관계가 밀접했던 것으로 볼 수 있다.

이러한 특징을 가지고 있는 달서고분군에서는 다수의 토기를 비롯하여 금동관·금제귀걸이·은제과대 등 장신구류, 환두대도 등 무구류와 운주·재갈 등 각종 마구류를 포함한 다양한 유물이 출토되었다. 특히 금동관은 경주지역에서 출토되는 것들과 동일한데, 이는 토기가 전형적인 신라토기라는 사실과 함께 달구벌을 비롯한 대구지역이 일찍이 신라에 복속되었음을 보여주는 것이다. 특히 이 고분군의 북쪽에 연결된 독립구릉에 구축된 달성토성은 대구지역 정치체의 중심으로 후대까지 대구지역의 중심지로서 역할을 하고 있다. 〈그림 4〉

2) 대구 대명동고분군

대구분지의 남쪽, 즉 지금의 영남대학교 병원이 있는 구릉지대에 분포하던 고분군이나 지금은 없어졌다. 과거의 지명에 따라 신지동 고분군으로도 불리는 이 고분군은 분포하는 지역에 따라 남구릉과 북구릉으로 나누어지지만 같은 성격의 고분군으로 대명동고분군으로 한다. 일제시기에는 약40여 기의 봉토분이 남아 있었다고 한다. 1938년 모두 5기기가 조사되었다.

조사된 고분은 봉토가 타원형 또는 원형으로 봉토의 크기는 작은 것이 단경 7m, 장경 12.5m이고 큰 것은 장경 25m 내외, 단경 15m 내외였다.[19] 가장 큰 남구릉 2호분은 하나의 봉토 내에 수혈식석곽묘(석실분) 2기가 축조된 주부곽식이다. 네벽은 할석이나 냇돌로 쌓았고 그 사이사이에 점토를 메워 보강하였다. 대명동고분군에서 가장 큰 남구릉 2호분 주곽은 길이, 너비, 높이가 4.0×1.5×1.5m의 규모이다.

출토유물은 금제귀고리, 은장삼엽환두대도), 철촉, 은장허리띠드리개, 토기 등이다. 피장자는 대구의 중심고분군인 달성 고분군 보다는 낮지만 대구의 남부에 자리한 읍락집단의 지배자들로 추정된다.

대명동고분군과 관련된 성은 앞산에서 북쪽으로 뻗어 내린 능선 중에서 신천동안에 돌출구릉 위에 축조된 용두산성이다. 이 성은 신천건너 두산동고분군, 파동고분군과도 관련이 있을 것으로 생각되나, 산 자체가 소규모인데다 안아 평지도 없고 망루가 2곳에 설치된 것으로 보아 보루성으로 보인다. 이 성의 축조방법

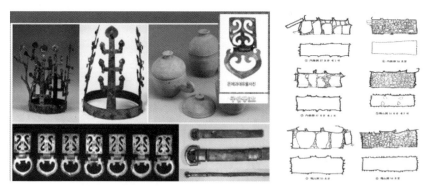

〈그림 4〉 대구 달성고분군 묘제(우) 출토유물(좌)

이 달성토성과 같다고 하여 원삼국 말기나 삼국시대에 축조되었을 것으로 보고 대명동고총을 조영한 집단들의 전시입보성戰時入保城일 가능성으로 보기도 한다.[20]

3) 대구 화원 성산리고분군과 화원토성

경북 달성군 화원읍 성산동고분군은『삼국사기』에 나오는 소국인 설화국舌化國과 관련지우기도 하는 고분군으로 낙동강에 접한 낮은 구릉 사면에 분포하고 있다. 봉분이 확인되는 대형분만 20기 내외에 달하며 직경이 30m가 넘는 것들도 적지 않다.

이 가운데 1999년 경북대학교박물관에 의해 지름 25m, 높이 5m의 봉분을 가진 고분 1기가 발굴조사 되었는데, 봉분 내에서 수혈식석곽·적석목곽 등 7기, 서쪽 사면에서 4기 등 모두 11기의 유구가 확인되었다. 은제조익형관식, 금제이식, 금·은제허리띠 등 장신구류와 낫 등의 철기류, 통형기대·발형기대 등의 토기류가 출토되었고, 순장도 확인되었다.[21]

이 고분의 큰 특징으로는 동일 봉분내에서 여러 개의 무덤이 존재하는 다곽식인 점과 주곽과 부곽이 'T'자형을 이루며 배치되어 있는 점, 경주지역 고유의 묘제인 적석목곽분이 존재한다는 것 등을 들 수 있다. 그리고 순장과 은제조익형관식, 금제이식 등은 이 고분 피장자의 성격을 가늠할 수 있는 유물로 주목된다. 즉, 이 고분의 피장자는 화원지역의 지배층으로 대구의 중심세력 고분군인 달서고분군 축조집단 및 경주지역 지배층과 밀접한 관계를 유지하고 있었던 인물이라 생각할 수 있다. 이 고분군의 남쪽에 인접한 설화리고분군도 같은 성격의 고분군이다. 그리고 인근의 성산리(화원)토성에서는 주변 낙동강과 금호강유역을 잘 조망할 수 있어 화원 정치세력의 중요 거점으로 볼 수 있다. 고총고분군과 산(토성)성이 세트를 이루는 좋은 예이다.

화원토성은 대구분지의 남서쪽에 위치하고 있는 곳으로, 평지에 형성된 단독 구릉상의 지형적 특징을 가지고 있다. 주변으로는 조사지역의 서쪽으로 연접하여 낙동강이 만곡하여 흐르는데 자연지형이 급한 단애면을 이루고 있다. 북쪽으로는 진천천이 낙동강과 합류하고 남쪽으로는 천내천이 서에서 동으로 흘러 사문진교에서 낙동강과 합류한다. 위와 같은 지형·지리적 여건으로 인해 이 지역은 고대로부터 교통 및 군사적 요충지의 여건을 잘 갖추고 있는 곳이다. 최근의 시굴조사를 통해 밝혀진 성벽의 길이는 650m이며, 자연성벽의 역할을 하는 하식애면까지를 합한 길이는 1,020m이다. 성벽의 축조는 기초는 점토와 산토를 판축식으로 축조한 위에 잠판암계통의 돌을 함께 쌓은 토석 혼축성으로 대구 달성의 축조방법과 거의 똑같은 양상이었다.[22]

4) 대구 다사지역 고분군

다사지역은 금호강이 낙동강에 합류되는 금호강 하류역에 위치하며 이 지역을 중심으로 낙동강을 끼고 죽곡리고분군[23], 문산리고분군[24] 등 다수의 고분군이 분포되어 있다. 이 지역은 4세기에서 6세기대의 목곽묘, 석곽묘 등이 수 백기 이상 축조된 대규모 고분군이다. 이 중 봉토의 직경이 20m 이상 되는 대형의 고총고분도 다수 분포되어 있었으며, 유개고배, 단경호, 장경호등의 토기류와 투구, 대도, 재갈 등의 철기류, 금동관, 은제관식과 관모, 과대 등의 장신구류가 출토되었다. 따라서 이 지역은 4~6세기대의 다사지역 정치체의 구조와 동향을 연구하는데 좋은 자료로 활용되고 있다.

또 다른지역과 마찬가지로 죽곡리고분군 근처에도 죽곡리 보루나 문산리 산성 등의 산성과 방어시설이 있어, 이 지역 정치체를 말해주고 있다.

5) 대구 구암동고분군

대구광역시 북구 구암동 산77번지 일원에 위치하는 삼국시대 고분군으로 고총고분 379기가 구릉의 정상부와 주변사면에 분포하는 대규모 고분군이다. 5개 능선에 조성된 고분군은 초대형 고분(직경 25m 이상) 7기, 대형 고분(직경 15m 이상 25m 미만) 34기, 중형 고분(직경 5m 이상 15m 미만) 309기, 소형 고분(직경 5m 이하) 29기가 현재 남아있다.

구암동 고분군은 1975년 56분을 발굴 조사하여 구조가 '적석석곽분'이라는 사실이 밝혀졌고, 이어 2015년 구암동 1호분을 발굴 조사하여 대형봉분이 연접하고 있는 적석석곽묘임을 재확인하였다. 구암동 56호분은 적석봉분에 얇은 표토가 덮인 정도이며 주분인 남분에 북분이 덧대어진 표형분이다.[25] 고분의 구조는 모두 수혈식석곽이며 할석을 사용하여 극히 세장한 형태로 축조되었다. 주곽과 부곽이 11자형으로 나란히 설치된 주부곽식이다. 최근에 조사한 1호분도 먼저 설치된 1곽에 2곽, 3곽을 덧대어 설치한 연접분이다.[26]

출토유물은 다량의 토기류와 은제 관모장식, 은제과대, 금제 귀걸이 등 위세품이 출토되어 달성고분군의 하위 고분군이지만 이지역의 수장묘이다. 또한 구암동고분군은 칠곡 팔거평야를 중심으로 성장했던 지역집단의 고대 정치체 존재를 알려주는 삼국시대 고총고분군으로 금호강 북안의 함지산에 위치한 팔거산성과 세트관계를 이루고 있어 삼국시대 지역집단 연구에 매우 중요한 자료이다.

6) 대구 불로동 고분군

대구분지의 북쪽을 가로막고 있는 팔공산괴에서 남서로 금호강을 향해 뻗는 능선의 말단부에 분포하는 고분군으로, 대구에서 금호강을 건너 대구분지의 동북단에 위치한다.[27] 고분들은 'H'자 모양으로 형성된 능선들 가운데 북서의 능선을 제외한 3개의 가지능선들 상부와 사면에 조밀하게 분포하는데 1980년 정비복원시 확인된 것은 모두 211기이다. 1978년 사적 제262호로 지정되었다. 이 때 복원된 고분들의 크기는 직경 17m 이상의 대형분이 22기, 12~16m의 중형분이 50기, 11m 이하의 소형분이 139기로 대구지역에 남아 있는 대고분군의 하나이다. 이 고분들 가운데 2기의 대형봉토분(해안 1·2호)이 일제강점기인 1938년에 사이토齋藤忠에 의해 발굴조사 되었고, 1963년에는 경북대학교박물관에 의하여 2기의 분묘(불로동 갑·을호)가 추가로 발굴되었다. 최근에는 경북문화재연구원에 의해 89호와 90호분이 발굴조사 되었다.[28]

불로동 91호와 93호분은 해발 83.2m인 구릉 정상부에서 남서쪽으로 뻗은 주

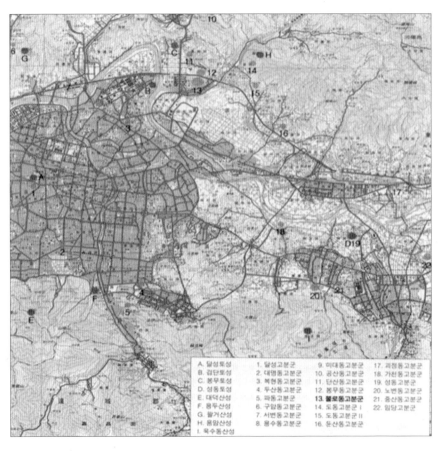

〈그림 5〉 대구 불로동고분군과 달성토성의 위치

능선상에 위치하는 대형봉토분이다. 91호분에서 능선의 위쪽인 북동쪽 방향으로 27m 정도 떨어져서 93호분이 위치한다. 91호분은 분구의 지름이 19~21.5m, 현재 높이 5.7m인 원형분구인데 4기의 수혈식석곽이 순차적으로 앞 시기의 분구에 덧대에 구축된 다장분이다. 91호·93호분에서 조사된 매장주체부의 구조는 평면형태가 세장방형인 수혈식석곽이며 석곽은 하나의 묘광 안에 격벽을 설치하여 평면형태가 '日'자형인 주부곽식 구조이다. 이 발굴에서 출토된 유물은 총 547점으로 이 가운데 토도류가 360점, 금제태환이식·경식·팔찌 등 장신구류와 금속류가 187점이다.

그리고 불로동고분군에서 동쪽으로 약 7.5㎞ 떨어진 곳에 칠곡지구의 고총인 구암동고분군이 위치하며 금호강을 사이에 두고 남서쪽으로 약 8㎞ 떨어진 곳에는 대구지역의 중심고분군인 달성고분군이, 남동쪽으로 12㎞ 떨어진 곳에는 경산지역을 대표하는 임당고분군[29]이 위치하고 있다. 불로동고분군에서 북쪽으로 연결된 금호강 북안에 있는 봉무토성이 이 고분군과 관련된 것으로 보인다. 봉무토성은 넓지는 않으나 남쪽 금호강 쪽은 가파른 절벽으로 되어 있고 북쪽으로 이어지는 평평한 곳은 토석혼축으로 성을 구축한 성으로 내부에서 와질토기편이 채집되어 원삼국시대부터 성으로 이용되었던 것으로 생각된다. 〈그림 5〉

2. 소형고분군

1) 대구 복현동고분군

복현동고분군은 신천에 의해 형성된 범람원을 두고 남북으로 길게 낮은 구릉으로 형성된 침식저지대 구릉의 중앙부에 분포하는 소형고분군이다. 이 고분군이 있는 곳에 아파트단지가 들어서게 되어 1975년 2차에 걸쳐 문화재관리국과 경북대학교박물관에 의하여 발굴조사 되었다. 모두 수혈식석곽묘들이나 주변에서는 옹관묘도 일부 조사되었다. 석곽은 장벽은 여러 매, 양 단벽은 1매의 판석을 연결하여 세우고 그 위에 판석이나 할석을 눕혀 쌓아 축조한 것인데, 일반적 수혈식석곽묘와 대동소이하다.[30]

출토유물은 빈약하여 토기류가 대부분이고, 장신구로는 금동제귀고리가 출토된 것들이 몇 기 있다. 마구류는 전혀 출토되지 않았고, 철기류도 빈약하다. 축조연대는 5세기 전반부터 6세기 중후엽 사이로 추정되고, 고분에 묻힌 주인동들은 당시 대구지역의 최고지배집단이었던 달서 고분군 축조집단의 하위집단으로서 촌락 집단의 분묘로 판단된다.

이 고분군에서 동쪽으로 1km 거리에 검단토성이 있는데, 성은 금호강의 서쪽 하안 구릉에 위치하며, 봉무토성과는 금호강을 사이에 두고 마주보고 있다.

둘레는 1.3Km인데, 동편은 금호강에 접해서 형성된 자연단애를 이용하였고, 북쪽과 남쪽은 구릉의 능선을 따라 성벽을 쌓았던 것으로 보이지만, 현재는 잘 알 수 없다.

2) 대구 두산동고분군

대구분지의 남동쪽에 솟아 있는 법이산에서 북으로 산록과 이어지는 낮은 구릉에 분포하는 고분군이다. 고분군의 옆에는 수성못이 자리 잡고 있다. 고분은 구릉의 정상부를 중심으로 약 80여 기가 확인되는데 봉분의 흔적을 찾을 수 있는 것도 30여 기에 이른다. 대부분 수혈식석곽이고 반대편에는 석관형 석곽도 분포하고 있다. 석곽은 냇돌을 측벽으로 쌓은 형태이며, 석관형은 점판암제 판석을 세워 상자모양으로 짠 것으로 규모는 2.0×0.5×0.4m 정도이다.[31] 출토된 유물로는 고배, 대부장경호 등의 토기류, 도자 등의 철기류, 금동제세환이식 등의 장신구류가 있다. 출토유물들로 보아 발굴된 고분들은 5~6세기에 축조된 것이다. 유물의 구성상태 등으로 미루어 대구의 중심고분군인 달성고분군 축조집단의 하위집단으로 대구의 남동부에 자리 잡았던 취락의 고분으로 추정된다. 이곳에서 남으로 청도 방향으로 가는 길목인 파동에도 이와 비슷한 석곽묘들이 분포하고 있다.

3. 정치체의 변화와 달성토성의 위상
1) 대구 정치체의 변화와 영역

위에서 살펴본 고총고분과 소형석곽묘들과 관련된 대구지역 정치체의 변화과정을 이해하려본 고고자료와 함께 문헌자료의 검토가 필수적이라 하겠다. 『삼국사기』에 따르면 서기261년(점해이사금 15년)에 달벌성達伐城을 쌓고 나마奈麻 극종克宗을 성주로 삼았다는 기록이 있어서,[32] 3세기 중엽에는 이 지역이 신라에 복속된 것으로 되어 있지만 초기기록의 신빙성과 관련하여 수정론의 입장에서 보거나, 달성토성의 성벽에서 나온 원삼국기 토기로 보면 3세기 후반에서 4세기 전반사이로 볼 수 있다. 또『삼국사기』소국정복 기사에서 대구로 보이는 다벌국

多伐國이 신라화하는 과정은 나와 있지 않지만, 경주지역의 주부곽 목곽묘에서 적석목곽묘로 변화되는 과정과 연계해서 유추해 볼 수 있을 것이다.

즉 신라가 낙동강 이동 대구지역을 영역화한 후 지방을 구획할 때, 여러 별읍들은 어떤 형태로든 이전의 (소)국들로 합체하여 편제했을 것으로 보는 견해를[33] 수긍하면서도 여러 가지의 경우의 수가 있어 쉽지 않은 것도 사실이다. 이와 관련하여 『삼국사기』 지리지의 기사를 중심으로 8세기 대구지역은 ①수창군(본 위화현), ②대구현(본 달구화현), ③팔리현(본 팔거리현), ④하빈현(본 다사지현), ⑤화원현(본 설화현)의 다섯 단위로 이루어져 있었다.[34] 이것을 ①수창군-신천동안을 포함하는 일대의 두산동고분군 ②대구현-달성토성을 중심으로 한 달성고분군과 대명동고분군 ③팔리현-구암동고분군 ④하빈현-죽곡리, 문산리고분군 ⑤화원현-성산리고분군으로 비정하여 소국의 존재를 나타낸다고 보는 견해도 있다.[35]

그러나 이에 대하여 신라에 통합된 삼한 '국'은 기본적으로 군으로 편제된다고 보아 『삼국사기』 지리지의 각 군과 현은 진변한시기와 마립간기의 읍락에 해당된다고 보는 견해와[36] 대명동고분군을 달성고분군과 같은 A급 고분군으로 보면서, 금호강 북안을 포함하는 대구분지의 북쪽 일대가 나중의 달구화현의 범위에 해당하고 그 남쪽 신천 상류역 가운데 서안의 대명동 일대는 나중의 위화군의 중심으로서 그 예하에 신천 동안의 두산동고분군과 파동고분군 등을 축조한 취락들을 거느리면서 한 읍락을 이루고 있었을 것으로 보는 견해도 제기 되었다.[37]

또한 이를 유추해 보면 5세기후반까지는 대구지역 정치세력이 사실상 달구벌을 비롯한 팔거리, 다사지, 설화의 4개로 구성되어 있었다고 보는데, 역시 달성토성이 있는 달구벌이 정치적인 중심지로 그 이전단계의 국읍이며, 나머지 3개를 읍락으로 하는 정치세력을 형성하고 있었다고 한다.[38]

이에 대하여 필자는 후자의 견해에 동의하지만, 여기에 불로동고분군 세력을 대구지역 세력에 포함시킨다. 앞의 두 견해 모두 불로동고분군을 대구지역으로 보지 않고 경산지역 임당고분군의 하위 집단으로 이해하고 있다.[39] 이는 아마도 불로동고분군이 속한 지구가 신라 경덕왕 때 해안현으로 경산군의 속현으로[40] 되어 있는데서 비롯된 인식이라고 생각된다. 그러나 경산 자인현이 경주부에 속했다고 해서 자인이 경주지역이 될 수 없는 것과 마찬가지이다. 해안현이 경산부에 속한 이유는 아마도 불로동까지 대구에 속하게 할 경우 대구가 너무 비대하거나 강해지는 것을 견제하기 위한 행정적 편의에 의해 그렇게 한 것이 아닌가 생각된다.

따라서 지형적으로 보아도 금호강 건너 마주보는 지역으로 가깝기도 하지만, 하천은 지역을 구분하는 선이기도 하지만 고통의 편의성도 있기 때문에 대구지역에 편입하여 이해하는 것이 자연스럽다. 거리로 보아도 국읍인 달성토성이 있는 달성고분군이 8km 떨어져 있고, 임당동고분군은 12km 떨어져 있어 금호강을 건너고도 한참을 가야하는 거리이므로 불로동고분군은 대구 정치체로 이해하는 것이 맞는다고 생각한다. 그러므로 이럴 때 대구와 경산의 경계는 남쪽의 용지봉에서 북으로 뻗어 내린 산줄기가 자연스럽게 두 지역을 갈라놓고, 약간 낮은 담티재에서 북으로 가서 고모령을 지나 금호강을 건너는 선이 될 것이다.

2) 달성토성의 위상

(1) 대구 달성의 발굴조사 경과

달성토성에 대한 고고학적 최초의 조사는 1917년 12월에 도리이 류조鳥居龍藏의 성벽조사였는데, 신사참배로 개설을 위해 동쪽 성체를 절개하는 공사에서 발견한 유물포함층에 대한 조사로 성벽에 시굴트렌치를 넣어 토석 혼축임을 확인하였다. 그 후 1941년 아리미츠 교이치有光教一에 의해 달성 내 국체명징관을 짓는 과정에서 성벽이 훼손되어 조사하였다.[41] 그리고 2차 조사는 1968년 10월 문화관 건립을 위한 성체를 제거하는 과정에서 발견된 유물포함층을 경북대학교 윤용진교수의 조사였으며,[42] 3차 조사는 1970년 8월 공원 내 물새 방사장 조성을 위해 옛 성지城池를 준설하는 과정에서 확인된 유물포함층에 대한 조사였다.

1968년 조사결과 성벽의 안쪽 밑변은 27m, 성벽축조 높이는 6m이며, 모두 4개의 문화층이 조사되었다. 최하층인 IV문화층은 암반 바로 위에 퇴적된 사질토층으로, 성벽을 쌓기 이전단계 생활문화층으로 확인되었다. 이 층에서는 동물뼈와 고식와질토기가 주류를 이루고 있어 기원전 1세기에서 기원후 2세기 전반에 형성된 것으로 판단하였다. 그 위에 형성된 III문화층은 하천에서 유입된 토사와는 확연히 구별되는 적갈색 산흙으로 이루어져 있어 달성의 초축과 연관된 층으로 이해되고 있다. 이 III층에서는 단경호, 소옹, 시루 등이 출토되었는데, 승문과 격자문이 타날된 와질토기가 주류를 이루고 있어 2세기 후반에서 4세기 전반으로 편년하고 있다. 그 위층인 II문화층도 산흙으로 이루어졌고, 달성고분군 토기보다 빠른 토기가 출토되어 4세기 전반기로 보고 있다. II문화층이 끝나는 높이부터 형성된 I문화층에서는 판축형 토층과 함께 적석층이 나타나는 등 토석혼축으로 확인되었다.

최근에는 2016년 대동문화재연구원에서 달성토성 서문지 주변 시굴조사와[43] 달성토성 공영주차장 조성부지 정밀발굴조사,[44] 2017년 대동문화재연구원의 대구 비산동 컴뮤니티센터 조성부지 발굴조사에서도 성벽과 관련된 일부만 조사

〈그림 6〉 대구 달성토성 전경

하였고,[45] 가장 중요하다고 생각되는 달성내부에 대한 발굴조사는 전혀 이루어지지 않았다. 그 동안 시굴성격의 발굴결과 달성의 축성방법은 석축과 점토다짐을 교차로 진행하여 쌓아 올린 것으로 판단된다.

사적 제62호인 달성토성은 전체 둘레가 1,300m, 면적 105,238㎡이며, 성벽의 인공으로 축조한 판축 높이는 4m이나, 지표에서의 높이는 낮은 쪽인 동문부근은 11m에서 높은 구간 서북 성벽 쪽은 20m에 이른다. 여기에 달서천(옛 대구천)이 흘러 자연해자로 되었던 서북구간은 훨씬 높았던 것으로 보인다.[46] 〈그림 6〉

(2) 달성토성의 축조와 성격

『삼국사기』에 의하면 261년(첨해이사금 15년)에 달벌성을 쌓고 나마奈麻 극종克宗을 성주로 삼았다는 기록이 있어 3세기 중엽에는 이 지역이 신라에 복속된 것으로 보이지만 늦어도 4세기 중반이후에는 신라의 완전한 지배에 들어간 것으로 볼 수 있다.[47] 여기에 대하여 달구벌이 신라의 영역화 된 후, 경산지역이 대구보다 정치적인 비중이 높았으나 점차 신라의 최전선이 낙동강으로 확대되는 시

〈그림 7〉 대구 달성토성 성벽(우) 출토유물(좌)

기부터 정치적인 비중이 경산지역에서 대구지역으로 바뀌었다고 한다. 그것은 219년(나해이사금 23)에 경산에 장산성을 쌓았는데, 261년에 달벌성을 쌓으면서 정치, 군사적인 비중이 경산에서 달구벌로 옮겨졌다는 것이다.[48]〈그림 7〉

5세기 신라의 지방통치를 간접지배 정치라고 하는데, 대구에 달벌성이 축조되고 나마의 관등을 가진 군관이 파견된 사실은[49] 대구지역이 군사적으로 중시되어 상당한 우대를 받았던 것으로 생각된다.[50] 이러한 사실은 달성고분군 출토의 금동관이 임당고분출토의 금동관 보다 시기적으로 조금 늦고[51], 더 많은 위세품이 대구의 대명동고분이나 죽곡동고분에서 출토되는 것으로도 유추할 수 있다. 이렇게 대구지역이 군사적 요충지가 되면서 달성토성과 비슷한 시기에 낙동강을 지키는 화원토성의 중요성이 강조되었고 검단토성도 같은 의미로 작용하였을 것이다.

3) 달성토성의 중요성

(1) 통일신라의 천도 예정지 '달구벌(대구)'

신라는 삼국을 통일한 후 신문왕 9년(689)에 오늘날의 대구광역시 중심부인 달구벌로 수도를 옮기려 하였다. 비록 실행하지는 못하였지만, 국가적으로 엄청난 시도였던 만큼 여러 해석이 나왔다. 왕경의 협소함을 지적하거나, 왕경의 지리적 위치를 거론하기도 하였다. 그러나 중요한 것은 왜 달구벌이었는가 하는 것이다. 이는 무엇보다 달구벌이 새 수도로서의 입지조건을 충분히 갖추었던 데 기인하였을 것이다.

먼저 국가적인 측면에서 대구는 통일왕국의 수도로서 지역 편재성 극복이라는 역사, 지리적 입지에서 유리하였다. 대구는 경주에 비해 내륙에 위치하여 신라의 중심에 보다 가까웠다. 수도란 정치의 중심지이며, 정치권력의 집중지이고, 정치철학적·이론적 핵심지이며, 국가적 상징체제의 중심지였다. 따라서 삼국통일 후에는 새 수도를 건설하여 옛 수도의 편재성을 보완하고 새로운 국가적 상징체제를 마련할 필요가 있었다. 대구는 같은 분지이지만, 경주에 비해 훨씬 넓은 지역이었다. 경주처럼 나성 축조와 같은 큰 토목공사를 거치지 않고서도 산성을 이용한 방어가 가능하였고, 대구를 둘러싼 팔공산, 비슬산 등 큰 산들은 국방에 유리하였다.

다음은 경제적 측면에서 대구는 인근의 낙동강과 그 지류인 금호강이 형성한 평지나 구릉지가 넓게 펼쳐져 있고, 신천은 가창면 우록동 부근에서 발원하여 북쪽의 금호강에 합류함으로써 그 범람원에 큰 평야를 형성하였다. 즉 대구는 큰 강과 하천을 끼고 있는 수륙교통의 요충지로서 조운을 통한 물자 수송에 적합한 조건을 갖추고 있었다.

달구벌은 통일 후의 9주 가운데 양주良州 관할로, 수창군壽昌郡을 구성하는 영현領縣의 하나였다. 아마도 달성토성은 새 수도 궁성의 가장 유력한 후보지였을 것이다. 바로 이곳에 새 궁궐과 관아가 계획되었다고 하겠다.

(2) 달성토성과 경상감영

조선은 태종 13년(1413)에 전국을 경기, 충청, 전라, 경상, 강원, 황해, 함경, 평안의 8도로 나누어 감사를 두고, 그 밑에 유수부, 부, 대도호부, 목, 도호부, 군, 현 등을 설치하였다. 조선 개국 초에서 태종 7년(1407)까지는 경주에 경상감영이 있었으나, 8도제가 확립되고 경상감사의 직무를 상주목사가 겸하면서, 상주는 경상감사가 머무는 행영이 되었다.

태종 8년 이후 상주가 경상감사의 본영이었으나, 선조 26년(1593)에 성주星州 속현 팔거현八莒縣으로 감영이 이동하였다가 선조 29년(1596)에 대구 달성達城으로 옮겼고, 다시 선조 32년(1599)에 안동安東으로 이동하였다가, 선조 34년(1601)에 체찰사 이덕형의 노력으로 대구부大丘府에 정착하였다. 경상감영이 대구부에 설치되면서 이전까지 경상도의 중심이었던 상주는 8목의 하나로서의 위상만 가지게 되고, 새로 감영이 설치된 대구가 경상도의 중심으로 부상하였다.[52]

이와 같이 대구는 임진왜란 이후 경상감영 소재지로서 중요시되었지만, 신라시대에는 새 수도로 예정된 곳이었다. 천도를 위한 준비가 다각도로 이루어졌을 것이지만, 유감스럽게도 이를 실행하지는 못하였다. 그렇지만 천년왕국 신라에서 삼국통일 후 딱 한 번 천도가 시도되었고, 그 예정지가 대구였다는 것은 주목할 만하다. 이는 대구가 당시의 수도인 경주보다 여러 면에서 유리한 조건을 갖추고 있었기 때문일 것이다. 오늘날 신천 서쪽의 달구벌은 도읍지로서 중요시되었고, 경상감영공원 인근의 달성토성은 왕궁의 유력한 후보지로 추측된다. 고려를 거쳐 조선시대에 들어와 8도제가 실시되었다. 대구가 경상감영 소재지가 된 것은 여러 요인이 있었겠지만, 위와 같은 역사적 측면도 아울러 고려되었을 것이다.

그러나 현재의 달성토성은 내부의 원형이 크게 훼손되었고, 성벽일부의 극히 단편적인 조사만 진행되었지 온전한 발굴조사와 같은 고고학적 조사가 이루어지지 않아 성벽이나 내부시설 등도 알지 못하는 실정이다. 이는 달성토성의 중요성에 비추어 볼 때 우리가 시급히 해결해야 할 과제이다.[53] 그래야만 대구의 자랑인 경상감영과 달성토성의 역사성을 회복하고 문화재를 활용한 관광활성화에도 크게 기여할 수 있을 것이라 생각한다.

V. 맺음말

지금까지 대구지역에서 발굴 조사되거나 수집된 유적과 유물 등 고고자료를 통해 대구지역의 고대정치체가 형성되는 기반과 그 과정을 살펴보고 대구의 중심지 유적은 달성토성이었다는 것을 추론하였다, 그것을 요약하면 다음과 같다

대구지역의 범위는 지형을 중심으로 분류하는 대구분지를 기본으로 하는데, 전체적인 지형은 남·북쪽이 높고 동·서쪽은 낮으며 중앙이 움푹한 전형적인 침식분지를 이루고 있는 대구분지를 말한다. 대구분지에 대한 이러한 인식은 자연지리적인 관점으로 협의의 대구분지를 의미하는 것처럼 보이지만, 여기서는 대구지역의 정치체들이 형성되고 변천되는 역사성을 고려하기 위해서 인문지리적인 관점을 더하여 살펴보았다. 그러므로 그 범위는 대구의 초기국가 형성과 관련된 고고유적과 유물이 출토되는 것을 감안하여 서남쪽은 낙동강과 금호강

이 합류하는 화원의 성산리고분군과 다사의 죽곡리고분군을 포함하는 지구이다. 북쪽은 금호강의 지류인 팔거천 유역인 팔달동고분군과 구암동고분과 동화천유역의 서변동유적을 포함하는 지구이며, 이 연장선상에서 봉무토성과 불로동고분군을 대구지역에 넣어 함께 다루었다.

대구지역에 처음 사람들이 살기 시작한 시기는 월성동 777-2유적에서 좀돌날석기를 포함한 석기 제작장이 조사된 바 있어 늦어도 후기 구석기시대부터이다. 이후 신석기시대 이후는 점차 대구분지 전역으로 확산되어갔다. 특히 대구의 청동기, 초기철시대를 거치면서 사람들이 하천변과 구릉지에 모여 살면서 취락을 형성하였다. 원삼국시대에 와서는 신천주변의 낮은 구릉과 대구분지의 중심인 내당동, 비산동 평리동의 구릉지대에서 동경, 동검, 동과 검파두식 등이 위세품이 발견되어 집단내에서 우세한 지배자가 나타났음을 보여주고 있다. 이와 함께 초기의 정치체 형성의 결정적 유적이 대구 팔달동에서 발굴 조사되었다.

대구지역에 존재했던 소국은 분명치 않으나 『삼국사기』 등에 나오는 다벌국多伐國, 혹은 달벌국達伐國이었으며, 이밖에 달구벌達句伐, 달구화達句火, 달불達弗 등으로도 불렸다. 이러한 이름들은 대구의 고총고분군 분포와 관련이 있는 것이다. 이 시기에 형성된 소국들은 도들막한 언덕에 토성을 쌓고, 평지의 농경지를 경작하면서 주변지역을 다스리는 초보적인 형태의 소국으로 대구지역에서 이러한 소국이 존재했던 곳은 대구 중심부의 내당동, 비산동, 평리동의 대구분지 중심지구, 화원지구, 팔달동지구, 불로동지구 등인데, 이들 지역에는 달성토성을 비롯하여 화원의 성산토성, 봉무동토성, 검단토성 등이 존재하고 있다. 또 이때의 고분으로는 앞서 말한 목관묘가 주류였으나 점차 정치권력이 확대 되면서 고총고분군으로 이어진다.

대구의 고총고분군은 달성토성과 달성고분군, 대명동고분군, 화원토성과 성산리고분군, 죽곡산성과 다사고분군, 팔거산성과 구암동고분군, 봉무토성과 불로동고분군 등이다. 이들 고분군과 정치세력을 유추해 보면 5세기후반까지는 대구지역 정치세력이 사실상 달구벌을 비롯한 팔거리, 다사지, 설화의 4개로 구성되어 있었다고 보는데, 역시 달성토성이 있는 달구벌이 정치적인 중심지로 그 이전단계의 국읍이며, 나머지 3개를 읍락으로 하는 정치세력을 형성하고 있었다. 그런데 필자는 여기에 불로동고분군 세력을 대구지역 세력에 포함시킨다.

달성토성은 대구지역의 정치세력의 국읍의 성으로써 중요한 의미를 갖는다. 달성토성에 대한 중요한 고고학적 조사는 1917년 도리이 류조鳥居龍藏의 성벽조사였는데, 신사참배로 개설을 위해 동쪽 성체를 절개하는 공사에서 발견한 유물포함층에 대한 조사로 성벽에 시굴트렌치를 넣어 토석 혼축임을 확인하였다. 그후 1968년 문화관 건립을 위한 성체를 제거하는 과정에서 발견된 유물포함층을 경북대학교 윤용진교수가 조사하였다. 이 조사결과 성벽의 안쪽 밑변은 27m, 성벽축조 높이는 6m이며, 모두 4개의 문화층이 조사되었는데, 출토유물로 보아 축조시기는 2세기 후반에서 4세기 전반으로 편년되었다. 그리고 성벽의 축조는 역시 판축형 토층과 함께 적석층이 나타나 토석 혼축으로 재확인되었다. 그러나 달성의 중요성에 비추어 달성내부에 대한 조사가 없어 달성의 전모는 알 수 없는 실정이다.

『삼국사기』에 의하면 261년(점해이사금 15년)에 달벌성達伐城을 쌓고 나마의 관등을 가진 군관이 성주로 파견된 사실은 대구의 정치, 군사적인 비중이 매우 높아졌다는 것을 말해주는 것이다. 한편 신라는 삼국을 통일한 후 689년(신문왕 9년)에 오늘날의 대구광역시 중심부인 달구벌로 수도를 옮기려 하였다. 비록 실행하지는 못하였지만, 달성의 위상을 상징적으로 보여주는 중요한 사실이다. 이후 17세기 경상감영이 대구부에 설치되면서 달성토성은 대구의 중심으로 중요성을 더하게 되었다. 그러나 현재의 달성토성은 내부의 원형이 훼손되었고, 성벽일부의 극히 단편적인 조사만 진행되었지 온전한 발굴조사와 같은 고고학적 조사가 이루어지지 않아 성벽이나 내부시설 등도 알지 못하는 실정이다. 그러므로 이제는 달성토성의 정밀발굴조사 등을 통해 달성의 위상을 찾아야 할 것이다.

미 주

1 李熙濬, 「대구 지역 古代 政治體의 형성과 변천」, 『嶺南考古學』 26(2000), pp. 79-117.

2 曹華龍, 「第一篇 第3章 地形」, 『大邱市史』 1卷(1995), pp. 37-51.

3 지방, 지역, 지구, 지점의 용어사용은 (이희준, 앞 논문(2000)의 용례를 따른다.

4 국립대구박물관, 『大邱 上洞支石墓 發掘調查 報告書』(2000).

5 嶺南文化財研究院, 『大邱 西邊洞聚落遺蹟』(2002).

6 청동기시대 이후는 많은 발굴조사보고서가 있어 특별한 경우를 제외하고 모두 생략한다.

7 尹容鎭, 「大邱市 晚村洞 出土의 青銅遺物」, 『考古美術』 7-11(1966).

8 尹容鎭, 「大邱의 初期國家 形成過程 -考古學的 資料를 중심으로-」, 『東洋文化研究』(경북대, 1974).

9 尹容鎭, 「韓國青銅器文化研究 -大邱 坪里洞 出土 一括遺物 檢討-」, 『韓國考古學報』 10·11 合集(1981).

10 嶺南文化財研究院, 『大邱八達洞遺蹟 I』(2000).

11 이청규, 「금호강 유역 〈국國〉의 형성과정에 대한 고고학적 시론」, 『금호강과 길(특별전도록)』(국립대구박물관, 2018).

12 김권구, 「대구지역의 초기철기시대-원삼국시대 사회구조와 위계형성」, 『제29회 영남문화재연구원조사연구회 발표자료집』(2016).

13 李熙濬, 앞 논문(2000).

14 이청규 외, 『금호강유역 초기사회의 형성』(학연문화사, 2015).

15 金元龍, 『韓國考古學概說』(一志社, 1986).

16 朱甫暾, 「新羅國家形成期 大邱社會의 動向」, 『韓國古代史論叢』 8(1996), pp. 83-146.

17 李熙濬, 앞 논문(2000).

18 咸舜燮, 「大邱 達城古墳群에 대한 小考 -日帝强占期 調查内容의 檢討-」, 『碩晤尹容鎭教授停年記念論叢』(경북대, 1996), pp. 345-375.

19 朝鮮總督府, 『昭和十三年度古蹟調查報告』(「大邱附近に於ける古墳の調查」齋藤忠, 1940).

20 尹容鎭 外, 『大邱의 先史文化-先史, 古代-』(慶北大學校博物館, 1990).

21 慶北大學校博物館, 『大邱 花園 城山里1號墳』(2003).

22 서라벌문화재연구원, 「대구낙동가람수변역사누림길조성사업부지내유적 발(시)굴조사 전문가 검토회의 자료」(2018).

23 대동문화재연구원, 「대구 죽곡 한신 休 플러스 공동주택부지 발굴조사 약보고서」(2015).

24 慶尙北道文化財研究院, 『大邱 汶山淨水場建設敷地 內 達城 汶山里古墳群 I 地區-大形封土墳1~4號-』(2004).

25 金宅圭·李殷昌, 『鳩岩洞古墳發掘調查報告書』(嶺南大學校博物館, 1978).

26 영남문화재연구원, 「대구 구암동고분군 1호분 발굴성과 보고회」(ppt자료, 2016).

27 尹容鎭 外, 『大邱의 先史文化-先史, 古代-』(慶北大學校博物館, 1990).

28 慶尙北道文化財研究院, 『大邱 不老洞古墳群 發掘調查報告書 -91·93號墳-』(2004).

29 嶺南大學校博物館, 『慶山林堂地域古墳群』 I (1991).
　嶺南大學校博物館, 『慶山 林堂遺蹟』 I ~VI(1998).
　嶺南文化財研究院, 『慶山林堂洞遺蹟』 I (1999).
　국립대구박물관, 『압독 사람들의 삶과 죽음』(특별전 도록)(2000).

30 尹容鎭·李浩官, 『大邱伏賢洞古墳群 I』(慶北大學校博物館·大邱直轄市, 1989).

31 國立大邱博物館, 『大邱 斗山洞古墳 發掘調査報告書』(1999).

32 『三國史記』卷二 新羅本紀 二 沾解尼師今條
十五年 春二月 築達伐城 以奈麻克宗爲城主.

33 李熙濬, 앞 논문(2000).

34 『三國史記』卷三十四 地理1, 良州條. 壽昌郡壽一作嘉 本喟火郡 景德王改名 今壽城郡 領縣四 大丘縣 本達句
火縣 景德王改名 今因之 八里縣 本八居里縣一云北耻長里 一云仁里 景德王改名 今八居縣 河濱縣 本多斯
只縣一云沓只 景德王改名 今因之 花園縣 本舌火縣 景德王改名 今因之.

35 김용성, 『新羅의 高塚과 地域集團 -大邱·慶山의 一例-』(춘추각, 1998).

36 주보돈, 「三韓時代의 大邱」, 『大邱市史』1(1995).

37 李熙濬, 앞 논문(2000).

38 朱甫暾, 「新羅國家形成期 大邱社會의 動向」, 『韓國古代史論叢』8(1996), pp.83-146.

39 李熙濬, 「경산 지역 고대 정치체의 성립과 변천」, 『嶺南考古學』34(2004), pp.5-34.
金龍星, 「慶山·大邱地域 三國時代 古墳 階層化와 地域集團」, 『嶺南考古學』6(1989).

40 『三國史記』卷三十四 地理1, 良州條. 獐山郡 祇味王時 伐取押梁一作省小國 置郡 景德王改名 今章山郡 領縣
三 解顔縣 本雉省火縣一云美里 景德王改名 今因之 餘粮縣 本麻珍一作彌良縣 景德王改名 今仇史部曲 慈
仁縣 本奴斯火縣 景德王改名 今因之

41 國立大邱博物館, 『大邱 達城遺蹟 Ⅰ-達城 調查報告書-』(2014).

42 尹容鎭, 「大邱達城 城壁調查」, 『考古美術』9-11(1968).

43 대동문화재연구원, 「대구 달성 정비·활용 시범사업부지 내 유적 시굴조사 약보고서」(2016).

44 대동문화재연구원, 「대구 달성 공영주차장 조성부지 내 유적 정밀발굴조사 약보고서」(2017).

45 대동문화재연구원, 「대구 비산동(406-9번지) 커뮤니티센터 건립부지 내 유적 정밀발굴조사 약보고서」
(2017).

46 대구광역시중구·한국전통문화학교 전통조경연구소, 『대구 달성토성 정비복원 기본계획』(2009).

47 김세기, 「고분자료로 본 삼국시대 성주지역의 정치적 성격」, 『신라문화』43(2014).

48 朱甫暾, 앞 논문(1996).

49 朱甫暾, 앞 논문(1996).

50 이에 대하여 박보현은 지정토론에서 달벌성주가 군관이라는 명확한 근거는 없다고 지적하고 있다.

51 朴普鉉, 『위세품으로 본 고신라사회의 구조』慶北大學校博士學位論文(1995).
咸舜燮, 「大邱 飛山洞37號墳 2石室 出土 冠」, 『古代研究』4(1995), pp.97~100.

52 大邱市史編纂委員會, 『大邱市史』第一卷(通史)(1995).

53 대구광역시중구·한국전통문화학교 전통조경연구소, 『대구 달성토성 정비복원 기본계획』(2009).

대가야의 또 다른 이웃들

대가야의 근처에 있는 이웃들은 압독국의 옛터 경산, 이서국의 옛터 청도, 소문국의 옛터 의성과 대가야와 조금 멀리 떨어진 울릉도, 독도가 있다. 이들 지역은 대가야와 직접 관련은 없지만 옛날 소국으로 있다가 대가야보다 이른 시기에 신라에게 복속되어 신라화된 곳으로 지역적 특색을 가지고 있다.

대가야는 고대국가까지 갔다가 6세기 후반(562년)에 신라에 멸망하였으나, 대가야의 독특한 문화를 간직하고 있는 점에서 이들 대가야의 또 다른 이웃들은 의미가 있는 지역이다. 즉 경산의 임당유적은 신라가 백제나 고구려로 북서진 하는 교통로로서의 중요성을 가지고 있다. 청도 또한 신라가 낙동강을 넘어 대가야를 병합하고 백제지역으로 서진하는 군사거점지역으로서의 역할을 하는 곳으로, 이러한 양상이 고고유적에서도 그대로 나타나고 있다.

그리고 의성지역은 신라왕실의 직할지로서 북으로 통하는 교통의 결절지結節地 역할을 하면서 왕실에 금을 공급하는 중요한 지역이었다. 한편 울릉도, 독도는 6세기 초 진흥왕 6년(512년) 강릉에 설치된 하슬라주何瑟羅州 군주軍主인 이사부異斯夫 장군이 점령한 이후 신라에 복속된 이래 계속하여 신라영토가 된 지역으로 여러 가지 곡절이 있었지만 고고학적으로 보면 엄연한 한국의 영토이다.

1. 경산 압독국과 임당고분군의 위상

Ⅰ. 머리말

압독국은 고대 경산지역에 존재하였던 삼한소국의 하나로 인식되고 있으며, 임당고분군의 발굴로 그 실체가 확인되었다고 할 수 있을 것이다. 특히 임당지역에는 2세기 무렵부터 1,000여년간 지속적으로 분묘가 축조되어 장기간에 걸친 지역집단의 성장과 변천과정을 알 수 있는 매우 중요한 고고, 역사 자료로 되어 있다. 이러한 유적의 사례는 우리나라에서 임당유적이 거의 유일한 자료일 것이다. 압독국의 정치적 변화와 문화양상은 문헌사료에서는 찾기가 어렵고, 또한 압독국에 대한 연구는 임당유적을 제외하고는 논의할 수 없을 만큼 임당유적의 고고학적, 역사적 위상은 매우 중요하고도 다양하다고 하겠다.

그러나 임당고분군의 고총고분들이 바로 압독국 지배층의 고분은 아니라는 것도 인식할 필요가 있다. 즉, 임당고분군은 삼한 소국의 하나인 압독국 정치체의 고분에서 시작하였지만, 5세기 고총고분은 신라의 간접지배를 받으며 성장하는 지역정치체의 고분군인 것이다. 이러한 신라지역에 지역별로 존재하는 고총분들의 형성은 달벌국의 대구 비산동·내당동고분군, 소문국의 의성 금성산고분군, 성산가야의 성주 성산동고분군이 같은 성격의 고분군이다. 한편 같은 시기 소국인 이서국이 있었던 청도지역은 고총고분군이 조영되지 않아 일반적 현상과 다른 양상을 보이고 있어, 지역의 고대문화의 다양성을 나타내고 있다. 따라서 이글에서는 경산의 임당고분을 중심으로 의성 금성산고분군과 청도 성곡리고분군을 비교하여 지역의 고대문화를 이해하고, 경산 임당고분군의 위상을 살펴보기로 한다.

II. 압독국押督國과 임당고분군

1. 영남지역의 소국 형성과 압독국

한반도 남부지역은 기원전 1세기에 들어가면서 고조선 혹은 낙랑지역 주민들의 유이민 파동에 의해 발달된 중국 한漢의 철기문화가 급속히 전파되고, 농경을 비롯한 철기제작기술의 발달로 정치체 사이의 정복과 통합이 활발히 일어나게 되었다. 철기문화와 함께 무문토기가 주류이던 토기 제작기술에도 한의 발달된 회도문화灰陶文化의 영향을 받아 와질토기라는 새로운 토기가 등장하게 되었다. 이러한 징후들을 고고학에서는 국가가 만들어지는 단초로 이해하고 있다. 이시기의 문화상을 잘 보여주는 것이 창원의 다호리 유적이다. 다호리유적에서는 『삼국지』가 보여주는 삼한의 국가형성 징후를 그대로 확인시켜주고 있는데, 한국식동검문화의 전통을 확실히 계승하면서도 철제의 무기류, 농공구류 등이 다량 출토되었고, 또 철기제품들은 단조품과 주조품이 모두 섞여있어 철기제작기술이 상당히 발달하였음을 보여주고 있다.

이와 같은 급격한 변화를 가져온 한국형동검과 철제무기 및 무엇보다 중요한 철제 농공구 등이 대량으로 출토되는 유구가 목관묘라는 새로운 묘제라는 점이다. 종래까지 청동유물이 출토되었던 유구는 지석묘이거나 그 하부구조라고 생각되는 석관묘였다. 그러나 목곽묘는 구덩이를 파고 목관을 안치하는 묘제로 지석묘나 석관묘와는 성격이 다른 새로운 묘제로 주민의 성격이 다르거나 매우 급격한 사회변화를 반영하는 묘제이다. 이와 함께 이들 목관묘는 낮은 구릉에 집단적으로 조영되는 경향을 보이고 있다. 이러한 변화는 주민의 집단적 이동에 의한 정복이거나 문화의 변동으로 파악되고, 이것이 한반도 북부의 위만조선의 멸망과 유이만 파동과 연계된 것이라는 인식이 지배적이다.

이러한 초기국가 형성의 징후는 대구 팔달동 유적에서도 나타나고 있어 금호강 유역의 대구지역이 다른 지역 보다 빠른 시기에 소국이 형성되었다고 생각된다. 이러한 대구지역의 문화적 영향은 경산 임당동을 비롯한 고령, 성주지역 등 삼국시대 고총고분군이 분포하는 지역에 나타나게 된다. 그 대표적인 예가 임당 유적을 중심으로 한 압독국이라 할 수 있다.

이러한 소국이 성립하여 발전하는 시기인 기원전후에서 A.D. 300년 사이를 문헌사학에서는 삼한시대三韓時代, 고고학에서는 원삼국시대原三國時代라고 한다. 삼한시대란 한반도 남부에 한정되는 개념이므로, 고고학에서는 한반도 전체를 포괄하는 유적과 유물을 중심으로 삼국이 성립되는 원초적 삼국시대라는 의미에서 원삼국시대라 부르는 것이다.[1]

따라서 원삼국시대란 용어는 주로 고고 유적이나 유물을 중심으로 이해하는 것이고, 삼한시대란 말은 중국의 역사서인『삼국지』위지 동이전에 나오는 마한, 진한, 변한의 삼한소국이 존재하는 시기라는 의미이다. 이 삼한 중 영남지방에는 진·변한 24개국이 존재한 것으로 되어 있지만, 위치에 대한 설명이 없고『삼국사기』에 나오는 소국의 명칭과 일치하는 것도 별로 없어, 소국의 정확한 위치를 알기 어렵다. 그런 소국들이 경산의 압독국, 의성의 조문국, 청도의 이서국, 안강의 음즙벌국, 흥해(혹은 삼척)의 실직국, 영천의 골벌국, 김천의 감문국 등이다.[2]

이와 같이 압독국押督國은 진변한 지역에 자리 잡고 있던 삼한의 여러 소국 중의 하나였으며, 압량국押梁國이라고도 표기된다. 지금의 경산시 임당동에 그 중심지가 있었던 것은 잘 알려진 사실이다.〈그림 1〉

압독국은『삼국사기』권1 파사이사금 23년(102)조에는 압독국이 안강 북쪽의

〈그림 1〉 임당지역 유적전경과 적석목곽분

해안에 있었던 실직곡국과 함께 신라에 투항한 것으로 되어 있고, 4년 뒤인 파사이사금 27년(106)에는 이 지역을 진휼하기 위하여 1월부터 3월까지 3개월간 왕이 직접 와서 머무른 사실이 기록되어 있다. 그리고 일성이사금 13년(146)조에는 압독이 반란을 일으키자 군사를 발하여 평정하고 그 나머지 세력들을 남쪽지방으로 이주시켰다고 기록되어 있다.[3]

그러나 같은 『삼국사기』 권34 지리지 장산군조獐山郡條와 『삼국유사』 왕력편 지마왕조에는 안강의 음집벌국과 함께 압량국을 정벌한 것으로 되어 있다. 한편 『신증동국여지승람』 권27 경산현慶山縣 건치연혁조에 의하면 경산은 본래 압량소국으로 신라 지미왕祗味王(지마이사금)이 이를 멸망시켜 군을 설치하고 경덕왕대에 장산으로 개칭하였다고 한다.

이처럼 기록에 따라 차이가 있으므로 압독국이 언제 신라에 병합되었는지 알수 없으나 이들 기록들을 종합하여 보면 압독국은 압량국, 압량소국으로 불려지기도 하였으며, 지금의 경상북도 경산지역에 있었던 초기의 정치집단으로 2세기 초엽에 사로국의 파사, 지마왕대에 흡수, 통합되었다고 볼 수 있다.

그리고 648년(진덕여왕 2)에 김유신金庾信이 압독주도독押督州都督으로서 어려운 시기에 신라방어에 큰 구실을 하였고, 또 신라불교에 큰 공적을 남긴 원효元曉가 압독출신이었다는 점 등으로 미루어보아 압독국 시기에는 독립된 세력으로, 또 신라에 병합된 뒤에는 신라발전에 한 몫을 담당하였던 곳이라 짐작된다.[4]

2. 압독국의 형성과 임당지역 고분군

압독국의 성립과 발전, 신라에 복속된 이후의 과정을 여실히 보여주는 고고자료가 임당지역 고분군이다. 임당지역 고분군은 경산시 임당동과 조영동, 압량면 부적리에 걸쳐 분포하는 것으로 임당동 고분군, 조영동 고분군, 부적리 고분군으로 나뉘어 불리기도 하는 대단위 고분군이며 경산지역을 대표하는 중심고분군이다.[5]

고분군이 위치한 곳은 경산의 남부 산지에서 동측에는 오목천, 서측에는 남천을 두고 중간에 북으로 금호강을 향해 뻗는 압량구릉의 말단부 능선들이다. 이 고분군은 먼저 영남대학교박물관에 의하여 3차례 발굴조사가 실시되었고, 1차례의 시굴조사를 거친 다음, 다시 영남매장문화재연구원과 한국문화재보호재단에 의하여 전면적인 발굴조사가 시행되었다.

고분들은 목관묘, 목곽묘, 적석목곽묘, 암광목곽묘, 옹관묘, 수혈식석곽묘, 횡구식석실묘, 횡혈식석실묘 등 다양한 묘제로 축조되어 있었다. 이 묘제들은 대략 주묘제가 사용된 시기에 따라 목관묘단계, 목곽묘단계, 고총단계, 횡형식석실묘 단계로 나누어 살펴볼 수 있다.

목관묘단계는 목관묘가 주묘제로 채택되고 여기에 옹관묘가 덧붙여져 축조되던 시기로 대략 B.C. 2세기 무렵부터 A.D. 2세기 중엽 무렵까지에 해당된다. 목관묘는 대부분 능선의 하단부를 따라 축조되었는데, 목관 위에는 봉토를 씌운 것으로 보이지만 봉토가 남아 있는 것은 없었다. 목관은 통나무관을 사용하고 목관의 하부에 요갱을 설치한 것(조영1B-7호)도 있었으나, 대부분은 판재로 결구한 조립식으로 판단된다.

목관묘에서는 세형동검, 청동제검파두식, 철검, 철모 등의 무기류, 낫, 도끼 등의 철제 농공구류, 각종의 후기 무문토기와 고식의 와질토기류, 동경편이나 문양동기를 사용하여 제작한 원통형동기 등이 출토되었다. 이 가운데 A-I-147호에서 출토된 원통형동기에는 '臣樂'이란 명문이 새겨져 있어 주목된다. 이러한 목관묘를 축조한 사람들이 소국을 형성하는 정치세력으로 등장한 것으로 보인다.[6]

목곽묘단계는 목곽묘가 주묘제로 채택되고 여기에 옹관묘, 적석목곽묘 등이 덧붙여져 축조되던 2세기 중엽부터 4세기 중엽 무렵까지의 시기이다. 이 시기의 무덤은 대부분 능선의 정상부와 그 주변에 자리 잡고 있다. 장방형의 묘광 안에 목곽을 설치하고 목곽과 묘광 사이에 흙을 채운 것이 주류이고 이들은 반지하식이란 특징이 있다. 묘형은 주부곽식과 단곽식으로 나누어지는데, 주부곽식의 경우 세장한 목곽의 내부에 격벽을 설치한 세장방형이 주류를 이룬다. 이 목곽묘는 대형의 경우 6m 이상의 길이를 가진 것이 있고 일부에서는 순장殉葬의 흔적도 발견된다. 이 단계의 출토유물로는 신식의 와질토기와 조기의 신라토기, 갑옷과 큰칼을 비롯한 낫, 도끼 등의 각종 철기류 및 옥玉으로 된 장신구가 있다.

고총단계는 이 지역의 특수한 묘제인 암반을 굴착하여 구덩이를 만들고 그 안에 목곽을 설치한 암광목곽묘를 위주로 하여 적석목곽분, 수혈식석곽묘, 횡구식 석실분, 옹관묘 등이 축조되던 4세기 후반부터 6세기 전반에 해당한다. 이 단계의 묘들이 가장 많이 조사되었는데 이들 가운데 대형묘들은 앞 시기의 분묘들을 파괴하고 들어선 특징이 있다. 이 단계의 주된 묘제인 암광목곽묘는 기반암인 청석암반을 파서 만든 것으로, 전시기의 목곽묘와 달리 지하식이다. 그리고 능선의 아래쪽에서 위로 올라가면서 순차적으로 축조되었는데 대형의 경우 길이, 너비, 깊이가 4.0×2.0×4.0m 내외의 장방형 주곽을 동쪽에, 4.0×4.0×1.5m의 방형 부곽을 서쪽에 배치하여 '昌'자형 모양이 대부분이며, '明'자형으로 배열한 경우도 있다. 이 주부곽을 중심에 두고 원형 또는 반원형의 호석을 돌리고 위에는 봉토를 쌓았는데, 대략 직경 18m, 높이 4m 정도이다.[7]〈그림 2〉

이 시기의 대형묘에서는 금동관, 금동제 또는 은제관식, 금제귀고리, 금이나 은제의 반지, 금동제팔찌, 은이나 금동제의 허리띠, 금동신발 등의 화려한 장신구는 물론 금동제환두대도, 갑옷과 투구를 비롯한 각종 무기류, 금속용기류와 다종다양한 토기류 및 각종 철제이기류가 출토되었다.[8] 그리고 대형분에서는 주피장자 외에 주곽의 경우 1~5인, 부곽의 경우 1~6인의 순장된 인골들이 출토되었다. 또 출토된 각종 토기 안에는 닭뼈를 비롯한 가축뼈와 조가비, 그리고 상어뼈를 비롯한 생선뼈들이 남아 있었다.[9]

석실분단계는 이곳의 주묘제로 횡혈식과 횡구식의 석실분이 축조된 시기이다. 석실분은 앞 시기의 암광목곽묘들과 같은 대형분은 없었고 가장 큰 것이 직경 15m 내외의 중형분이었다. 석실의 대부분에서는 추가장한 흔적이 나타났는데 많은 경우는 7차례 또는 9차례의 추가장이 행해졌다.

임당지역 고분군은 대략 B.C. 2세기경부터 A.D. 8세기 무렵까지 축조된 것으로 초기철기시대부터 이곳에 자리한 경산지역 지배집단의 고분군으로서 이들이

〈그림 2〉임당고총의 주묘제(5,6,7호분)와 암광목곽분(조영CⅠ-1호분)

성장하여 쇠퇴하는 과정을 잘 보여준다고 할 수 있다. 이곳은『삼국사기』등에 보이는 압독국 또는 압량소국이 위치한 곳으로, 임당지역 고분들 가운데 대형분은 이러한 정치집단의 지배층들이 축조한 것으로 볼 수 있다.

3. 임당고분군의 대표적 고총

임당지역 고분군은 1982년 이래 많은 고분이 발굴조사 되었는데, 그 중에서 사적300호로 지정된 임당동 2호분과 5, 6, 7호분에 대한 것을 중심으로 살펴 보겠다. 이 고분4기는 임당고분군 가운데 서측에 위치한 고분군으로, 크게 보아 조영동 고분군과 하나로 연결되어 있다. 고분군에는 모두 7기의 대형봉토분이 분포하고 있는데, 이들은 단일의 원형분으로 보이는 것들도 있으나 몇 기의 무덤을 가진 각 봉토들이 연결되어 하나의 커다란 동산과 같은 형태를 취하게 된 것도 있다. 이 가운데 4기(2호, 5~7호)가 1982년 영남대학교박물관에 의해서 발굴조사되었다.[10]

조사결과 2호분은 남분과 북분으로 구성된 표형분(瓢形墳)이었고, 5~7호분은 6개의 봉분이 이어져 하나의 동산과 같이 거대한 봉분으로 보이게 된 다곽식이었다. 각 단일 무덤의 봉분의 크기는 저경이 17~20m, 높이 4m 내외 정도였다.

묘제는 암광목곽묘가 중심으로 이곳의 기반암인 청석암반층을 파서 무덤구덩이를 만들고 거기에 목곽을 설치한 것이다. 이것들은 단곽식도 있었으나 장방형의 주곽과 방형의 부곽을 '창틀'자형으로 배치한 주부곽식이 많았다. 또 지상에 깬돌과 냇돌로 쌓아 올린 장방형의 현실에 짧은 연도를 둔 횡혈식석실묘도 1기 조사되었다. 여기에서는 금동관과 관식, 금제귀고리, 은제허리띠, 금동제신발, 금·은제반지 등의 화려한 장신구와 금동제환두대도, 은장식철모, 금동제화살통장식 등의 무구류, 금동제와 철제의 각종 마구류, 삼두마고배를 비롯한 각종 토기류 등 많은 유물이 출토되었다. 특이한 것은 각 무덤에 피장자의 인골들이 고스란히 남아 있었는데, 대형의 무덤들에는 주곽과 부곽에 각각 여러 명을 순장시킨 순장묘였다.[11]

한편 영남문화재연구원에 의해 조사된 북편 능선에서는 주곽과 부곽을 갖춘 대형의 적석목곽묘 2기가 외견상 하나의 봉토 안에 축조된 것(임당G-5·6호)이 있었는데 이것은 임당지역에서 가장 빠른 시기에 출현한 고총으로 주목되고 있다.[12]

Ⅲ. 의성 소문국召文國과 청도 이서국과의 비교

1. 의성 소문국과 금성산고분군의 성격

의성의 소문국도 경산의 압독국이나 영천의 골벌국, 청도의 이서국과 같이 경북지역에 있었던 삼한 소국의 하나이다. 의성지역에서 지금까지 발굴 조사된 고총고분이 분포하고 있는 탑리고분, 학미리고분, 대리리고분들은 행정구역상 분리하여 구분하고 있지만, 사실은 이들 모두가 금성산에서 뻗어 내려오는 작은 구릉에 입지하는 같은 성격의 고분군이라 할 수 있다. 따라서 이들을 모두 합쳐 금성산고분군으로 통칭하고 있다.. 이 금성산고분군의 묘제와 출토유물을 통한 의성지역 고분군의 성격을 다음과 같이 정리할 수 있다.

의성의 탑리고분, 대리리 5호분, 대리리3호분, 대리리 2호분 모두 이 지역 최

〈그림 3〉 의성 금성산고분군과 출토유물

대의 고분으로 묘제는 모두 적석목곽분 혹은 변형적석목곽분이다.[13] 다만 학미리 2호분은 적석목곽분으로 묘제는 같지만 규모나 유물로 보아 최고고분은 아니다. 또한 고분의 축조방법은 선축한 봉토를 절개한 후 새로운 묘곽을 설치한후 하나의 봉토로 만드는 다곽분의 형식이다. 이와 같은 적석목곽분 전통은 경주지역를 중심으로 조영된 묘제로 외곽으로는 영해의 괴시동고분이 동해안 북단이며, 서쪽으로는 경산 임당동고분군, 북쪽으로는 영천 신령의 화산리고분을거쳐 의성 금성산고분군이 가장 원거리 적석목곽분묘제 지역이라는 점이다. 이것은 신라 김씨 왕권의 상징적 묘제이며, 신라의 전략적 거점지역에만 적석목곽분이 조영되었다는 점에 큰 의의가 있는 것이다.

신라식 출자형 금동관이 출토되는 경산 임당동 고분, 대구 내당동고분, 성주성산동고분, 그리고 의성에서 가까운 선산 낙산동고분, 의성식토기가 출토되는안동 조탑동 고분은 모두 적석목곽분을 조영하지 않고 수혈식석실분 안에 경주에서 사여한 위세품이 부장되는 것과 비교하면 금성산고분군의 중요성을 알 수있을 것이다. 〈그림 3〉

1. 청도 이서국伊西國과 유적의 성격

청도지역에 위치하였던 이서국에 대한 『삼국사기』의 기록을 보면 '신라 유례 이사금 14년(297년)에 이서고국伊西古國이 신라 금성을 공격하여 신라군이 군사를 크게 모아 적을 막았으나 이서국 군대를 막지 못하였는데, 갑자기 머리에 대나무 잎을 꽂은 수많은 군사가 나타나 신라군과 함께 이서국 군대를 물리쳤다'고 한다. 나중에 보니 군사는 간 곳 없고 선왕인 미추왕릉에 대나무 잎이 쌓여 있었다는 것이다. 그리하여 신라 사람들은 미추왕味鄒王의 음덕으로 강력한 이서국 군대를 물리칠 수 있었다고 여기게 되었다고 한다.[14]

신라의 수도를 공격할 정도의 강력한 군사력을 가지고 있었던 이서국이 존재했다면 거기에 상응하는 고고유적이 존재하는 것이 일반적이다. 특히 경산의 압독국이나 의성의 소문국에서 보는 바와 같이 소국이 있던 지역에는 고총고분군이 존재하는 것이 일반적이다.

그러나 청도지역에는 그러한 고총고분군은 물론 중소형의 봉토분도 존재하지 않을 뿐만 아니라 출토유물에서도 금동관과 같은 최고급 위세품이 출토되지도 않는다. 그것은 이서국의 지리적 입지와 신라와의 관계에서 찾아야 할 것이다.

즉 청도천 중류의 진라리 유적을 보면 청도지역은 청동기시대 후기까지는 대규모 취락과 출토유물로 보아 상당한 정치체를 형성할 수 있는 기반이 확립되어 있었다. 그러므로 이서국이 형성될 당시는 상당한 세력의 정치력을 유지하고 있었다고 생각된다.

청도천 유역에는 청도지역에서 가장 대규모의 지석묘군인 청도 범곡리지석묘군을 비롯하여 주변의 진라리, 송읍리, 원정리, 무등리, 지석묘군이 모두 청도천의 중심지역인 화양읍의 범곡리, 송북리, 소라리, 진라리로 연결되어 청도지역에서 가장 넓고 중요한 지역이 되었던 것이다. 특히 각남면 화리 유적에서 조사된 묘역지석묘는 화양읍 진라리 유적과 함께 청도천 유역에 유력한 정치체가 형성되었음을 확실히 보여주고 있다고 하겠다. 그러므로 청도지역의 경우 진라리유적을 비롯한 화리 묘역지석묘군으로 볼 때 청동기시대 후기에는 청도천 중

〈그림 4〉 청도천 유역의 경관과 성곡리 소형묘 분포도

류지역에 이서국과 같은 읍락국가가 성립될 수 있는 충분한 고고학적 기반이 형성되었다고 할 수 있다.[15]

　그러나 청도지역에는 삼국시대 고총고분군이 존재하지 않는 것이 고고학적 특징이라 할 수 있다. 청도지역에서 가장 대규모 고분군인 성곡리고분군에서는 306기의 삼국시대 석곽묘가 발굴조사 되었으나 봉토분은 1기도 없고, 출토유물도 대부분이 토기류와 농공구가 주류이고 장신구는 금제귀걸이 정도였다.〈그림 4〉

　위에서 살펴 본바와 같이 소국이 존재했던 지역에는 경산 임당동고분군이나 의성 금성산고분군과 같이 삼국시대 고총고분군이 자리 잡고 있는 것이 일반적 현상이지만 이서국이 존재했던 청도지역의 경우 고총고분이 전혀 존재하지 않고 있다. 그 이유는 무엇일까? 이는 청도의 지정학적 위치와 신라의 가야방면으로의 진출과 관련해 추론해 볼 수 있다.

　이서국의 경우 『삼국유사』에 의하면 처음부터 신라에 투항해 오지 않고 건무 18년(42년)에 이서국을 정벌하는 것으로 나와 있다. 그러므로 이서국의 경우는 자신들의 강한 청동기시대 배경을 믿고 신라에 우호적이지 않았던 것으로 생각된다. 그러므로 신라에서도 토착세력을 통한 간접지배 방식을 실시하지 않고 바로 직접지배 방식을 택한 것이다. 토착지역의 유력세력을 통한 간접지배방식을 실시하지 않을 경우는 철저하게 토착세력을 분해하거나 강한 군대를 주둔시키게 되므로 지방의 유력자가 정치적 특권이나 지배력을 유지하지 못하였으므로 고총 고분을 조영할 수 없었던 것이라고 생각된다.

신라가 이서국에 대하여 이렇게 직접지배를 실시한 것은 신라에 반항적이기도 했지만, 지리적으로 창녕으로 연결되는 통로이면서 장차 낙동강 건너 고령, 함안 등 가야지역으로 진출하기 위한 교두보로서의 역할이 매우 중요한 지역이었기 때문이었다고 생각된다. 신라는 이 지역을 직접 지배함으로써 창녕지역과 고령의 대가야를 비롯한 가야지역으로의 진출을 위한 전략적 거점을 확보하려한 것으로 판단된다.[16]

V. 압독국에서 임당고분군의 위상

신라는 초기 영토 확장 단계에서 주변지역에 대한 지배방법에 차이가 있었다. 신라의 주변 소국 병합이후 지방지배의 유형은 첫째 의례적인 공납 등의 형식으로 신속을 표하고 그 대가로 거의 완전한 자치를 허용하는 경우와 둘째 당해 지역의 유력세력을 신라에 맞게 재편하여 자치를 허용하는 경우 셋째 피복속 지역의 유력세력을 중앙으로 이주시켜 귀족화 시키고 원래의 지역은 재편하여 식읍 형태로 그에게 지급하여 지배하는 경우와 넷째 피복속지 가운데 중요한 군사요충지에는 중앙에서 파견한 군관을 상주시켜 직접 지배하는 경우가 있었다고 한다.[17]

그런데 위의 4가지 방법 중 위의 세 가지는 모두 지방 토착세력의 자치와 권위를 인정하면서 신라 중앙정부에서는 공납과 같은 일정한 이득을 취하는 방법인데 네 번째 방법은 토착세력을 완전히 없애거나 지배세력으로서의 역할을 완전히 배제하는 방법인 것이다. 그런데 필자가 생각하기에는 직접지배를 실시하는 지역은 군사적 요충지와 함께 신라의 지배에 심하게 저항하거나 반란을 일으키는 지역도 포함하였다고 생각한다.

경산의 압독국이나 삼척의 실직국의 경우는 파사이사금 23년에 스스로 신라

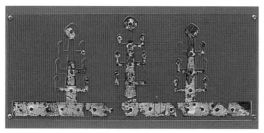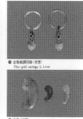

〈그림 5〉 경산 임당동 7호분 금동관과 위세품

에 항복하여들어 왔다가 다시 2년 뒤에는 반란을 일으켜 군대로 토벌하고 나머지 무리를 남쪽의 지방으로 이주시키고 있다. 그러므로 이 두 지역의 경우는 유력자를 재편하여 자치를 허용하는 방법을 사용한 것이다. 경산 임당유적에 고총고분이 조영되고 그 고분에서 신라중앙정부에서 분여한 금동관이 출토되는 것이 이 사실을 말해주는 것이라 할 수 있다.[18]〈그림 5〉

경산지역의 삼국시대 고분군은 임당고분군을 중심으로 신상리고분군, 북사리 · 교촌리 고분군 등 고총고분이 3개지역군으로 위계를 이루며 분포되어 있다. 이들 중 경산지역의 고대 정치체를 형성한 중심세력은 유적의 규모와 출토유물의 질과 양면에서 월등히 우수한 임당동고분군세력이다. 따라서 경산지역의 정치체는 이와 같은 3~4개 지역집단으로 이루어진 것으로 파악된다.[19]

임당지역 고분군의 분묘형성은 무문토기가 출토되는 목관묘 단계로부터 와질토기와 철기가 부장된 목관묘와 목곽묘로의 발전에 이어 수혈식 석실의 대형봉토분으로 단계적 발전과정을 거치고 있다. 이 단계적 발전과정에서 일정한 분포정형과 유물의 성격이 몇 개의 군집을 이루고 있고 이들 군집이 점차 하나의 세력으로 통합되어 가는 경향을 보이고 있다.[20] 이는 압독국이 신라에 복속되어 신라화 하는 과정으로 생각된다. 같은 임당지역 고분군 중에서도 임당동 2호분 및 5~7호분 지역에서 조영동, 부적동 고분군으로 중심군이 점차 변화하는 것은 신라의 지방지배 방식을 보여주는 좋은 예로써 임당고분군의 성격을 말해 주는 것이라 하겠다.

한편 경산 지역의 중요한 고분군을 통해 임당지역 고분군의 위상을 살펴볼 수 있다. 진량읍 신상리고분군은 임당동고분군에서 8km 떨어진 고분군으로 낮은 구릉에 중소형 봉토분이 밀집 분포되어 있는데 모두가 경주식 적석목곽묘로 밝혀졌다. 이러한 사실은 임당고분군에 보이는 일부 중요한 적석목곽묘와 함께 신라의 중심세력과 관련이 깊은 현상으로 파악된다. 또한 임당동고분군에서 동남쪽으로 8km, 신상리고분군에서 남쪽으로 같은 거리에 있는 자인면 북사리, 교촌리고분군은 와질토기가 출토되는 목관묘로부터 봉토직경 20m이상의 대형 봉토분과 적석목곽분이 포함되어 있을 뿐만 아니라 초기에는 임당동유적과 같은 양식의 토기와 철기가 출토되고 있으나 5세기 전반의 봉토분에서는 중심읍락에서만 출토되는 은제과대 등 신라식 복식품이 출토되고 있다.

그러나 이러한 북사리, 교촌리고분 장신구는 신라의 왕실에서 직접 분여한 것은 아닌 것으로 판단된다. 따라서 경산지역의 고대정치체를 구성하고 있는 중심집단인 임당고분지역과 하위 지역집단인 북사리, 교촌리고분군 집단의 위계와 상호관계는 큰 변화 없이 지속되었던 것으로 볼 수 있다. 따라서 임당지역 고분군의 위상은 신라의 지방지배에서 매우 높은 지위를 유지한 것으로 생각된다.

VI. 맺음말

지금까지 경산지역에 존재했던 삼한 소국의 유력한 세력이었던 압독국과 관련된 임당지역 고분군의 내용과 성격을 살펴 보고, 압독국에서 임당동 고분군의 위상이 어떠했는지 비슷한 삼한 소국이 존재하였던 의성지역과 청도지역의 삼국시대 고분군과 기타 고고자료를 통해 살펴 보았다.

그 결과를 요약하면 다음과 같다.

1) 압독국의 중심지였던 임당지역에는 기원전 2세기부터 목관묘, 목곽묘, 적석목곽묘, 암광목곽묘(수혈식고분), 옹관묘, 횡구식, 횡혈식석실분 등 1000여년간

분묘가 축조되어 왔으며,

　이는 압독국과 신라의 지방지배 방식과 고분의 변화상을 잘 보여주는 매우 중요한 자료이다.

　2) 경산 지역과 비슷한 여건을 가진 의성의 금성산 고분군은 조문국과 관련된 고분군이나 역시 신라의 지방지배 방식의 하나를 보여주는 자료이며, 신라의 한강유역 진출의 중요한 교통로와 고구려와 관련된 의미 있는 고분군이다.

　3) 청도의 이서국 관련 고총고분은 존재하지 않고, 중소의 석곽묘군만 존재하고, 관모와 같은 위세품이 존재하지 않는 고고학적 특징을 보이고 있는데, 이는 역시 신라의 지방지배 방식의 하나인 군사요충지로써 직접지배와 관련 있는 것으로 생각된다.

　4) 이와 같이 다른 지역 고분자료를 비교하고 임당동지역의 고고자료를 통해 볼 때 임당지역고분군의 위상은 신라의 지방지배와 고분연구 자료로써 대단히 높다고 할 수 있다.

미 주

1 李熙濬, 2000, 「대구 지역 古代 政治體의 형성과 변천」, 『嶺南考古學』 26, pp. 79~117.
2 李炯佑, 1991, 「斯盧國의 성장과 주변小國」, 『國史館論叢』 21, 국사편찬위원회.
3 李炯佑, 2000, 『新羅初期國家 成長史硏究』, 嶺南大學校出版部.
4 김약수, 2008, 「경산의 지형과 고고학적 환경」, 『한국고대사 속의 경산』, 대구사학회, pp. 1~19.
5 金龍星, 1998, 『新羅의 高塚과 地域集團 -大邱·慶山의 例-』, 春秋閣.
6 韓國文化財保護財團, 1998, 『경산 임당유적(Ⅰ) -A~B地區 古墳群-』.
7 金龍星, 2000, 「林堂地域 高塚의 成立과 展開」, 『임당의 고분과 생활유적』, 학연문화사.
8 김대환, 2006, 「고대 경산지역 정치체의 토기 생산과 분배 試論」, 『압독국과의 통신 토기의 메시지』 영남대
학교박물관.
9 김대욱, 2008, 「고고자료로 본 고대 경산의 식생활 양상」, 『한국고대사 속의 경산』, 대구사학회, pp. 107~120.
10 金龍星, 2000, 「林堂地域 高塚의 成立과 展開」, 『임당의 고분과 생활유적』, 학연문화사.
11 金龍星, 2002, 「新羅高塚의 殉葬」, 『古文化』 59, 한국대학박물관협회, pp. 64~87.
12 영남문화재연구원, 1999, 『경산 임당동유적 Ⅰ』.
13 박정화 외, 2006, 『義城 大里里 3號墳』, 慶北大學校博物館.
   권혜인, 2010, 「의성 대리리 2호분」, 『移住의 고고학』, 제34회 한국고고학전국대회 자료집.
14 『三國史記』 卷第二 新羅本紀 儒禮尼師今 14년조.
15 金世基, 2003, 「淸道地域 고대문화의 고고학적 고찰」, 『大邱史學』 71, pp. 1~37.
16 김세기, 2011, 「고고자료로 본 청도지역의 선사, 고대문화」, 『디지털 문화콘텐츠』 16, 대구한의대학교 디지
털 문화콘텐츠 개발연구소.
17 朱甫暾, 1998, 『新羅 地方統治體制의 整備過程과 村落』, 신서원.
18 李熙濬, 2004, 「경산 지역 고대 정치체의 성립과 변천」, 『嶺南考古學』 34, pp. 5~34.
19 김용성, 2000, 「임당유적 분묘와 축조집단」, 『압독사람들의 삶과 죽음』, 국립대구박물관, pp. 140~155.
20 박승규, 2008, 「고고학으로 본 압독정치체의 성립과 변천」, 『한국 고대사 속의 경산』, 대구사학회,
pp. 45~65.

2. 고대 경산의 교통과 교역

I. 머리말

　교통로와 교역의 이해는 여러 정치세력간의 이합과 집산을 연구하는 것 뿐 아니라 특정한 시기나 지역의 생활상을 이해하는데 있어서 매우 중요한 과제라고 하여도 과언이 아니다. 교통로와 교역의 문제는 고대사회의 정치, 사회, 문화 경제 등 많은 분야에 걸친 복합요소로서 작용하고 있기 때문에 이를 규명하는 일은 고대사회의 연구에 매우 중요한 부분을 차지하고 있다고 하겠다. 그러므로 대개 교통로의 연구경향은 특정지역을 중심으로 교역망이나 정치적 연맹관계, 고대국가의 지방지배 방식 이해의 부수적 요소로써 이루어진 것이 그간의 사정이었다. 그러나 교통로와 교역은 국가와 국가간의 전쟁과 방어, 교역과 외교와 같은 중대한 일을 수행하는데 필수 불가결한 요소이기도 하지만 지역과 지역간의 물자의 이동과 사람의 왕래는 물론, 한 지역 안에서 일반사람들이 삶을 영위하는데 필요한 소박하고 친근한 기본 요소이기도 하다.

　따라서 이 글에서는 경산과 인근지역에서 발굴 조사된 도로자료와 물자의 이동 등을 보여주는 고고자료를 중심으로 고대 경산사람들의 생활모습을 그려보려고 한다. 우선 선사시대 이래 교통로가 형성되는 기본적 요건을 살펴본 후 각 시기별로 고고학적 유적을 통해 경산지역의 교통로를 추정한다. 그리고 이 교통로를 통해 어떤 물자들이 어떻게 오고 갔는지 살펴보겠다.

Ⅱ. 경산의 고대 교통로

1. 선사시대의 교통로

영남지역의 신석기시대 유적 분포를 지역별로 구분해보면 동해안지역, 남해안과 섬지역, 내륙지역의 3지역으로 나뉘어진다. 우선 동해안지역의 유적의 분포는 부산 동삼동패총을 비롯하여 울산 신암리, 울진 후포리, 그리고 양양 오산리 유적이 있다. 다음 남해안과 섬지역은 부산 동삼동을 시작으로 부산 범방패총, 김해 수가리 패총, 통영 연대도와 욕지도 유적이 있다. 그리고 내륙지역은 거창 임불리, 김천 송죽리, 청도 오진리와 그리고 단양 상시리유적이 있다. 이 유적의 분포와 출토유물을 통해 영남지방의 신석기시대의 교통로를 추정해 보면 동해안로와 남해안로 등 해안로가 중요한 교통로였으며, 낙동강 수계를 이용하는 내륙교통로도 형성되어 있었다.

경산지역에는 아직까지 신석기시대 유적이 발견되지 않았지만 청도 오진리 암음유적이 인근에 분포하고 있고, 대구분지의 금호강 유역에서 신석기 유적이 조사되고 있는 것으로 보아 경산지역에서도 신석기유적이 조사될 가능성은 있다고 생각된다. 따라서 신석기시대 경산지역의 교통로는 동해안로와 광범위한 낙동강 수계를 이용하는 내륙교통로에 위치한다고 하겠다.

동해안로는 한반도 동북지방인 함경북도 웅기의 서포항 유적으로부터 전파되어 내려오는 통로로 양양 오산리유적→울진 후포리유적→울산 신암리유적→부산 동삼동 패총으로 이어지는 동해안로에서 경주 영천을 거쳐 금호강을 따라 경산으로 연결되었고, 청도 오진리유적은 내륙 깊숙한 곳에 위치하지만 낙동강의 하류지류인 밀양강의 상류천인 운문천변에 해당된다. 그리고 금호강 하류의 대구 동·서변동이나 금호강 지류인 신천 상류의 상동에서 빗살무늬토기가 출토되고 있어 낙동강과 경산의 금호강을 비롯한 지류수계는 신석기시대의 주요 내륙교통로의 역할을 하고 있는 것이 분명하다고 하겠다. 〈그림 1의 좌〉

경산의 청동기시대 교통로 역시 도로 유적이 조사되지 않았으므로 청동기 유

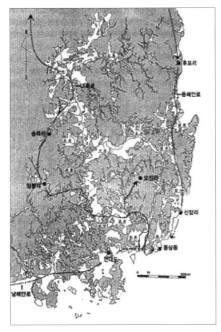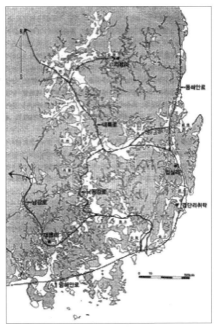

〈그림 1〉 선사시대 교통로 (좌: 신석기시대 우: 청동기시대)

적을 따라 포괄적으로 살펴볼 수 있다. 경산지역에는 금호강유역과 인근 지류 유역에 많은 지석묘가 분포되어 있다. 그러나 우선 영남지역의 청동기시대 유적을 먼저 살펴 대체적인 교통로를 파악하는 것이 전체를 이해하는데 유용하다고 생각된다. 영남지역의 청동기시대 유적 분포 지역을 보면 낙동강 상류지역과 금호강 유역 및 남강 유역에 집중분포 하고 있다. 그리고 무문토기가 출토되는 취락유적이나 비파형동검 등 청동유물이 출토된 유적도 신석기시대에 비해 훨씬 많고 분포지역도 확대되었다. 그러므로 청동기시대의 교통로는 신석기 시대처럼 단순한 이동로의 성격에서 벗어나 본격적인 정보, 물자 교환의 통로로 역할이 확대되어 갔다고 생각된다.

청동기시대 영남지방 교통로의 변화는 신석기시대의 동해안로에 속해 있던 울산지역과 경주지역이 중부지방의 무문토기 문화를 받아들여 세력을 확대해

가는 것이다. 이것은 한강유역과 부여 송국리지역의 무문토기 문화가 보은-상주 간 루트를 통하여 대구지역에 전해지고 금호강 루트를 통하여 경산→영천→경주→울산으로 전파와 상호작용을 통해 새로운 교통로의 형성을 가져온 결과라고 생각된다. 상주지역 출토로 전하는 비파형동검과 청도 예전동 출토 비파형동검의 이동도 이 루트에 의한 결과이고, 울산 검단리 환호취락이나 무거동 옥현유적에서 송국리형 주거지와 무문토기가 출토되는 것으로도 확인할 수 있다.

금호강 유역인 경산, 대구, 영천에 지석묘가 가장 많이 분포하는 것도 이 통로에 인구가 집중되었다는 것을 말하는 것이며, 대구 팔달동 유적이나 칠곡지구의 취락과 수전 등이 이를 잘 말해주고 있다. 대구분지에서는 상동지석묘와 대봉동 지석묘군 뿐만 아니라 화원평야의 월성동 취락지와 진천동 입석을 통해 인구의 집중과 공동제의를 진행하면서 정치적 성장기반을 이룩한 것으로 보인다.

이와 같은 청동기시대 교통로의 특징은 전반적인 교통로의 확대와 함께 신석기시대의 남북중심의 교통로에서 동서교통로가 열리는 점이다. 그것은 결국 동해안과 낙동강 유역권을 연결하여 평야지대의 농산물과 해안지대의 소금이나 해산물의 교류가 점차 활발해지는 것을 의미하고, 경산지역도 이 루트를 통하여 더 발달된 서해중부지방의 우수한 청동기문화를 유입하여 북방의 토기문화와 함께 다음 단계인 진변한 소국형성의 정치사회적 혹은 문화적 기반을 이룩하는 의미를 가지는 것이라고 생각된다. 〈그림 1의 우〉

진한지역은 초기에는 경산의 압독국은 경주분지의 사로국과 북동해안지역인 포항지역의 음즙벌국, 그 보다 북쪽의 실직국, 울산의 우시산국 등은 동해안로를 통한 대등한 관계로 교통하고, 동쪽으로 영천의 골벌국, 서쪽으로 대구의 다벌국 등과도 금호강의 내륙통로를 따라가는 비슷한 선형의 교통로를 이용하였다. 그것은 경주 입실이나 죽동리의 청동제품, 안강에서 출토된 솔백군장의 청동인, 영천 어은동의 청동기 유물, 경산임당동의 목관묘 출토유물, 대구지역의 목관묘나 청동유물들을 통해서 알 수 있는 일이다.

그러나 1세기경부터 사로국은 울산의 우시산국부터 점차 주변소국을 정복하기 시작하였고, 2세기경부터는 계립령로와 죽령로를 개통하는 등 주변소국들을 통합하고, 대외 교역로를 확장하면서 3세기경에는 교통로의 성격이 바뀌기 시작하였다. 즉 그 이전의 교통로는 상주와 낙동강을 이어 금호강로를 통해 상호 보완적으로 이용하는 선형적인 교통망이었는데, 계립령로와 죽령로가 사로국에 의해 개통되고, 영천-하양-의성을 거쳐 이들 새로 개통된 도로와 연결되는 내륙 교통로가 관리되면서부터는 주변의 교통로가 중심지인 경주로 모아지는 수지형 교통망으로 바뀌게 된 것이다.

이 시기 신라의 교통망을 안강-포항의 동해안을 따라 북상하는 북로, 울산-동래를 거쳐 낙동강하구로 가는 남로, 영천-대구-선산을 거쳐 낙동강 중상류로 가는 서북로, 청도-밀양을 거쳐 낙동강하류로 향하는 남서로 등 동서남북의 네 방향으로 통하는 4대로로 보는 견해가 있지만, 이것은 『삼국사기』에 보이는 초기 정복기사를 평면적으로 해석한데서 나온 결과라고 생각된다. 이들 교통로 주변의 유적과 고총고분 자료에 보이는 위세품의 분여와 지방 지배방식의 변화에서 나타나는 여러 사실들을 종합해보면 네 방향의 도로가 호혜적인 관계를 가진 선형적 도로가 아니라, 위에서 본 바와 같은 여러 도로망이 경주를 향해 집중되는 수지형 도로망으로 형성되었음을 알 수 있다.

사로국은 이렇게 금호강과 경산의 압독국, 다벌국 등 대구지역 소국을 사로국의 지배하에 두고 낙동강의 허리를 차단함으로써 그 이북의 내륙지방전체를 경주로 향하는 육로 교환망 속에 편입시킬 수 있게 되었을 뿐만 아니라 낙동강로의 독점으로 강력한 힘을 발휘하던 김해의 구야국 보다 우위를 차지하는 계기가 되었던 것이다.

그러면서 본격적인 도로의 개설과 관리에 돌입한 것으로 생각되는데, 경산, 대구 특히 금호강 유역에서 본격적인 도로 유적이 많이 조사되고 있는 것은 이것을 뒷받침하는 것으로 보인다.

2. 발굴조사 된 고대 도로유적

1) 대구 시지지구 유적

현재는 대구 수성구에 속해 있지만 원래는 경산의 중요한 공방과 주거지역이었던 유적으로 도로유구가 조사되었다. 도로의 방향이 대체로 금호강으로 이어지는 남동-북서방향이다.

① 시지동 지석묘군II 유적

금호강의 지류인 매호천 서쪽에 위치한다. 남동에서 북서방향으로 진행하는 도로는 (현)길이 44.7m, 최대너비 15.7m이다. 도로는 처음 지반이 낮은 북쪽 부분에 자갈을 깔고 다져서 사용하였고, 뒤에 남쪽 부분에 무거운 것들이 지나가면서 패이게 되자 자갈이나 돌을 흙과 함께 깔아 보수하면서 사용한 것으로 추정된다. 도로에는 수레바퀴 자국이 나타나는데 바퀴 홈의 너비는 8-20cm이며 바퀴사이의 간격은 200cm이다. 삼국시대에서 통일신라시대의 토기편이 다수 출토되었다.

② 시지지구 생활유적 I

남쪽의 안산과 성암산 사이 골짜기의 북쪽 끝부분에 형성된 선상지에 해당하는 삼국시대 대규모 취락지에 축조되어 있다. 행정구역은 수성구 신매동이다. 도로는 역시 남동-북서방향으로 뻗어 있는데, (현)길이 176m, 너비 1.6~4.8m정도이나 대체로 2.8m내외이다. 도로의 축조는 생토층을 30cm정도 파고 잔자갈과 사립이 많이 포함된 갈색사질점토를 채웠다. 도로의 표면은 남동쪽 부분은 굵은 할석과 천석으로 채웠고, 북서쪽은 작은 천석과 할석, 사질토를 섞어 덮었다.

③ 매호동 지석묘군III 유적

유적은 고산국도변 택지개발지구 서쪽에 위치한다. 도로의 진행방향은 북동-남서방향이다. (현)길이 28.2m, 너비 3~4m이다. 도로는 자갈, 할석, 천석을 다져 조성하였고, 단면에서 확인되는 두께는 20~30cm정도이다. 도로의 동쪽 가장자리에서 배수로로 추정되는 도랑이 확인되었는데, 도랑의 너비는 90~200cm로 남쪽으로 갈수록 넓어진다. 삼국시대 토기완이 출토되었다.

2) 경산 대평동 유적

남에서 북으로 흘러 금호강에 합류하는 남천 동쪽에 위치하는데, 주위에는 대평들, 대정들, 임당들, 대동들 등 넓은 평지가 형성된 지역이다. 대평동일대에는 삼국시대의 취락이 형성되어 있는데, 도로 유구는 3조가 조사되었다.

도로1호는 기반층을 정지하고 갈색사질토를 얇게 깐 후 도로의 가장자리와 중앙부에는 비교적 큰 20cm내외의 냇돌을 깔고 그 사이에는 10cm내외의 작은 냇돌과 잔자갈을 1~2단 정도 깔아 축조하였다. (현)길이 60m, 너비 2~3m, 두께 10~20cm정도이고, 도로의 방향은 남북방향에 가깝다. 도로의 양단에는 도로방향을 따라 도랑이 설치되었는데, 도로의 배수시설로 판단된다.

도로2호는 동서방향으로 진행하고 있는데, 기반층을 정지하여 갈색사질토와 함께 전면에10~20cm의 냇돌을 1~2단정도 깔고 그 사이에는 부분적으로 작은

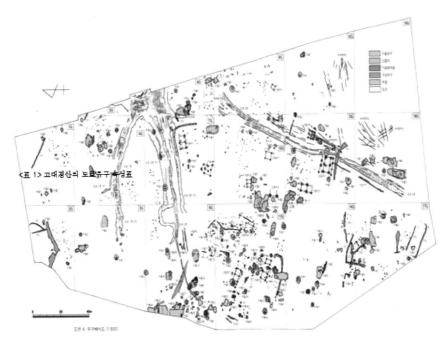

〈그림 2〉 경산 대평동 도로유구

냇돌과 잔자갈을 채워 넣었다. 도로는 (현)길이 140m, 너비 3.6~8.4m, 두께 10~20cm정도이고, 양쪽 가장자리에는 배수구인 도랑이 설치되었다.

도로3호는 기반층을 그대로 이용한 도로인데 도로의 양쪽 가장자리 안쪽을 깊이 20~30cm로 파고 10~20cm내외의 냇돌, 할석을 깔아 조성하였다. 도로의 규모는 (현)길이 144m, 너비 2.5~5.6m이다. 이 도로의 동쪽에는 일정한 간격을 떨어져 도로와 나란하게 북동-남서방향으로 진행하는 바퀴흔적 1호가 확인되었다. 규모는 (현)길이 144m, 바퀴 홈 10~32cm, 깊이 3~10cm 정도이다. 이 바퀴흔적 1호에서 직각에 가깝게 동쪽으로 꺾어 방향으로 바퀴흔적 2호가 확인되었다. 규모는 (현)길이 82m, 바퀴 홈 10~20cm, 깊이 5~10cm정도이다. 또 2호 바퀴흔적 위에 겹쳐서 (현)길이 24m, 바퀴 홈 10~25cm, 깊이 4~12cm 규모의 바퀴흔적 3호가 조사되었다. 대체로 수레바퀴 사이의 간격은 2.0~2.5m 정도이다.

대평동 도로 유구에서는 토기 뚜껑편, 완편, 호편, 기와편 등 통일신라 시대유물이 출토되었다. <그림 2>

3) 경산 임당동 583번지 유적

유적은 임당동고분군이 위치하는 구릉의 북쪽 말단부와 서남쪽 낮은 구릉에 위치한다. 이 유적에서는 도로유구와 함께 구상유구, 경작유구, 건물지의 기둥구멍, 초석 등이 확인되었다. 도로의 크기는 (현)길이 18m, 너비 3.5m내외이다. 도로의 축조는 생토면을 완만하게 정지한 후 그대로 사용하다가 수레바퀴 자국이 깊게 파이자 그 내부에 모래와 작은 암석을 채우고, 도로 전면에도 길이 10~20cm 정도의 냇돌을 약 15cm 두께로 깔아 사용하였다.

도로의 남쪽 가장자리에는 너비 50cm, 깊이 20cm의 배수시설도 설치하였다. 도로 중간과 상부에서 단추형 꼭지가 달린 토기 뚜껑편, 호편과 보주형 꼭지와 인화문 토기편이 출토되어 통일신라시대의 도로로 판단된다.

4) 경산 삼성리 유적

이 유적에서는 너비 24~45cm의 도랑처럼 패인 흔적이 일정한 간격으로 5,6열이 지나가고 있어 도로유구로 판단된다. 도로의 방향은 동북-서남방향이며 (현) 길이 23m, 너비 6~7.4m 이며, 바퀴 홈의 깊이는 3~15cm이다.

5) 대구 동촌유원지내 유적

대구 동촌유원지 경내에 해당하는데 금호강 강변에 가까운 곳이다. 주변에는 금호강 범람으로 형성된 퇴적평야가 분포한다. 도로 유구는 일정한 범위 안에서 방향을 조금 달리 하면서 5조가 확인되었다. 도로의 (현)길이는 대체로 30m 이며, 너비는 1.5~3.3m 정도이다.

도로의 축조는 기반층을 20cm 정도 파내고, 작은 강자갈과 잔자갈을 흑갈색 사질토와 섞어 깔아 도로면을 조성하였다.

6) 대구 봉무 지방산업단지내 유적

이 유적은 대구 봉무들의 남동쪽에 형성되어 있다. 금호강의 범람원과 팔공산에서 남쪽으로 뻗은 작은 능선의 말단부 퇴적물이 합쳐진 충적평야에 위치한다. <그림 3>

① 대구 봉무동 365-9번지유적

이 유적은 대구공항에서 팔공산 방면으로 들어가는 도로이며 봉무산업단지 진입도로 확장구간에 해당한다. 이곳에서는 모두 4조의 도로유구가 조사되었는데, 북동-남서방향으로 길게 축조된 1호 도로가 주도로라고 생각된다. 도로의 축조는 기반층인 활갈색 사질점토층을 30~50cm 정도 굴착하여 전면을 고르고, 20cm 내외의 할석과 2cm 내외의 강자갈을 섞어 깐 다음, 그 위에 사질점토와 모래를 깔아서 노면을 정지하였다. 도로의 (현)길이는 98.5m, 최대너비 7m 정도이다. 도로 위는 물론 도로 밖에도 도로와 나란한 방향으로 수레바퀴 자국이 여러 줄

찍혀 있는데, 바퀴자국의 간격은 150cm 이며, 바퀴 홈의 너비는 15cm정도이다.

　도로 유구는 대개 2개의 층으로 나뉘는데 회색 사질점토층에서 확인되는 위층에서는 백자 저부편이 출토되고, 아래층인 황갈색 사질점토층에서는 고배 대각편, 파수 등 삼국시대 토기편이 출토 되고 있어 삼국시대부터 조선시대에 이르기까지 사용된 것으로 추정된다.

　한편 2, 3호 도로는 주도로인 1호 도로에서 옆으로 이어지는 연결도로의 접합부로 너비가 4.5m 내외로 주도로 보다 좁다. 한편 4호 도로는 2호 도로 아래층에서 발견된 것으로 너비가 3.4m 정도로 좁은 도로이다.

〈그림 3〉 대구 봉무동유적의 도로유구

② 봉무지방산업단지 1단계 조성 부지내 유적

이 도로 유구는 봉무동 365-9번지 1호 도로와 동쪽부분으로 연결되는 도로이다. 유적내에서는 구축된 도로유구와 수레바퀴 흔적이 여러 줄 확인되었고, 도로의 주변에는 생활유구인 수혈과 고상식 건물지가 다수 조성되어 있으며, 생산유구인 목탄요도 확인되었다.

도로 유구의 규모는 길이 143m, 너비 3~5.2m 정도이며 황갈색 생토층 위에 15~40cm 내외의 강자갈과 할석을 1~2단 깔아서 사용하였다. 도로는 삼국시대에서 고려시대까지 사용한 것으로 보이며, 작은 자갈돌을 계속 깔아 보강하고 있다. 출토유물은 노면과 수레바퀴 자국 안에서 토기편, 기와편과 철기류 등이 출토되었다. 이 도로 양편에도 도로와 같은 방향으로 진행하는 수레바퀴 흔적이 여러 줄 확인된다. 또 이도로는 앞에서 살펴본 봉무동 365-9번지 도로와 다음에 살펴볼 봉무동 외국인학교 부지의 도로와 연결되고 있다.

③ 봉무동 외국인학교 부지 내 유적

봉무동산업단지의 북동쪽에 해당하는 외국인학교 부지에서 확인된 도로로 앞에서 살펴본 봉무동 365-9번지 도로와 1단계 조성부지내 도로와 북동-남서방향으로 연결되는 유구이다. 도로의 노면을 조성하기 위해 기반층을 굴착한 흔적은 확인되지 않았고, 바닥면을 그대로 지난 듯한 수레바퀴 흔적이 다수 확인되고 있으나 도로의 서쪽 끝에 배수로이 역할을 한 측구시설이 굴착되어 있다. 도로는 장기간 사용한 것으로 판단되는데 기반층인 황갈색 점토층을 그대로 사용하다가 수레바퀴에 의해 깊이 패이게 되자 사질토와 잔자갈을 그 위에 깔아 단단하게 보수한 흔적이 확인되었다.

도로의 규모는 1호 도로가 길이 45m, 너비 5.4m이며, 2호 도로는 길이 30m, 너비 2.7m이며 옆으로 이어지는 연결도로이다.

7) 대구 가천동 88-1번지 유적

이 유적은 경부고속철도 대구 도심통과 구간 예정부지로 대구광역시 수성구 가천동 88-1번지에 위치한다. 이곳은 금호강의 유로를 따라 경산에서 대구로 연결되는 구도로인 고모로변에 해당되는데 금호강의 남안에 넓게 펼쳐진 안골들의 말단부 일원으로 경치가 아름다운 곳이다. 이 유적의 주변에는 청동기시대의 주거지와 지석묘를 비롯하여 삼국시대의 고분군 외에 토기요지, 생활유적, 산성, 통일신라~고려시대의 공방지가 조사되었고, 또 조선시대 이후의 분묘 등 많은 유적이 분포하고 있다.

도로 유구는 가천동 마을 쪽에서 금호강 남쪽 강변으로 이어지는 남북방향으로 서로 6m의 거리를 두고 나란히 2로가 확인되었는데, 능선의 말단 일부를 굴착하여 별다른 시설 없이 수레를 끌고 다녔던 동로가 먼저 사용되었고, 그 후 동로의 서쪽 기반층 위에 잔자갈을 깔아 만든 서로가 개설되었다. 현재 남아 있는 도로의 길이는 70m 정도이며, 폭은 서로가 4m 내외, 동로가 4~4.5m 내외이다.

수레바퀴의 흔적은 불규칙적으로 중복이 이루어져 있는데, 바퀴의 너비는 10~20cm, 바퀴간의 너비는 150~160cm로 추정되며, 바퀴자국은 깊이 5~20cm로 깊은 편이다. 바퀴흔적의 상부 퇴적토에서 인화문토기편이 확인되는 것으로 보아 통일신라시대 이후의 도로유구로 판단된다. 이 도로유구의 서쪽으로 36m 떨어진 구덩이에서는 머리통이 잘려져 없어진 채 몸통과 사지만 있는 소1마리분이 묻혀있는 구덩이가 발견되었다.

8) 대구 사월동 600번지일원 공동주택 건립부지내 유적

이 도로유적은 대구 사월동과 경산 정평동이 접하는 지역으로 금호강의 지류인 남천과 시지지구 동쪽을 지나는 신매천이 합류하는 지점근처 넓은 충적평야에 형성되어 있다. 도로 유구는 별다른 시설 없이 동서방향으로 수레바퀴 흔적만 확인되는 도로이다. 중첩 된 수레바퀴 자국의 폭은 170~220cm 정도이고, 홈의 너비는 5~32cm, 깊이는 4~23cm이며, 파인홈에는 15~60cm의 강자갈과 할석

으로 채워 보수한 흔적이 확인 되었다. 대평동도로와 시지지구를 연결하는 무시설 소로로 생각된다. 〈표 1〉

〈표 1〉 고대경산의 도로유구 속성표

도로유구명		(현) 길이(m)	너비((m)	수레바퀴흔(cm)	시설	기타
시지	1. 시지동 지석묘 II	44.7	15.7	8, 20, 간격200	자갈	삼국-통일
	2. 시지지구생활	176	4.8		〃	〃
	3. 매호동 지석묘 II	28.2	4		배수로	삼국
경산 대평동	4. 1호선	60	3	10~20.	배수로 냇돌	통일신라
	5. 2호선	140	8.4			
	6. 3호선	140	5.6			
7. 임당583번지		18	3.5		냇돌 배수로	통일기
8. 경산 삼성리		23	7.4	수레바퀴흔		
9. 대구동촌유원		30	3.3		자갈	
대구 봉무동	10. 봉무 365-9	98.5	7	15, 간격 150	할석 강자갈	삼국-조선
	11. 봉무1단계	143	5.2	자갈	〃	
	12. 외국인학교	45	5.4	자갈	〃	
13. 대구 가천동		70	4.5	10-20 간격150~160	바퀴홈 자갈	〃
14. 대구 사월동 도로		35	약 3	간격170~220		

3. 고대 경산도로의 특징

1) 도로구조의 특징

도로의 구조는 도로의 크기를 말하는 도로의 너비에 의한 특징과 도로 축조의 기술적 측면인 노면시설의 유무와 배수로인 측구시설 등에 의한 특징을 들 수 있다. 대체적으로는 도로의 중요성에 따른 중심도로와 주변을 연결하는 부수도로에 따라 도로의 너비와 시설을 상태가 서로 유기적으로 연결되어 있다고 하겠다.

또한 도로유구의 분류는 도로의 노면너비, 측구시설의 유무, 노면의 추조방

〈그림 4〉 고대도로의 수레바퀴 자국(좌)과 근세의 도로

법, 기저부의 형태 등에 의한 가능하다. 그러나 실제 조사된 도로의 자료에서는 노면의 삭평이나 훼손 등으로 그 구조까지 확실히 파악할 수 없는 경우가 많아 완전한 특징을 파악하는데는 한계가 있다.

또 도로는 한 지역에서 다른 지역으로 가기 위한 시설이라는 측면에서 그 지역의 노선단위로 공통된 구축방법이 취해지며, 그 지역을 통과하기 쉬운 방법이 선택되어 구축되는 것이다. 즉, 같은 형태의 도로라고 하더라도 습지 위에 설치된 경우 기반층이 무르기 때문에 20~30cm의 큰 할석을 이용하고, 선상지에 조성된 경우 비교적 기반층이 단단하기 때문에 구하기 쉬운 잔자갈을 주로 이용한 경우가 있다. 그리고 같은 노선의 도로라도 기반의 특징에 따라 자갈과 굵은 할석을 나누어 사용하여 구축하기도 한다. 〈그림 4〉

경산지역에서 확인된 도로 유구를 통하여 도로 너비를 분류해보면 14곳의 도로유구 중 15m이상이 1개소, 7~8.4m가 3개소, 4~5.6m가 6개소, 3~3.5m 4개소로 되어 있다. 이를 대로(15m이상), 중로(10m내외), 소로(5m내외)로 분류하는 신라 왕경도로 분류방법으로 보면 대로가 1개소, 중로 3개소, 소로 10개소로 볼 수 있다. 그러나 여러 가지 지방도로의 여건상 왕경도로 분류법을 그대로 적용하는 것이 타당한 것인지는 좀 더 검토가 필요하다.

한편 노면 구축과 관련한 시설의 유무를 통한 도로를 의도적인 구획에 의한 도로 축조를 의미하는 구축도로라고 하는데 그 분류는 노면을 축조한 구축도로는 구지면을 굴착한 후 돌을 깔거나 사질토 등을 섞어 노면을 축조한 구축도로와 처음에는 지면에 별다른 시설을 하지 않고 그대로 수레나 사람들이 지나는 도로로 사용하다가 점차 땅이 물러지고 수레바퀴 자국이 깊게 파여 수레가 지나가기 어려워지면 그 파인 홈에 자갈이나 모래를 깔아 보강하는 보강도로가 있다. 이러한 구축도로에는 도로 양단에 도랑을 설치하여 배수로로 사용하기도 하고 도로의 경계로 삼기도 한다. 그러나 고대 경산의 도로 뿐만 아니라 다른 지역의 도로에는 별다른 시설 없이 그대로 도로로 사용하고 있는 무시설 도로도 있다.

그리고 점차 도로의 사용이 빈번해 지고 물자의 교환이 많아지면서 사람이 모이는 곳에는 도로 양편에 주거지가 생겨나고 이 건물들이 도로의 너비를 규정하기도 한다. 이러한 곳에는 장시가 서거나 여각이나 역원이 설치되어 도로의 역할이 증대되기도 하였다.

2) 고대 경산지역 도로의 성격

지금까지 발굴 조사된 경산지역의 도로유적은 11곳에 불과하고, 그것도 도로와 도로의 연결이나 지역 전체의 도로망을 알 수 있는 자료는 없는 실정이다. 따라서 이 자료만 가지고 도로망의 구성이나 도로의 성격을 논의하기에는 무리라고 생각되지만 그래도 현재의 자료로 복원할 수 있는 한 경산지역 도로의 성격을 살펴보는 것이 필요하다고 생각된다.

신석기시대나 청동기시대 사람들의 왕래는 특별한 시설 없이 하천변이나 계곡사이의 사람이 걸어 다닐 수 있는 자연통로를 이용하였을 것으로 생각되어 이것을 자연이동로라고 할 수 있다. 그러다가 국가권력에 의해 고개 마루를 뚫거나 주변에 나무를 베어 통행하기 쉽게 시설을 하고 이를 관리하는 개념을 도입하는 도로의 개설은 기록으로 보면 삼국시대이다.

즉 『삼국사기』 신라본기 권 2 아달라왕 3년(156년) 처음 계립령로를 열었다는 기사이다. 이어 5년(158년) 죽령로를 개통하였다. 이 기사의 연대를 그대로 믿기는 어렵다고 하더라도 국가에 의해 교통로가 개설되고 이를 국가가 관리하는 이른바 '관도官道'의 개념이 도입되었다는데 큰 의의가 있다. 또 눌지왕 22년(438년)에는 백성들에게 우차의 사용법을 가르쳤고, 소지왕 9년(487년)에는 사방에 우역郵驛을 설치하고 담당 관청에 명하여 관도를 수리 하게 하였다는 기사에서 본격적인 관도의 관리가 일반화 되었던 것이다.

경산지역에서 확인된 도로의 축조, 사용 시기도 대개 이 기사이후의 시기에 해당되는 것이므로 왕도인 경주에서 경산지역으로 연결되는 지방관도도 있었을 것이고, 단순히 마을과 마을을 연결하는 소로도 있었을 것으로 생각된다.

신라의 수도인 경주시내의 왕경도로는 소위 '왕경대로'라고 부르는 폭 15m이상의 대로와 10m의 중로, 5m의 소로 등이 왕경의 도시구획인 방을 동서남북으로 구분하는 방리도로로 되어 있다. 이 도로의 축조는 대개 바닥에 굵은 자갈을 깔고 그 위에 마사토와 밤 틀 만한 잔자갈을 전면에 깔아 단단하게 다져 사용하고 있는데, 요즘의 포장도로와 다를 바 없는 최고의 시설로 구축하고 있다. 그러나 위에서 본 바와 같이 지방도에 해당하는 경산지역의 도로는 전면포장한 도로는 없는 것으로 보아 지방관도라 할지라도 수레바퀴에 파인 자국에 자갈을 채워 보강하는 정도로 관리한 것으로 생각된다.

그렇지만 경산지역에서 발굴 조사된 도로유적은 경주와 경산을 연결하는 주도로는 확인되지 않았다. 그러나 도로 전면에 자갈을 깔고 측구시설을 하는 구축도로로서 중요지점을 연결하는 간선도로는 국가에서 관리하는 관도라고 생각된다. 지금까지 발굴 조사된 자료의 방향과 도로의 규모, 취락과 공방 등 주변유구의 형태와 크기 등을 통해 경산도로의 성격을 파악할 수 있다.

우선 경산과 관련 있는 도로유구 중 중요한 것은 봉무동 도로, 시지지구 도로, 대평동 도로, 가천동 도로 등인데, 이들 중 도로 폭 4m 이상의 간선도로 9곳 중 5곳이 금호강 방향을 향하고 있다. 이것은 간선도로가 경산지역의 중요지역을 연결하면서 경주, 대구 등 주변지역과 김해 등 원거리의 연결은 금호강, 낙동강을 이용한 수로교통과 연결되어 있음을 말해주는 것이다.

시지지구의 3개 도로와 경산 대평동 도로유적은 현재의 경산시가지 중심과 대평 평야, 임당동 유적을 연결하는 매우 중요한 간선도로의 역할을 하고 있다. 그 중심에 대평동 유적이 위치한다. 즉 대평동 도로의 1호선은 금호강의 지류인 남천변의 자연제방 안쪽에 위치하여 대평들의 평야와 취락지, 토성, 대규모 고총고분군이 복합적으로 이루어진 경산의 최고 중심지와 현재의 경산시가지로 이어지고 있다. 또한 2호선은 서쪽으로 남천을 건너 시지지구의 도로와 연결되어 시지지구의 대규모 고분군과 취락지, 공방, 토기요지를 이어준다. 3호선은 경산, 청도방향으로 이어지는 도로로 대평동유적의 중앙부에서 동쪽으로 치우친 경계지점에서 만나 임당유적으로 진행하는 간선 도로의 역할을 하고 있다. 이것은 아마도 관도라고 보아도 큰 무리가 없을 것이다. 이 대평동 도로와 시지지구 도로에는 도로시설 없이 바퀴흔적만 남아 있는 접속도로, 소로가 같이 확인되고 있어 복합도로 기능을 하고 있다.

이와 같이 복합도로의 성격을 가지고 있는 도로는 경산대평동 도로와 시지지구 도로 외에 대구 봉무동 도로가 있다. 봉무동 도로는 금호강이 활처럼 크게 휘어서 북류하는 동편의 충적평야와 자연제방의 안쪽에 형성된 봉무평야를 가로지르며 구축되어 있다. 이 도로의 북쪽으로 봉무토성과 봉무동고분군으로 연결되고, 도로주변에는 취락지와 기와가마, 숯가마, 토기가마 등 생산유적이 분포하고 있다. 그리고 이 도로의 서남쪽에 대규모의 불로동고분군이 형성되어 있고, 수레바퀴 자국만 있는 연결도로와 지역내부로 이어지는 소로도 복잡하게 연결되어 있어 불로동고분군 세력과 금호강을 이어주는 중요한 간선도로의 역할과 관도의 기능을 하고 있는 것으로 생각된다.

경산지역의 도로는 이렇게 경주와 대구를 연결하는 육로와 금호강을 이용한 수로를 연결하는 주요간선 도로와 그 사이에는 관내의 여러 곳을 왕래하는 지역간 소로, 수레는 다닐 수 없고 사람이 왕래할 수 있는 오솔길 등으로 구성되어 있었던 것이다. 그리고 강과 육지를 이어지는 간선도로의 중요지점에는 배를 타고 짐을 싣는 나루시설이 발달했을 것으로 생각되지만 이에 대한 발굴조사 이루어지지 않아 확실히 알 수 없는 실정이다.

또한 경산 대평리 유적과 같이 복합도로의 도로변에는 장시나 역원시설, 우마를 보관하는 마구간 시설 등도 있었을 것으로 생각된다. 또 이들을 관리하는 관청시설도 있었을 것이다. 경산 대평리유적의 2호도로 옆에 위치한 정면2칸, 측면 1칸의 건물지 1호와 3호도로 옆에 위치한 정방형 건물지와 정면 2칸 측면1칸에 양측에 기둥을 세워 확장한 것 같은 복합건물지 1호와 2호, 3호 건물지는 직경 1m 이상의 적심으로 이루어진 6주식의 대형건물이고 주변에서 기와도 많이 출토 되고 있어 주변의 우물과 수혈유구와 함께 통일신라 시대의 관청건물이 분명하다고 하겠다. 그리고 이러한 대형 건물 주변에 많이 분포된 수혈의 경우 도로와 일정한 거리를 두고 밀집하고 있다. 특히 11, 13그리드에 일정한 범위를 가지고 있는 수혈유구들은 평면형대가 부정형이고, 내부에 별다른 시설 없이 편평하게 정지되어 있다. 또 가장자리와 내부에서 기둥구멍들이 확인되고 있으며, 10~20cm내외의 강자갈이 부분적으로 깔려 있는 유구도 있다. 이 유구들에서는 화덕이나 별다른 작업도구도 확인되지 않는다. 바로 이러한 부정형 수혈은 시장의 점포일 가능성이 매우 높은 것으로 생각된다.

III. 고대 경산의 교역

1. 관내교역

고대 경산의 지역 안에서의 물자의 이동을 말하는 관내 교역은 당시 사람들의 생활상을 알아볼 수 있는 여러 가지 유용한 방법 중 하나이다. 그러나 교역에 대한 접근은 교역의 물품이나 이동경로, 생산과 교역체계의 이해 등 어려운 문제들이 많아 쉽지 않은 것이 사실이다. 물자와 물자의 이동에 따른 성격에 따라 사용되는 용어도 교환, 교류, 교역 등 많은 구분이 이루어지고 있으나 여기서는 일반적으로 경제적의미의 이동을 염두에 둔 일반적 용어인 '교역'을 사용하기로 한다.

그리고 교역의 물품 중 그 생산과 이동경로를 알 수 있고, 여러 지역유적에서 거의 빠짐 없이 출토되는 토기를 통해 관내교역을 알아보도록 하겠다. 토기를 생산하는 토기요지가 경산지역에서 조사되었고, 이어 생산된 토기가 각 지역의 고분이나 생활유적에서 출토되어 그 이동경로를 잘 알 수 있는 자료이기 때문이다. 경산지역에서 토기의 생산은 이미 선사시대부터 이루어진 것이 사실이지만, 확실한 토기 가마가 발굴 조사되어 기종이나 기형을 통해 제작 시기와 범위를 알 수 있는 것은 대개 삼국시대 5세기부터라고 할 수 있다. 이 시기는 낙동강을 중심으로 그 동쪽지역은 범신라토기로 서쪽지역은 가야토기로 분화되는 시기였다. 이 시기의 3세기부터 생산되기 시작하는 도질토기가 생산되어 그 전까지 생산되던 표면이 물러 손에 묻어나는 회색 연질의 와질토기를 대신하여 기술적으로 크게 발달하게 되었다. 즉 도질토기는 밀폐된 가마에서 1000도 이상의 고온에서 구워내어 표면이 반들거리고 단단하여 경질토기라고 부르기도 한다.

이 도질토기는 물레의 발달과 가마시설의 발달로 기종과 크기도 다양해지고 토기제작 동인의 미적 감각과 지역적 특성 등이 가미되어 지역별로 특색이 나타나게 되는데 그것을 도질토기의 지역양식이라고 한다. 경산지역에서도 약 4세기경부터 옥산동에서 이 도질토기를 생산하기 시작하였다.

도질토기가 신라, 가야토기로 분화된 이후 경산지역에서 출토되는 토기들은 물론 모두 신라양식 토기들이다. 그 이유는 신라의 중심지 경주와 지리적으로 가깝고 정치적으로도 강력한 정치세력이었던 경주의 영향이 강했기 때문일 것이다. 그런데 이 시기의 경산지역 출토토기들은 경주지역 출토 토기와 구별할 수 없을 정도로 지역색이 나타나지 않는다. 대구, 의성, 성주지역의 이 시기 토기들이 경주 토기를 모방하면서도 지역색이 보이는 것과는 달리 경산지역의 토기 공방에서는 경주 토기의 모방제작 기술이 매우 뛰어났음을 보여주는 것이라고 생각된다.

그러나 서기 5세기후반부터는 경산지역 토기는 점차 고배, 장경호 등에서 지역색을 띠기 시작한다. 즉 고배의 배신이 깊어지고 대각이 수직으로 내려오다가 끝부분에서 벌어지면서 대각의 끝단이 위로 살짝 들리는 듯한 인상을 주는 형태

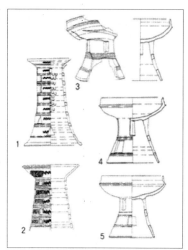

〈그림 5〉 경산양식 토기(좌)와 토기 가마의 제작흔적

를 갖는다. 또 깊숙한 배신의 안쪽에 물레를 돌리면서 성형한 흔적인 나선형의 물레자국이 선명히 남는 특징을 가진다. 그 밖에 장경호나 소형 대부완 역시 경산의 특징을 띄기 시작한다. 또한 고분의 부장품 중에는 태토에 사립이 많이 섞이고, 급하게 구워 기포가 생기고 기형이 찌그러진 토기가 그대로 부장된 예가 많아 이 시기부터 주문에 의한 대량생산이 이루어졌음을 알 수 있다. 이렇게 대량생산을 하기 위해서는 많은 가마와 토기 장인이 필요하였을 것이고 관내의 지역집단별로 토기수요가 증가하여 본격적인 관내교역이 활발하게 이루어 졌다고 생각된다.〈그림 5〉

이러한 대규모 토기가마 유적이 경산 옥산동유적이다. 옥산동 토기공방 유적은 대규모 토기공방 41기가 밀집 분포한 유적으로 출토된 토기로 보아 4세기에서 7세기까지 매우 긴기간 동안 조업하였으며 대개 3시기로 구분된다. 제1기는 고식도질토기의 생산기, 제2기는 신라토기 생산기, 제3기는 통일신라 토기 생산기로 구분된다. 발굴조사 자료에 의하면 옥산동 토기요지에서 생산된 토기들이 경산의 중심유적인 임당유적과 인근의 다른 유적에서도 많이 확인되고 있다는

것이다.

특히 옥산동1호 가마에서 출토된 토기들은 임당7A호분 주곽과 임당7B호분 부곽 출토품과 동일한 형태이며, 1·2호 가마사이 퇴적층에서 출토된 고배와 통형기대는 임당7A호분과 임당7B호분 주곽에서 출토된 고배 및 통형기대와 같은 도공이 만들었으리만큼 동일하다고 한다. 따라서 옥산동 토기가마와 임당동 유적간의 수급관계는 분명하며, 대체로 5세기 전반에 해당하는 시기이므로 옥산동 토기 공방은 임당동 유적을 중심으로 하는 경산의 중심읍락에 토기를 공급하는 토기공방으로 추정된다.

옥산동 토기요지 제작 토기는 이 밖에도 경산지역의 여러 고분유적에서 출토되고 있다. 즉 옥산동 토기공방 제품인 고배와 장경호 등이 부장되는 유적은 경산 임당동유적을 비롯하여 북사리, 교촌리고분군, 신상리 고분군, 대구 시지동유적, 가천동유적, 대구 불로동고분군 등이다. 이들 유적들은 지금은 대구와 경산으로 분리되었지만 앞서의 도로유구의 방향이나 구조로 보아 금호강을 통로로 하는 경산지역 관내의 옥산동 토기 유통권이라고 파악된다. 이 밖에 대구 복현동고분군, 대구 화원 성산고분군, 달성 문양리고분군 등과 멀리 성주 명포리고분군에서도 소량의 옥산동 토기요지 고배와 장경호가 확인되고 있어 이 교통망을 통해 관외지역과도 교역이 이루어지고 있음을 알 수 있다.

2. 관외교역

고대에 있어 경산지역과 다른 지역 사이의 교역은 왕경이었던 경주와의 정치적 관계에서 가장 중요하게 이루어졌다고 생각된다. 물론 선사시대부터 낙동강 수로를 통한 내륙교통로를 통한 빗살무늬 토기나 새로운 청동기문화의 유입이 있어 왔지만 정치체가 성립된 이후 국가권력의 통제 속에 이루어진 교역의 형태는 사여, 분여, 분배, 교환 등 여러 가지 복잡한 양상으로 전개되어 간단히 언급하기는 쉽지 않다. 신라의 경우 상품생산, 유통이 진전되면서 각지에서 상거래가 이루어지고 되고, 이를 국가 질서 내로 편입시켜 관리하는 것이 소지왕대의 우역제도와 시사의 개설, 관도의 수리이다. 이와 같은 제도 정비는 왕권의 성장에 따른 중앙집권화 강화는 문물의 교류와 교역증대를 가져오게 되었다. 이러한 제도의 정비는 각 지역에 국가에서 관리하는 창고를 두고 각 지역의 세금을 수취하여 보관하고 관도를 통해 이를 왕도로 운송하는 체제를 가능하게 한 것으로 경산지역과 왕도와의 관계도 이러한 교역 시스템으로 경주의 고급물자가 경산지역으로 유입되었고, 경산지역에서 생산되는 곡식이나 과일 등의 특산물이 다른 지역으로 이동되어 교역이 이루어졌을 것이다.

그러나 사로국이 주변소국을 병합하고 왕권을 강화하여 국가체제를 정비하기 전에는 주변소국을 정벌하여 지역의 지배집단을 통제하기 위한 수단으로 위세품을 분여하고 이를 매개로 지배자 집단을 정치적으로 지배하는 간접지배 방식을 취했음은 잘 알려진 사실이다. 이때 사로국의 위세품인 금동관이나. 금제귀걸이 등이 압독국인 경산지역으로 사여되었고, 경주산 토기도 함께 들어오게 되었다. 경산지역에서는 이들 중 지역에서 생산할 수 있는 토기를 경산의 지역성과 수요에 맞추어 옥산동 토기요지에서 경산토기를 생산할 수 있게 되었고, 이것이 다시 경주, 대구, 성주 등 관외지역 교역에 이용되었던 것이다.

경산지역과 관외지역의 교역관계를 알아 볼 수 있는 자료는 역시 다른 자료와 마찬가지로 고분출토 유물이 대부분이다. 우선 앞서 말한 위세품의 사여인데 대표적인 것은 임당동 7A호분에서 출토된 출자형 금동관이다. 이것은 대구 비산

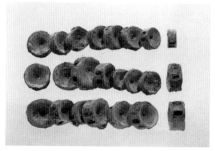

〈그림 6〉 임당고분에서 출토된 바다생선(상어(돔배기)뼈(좌)와 바다조개

동고분군이나 창녕교동 고분군 등에서 출토된 것과 약간의 시기 차는 있으나 거의 같은 의미로 분여된 것으로 생각된다. 이와 함께 출토되는 은제 관식이나 은제 과대장식 등도 마찬가지 의미이다.

이밖에 원거리 지역과 교역에 의한 물품이라고 생각되는 것이 고분출토의 음식물자료 중 바다조개와 상어뼈 등 해산물들이다. 특히 임당고분군에서 많이 출토된 상어뼈는 제사에 상어를 제물로 쓰는 현재의 풍습이 매우 오래되었음을 말해 주는 것이라 하겠다. 이러한 해산물의 유통경로는 남해안→김해→낙동강→금호강을 경유하여 경산으로 들어오는 낙동강로가있다. 이 교통로는 신석기시대 청도 오진리의 암음유적에서 남해안에서 생산되는 투박조개로 만든 팔찌가 출토된 것으로 보아 낙동강과 지류를 통해 내륙 깊숙한 곳까지 교역이 이루어지는 것으로 보아 가능한 교통로라고 생각된다. 그러나 그보다는 오늘날 경산에 상어(돔배기)가 들어오는 통로인 울산→경주→영천→자인을 거쳐 경산으로 들어오는 길이었을 가능성이 더 크다고 생각된다. 이 통로는 경주에서 영천을 거쳐 경산, 대구로 이어지는 군사도로와 영천 경산(하양)을 거쳐 군위 상주로 이어지는 중요한 교통로의 결절점이 경산이라는 점을 볼 때 더 활발한 교역로의 역할을 했을 것으로 판단된다.〈그림 6〉

IV. 맺음말

지금까지 고대 경산지역의 교통로와 교역에 대하여 경산지역에서 발굴 조사된 도로 유구를 중심으로 도로의 규모와 도로시설, 도로의 방향과 주변 유적과의 관계를 통해서 알아보았다. 또 경산지역에서 출토된 유물 중 생산시설이 확실히 조사되고 수요처인 고분에서 출토되는 상황을 중심으로 관내교역과 관외교역의 관점에서 살펴보았다.

경산지역에서 발굴 조사된 도로 유구는 14개소이며 그 중 대로 1개소, 중로 9

개소, 소로가 4개소였다. 이들 도로의 방향은 주로 취락지와 생산유구로부터 금호강 방향으로 연결되어 있었으며 이는 금호강의 수로와 육로를 이어가는 고대 교통로의 경향을 알 수 있었다. 도로 규모와 주변 유적의 성격으로 보아 이들 도로 중 경산 대평동 도로는 경산의 중심지역과 경주를 연결하는 간선도로의 성격을 가지고 있는 관도의 가능성이 높다고 생각된다.

고대 교통로를 통한 경산지역의 교역은 옥산동 토기요지에서 생산된 토기를 관내의 주변고분군에서 주문 생산하여 공급하였고, 이 토기들은 관외의 다른 지역에도 일부 교역되고 있었다. 관외의 교역은 신라가 중앙집권을 이루어 지방을 통제하기 위한 분여품으로 위세품이 이동되었고, 경주의 고급품은 지역의 모방품으로 발전하여 지역색을 갖는 토기가 생산되기도 하였다. 고분출토의 상어뼈나 바다 조개 등 해산물을 통하여 멀리 남해안이나 동해안과도 교역이 이루어지고 있음을 알게 되었다.

그러나 발굴 조사된 도로자료가 일부에 지나지 않고 그 수도 많지 않아 도로의 규모나 도로의 관리체계, 도로 주변의 관사나 시장, 역원과 같은 당시 생활사를 복원하기에는 너무나 빈약한 자료가 갖는 한계가 있었다. 이는 앞으로의 자료 증가와 다른 자료의 보완으로 보충해 나가야 할 것이라고 생각한다. 앞으로 이에 대한 관심과 활발한 연구가 이루어져 고대 경산의 생활상이 밝혀지기를 기대한다.

참고문헌

嶺南大學校博物館, 1999,『時至의 文化遺蹟 I 』.

嶺南埋藏文化財硏究院, 1999,『大邱 時至地區 生活遺蹟 I 』.

嶺南文化財硏究院, 2005,『慶山 大坪洞遺蹟 I 』.

嶺南文化財硏究院, 2005,『慶山 大坪洞遺蹟 II 』.

嶺南大學校 民族文化硏究所, 2005,『大邱 月城洞 1300遺蹟』-附錄 慶山 林堂洞 583遺蹟-.

嶺南文化財硏究院, 2005,『大邱-釜山間 高速道路 工事區間內 慶山 三省里遺蹟』.

영남문화재연구원, 2004,『대구 동촌유원지 도로확장구간내 유적 약보고서』.

嶺南文化財硏究院, 2006,『大邱 鳳舞洞 365-9番地 遺蹟』.

嶺南文化財硏究院, 2003,『大邱 旭水洞 · 慶山 玉山洞遺蹟 I 』.

영남문화재연구원, 2005,「대구 봉무지방산업단지 1단계 조성공사부지내 유적발굴조
　　　　사 현장설명회자료」.

영남문화재연구원, 2007,「대구 봉무동지방산업단지 외국인학교부지내 유적발굴지도
　　　　위원회 자료」.

성림문화재연구원, 2008,「경부고속철도 대구도심 구간 노선(IV구역)유적 발굴조사
　　　　지도위원회 자료」.

한국문화재보호재단, 2006,「대구 사월동 600번지일원 공동주택건립부지내 문화유적
　　　　발굴조사 약보고서」.

유병록 · 김병섭, 2000,「대구 西邊洞유적 발굴조사의 개요와 성과」,『제13회 조사연구
　　　　회 발표요지』, 嶺南文化財硏究院.

신종환, 1999,「上洞支石墓 發掘調查 成果」,『제42회 전국역사학대회 발표요지』.

朱甫暾, 1998,『新羅 地方統治體制의 整備過程과 村落』, 신서원.

서영일, 1999,『신라육상 교통로 연구』, 학연문화사.

김창석, 2004,『삼국과 통일신라의 유통체계 연구』, 일조각.

李熙濬, 1998,「4~5세기 新羅의 考古學的 硏究」서울大學校大學院 博士學位論文.

朴相銀, 2006,「嶺南地域 古代 地方道路의 硏究」嶺南大學校 大學院 碩士學位 論文.

朴方龍, 1997,「新羅 都城 硏究」東亞大學校 大學院 博士學位 論文.

김세기, 2002,「辰・弁韓의 交通路」,『진・변한사 연구』경상북도.

李漢祥, 1995,「5~6世紀 新羅의 邊境支配方式 -裝身具 分析을 중심으로-」,『韓國史論』33.

張容碩, 2006,「新羅 道路의 構造와 性格」,『嶺南考古學』38.

金才喆, 2004,「경상도의 고대토기가마 연구」,『啓明史學』15.

김대환, 2006,『압독국과의 통신 토기의 메시지』도록, 영남대학교박물관.

김대환, 2006,「고대 경산지역 정치체의 토기 생산과 분배 試論」,『압독국과의 통신 토기의 메시지』영남대학교박물관.

3. 청도의 선사, 고대문화와 이서국

Ⅰ. 머리말

청도지역은 역사적으로 진한의 소국단계부터 유력한 정치집단이 자리잡고 있었던 중요한 지역이었다. 즉『삼국사기』에 나오는 이서국伊西國의 고지가 바로 이 지역이었으며, 따라서 일찍부터 신라(사로국)의 성장과정에서 신라에 의한 복속과 이에 대한 반발을 거듭했던 지역이다. 또한 신라의 서부지역 진출을 위한 전략적 요충지로서의 의미가 크며, 특히 신라의 가야진출 통로로서의 중요성을 가지고 있다.

그러나 서기 2000년 이전까지는 청도지역의 고고유적 조사가 다른 지역에 비해 상대적으로 적었고, 고령이나 창녕 경산지역과 같은 고총고분과 같은 대규모 유적이 분포하지 않아 이서국을 중심으로 형성된 고대문화의 내용이 고고학적으로 뒷받침 되지 못하고 있었다.

이는『삼국지』위서 동이전이나『삼국사기』에 나오는 소국이 존재했던 지역에는 대체로 소국의 지배층 분묘라고 생각되는 고총고분군이 분포하여 소국의 문화적 기반을 보여주고 있는데 비해 청도지역에는 그러한 대형봉토분이 분포하지 않아 많은 의문을 가져오게 하였고 심지어는 문헌기록의 신빙성 문제까지 제기되기도 하였다. 그러던 중 근래에 들어 다행스럽게도 고속도로의 건설이나 도로의 확장, 댐의 건설 등 각종 건설공사로 문화유적 발굴조사가 활발히 이루어져 새로운 고고유적이 많이 알려지게 되었다.

이러한 고고자료의 증가는 청도지역의 선사문화에 대한 새로운 인식을 가져오게 하고 그동안 의문에 쌓였던 많은 역사문제를 해결할 수 있는 계기가 되었다. 따라서 이 글에서는 서기 2000년 이후 새로 알려진 고고자료를 통해 청도지역 선사문화를 이해하고, 그것을 통해 이서국의 고고학적 기반과 청도지역의 중요성을 살펴보기로 한다.[1]

Ⅱ. 청도지역의 지형과 고고학적 입지

1. 산지와 하천

청도지역은 한반도를 남북으로 길게 뻗어 있는 태백산맥 줄기의 남단에 해당하며, 경상북도의 최남단에 위치한 군 지역으로 동서가 길고 남북이 좁아 마치 누에모양을 하고 있다. 지역의 대부분이 산지로 되어 있어 인구밀도와 경지비율이 인근의 다른 지역에 비해 낮은 편에 속한다.

이렇게 동서로 긴 청도군은 군 중앙의 북쪽에 위치한 용각산龍角山(692.5m)과 남쪽의 용당산龍塘山(843.7m)에 의해 형성된 곰티재를 경계로 동쪽의 산동지역과 서쪽의 산서지역으로 나뉘어진다. 산동지역은 군계를 따라 태백산맥의 지맥인 영남 알프스로 해발1,000m가 넘는 운문산(1,188m), 가지산(1,240m) 등의 험준한 지형을 이루는 산악지역이고, 산서지역은 서쪽 군계를 이루는 비슬산(1,084m), 수봉산(593m), 묘봉산(513m) 등 대체로 낮은 산지로 둘러싸인 평탄한 분지로 평야지대를 이루고 있다. 한편 북쪽은 경산시와 경계를 이루는 삼성산(663m), 상원산(700m), 선의산(756m)이 솟아 있고 남쪽에는 청도의 진산鎭山인 남산(오산鰲山: 829.2m)을 비롯하여 경상북도와 경상남도의 도계를 이루는 철마산(630m), 화악산(932m), 천왕산(619m)이 둘러싸고 있다.[2]

청도지역을 흐르는 하천 또한 산동지역에는 운문산에서 내려오는 동창천東倉川이 남쪽으로 흘러 밀양강에 합쳐지고, 산서지역에는 서쪽의 비슬산 동록에서 발원한 청도천淸道川이 동쪽으로 흐르다가 청도읍에서 남쪽으로 방향을 틀어 역시 밀양강에 합류하고 있다. 청도 지역의 평지도 대개 이 두개의 하천인 청도천 유역과 동창천 유역에 형성되어 있는데 동창천 골짜기는 전체적으로 좁아 평지가 넓지 않고 청도천 유역은 평지가 넓게 형성되어 있다.[3]

이를 좀더 상세히 살펴보면 청도천은 비슬산에서 남쪽으로 흘러내려서 각북면, 풍각면, 이서면, 각북면, 화양읍, 청도읍을 돌아 흐르면서 읍면의 경계가 되고 있다.[4] 청도천은 요길천 혹은 송읍천이라고도 하는데 군 서남쪽의 천왕산, 수봉산, 묘봉산 등에서 발원하는 풍각천, 봉기천(현리천), 각북천, 대곡천, 오산천 등을 합한 뒤 군의 중앙부를 관류한다. 청도천은 다시 화양읍 송읍리에서 남성현재에서 내려오는 다로천을 합하여 청도지역의 중앙을 남류하다가 청도읍 내호리에서 산동지역을 남류해 온 동창천을 합류하여 밀양강에 유입된다. 청도천의 길이는 38.75km이고 유역면적은 341.33㎢로 각 지류와 유역에는 많은 충적평지가 형성되어 있다. 이 청도천의 충적평지와 구릉지를 중심으로 경지와 대지가 발달하여 과수원과 논밭이 펼쳐져 있다.

동창천은 운문산의 북사면에서 발원하여 북류하는 운문천과 가지산의 서사면에서 발원하여 서북쪽으로 흐르는 신원천이 합하여 북서쪽으로 내려오다가 경주시 산내면에서 흘러오는 동곡천을 운문면 대천리에서 합류하여 동창천이되어 금천면과 매전면을 지나 남쪽으로 곡류하여 청도읍 유호리에서 청도천과 만나 역시 밀양강으로 유입된다. 현대 운문천과 동곡천이 합류하는 운문면 대천

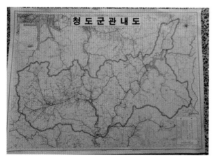 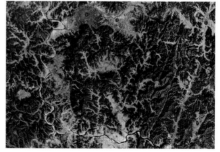

〈그림 1〉 청도의 지형과 위성지도

리의 협곡에 운문댐이 건설되어 있다. 동창천의 길이는 62.5km이고, 유역면적은 233.77㎢로[5] 청도천과 비교해 보면 길이에 비해 유역면적이 훨씬 좁은 것을 알 수 있다. 〈그림 1〉

2. 고고학적 입지

청도지역의 산지와 하천에서 살펴본 바와 같이 큰 산맥이 남북으로 뻗어 지역이 동서로 양분되고 큰 하천 두 개도 이들 지역을 각각 흐르는 관계로 고고학적 입지 또한 두 개의 권역으로 형성되어 있다. 두 권역의 고고학적 입지에 가장 중요한 역할을 하는 두 개의 하천은 산악지형인 산동 지역을 흐르는 동창천과 분지지형인 산서지역을 가로지르는 청도천 이다. 이 두개의 하천은 모두 영남지방의 한 복판을 남북으로 흘러 영남 대분지를 형성하고 있는 낙동강의 남부지류인 밀양강의 지류로서 고고학적 입지의 기본은 선사시대부터 낙동강유역문화권에 들어 있다.

낙동강은 본류의 길이가 525km로 남한에서 가장 긴 강이며 유역면적도 23,859㎢로 남한 면적의 1/4, 영남면적의 3/4에 해당한다.[6] 낙동강의 경사는 지극히 완만하여 본류 또는 지류의 가까운 곳에 곡저평야谷底平野를 형성하고 있다. 중류나 하류는 거의 평형상태에 가깝고 흐름이 완만하여 사행유로를 취하고 있는 경우가 많다. 특히 고령지역 이하는 경사가 지극히 완만하며, 하구에서 약 344km 상류에 있는 안동 부근에서도 해발 90m에 불과해 배가 안동까지 올라갈 수 있어 고대로부터 내륙수로 교통의 동맥이 되어 이 지역에 살던 사람들의 젖줄과 같은 역할을 한 강이다.

낙동강의 본류와 지류의 곡저평야나 산간의 분지에는 농경지가 발달하여 선사시대로부터 문화가 크게 발달하였으며 고고학적 유적이 형성되는 입지도 바로 이들 본류와 지류의 연안이나 유역의 구릉지대이다. 이러한 선사문화를 바탕으로 정치체가 성립하는 기반이 되었으며 진변한의 소국들이나 각 정치체들도 결국 이 낙동강을 중심으로 그 지류와 곡간 통로를 통하여 선상으로 연결되었으며, 영남내륙과도 연결되었다. 그러므로 낙동강에서 선착장이나 물자의 집합장이 있는 수로교통의 핵심지라 할 수 있는 김해나, 내륙 통로의 결절지로서 내륙 교역의 중심지에 위치한 경주는 진변한 시대에 강력한 세력으로 성장 할 수 있는 지형적 이점을 가지고 있었다.

그러므로 낙동강의 지류인 밀양강의 지류하천인 동창천과 청도천 역시 고고학적 입지는 낙동강 유역의 분지문화권에 속하는 것이며 청도지역의 고고유적 형성도 낙동강을 통한 영남지역 고대문화 형성에 한 부분을 차지하고 있는 것이다.

그러한 관점에서 보면 동창천은 유역면적이 좁고 구릉지대도 비교적 적어 고고학적 입지로서는 그다지 좋은 편은 아니어서 선사시대나 고대의 유적이 많은 편은 아니다. 그러나 이곳에서 주목되는 것은 동창천의 상류인 운문천 연변에 청도 오진리 암음유적이 존재하는 점이다. 이 오진리 암음유적은 신석기시대 바위그늘 주거유적으로 매우 중요한 의미를 가지고 있다. 즉 바위그늘 주거유적 자체가 흔하지 않은 신석기시대 유적이기도 하거니와 영남의 내륙 중에서도 깊고 궁벽한 오지에 자리잡고 있다는 점도 특이한 것이다. 그러나 고고학적 입지로 보면 낙동강수계에 해당하는 것이며 청도지역의 고대문화가 그만큼 이른 시기에 형성될 수 있었다는 것을 의미하는 것이다.

한편 서쪽에서 동쪽으로 흘러 동서로 길게 펼쳐진 청도천유역은 상당히 넓은 유역면적과 저평한 구릉지대가 유역주변에 분포하고 있어 사람들이 모여 살기 좋은 입지조건을 가지고 있다. 거기다가 청도천 유역의 사방경계에 높은 산줄기들이 둘러싸고 있어 그 안은 대단히 포근하고 아늑한 안정감을 주고 있다. 최근 다량으로 조사된 선사시대 유적도 이 청도천 유역에 집중 분포되어 있다. 그리고 이 지역과 외부지역과의 연결은 작은 고개통로와 하천을 통해 쉽게 이루어질 수 있는 이점을 가지고 있다. 특히 청도천 중앙부에 해당하는 화양읍 토평리와 소라리 지역은 넓은 평야와 남향한 돋을 막은 구릉지가 활 모양 펼쳐져 있어 선사와 고대문화 형성의 중심지가 되기에 매우 좋은 입지적 조건을 가지고 있다.

Ⅲ. 발굴 조사된 청도지역의 주요유적

1. 신석기시대

1) 청도 오진리유적

경상북도 청도군 운문면 오진리에 있는 신석기시대 바위그늘岩蔭 유적으로, 운문댐 공사로 인해 1993년 부산대학교에서 발굴조사 하였다.[7] 유적은 동곡천과 운문천이 합쳐지는 지점에서 5km 상류의 운문천변에 있는데, 유적의 앞쪽 들판의 해발이 140m 정도로서 전체 지대가 높고 험하다. 유적의 높이는 그로부터 5m 정도 높은 곳에 있다. 이곳은 암벽이 자연적으로 떨어져나가 생겨난 그늘 부분을 이용한 바위그늘 내부와 그 앞쪽의 일정부분이다. 바위그늘의 규모는 높이 2.5m, 너비 15.5m, 평균 길이 3.5m이며 퇴적층은 4개 층으로 이루어져 있다.

신석기 문화층은 표토층인 1층 아래의 2층부터 시작되어 맨 아래층인 4층까지이다. 출토유물 가운데 대표적인 것은 역시 만기 신석기의 이중구연토기들이다. 따라서 무늬도 퇴화된 침선문인 단사선문, 사선문, 생선뼈무늬 등이 약간씩 보인다. 석기로는 화살촉, 도끼, 숫돌, 공이, 격지 등이 나온다. 또 투박조개로 만든 팔찌와 뼈도구가 있으며 백합, 담치, 떡조개 등의 바다조개도 출토되었는데 이들의 존재는 해안지방과의 교류가 있었음을 잘 보여주는 흥미로운 자료이다. 〈그림 2〉

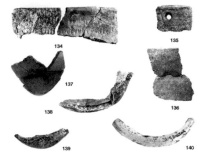

〈그림 2〉 오진리 바위그늘 유적과 출토유물

2. 청동기시대

1) 청도 진라리 유적

경상북도 청도군 화양읍 진라리에 있는 청동기시대 생활유적지와 무덤유적이 함게 있는 복합유적이다. 진라리 유적은 신대구-부산간 고속도로 건설공사로 2002~2003년 영남문화재연구원에서 조사한 유적이다. 용각산에서 서쪽으로 진행하던 능선이 다시 남쪽으로 청도천을 향해 뻗어 내린 구릉의 말단부에 해당된다. 남서쪽에는 청도천의 지류인 다로천이 흐르고 동쪽에는 용각산에서 흘러나오는 다로천의 지류들이 합류되는 협곡평야의 중앙부이다. 이곳에서는 수혈주거지 64동, 고상식 건물지 2동, 지석묘 3기, 석관묘 2기, 수혈 8기, 노지 9기, 구상유구 2기를 비롯하여 추정 농경지가 조사되었다.[8]

이곳의 주거지는 대규모인 세장방형주거지를 비롯하여 중소형인 원형과 방형주거지가 함께 분포하고 있다. 주거지의 배치 형태는 대형주거지를 중심에 두고 주변에 방형 주거지가 자리 잡고 있다. 진라리 주거지 중에서 최대형 주거지는 길이 15.8m, 너비 4.5m의 규모이고, 소형 주거지는 길이 230cm, 너비220cm 규모이다. 원형주거지는 직경 450~490cm로 내부에 작업구덩이와 기둥구멍을 두 개 가지고 있는 송국리형 주거지이다. 이러한 주거지의 배치 상태나 구성의 차이는 어느 정도 위계화가 진행된 취락임을 말해 주고 있는 것이라 생각된다.[9]

지석묘의 하부구조라고 생각되는 석관묘 2기는 매장주체부가 지하에 조성되어 있으며, 매장부를 덮는 개석이 있고 그 위에 상석이 올려져 있는 형태로 보아 개석식 지석묘 중 후기에 속하는 것으로 보인다. 지석묘에서는 홍도 2점, 석검 2점, 석촉 10점, 장식옥 1점이 출토되었다.[10]

또 지석묘는 이곳에서 조금 남쪽으로 내려간 무등리에도 분포하는데 모두 진라리, 송읍리, 소라리, 범곡리로 이어지는 청도천유역 평야와 구릉지로 연결되어 있다. 이와 같이 진라리 유적은 주거지와 지석묘, 고상식 건물지, 농경지 등이 복합되어 있는 대규모 유적으로 청동기시대 청도지역의 중심 취락지라고 생각된다. 〈그림 3〉

〈그림 3〉 진라리유적 원경 및 근경

　한편 진라리 유적은 청도-남천간 25번 국도 확장공사로 2008~2010년에 한빛
문화재연구원에서 발굴조사 하였다. 이 조사에서도 청동기시대 주거지 43동을
비롯하여 구덩이, 도랑, 고상건물지, 야외 화덕 등 100여기의 유구가 조사되었는
데, 내용은 비슷한 양상이다.[11]

2) 청도 송읍리 유적

　청도군 청도읍 송읍리 유적은 2002~2003년 경북 문화재연구원에서 발굴 조사
한 유적으로 앞의 진라리유적에 이어지는 가지능선의 끝자락에 위치하고 있다.[12]
　송읍리유적은 주거지 10동과 환호, 도랑 등 청동기시대 취락 관련유적으로 북
동쪽의 용각산 지맥과 북에서 남으로 흐르는 다로천 사이의 농지(송읍들)에 자리
잡고 있다. 이들 주거지에서는 구순각목이 시문된 발형토기와 호형토기등이 출
토되었다. 석기류로는 석촉, 석도, 석부, 지석등이 출토되었다.[13]
　송읍리유적에서 중요한 것은 앞의 진라리유적과 연결되는 청동기시대 주거
지유적으로 이 지역이 다음의 범곡리 지석묘군과 함께 청도지역의 중심지였다
는 것을 보여주는 유적이다.

3) 청도 범곡리 지석묘군

범곡리 지석묘군은 발굴조사 되지는 않았지만 30여기의 지석묘가 열을 지어 분포하고 있어 지석묘 상석의 분포정황을 보여주는 중요한 유적이다. 이 지석묘군은 경주에서 창녕으로 통하는 20번 국도가 읍내를 우회하는 신설도로의 건설로 인해 남북으로 분리되었지만, 일부상석을 이동하여 보존하고 있는 유적이다. 지석묘의 크기는 대체로 220-280㎝이며 높이가 높은 괴석형의 상석구조를 가지고 있다.[14]

4) 청도 신당리 유적

신당리 유적은 청도군 각남면 신당리 일원이며, 2010년 삼한문화재연구원에서 발굴조사하였다. 조사지는 청도읍에서 창녕방향으로 향하는 20번 국도변으로 각남면 신당리 일대부터 화양읍 서상리 일대까지의 도로확장구간이다. 도로 시점부인 신당리를 중심으로 동쪽으로 4km 떨어져 칠성리구간, 칠성리구간에서 동쪽으로 700m 떨어져 종점부인 화양읍 서상리구간이 해당한다.[15]

신당리구간 Ⅱ구역에 대한 발굴조사에서는 청동기시대 수혈주거지 39동, 고상식 건물지 3동, 수혈유구 16기, 야외노지 5기, 주혈군 4기, 지석묘 1기, 토광묘 1기 등 총 76기의 유구가 조사되었다. 유물은 절상돌대문토기 발, 각목돌대문토기 발, 구순각목문토기 호, 발 구연부편, 홍도 등 무문토기와 방추차 등의 토기류 100여점과 석검, 석촉, 다두석부, 석부, 석도, 숫돌 등 석기류 30여점 등 모두 130여점이 출토되었다.

신당리구간 Ⅱ구역의 지형은 중앙부의 곡부를 기점으로 동-서 양쪽에 미고지가 형성되어 있다. 유구는 동쪽 미고지에 수혈주거지가 집중되어 있고, 서쪽 미고지에 지석묘 및 구상유구 등이 분포되어 있다. 주거지가 확인되는 동쪽부분은 거의 평탄하나 주거지群을 중앙부에 두고 동, 서 양쪽에 구하도가 남에서 북으로 조사지를 가로질러 지나간다.

수혈주거지는 모두 39동이며 평면형태는 세장방형-장방형.방형.말각(장)방형-원형으로 구분된다. 그리고 내부시설 가운데 노지와 벽면처리방식에 따라

(장)방형과 말각(장)방형으로 구분된다. 또한 주거지간의 중복관계를 통해 세장방형-(장)방형-원형의 순으로 선후관계가 확인되었다. 주거지의 조성연대는 청동기시대 조기에서 후기의 송국리 유형까지 확인되고 있다.

고상식 건물지는 주거지군 내에서 3동이 확인되었다. 1호는 정면 6칸 측면 1칸, 2호는 정면 5칸 측면 1칸, 3호는 정면 2칸 측면 1칸으로 이루어져 있다. 규모는 길이 360~910㎝, 너비 180~220㎝, 잔존깊이 15~25㎝이다. 면적은 6~20㎡로 중소형의 규모에 해당되며 성격은 창고나 공동작업장 등으로 파악된다. 유물은 출토되지 않았다.

5) 청도 화리 유적

화리 유적은 청도군 각남면 화리 일원에 위치하는데, 이 유적 역시 청도에서 창녕으로 이어지는 20번 국도확장 공사로 2009~2011년까지 한국문화재보호재단에서 발굴조사한 유적이다.[16] 이 유적은 청도천의 남편에 위치한다. 유적의 북쪽에 청도천이 동류하고 있으며 유적의 남쪽으로는 해발고도 852m의 남산이 위치한다. 지형상으로는 남산에서 청도천을 향해 이어지는 북고남저형의 선상지에 해당한다.

청도천 주변의 발달된 천변평야와 선상지 지형의 이점으로 인해 조사지역을 포함한 청도지역 일대에는 특히 청동기시대 유적이 다수 분포하고 있다. 본 화리 지석묘군을 비롯하여 칠성리 지석묘군, 신당리 지석묘군, 칠성리 유물산포지, 예리 유물산포지, 유등리 유물산포지 등이 분포한다.[17]

본 조사에서 확인된 유구는 청동기시대 무덤 34기와 주거지 15동 총 92기 이다. 특히 지석묘 등의 청동기시대 무덤은 잔존상태가 양호해 당시 무덤의 조성과정과 매장의례 등을 면밀히 살펴 볼 수 있었다. 먼저 무덤은 지석묘의 하부구조로 조사구역 내에서 4개소의 '군'을 이루며 조성되었다. 각 군들은 입지상 주변보다 미고지에 조성 하였다. 매장주체부의 구조는 축조양상에 따라 석관형, 석곽형으로 구분된다.

〈그림 4〉화리 묘역지석묘 및 내부구조

　　그리고 주검칸과 부장칸을 구분한 경우가 '가'군-3호, '나'군-6호, '다'군-1·3호에서 확인되어 특이하다. 각각의 군 내 무덤의 배치양상을 살펴보면, 먼저 '가'군은 동-서간 20m, 남-북간 17m의 범위를 가진 묘역 내 다수의 매장주체부들이 남-북·동-서향으로 배치되었으며, 각각의 무덤 상호간에는 입지의 선점에 차이를 두었던 것으로 판단된다. '나'군은 묘역 지석묘를 중심으로 그 주변으로 무덤들이 남-북향, 동-서향의 정형성이 관찰된다. '다'군은 3기의 묘역 지석묘가 남-북향으로 나란히 위치한다.

　　청동기시대 주거지는 평면형태가 대형의 장방형인 점, 위석식 노지, 무문토기 등 공반 토기 양상으로 보아 청동기시대 전기 무렵에 조영된 것으로 보인다. 그리고 지석묘를 비롯한 청동기시대 무덤은 대형 장방형 주거지의 후대층에 조성된 점과 장신형 석촉 등의 유물 양상으로 보아 청동기시대 후기에 조성된 것으로 파악된다.〈그림 4〉

3. 삼국시대

1) 청도 성곡리 고분군

　　성곡리 유적은 경상북도 청도군 풍각면 성곡리 산210-2번지 일원에 위치하는데, 한국농어촌공사의 농업용수 개발을 위한 성곡댐 건설 사업으로 2006~2008년 경상북도 문화재연구원에서 발굴조사한 유적이다.[18] 유적이 자리 잡고 있는 구릉은 양 갈래로 흐르는 하천이 현리천과 합수하는 지점에 해당하며, 구릉아래

에는 하천의 범람으로 충적지가 형성되어 있다. 유적에서 확인된 유구는 삼국~
통일신라시대의 석곽묘와 석곽옹관묘 및 목탄요, 주거지를 비롯하여 조선시대~
근대에 해당되는 건물지 및 옹관묘, 와요 등 총이 분포하고 있는 복합유적인 것
으로 밝혀졌다.

조사는 1차와 2차로 나누어 실시되었는데, 구릉 아래 평지쪽에 해당하는 부분
의 1차조사시 지도위원회 결과를 바탕으로 보존구역으로 정해진 135m 아래에
조사된 구역을 가구역으로, 해발 135~145m 구릉 사면에 해당하는 2차 조사가
실시된 구역을 나구역으로 구분하였다. 가구역에서는 석곽묘 136기와 석곽옹관
묘 10기로 146기, 나구역에서는 목곽묘 1기를 비롯하여 석곽묘, 석관옹관, 고려
시대 석실묘, 석곽묘 및 근대옹관 등 모두 175기가 조사되어, 전체적으로 총 319
기의 분묘가 조사되었다. 이 중 삼국시대에 해당하는 분묘는 306기이다.

석곽묘는 자연석이나 할석을 평평하게 쌓아 네벽을 축조하였는데, 평면 형태
가 세장방형, D자형, 타원형 등 여러 가지 형태를 보이고 있다. 이는 벽석마다 축
조수법이 다르다는 것을 말하는데, 특히 세벽을 동일수법으로 쌓고 나머지 한 벽
은 비교적 불규칙하게 쌓아서 마치 뒤채움한 것 같은 인상을 주는 점이 주목된
다. 이러한 뒤채움은 목곽묘의 전통이 이어지고 있다고 생각되는데, 창녕 교동
봉토분의 하부구조에서 잘 나타나고 있다. 목곽묘의 전통은 내부의 목곽시설의
흔적과 동일묘광 내에 주부곽이 갖추어지는 양상에서도 엿볼 수 있다. 〈그림 5〉

〈그림 5〉 성곡리 고분 분포도 및 출토토기

2) 청도 토성리 백곡토성

경북 청도군 화양읍 토평리에 위치하고 있다. 발굴조사한 유적은 아니나 이서 국과 관련된 매우 중요한 유적이다. 화양읍에서 달성군 가창으로 넘어가는 25번 국도를 따라서 청도천을 건너 가다보면 넓은 들이 나오고 죽촌 마을이 나온다. 이곳에서 좌측으로 난 길을 따라가다 보면 토평리 마을이 나온다. 이곳이 바로 백곡토성으로 알려진 곳이다. 중심부는 백곡마을이며 마을 주위를 나지막한 구 릉이 돌아가고 있는데 이 구릉 위에 백곡토성이 있었다고 한다. 현재는 토성 흔 적만 약간 알아볼 수 있다. 백곡 마을의 동, 서, 북쪽을 낮은 구릉이 펼쳐져 있어 백곡마을 주위를 활 모양으로 둘러싸고 형상이다. 그러므로 남쪽의 토평 마을에 서 백곡마을로 들어가는 입구 쪽만 약간 터져 있어 출입문처럼 되어 있고 주위 는 자연적인 토성처럼 형성되어 있다.[19] 전설에 의하면 이곳이 이서국의 궁성지 라고 전해져 온다고 한다.

마을의 앞쪽으로 청도천이 흐르고, 그 유역에 펼쳐진 넓은 토평리 평야가 내 려다보이는 이곳은 구릉으로 둘러싸인 자연 지리적 환경조건과 인근의 청동기 시대 주거지와 지석묘의 분포, 토성의 흔적 등 고고학적 입지로 볼 때 이 곳은 읍 락국가邑落國家 단계의 국읍지 조건이 충분하다고 생각된다. 그러므로 백곡토성 이 있는 백곡마을이 이서국의 국읍지로 추정하기도 하였으나[20] 주변이 옹색하여 국읍지로 적당한지 의문이다.

이곳 사면은 현재 과수원으로 개간되어 있으며 토기편들은 거의 보이지 않고 있다. 주민들의 말에 의하면 과수원을 만들던 초기에는 능선 사면 등에서 축대 와 같은 석열도 있었고 토기들도 많이 나왔다고 한다. 또 백곡출토품으로 소개 된 토기들도 있어[21] 고분이 있었던 것으로 보인다.

3) 청도 주구산성走狗山城

경북 청도군 청도읍 송읍리 안송읍 마을 서쪽을 감싸는 구릉의 정상부에 위치 하는데, 이서국의 산성으로 전해오는 곳이다 . 일명 폐산성呋山城 혹은 이서산성으로도 불린다. 최근 경상북도문화재연구원에서 정밀 지표 조사한 바 있다. 이곳은 청도천 본류와 다로천이 합류하는 합수지점 북서쪽에 솟아 있는 절벽에 이어지는 구릉이다. 청도천 본류가 화양읍 소라리를 지나 동류하다가 이곳에서 다로천을 합쳐 남쪽으로 방향을 틀어 내려가는 곳이다. 청도천 본류쪽인 서남쪽은 가파른 절벽으로 이루어져 있고 북쪽으로 길게 뻗은 구릉은 위로 올라가면서 점차 넓어져 평평한 대지상을 이룬다. 반면 다로천 쪽인 동쪽은 서서히 내려오는 완만한 경사로 안송읍 마을을 감싸고 있다.

이곳의 정상은 219m 밖에 안 되지만, 산 아래 평지가 90m로 비고가 120m나 되어 남쪽으로 청도천 하류와 서쪽으로 청도천 상류 쪽을 조망할 수 있고, 북쪽으로 다로천 상류와 동쪽으로 계곡을 따라 곰티재 방향도 한눈에 볼 수 있어 사방을 경계하기에 매우 좋은 위치이다. 따라서 현재 구릉의 정상부에는 인공적으로 쌓은 토성이나 산성의 흔적은 보이지 않지만 지형이 약간의 단처럼 보여, 고대 이서국 시기에 방어성이 있었을 가능성이 매우 높은 곳이다.

전설에 의하면 신라가 이서국을 정벌할 때 이 산성에서 치열한 전투가 벌어졌고, 이 산성이 함락됨으로써 이서국은 신라에 합병되었다고 한다. 또 다른 전설은 신라의 마지막 왕인 경순왕이 고려에 항복하자 고려에 항거하는 신라의 반란병들이 이 산성에서 끝까지 저항하였다고 한다. 그 때 고려 태조 왕건이 보양국사에게 이 성을 함락시킬 방책을 물으니 보양국사가 지형을 살핀 후 말하기를 "이 산의 형상이 달리는개走狗의 모양인데, 개는 밤에는 잘 지키나 낮에는 잘 지키지 못하고, 앞만 지키고 뒤는 지킬 줄 모르므로 마땅히 낮에 그 북쪽을 공격하면 될 것이라" 하였다. 왕건은 다음날 낮에 북쪽을 공격하여 결국 이 성을 함락시켰다고 한다. 그 후부터 이 산을 주구산이라 부르게 되었고, 이 산성을 폐성이라 부르게 되었다고 한다. 또한 달아나는 개에게는 떡을 주어야 달아나지 않는다고 믿어 입구에 절을 짓고 이름을 병사餠寺라 하였는데 뒤에 병사는 뜻음을 따라 떡사라고 부르다가 덕사德寺로 바뀌었다고 한다.[22] 현재도 구릉의 남쪽 입구에 덕사가 자리 잡고 있다.

한편 이 주구산성에 대하여 화양읍 진라리 뒷산에 위치하는 성으로 주위 대략 910m로 자연암석 위에 토축 하였다는 기록도 있으나[23] 주위의 자연입지로 보아 이곳이 맞는 것으로 판단된다.

4) 청도 오례산성(烏禮山城)

오례산성은 일명 오리산성, 오혜산성烏惠山城 혹은 구도산성仇刀山城으로도 불리는 산성으로 청도군 청도읍 거연리 계곡마을 뒷산에 위치한다.[24] 이곳은 청도천과 동창천이 합류하기 전, 두 하천을 양분하는 남북지맥이 점점 좁아지는 능선의 정상부에 비교적 넓은 범위에 자리 잡고 있다. 남북으로 내달리는 지맥의 동서사면은 매우 가파르게 경사져 그 산자락이 동쪽은 동창천에 닿고, 서쪽은 청도천에 이르게 되는데 능선의 대부분도 대체적으로 경사가 급하여 산봉우리 부분도 가파르다. 그런데 해발 500m 위쪽 산성이 위치한 이 부분만 등고선이 완만해 계곡을 둘러싸고 비교적 평평한 대지 형태를 이루고 있어, 포곡형 산성이 입지하기에 매우 적당한 지형이다.

따라서 산성 안에는 서쪽과 남쪽으로 작은 계곡이 있어 청도천과 동창천 지역으로 통할 수 있는 통로가 되고 특히 청도천 방향은 계곡마을을 거쳐 청도읍으로 연결되는 주통로가 되고 있다. 그리고 북쪽과 동쪽은 가파른 경사로 이어지고, 높은 지점에서는 동, 서, 남쪽의 3방향이 훤하게 틔어 있어 방어하기에 매우 좋은 지형이다.

성의 둘레는 약 3km정도이고 계곡과 작은 못과 샘이 있어 많은 병사가 장기간도 생활하기에 충분한 조건이 되기 때문에 고대로부터 청도지역 정치체의 중요한 산성으로 기능 하였을 것으로 판단된다. 참고로『동국여지승람』에는 성안에 세 개의 개울과, 5개의 못, 3개의 샘이 있다고 기록되어 있고 임진왜란 당시에도 성을 수축하여 방어용으로 사용하였다고 한다.[25]

Ⅳ. 청도지역 선사문화의 고찰

우리나라의 신석기 유적은 대개 해안이나 도서지방 혹은 큰 강 유역에 형성되는 것이 대부분이지만, 경북 내륙의 작은 지역인 청도 오진리에서 신석기시대 바위그늘 주거유적이 확인되었다. 이는 청도지역이 인근의 다른 지역에 비해 비교적 일찍부터 선사문화가 형성되었고 그만큼 선진지역이었음을 말하는 것이다.

청도 오진리 암음유적의 신석기문화는 신석기 후기에 형성된 것이지만 출토된 유물중에서 우리나라 남해안에서만 생산된다는 투박조개로 만든 팔찌는 선사시대의 교통로와 교역관계를 알아볼 수 있는 매우 중요한 유물이다.[26] 지금까지의 영남내륙지역에서 발견된 신석기 유적들은 모두 낙동강의 수계에 위치하고 있다. 우선 거창 임불리유적은 낙동강의 중하류 지류인 황강의 중상류에 위치하고 있고, 김천 송죽리 유적은 낙동강의 중류 지류인 감천의 상류에 있으며, 청도 오진리유적은 내륙 깊숙한 곳에 위치하지만 낙동강의 하류지류인 밀양강의 상류천인 운문천변에 해당된다. 그리고 금호강 하류의 대구 동·서변동이나 [27] 금호강 지류인 신천 상류의 상동에서 빗살무늬토기가 출토되고 있어,[28] 낙동강과 그 지류수계는 신석기시대의 주요 내륙교통로의 역할을 하고 있는 것이 분명하다고 하겠다.

따라서 청도 오진리 유적의 신석기 문화도 낙동강 수계를 이용한 내륙교통로를 통해 형성된 것임을 알 수 있다. 청도지역에서의 선사시대 문화형성 경로는 낙동강 대수로를 통한 1차 경로와 밀양강→동창천→운문천으로 이어지는 2차 경로를 통해 전파되었던 것이고 이 경로를 통해 남해안 지역의 투박조개가 들어올 수 있었던 것이다.

청도 오진리 암음유적과 비슷한 입지의 영남내륙 지역 신석기유적으로 김천 송죽리 암음유적이 있다.[29] 송죽리 암음유적 근처에는 대규모 신석기 취락지가 위치하고 있는데[30] 청도지역에는 아직 신석기 취락지가 발견되지 않고 있다. 김천 송죽리유적은 영남지역 내륙교통로의 중추적 통로에 해당되므로 대단위 취락이 형성되었으나 청도 오진리유적은 내륙교통로의 마지막 종착지역할을 하고 있기 때문에 그와 같은 대규모의 취락 형성이 되지 않은 것으로도 볼 수 있지만 송죽리유적과 비슷한 자연지리적 입지는 동창천 유역과 청도천 유역에도 몇 군데 있기 때문에 가능성은 매우 크다고 생각된다.

청동기시대가 되면 경지면적이 넓고 구릉지대가 많은 청도천 유역에 점차 중요한 유적이 형성되면서 청도의 중심지로 부상하게 된다. 즉, 청동기시대 중기 이후에는 청동기시대 가장 대표적인 유적인 지석묘가 청도천유역 전역에 널게 분포하고 있는 것이다.

청도천 유역에는 청도지역에서 가장 대규모의 지석묘군인 청도 범곡리지석묘군을 비롯하여 주변의 진라리, 송읍리, 원정리, 무등리, 지석묘군이 모두 청도천의 중심지역인 화양읍의 범곡리, 송북리, 소라리, 진라리로 연결되어 청도지역에서 가장 넓고 중요한 지역이 되었던 것이다. 특히 각남면 화리 유적에서 조사된 묘역지석묘는 화양읍 진라리 유적과 함께 청도천 유역에 유력한 정치체가 형성되었음을 확실히 보여주고 있다고 하겠다. 이 묘역지석묘는 최근 마산 진동리 유적이나 김해 율하동 유적을 통해 청동기시대의 강력한 정치집단의 상징으로 인식되고 있다. 청도의 화리 묘역지석묘는 그 정도의 대규모는 아니지만, 진라리의 취락유적과 함께 청도지역의 대규모 정치체의 존재를 증명하고 있다.

화양읍 진라리 취락유적은 주거지 64동과 고상건물지 2동. 구상유구, 지석묘 하부 구조라고 생각되는 석관묘와 지석묘가 구역을 달리하여 조성되어 있다. 그리고 대형주거지를 중심으로 이를 에워싸듯 소형주거지들이 주변에 배치되고 있어 일정한 계층성이 인정된다. 또한 진라리 유적에서는 대형마제석검과 천하석제 장식옥 등의 위세품도 출토되어 이를 뒷받침하고 있다.[31]

청동기시대 후기 우리나라에 초기국가인 성읍국가가 형성되기 위해서는 청동기사용의 확대와 농경의 발달 그리고 철기의 유입으로 상징되고 있는데,[32] 그 중에서 특히 세형동검과 청동거울, 청동방울과 같은 의기의 유물을 국가형성의 구체적 징표로 보기도 한다.[33] 그러나 경주나 대구, 영천 등과 같은 선진지역의 경우는 대형 목곽묘의 등장과 청동유물 및 철기가 본격적으로 등장하지만 고령이나 의성 지역의 경우 읍락국가가 형성되어 있었지만 이러한 청동기는 출토되지 않고 있다. 고령지역의 경우 반로국이라는 소국이 발달하여 후에 대가야로 발전하지만 청동기가 출토되지 않았다. 창녕지역의 경우도 청동기의 출토 예가 없이 소국에서 비화가야로 발전할 수 있었다.

그러므로 청도지역의 경우 진라리유적을 비롯한 화리 묘역지석묘군으로 볼 때 청동기시대 후기에는 청도천 중류지역에 이서국과 같은 읍락국가가 성립될 수 있는 충분한 고고학적 기반이 형성되었다고 할 수 있다.

청도지역의 고고자료로 선사문화를 살펴보면 신석기시대에서 청동기시대 전기까지는 동창천 유역이 문화적 선진지역이었다. 그후 청동기시대 중기 이후는 유역 면적이 넓고 그에 따른 교통이 더 편리한 청도천 유역이 더 발전하게 된다. 그것은 지석묘의 분포 범위와 규모로도 알 수 있고 청도천 중류의 진라리, 소읍리 유적의 대규모 취락과 화리 유적의 묘역지석묘를 통해서 짐작할 수 있다. 한편 청도지역에는 삼국시대 고총고분군이 존재하지 않는 것이 고고학적 특징이라 할 수 있다. 그러나 이러한 청도지역의 청동기시대 유적을 통해 보면, 청도지역에 진한 소국인 이서국이 성립할 수 있는 문화적 정치적 기반이 충분하였다고 생각된다.[34]

V. 청도 이서국과 고대 문화의 성격

청도지역에 위치하였던 이서국은 『삼국사기』와 『삼국유사』에 단편적인 내용이 전하고 있다. 『삼국사기』신라본기 '신라 유례이사금 14년(297년)조에

"이서고국이 신라 금성을 공격하여 신라군이 군사를 크게 모아 적을 막았으나 이서국 군대를 막지 못하였는데, 갑자기 머리에 대나무 잎을 꽂은

수많은 군사가 나타나 신라군과 함께 이서국 군대를 물리쳤다"고 한다. 나중에 보니 군사는 간 곳 없고 선왕인 미추왕릉(죽장릉)에 대나무 잎이 쌓여 있었다는 것이다. 그리하여 신라 사람들은 미추왕의 음덕으로 강력한 이서국 군대를 물리칠 수 있었다고 여기게 되었다고 한다.[35]

이 내용은 『삼국유사』권1 미추왕 죽엽군조에도 거의 비슷하게 기술되어 있고, 또한 권1 이서국조에는

"노례왕 14년(37)에 이서국 사람이 금성을 침공해 왔다. 운문사에 예로부터 전해오는 ≪제사납전기≫에서 이렇게 말하였다. '정관 6년 임진년(632)에 이서군의 금오촌 영미사에서 밭을 바쳤다.' 금오촌은 지금의 청도 땅이니, 청도군은 옛날의 이서국이다." 라고 기록되어 있다.[36]

이러한 기록으로 보아 청도지역이 삼한 소국인 이서국의 고지라는 것은 의심할 여지가 없는 분명한 사실인 것이다. 그리고 신라의 수도를 공격할 정도의 강력한 군사력을 가지고 있었던 이서국이 존재했다면 거기에 상응하는 고고유적이 존재하는 것이 일반적이다. 특히 경산의 압독국이나 의성의 소문국에서 보는 바와 같이 소국이 있던 지역에는 고총고분군이 존재하고 있다고 해도 과언이 아니다.

이와 같이 신라의 수도를 공격할 정도의 힘을 가지고 있었던 이서국이 존재했다면 거기에 상응하는 고고유적이 있는 것이 일반적인 현상인데, 청도지역에는 그러한 고총고분이나 금동관과 같은 최고급 위세품이 출토되지도 않는다. 이러한 현상은 어떻게 설명될 수 있을까? 그것은 이서국의 지리적 입지와 신라와의 관계에서 찾아야 할 것이다. 즉 청도천 중류의 진라리 유적을 보면 청도지역은 청동기시대 후기까지는 대규모 취락과 출토유물로 보아 상당한 정치체를 형성할 수 있는 기반이 확립되어 있었다. 그러므로 이서국이 형성될 당시는 상당한 세력의 정치력을 유지하고 있었다고 생각된다.[37]

즉, 신라는 초기 영토 확장 단계에서 주변지역에 대한 지배방법에 차이가 있었다. 신라의 주변 소국 병합이후 지방지배의 유형은 첫째 의례적인 공납 등의 형식으로 신속을 표하고 그 대가로 거의 완전한 자치를 허용하는 경우와 둘째 당해 지역의 유력세력을 신라에 맞게 재편하여 자치를 허용하는 경우 셋째 피복속 지역의 유력세력을 중앙으로 이주시켜 귀족화 시키고 원래의 지역은 재편하여 식읍형태로 그에게 지급하여 지배하는 경우와 넷째 피복속지 가운데 중요한 군사요충지에는 중앙에서 파견한 군관을 상주시켜 직접지배하는 경우가 있었다고 한다.[38]

그런데 위의 4가지 방법 중 위의 세 가지는 모두 지방 토착세력의 자치와 권위를 인정하면서 신라 중앙정부에서는 공납과 같은 일정한 이득을 취하는 방법인데 네 번째 방법은 토착세력을 완전히 없애거나 지배세력으로서의 역할을 완전히 배제하는 방법인 것이다. 그런데 필자가 생각하기에는 직접지배를 실시하는 지역은 군사적 요충지와 함께 신라의 지배에 심하게 저항하거나 반란을 일으키는 지역도 포함하였다고 생각한다.

경산의 압독국이나 삼척의 실직국의 경우는 파사이사금 23년에 스스로 신라에 항복하여들어 왔다가[39] 다시 2년 뒤에는 반란을 일으켜 군대로 토벌하고 나머지 무리를 남쪽의 지방으로 이주시키고 있다.[40] 그러므로 이 두 지역의 경우는 유력자를 재편하여 자치를 허용하는 방법을 사용한 것이다. 경산 임당유적에 고총고분이 조영되고 그 고분에서 신라중앙정부에서 분여한 금동관이 출토되는 것이 이 사실을 말해주는 것이라 할 수 있다.

그러나 이서국의 경우『삼국유사』에 의하면 처음부터 신라에 투항해 오지 않고 건무18년(42년)에 이서국을 정벌하는 것으로 나와 있다. 그러므로 이서국의 경우는 자신들의 강한 청동기시대 배경을 믿고 신라에 우호적이지 않았던 것으로 생각된다. 그러므로 신라에서도 토착세력을 통한 간접지배 방식을 실시하지 않고 바로 직접지배 방식을 택한 것이다. 토착지역의 유력세력을 통한 간접지배 방식을 실시하지 않을 경우는 철저하게 토착세력을 분해하거나 강한 군대를 주둔시키게 되므로 지방의 유력자가 정치적 특권이나 지배력을 유지하지 못하였으므로 고총 고분을 조영할 수 없었던 것이라고 생각된다.

신라가 이서국에 대하여 이렇게 직접지배를 실시한 것은 신라에 반항적이기도 했지만, 지리적으로 창녕으로 연결되는 통로이면서 장차 낙동강 건너 고령, 함안 등 가야지역으로 진출하기 위한 교두보로서의 역할이 매우 중요한 지역이었기 때문이었다고 생각된다. 신라는 이 지역을 직접 지배함으로써 창녕지역과 고령의 대가야를 비롯한 가야지역으로의 진출을 위한 전략적 거점을 확보하려한 것으로 판단된다.

VI. 맺음말

지금까지 발굴 조사된 고고자료를 통해서 청도지역의 선사문화와 이서국의 성립기반을 추론하여 보았다. 그 내용을 요약하면 다음과 같다.

청도지역은 태백산맥의 남쪽 끝자락이 남북으로 지나가면서 형성시킨 용각산 줄기를 중심으로 동쪽을 산동지방 서쪽을 산서지방으로 구분된다. 산동지방에는 동창천이, 산서지방에는 청도천이 남북으로 흘러 강 유역에 선사시대부터 문화를 형성하기 시작하였다. 신석기시대에서 청동기시대 전기까지는 동창천 유역의 문화가 더 발달하였지만 청동기시대 중기이후에는 유역 면적이 넓고 구릉지대가 많은 청도천 유역이 청도지역의 문화의 중심지가 되었다. 특히 청도천 중유역인 청도읍 범곡리, 화양읍 진라리, 송읍리, 각남면 화리지역은 대규모 청동기시대 취락과 묘역지석묘가 발달하여 국가형성의 기반을 이룩하였다.

진한 소국인 이서국이 있었던 청도지역에 삼국시대 고총고분이 없는 것은 청도지역이 신라가 가야지역으로 진출할 수 있는 교통의 요충지에 자리잡고 있는 지정학적 위치와, 이서국이 신라에 항복하지 않는 저항세력으로 신라에 의해 토착세력이 해체되고 직접지배를 받았기 때문이었다.

미 주

1 이 글은 청도문화원 주최『伊西國 조명 학술세미나』(2011. 9. 30)에서 발표한 내용을 논문체제에 맞게 고친
  것이다. (金世基, 2011,「고고자료로 본 청도지역의 선사문화」『이서국 조명 학술세미나』27~46쪽.

2 洪慶姬, 1994,「청도군: 자연환경」『한국민족문화대백과사전』 한국정신문화연구원, 105~106쪽.

3 權赫在, 1999,『韓國地理 -각 地方의 自然과 生活-』法文社, 445~446쪽.

4 淸道郡, 1991,『淸道郡誌』61~82쪽.

5 淸道郡, 1991, 앞의 책, 62~63쪽.

6 建設部國立地理院, 1994,『韓國地誌』地方篇 Ⅲ, 5~6쪽.

7 釜山大學校博物館, 1994,『淸道 梧津里 岩蔭 遺蹟』

8 嶺南文化財硏究院, 2002,「淸道 陣羅里遺蹟 發掘調査」『영남문화재연구원 현장설명회자료』31.

9 하진호, 2002,「청도 진라리유적의 취락구조와 변천」嶺南文化財硏究院, ppt자료.

10 허정화, 2002,「청도 진라리 유적의 발굴조사 성과」嶺南文化財硏究院, ppt자료.

11 한빛문화재연구원, 2009,「청도-남천간 국도 25선 건설부지 내 문화유적 발굴조사」(지도위원회자료).

12 경상북도문화재연구원, 2002,「청도 송읍리Ⅱ 유적 발굴조사」(지도위원회자료).

13 慶尙北道文化財硏究院, 2003,「淸道 松邑里Ⅰ・Ⅲ遺蹟 發掘調査」(指導委員會資料).

14 경상북도문화재연구원, 2003,『문화유적분포지도-청도군』

15 삼한문화재연구원, 2011,「청도 풍각-화양간(신당리, 칠성리, 서상리) 국도건설공사구간 내 유적 발굴조사
  결과서(1차)」

16 우하영, 2011,「청도 화리 청동기 유적」한국문화재보호재단.

17 경상북도문화재연구원, 2003,『문화유적분포지도-청도군-』

18 경상북도문화재연구원, 2008,『청도 성곡지구 농촌용수 개발사업지구 내 發掘調査 略報告書』

19 경상북도문화재연구원, 2003,『문화유적분포지도-청도군-』

20 金世基, 2003,「淸道地域 고대문화의 고고학적 고찰 -伊西國의 역사・고고학적 기반연구-」『大丘史學』71,
  1~37쪽.

21 朴普鉉, 1985,「淸道地方出土 伽倻式土器의 檢討」『歷史敎育論集』7, 25~41쪽.
  朴普鉉, 1988,「淸道郡 山西地方出土 古式陶質土器 몇 례」『鄕土文化』4, 81~95쪽.

22 淸道郡, 1991,『淸道郡誌』936쪽.

23 국립문화재연구소, 1999,『전국문화유적총람』제3집(CD롬).-청도군편-

24 경상북도문화재연구원, 2003,『문화유적분포지도-청도군-』

25 淸道郡, 1991,『淸道郡誌』935쪽.

26 金世基, 2002,「辰・弁韓의 交通路」『辰・弁韓史硏究』경상북도, 341~404쪽.

27 유병록・김병섭,「대구 西邊洞유적 발굴조사의 개요와 성과」『제13회 조사연구회 발표요지』嶺南文化財
  硏究院 (2000), pp.57~94.

28 신종환, 1999,「上洞支石墓 發掘調査 成果」『제42회 전국역사학대회 발표요지』pp.393~405.

29 申鍾煥, 1990,「金陵 松竹里遺蹟」『嶺南考古學』7, 71~105쪽.

30 曺永鉉, 1993,「金陵 松竹里遺蹟 發掘調査」『第17回 韓國考古學全國大會 發表要旨』119~133쪽.
  啓明大學校博物館, 1994,『金陵松竹里遺蹟 特別展圖錄』

31 嶺南文化財硏究院, 2002,「淸道 陣羅里遺蹟 發掘調査」『영남문화재연구원 현장설명회자료』31.

32 李基白, 1991,『韓國史新論 -新修版-』一潮閣, 25~33쪽.

국립중앙박물관, 1998, 『고고유물로 본 한국고대국가의 형성』(특별전도록).

33 李清圭, 2001, 「原三國時代 前期의 慶州와 周邊地域과의 交流」, 『국가형성기 경주와 주변지역』(제25회 한국상고사학회 학술발표대회), 21~44쪽.

34 金世基, 2003, 「清道地域 고대문화의 고고학적 고찰 -伊西國의 역사 · 고고학적 기반연구-」, 『大丘史學』71, 1~37쪽.

35 『三國史記』 卷第二 新羅本紀 儒禮尼師今 14년조.

36 李炯佑, 2000, 『新羅初期國家 成長史研究』 嶺南大學校出版部.

37 李炯佑, 1988, 「伊西國考」, 『韓國古代史研究』1, 7~29쪽.
  李炯佑, 2000, 『新羅初期國家成長史研究』 영남대학교출판부.

38 朱甫暾, 1998, 『新羅 地方統治體制의 整備過程과 村落』 신서원, 43~49쪽.

39 『三國史記』 卷一 婆娑尼師今 23년조.

40 『三國史記』 卷一 婆娑尼師今 25년조.

4. 소문국과 의성지역의 역사고고학적 중요성

I. 머리말

의성지역은 지리적으로 경상북도의 거의 한가운데 위치하며, 북쪽으로 안동, 남쪽으로 군위와 동쪽은 청송과 인접하고 있으며, 경주에서 영천·의성·선산·상주, 안동·영주 등 낙동강 상류지역을 거쳐 소백산맥 이북지역으로 진출하는 주요 교통로상에 위치하고 있다 지형적으로 의성은 영남지방을 남북으로 관통하는 낙동강 중류의 동쪽에 연접하고, 동부는 태백산맥의 융기축에 해당하는 돌출한 산지와 그 영향을 받은 구릉지로 이루어져 있다. 이 동부지역은 해발 500m이상의 높은 산지로 둘러싸인 산악지대이고, 서부지역은 안계면 일대의 안계평야를 중심으로 농경지가 형성되어 있다. 이와 같은 동고서저의 지형으로 낙동강과 가까운 서쪽지역에는 평야가 형성되어 있고, 동쪽지역에는 금성산에서 내려뻗은 완만한 구릉에 금성면 일대에는 지석묘를 비롯한 많은 고분군이 분포되어 있다.

현재의 의성군 중심은 중앙분지에 해당하는 의성읍이지만 고대에는 오랫동안 구릉성 분지인 금성면 일대가 중심지였다. 금성면에는 동쪽에 해발531m의 금성산이 있는데, 중생대 백악기에 분출한 화산으로 우리나라에서 가장 오래된 화산으로 알려져 있다. 마주보고 있는 비봉산(672m)과 함께 절경을 이루고 있으며, 두산의 산록에 위치한 빙혈과 빙계계곡은 여름철에 찬바람이 나와 유명한 관광지로 되어 있다.

또한 현재 의성군 당국과 주민들의 역사 문화적 최대 관심과 역점은 소문국의 실체규명과 이를 통한 자긍심 회복인 것 같이 생각된다. 의성지역은 신라 벌휴이사금 때 召文國이 신라에 병합되는 기사에 의해 소문국의 옛 땅으로 전해지게되었다. 그러나 이 내용이 기록된 『삼국사기』 기사에는 소문국이 신라에 병합된 후에 문소군으로 되었다가 의성군이 되었다는 내용뿐으로 그 외의 사정을 알 수 있는 사료가 전혀 없는 형편이다. 또 의성군 당국이나 주민들은 召文國을 '소문국'이 아니라 반드시 '조문국'으로 읽어야 한다고 강조하고 있다.

그러므로 고령의 대가야나 성주의 성산가야와 마찬가지로 소문국을 비롯한 의성지역의 고대역사를 이해하기 위해서는 고고자료에 의하는 수밖에 없는 실정이다. 다행히 의성지역에는 청동기시대 지석묘를 비롯하여 삼국시대 고총고분군 등 많은 고고학 자료가 남아 있어 문헌사료에서 알 수 없는 소문국과 고대의 의성을 이해할 수 있는 좋은 자료가 되고 있다. 그 중에서도 소문국과 고대의성의 역사와 문화를 규명할 수 있는 중요한 단서가 되는 대리리 2호분과 3호분을 경상북도문화재연구원에서 발굴조사 하였고, 그 성과도 대단히 좋았다고 생각된다. 그런 의미에서 연구원의 창립기념행사로 의성을 조명하고 현재의 수준에서 발굴성과와 그 역사고고학적 의의를 살피는 일은 매우 뜻깊은 일이라고 생각된다. 그러나 고고 자료만 가지고 역사시대 사실 해석을 고집하면 또 다른 역사 왜곡을 가져올 우려가 있으므로 고고학연구자들이 주의하여야 할 점이라고 생각한다. 예를 들어 의성지역의 토기편년만을 가지고 금성산 고분의 성격을 검토할 경우 자칫 문헌에 나타나는 역사적 사실을 간과하여 엉뚱한 방향으로 결론이 날 가능성이 있다는 것이다. 고고학연구는 고고학적 방법론을 통해 접근하되 문헌사료를 통한 비교와 교정이 반드시 필요하다는 말이다. 따라서 오늘은 대리리, 탑리, 학미리 고분군의 발굴 자료를 중심으로 의성지역의 역사고고학적 성격과 의의를 간단히 살펴보려고 한다.

Ⅱ. 의성의 역사, 고고학적 환경

1. 의성의 산지와 하천

의성지역의 산지는 영남분지 형성의 주요 분수계를 이루는 태백산맥과 소백산맥이 융기하면서 생긴 지형이다. 이 두 산맥은 신생대 중기부터 융기하기 시작하여 높은 산지를 이루고 있다. 특히 태백산지는 중생대 백악기에 분출한 화산암인 유천층군으로 이루어져 있는데, 안산암을 주로 하는 이 기반암은 풍화와 침식에 대한 저항력이 상대적으로 강하여 높은 산지를 이루고 있다. 이 화산분출로 이루어진 화산이 의성지역에서 매우 중요한 의미를 갖는 금성산(531m)과 비봉산(672m)이다.

이와 같은 의성의 산지는 동쪽에 위치하는 안동시 길안면의 황학산을 비롯한 해발 700m 내외의 산지들과, 청송군의 보현산(1,124m) 연점산(871m), 남쪽의 군위군 고로면의 선암산(879m) 등 고지를 이루고 있다. 이 산지들로 인해 의성군의 동부에 해당하는 옥산면, 춘산면, 사곡면지역이 해발 500m 이상의 비교적 높은 지형을 가지며, 여기서 점차 의성군의 서쪽경계를 이루는 낙동강을 향해 낮아지고 있다.

낙동강은 영남의 대분지를 북에서 남으로 흐르며 주변에 범람원이 형성되어 있으며 동쪽의 산지에서 발원한 하천들은 서북서쪽으로 흘러 낙동강에 합류한다. 의성군의 가장 북쪽을 흐르는 미천은 옥산면 능선에서 발원하여 점곡면과 단촌면을 지나서 안동시 남후면에서 낙동강으로 흘러든다. 남대천은 사곡면 능선에서 발원하여 사곡면을 거쳐 의성읍으로 흐르다가 봉양면을 곡류하여 비교적 넓은 범람원을 만든다.

이 남대천은 청송군 현서면에서 발원하여 금성면 지역을 돌아 내려오는 쌍계천에 합류하는데, 이 쌍계천 주변인 금성면, 봉양면 일대에 지석묘군과 고분군이 가장 많이 분포하여 가장 중요하고 의미 있는 하천이다. 쌍계천은 서쪽으로 흘러 팔공산에서 발원하여 군위군을 거쳐 내려오는 위천과 합류하여 비안면과 안계면을 거쳐 낙동강에 합류한다. 특히 의성지역을 흐르는 위천은 하류에 해당하므로 범람원이 넓어 안계분지 주변은 매우 넓은 충적평야가 분포한다. 이들 산지와 하천에 의해 형성된 구릉성산지와 곡저평야들은 홍수의 위험이 적고 토양수분이 풍부하여 안정된 생산성을 제공하였다. 이러한 구릉과 평야의 농업생산력과 중심교통로서의 지리적 잇점 등을 통해 일찍이 정치세력이 형성되고 발전될 수 있는 역사 · 고고학적 입지를 이루고 있었다고 하겠다.

2. 의성의 지석묘

한국의 청동기시대는 금속기의 사용과 농업경제의 진전에 따라 사회분화가 이루어지고, 정복전쟁이 전개됨에 따라 그 사회 안에서 자연발생적으로 일정하고 영속적인 계급성과 집단성을 띤 세력이 형성되어, 그들에 의해 그 사회를 통괄하는 질서를 구축하기 위한 조직체인 국가가 성립되는 시기로 파악되고 있다. 이러한 초기국가는 나지막한 구릉 위에 토성이나 목책을 만들고 스스로를 방위하면서 그 바깥 평야에서 농경에 종사하는 농민들을 지배해나가는 정도의 성읍국가, 혹은 읍락국가라 부르기도 하고 초기국가 혹은 추장사회라고 부르기도 한다.

이렇게 지배자집단이 생기고 추장사회가 형성된 중요한 증거를 청동기의 사용과 지석묘의 축조로 보는 것이 일반적이다. 물론 대형지석묘의 경우 개석의 무게가 70톤, 150ton씩 나가는 대형인 경우 엄청난 인력이 동원되어야하고, 이를 力役 동원 할 수 있는 능력을 가진 지배자로 볼 수는 있다. 그러나 모든 지석묘들이 다 지배자의 분묘라고는 볼 수 없는 것이다. 물론 소형지석묘라도 10ton 정도의 무거운 돌을 사용하고 이를 움직이려면 많은 부락민이 모두 동원되어야 한다. 그러나 그런 정도의 인원동원은 지배자 집단이기 때문이 아니라 부락의 공동체 의식으로 행해질 수도 있는 일이다. 그러므로 좁은 지역에 집중되어있는 중소형 지석묘는 권력을 가진 지배자 집단의 분묘라기보다 지석묘가 분포된 지역에 어떤 세력이 집단을 이루고 있었음을 뜻하는 것이라 하겠다.

특히 근래에는 한반도 남부지역에서 가끔 확인되는 것처럼 대형지석묘가 일정한 묘역을 형성하고 집단적, 우월적으로 존재하는 창원 덕천리 지석묘나 마산 진동리유적과 같은 묘역지석묘 이외의 지석묘들은 지배자의 분묘로 보지 않는 것이 일반적이다.

앞에서 본 바와 같이 의성지역에도 중요 하천변과 구릉지에 지석묘들이 분포하고 있다. 그 중요한 것을 보면 우선 의성의 북쪽을 흐르는 미천 상류의 점곡면 윤암리 일대에 분포한 10여기의 지석묘이다. 이 지석묘들은 다른 지역과 연계성을 가지지 않고 계곡의 깊숙한 지역에 거의 단절적으로 분포하고 있어 의미 있는 지석묘군으로 보기 어렵다.

다음은 금성산을 돌아 내려온 쌍계천 유역에 분포한 지석묘군이다. 이 지석묘들은 금성면의 산운리, 학미리, 초전리에 각각 산재해 있는데, 특히 초전리 지석묘군은 10여기 이상이 집단을 이루고 있다. 그리고 이 쌍계천이 하류로 내려가 위천에 합류한 봉양면 장대리, 문흥리, 구미리 화전리 일대의 지석묘이다. 이들 의성지역 지석묘들 중에서 가장 중요하고 의미 있는 지석묘군은 초전리 지석묘군이라 할 수 있다. 그 이유는 초전리 지석묘와 가까운 거리에 대리리, 학미리, 탑리고분군이 분포한다는 점과, 이 고분군과 가까이 학미리지석묘와 산운리지석묘가 서로 연계되어 한 사회를 이루고 있었다고 생각되기 때문이다. 그리고 초전리 지석묘는 같은 수계로 이어져 있는 봉양면지석묘 집단과도 연결될 수 있어 의성지역 지석묘사회의 중요한 역할을 수행하였을 것으로 생각된다.

그러나 의성지역에 묘역지석묘나 덕천리와 같은 대형지석묘가 존재하지 않는 것으로 보아 이 지석묘 집단이 국가를 형성한 직접 세력이라고 단정하기는 어렵지만, 금성면의 초전리지석묘 집단이 청동기시대 의성지역의 초기국가를 이룰 수 있는 기반이 되었을 것이다.

또한 영남지방에서 삼한소국의 형성기반이라고 생각되는 집단적이고 우월적인 목관묘 유적이 의성지역에는 조사되지 않아 단정할 수 없지만, 소문국 형성의 기반이 이 지석묘집단이거나 이들과 동화한 유이민 집단이었을 것이라 생각된다. 이것이 금성산고분군으로 연결되고 결국 신라와 관련을 맺은 것으로 볼 수 있다.

Ⅲ. 소문국의 추이와 관련자료

1. 영남지방의 소국형성과 소문국

한반도 남부지역은 기원전 1세기에 들어가면서 고조선 혹은 낙랑지역 주민들의 유이민 파동에 의해 발달된 중국 한漢의 철기문화가 급속히 전파되고, 농경을 비롯한 철기제작기술의 발달로 정치체 사이의 정복과 통합이 활발히 일어나게 되었다. 철기문화와 함께 무문토기가 주류이던 토기 제작기술에도 한의 발달된 회도문화灰陶文化의 영향을 받아 와질토기라는 새로운 토기가 등장하게 되었다. 이러한 징후들을 고고학에서는 국가가 만들어지는 단초로 이해하고 있다. 이시기의 문화상을 잘 보여주는 것이 창원의 다호리유적이다. 다호리유적에서는『삼국지』가 보여주는 삼한의 국가형성을 그대로 확인시켜주고 있는데 한국식동검문화의 전통을 확실히 계승하면서도 철제의 무기류, 농공구류 등이 다량 출토되었다. 또 철기제품들은 단조품과 주조품이 모두 섞여있어 철기제작기술이 상당히 발달하였음을 보여주고 있다.

이와 같은 급격한 변화를 가져온 한국형동검과 철제무기 및 무엇보다 중요한 철제 농공구 등이 대량으로 출토되는 유구가 목관묘라는 새로운 묘제라는 점이다. 종래까지 청동유물이 출토되었던 유구는 지석묘이거나 그 하부구조라고 생각되는 석관묘였다. 그러나 목곽묘는 구덩이를 파고 목관을 안치하는 묘제로 지석묘나 석관묘와는 성격이 다른 새로운 묘제로 주민의 성격이 다르거나 매우 급격한 사회변화를 반영하는 묘제이다. 이와 함께 이들 목관묘는 낮은 구릉에 집단적으로 조영되는 경향을 보이고 있다. 이러한 변화는 주민의 집단적 이동에 의한 정복이거나 문화의 변동으로 파악되고, 이것이 한반도 북부의 위만조선의 멸망과 유이민 파동과 연계된 것이라는 인식이 지배적이다.

이러한 초기국가 형성의 징후는 대구 팔달동 유적에서도 나타나고 있어 금호강 유역의 대구지역이 다른 지역 보다 빠른 시기에 소국이 형성되었다고 생각된다. 이러한 대구지역의 문화적 영향은 경산 임당동을 비롯한 고령, 성주지역 등 삼국시대 고총고분군이 분포하는 지역에 나타나게 된다. 그 대표적인 예로써 의성지역과 비슷한 역사고고학적 성격을 가지고 있는 지역이 바로 성주지역이다. 즉 의성이 대리리, 탑리고분군으로 대표되는 고총고분군이 존재하고 있고, 소문국이라는 소국명칭만 전해지고 다른 기록은 없는 상태이고, 고총고분이 바로 소문국의 증거라는 내용이다.

성주지역 역시 『삼국유사』 오가야조에서 5가야의 하나인 성산가야星山伽耶 혹은 벽진가야碧珍伽耶로 비정함으로써 성산가야의 옛 땅으로 전해지게 된 것이다. 그러나 『삼국유사』에 더 이상의 내용이 없고, 『삼국사기』에도 성주 역사에 대한 구체적 기록은 나오지 않는다. 다만 지리지에 「성산군星山郡은 본래 일리군一利郡이었는데 경덕왕 때 개명한 것이며, 지금(고려시대)은 가리현加利縣이라고 부른다」고 하였다. 또 「영현이 4개 있는데 그 중 본피현本彼縣은 지금(고려시대) 경산부京山府」라고 하여 성산군이 오늘날의 성주군 지역에 해당된다는 내용뿐으로 그 외의 사정을 알 수 있는 사료가 전혀 없는 형편이다. 그리고 성산동을 비롯한 여러 곳에 대형 고총고분군이 분포하는데 이것이 성산가야의 고분이라는 것이다.

그러나 성주의 경우는 앞에서 본 바와 같은 소국의 형성을 보여주는 목관묘유적이 성주읍 예산리에 분포하고 있다. 예산리 목관묘 출토 유물은 칠초동검을 비롯한 청동기와 철검, 철모, 철착, 철겸, 철부 등 철기류와 칠기부채 등이고 토기류는 무문토기와 함께 주머니호, 조합우각형파수부호 등 와질토기는 전기 단계의 빠른 토기들이다. 성주지역 소국 형성의 중심지가 확실한 성주읍 예산리는 성주읍 중심부에 토성처럼 돋을막하게 뻗어있는 언덕의 동북쪽 부분으로 나지막한 뒷산과 연결되는 약간 경사진 구릉이다.

2. 소문국의 변천

어찌되었건 이러한 소국이 성립하여 발전하는 시기인 기원전후에서 A.D. 300년 사이를 문헌사학에서는 삼한시대三韓時代, 고고학에서는 원삼국시대原三國時代라고 한다. 삼한시대란 한반도 남부에 한정되는 개념이므로, 고고학에서는 한반도 전체를 포괄하는 유적과 유물을 중심으로 삼국이 성립되는 원초적 삼국시대라는 의미에서 원삼국시대라 부르는 것이다. 따라서 원삼국시대란 용어는 주로 고고 유적이나 유물을 중심으로 이해하는 것이고, 삼한시대란 말은 중국의 역사서인『삼국지』위지 동이전東夷傳에 나오는 마한, 진한, 변한의 삼한소국이 존재하는 시기라는 의미이다. 이 삼한 중 영남지방에는 진·변한 24개국이 존재한 것으로 되어 있지만, 위치에 대한 설명이 없고『삼국사기』에 나오는 소국의 명칭과 일치하는 것도 별로 없어, 소국의 정확한 위치를 알기 어렵다. 그런 소국들이 경산의 압독국, 영천의 골벌국, 김천의 감문국, 청도의 이서국 등이며, 바로 의성의 소문국도 그 중의 하나인 셈이다. 소문국에 대한 기록은『삼국사기』한곳에만 일부가 나온다.

즉,『三國史記』新羅本紀 伐休 尼師今 二年(185)조에

'2월에 파진찬 구도와 일길찬 구수혜를 임명하여 좌·우군주로 삼아 소문국召文國을 정벌하였는데, 군주의 이름은 여기에서 비롯되었다.'

는 기록이다. 그러나『삼국사기』에 소문국에 대한 더 이상의 내용이 없고, 중국 사서『삼국지』에도 소문국의 국명조차 나오지 않는다.

다만『삼국사기』권3 지리지 상주 문소군조에

'문소군聞韶郡은 본래 소문국召文國이었는데, 경덕왕이 개명한 것이며, 지금(고려시대)의 의성부義城府이다.'

고 하였다. 다시 말해 현재의 의성군이 소문국에서 문소군으로 되었다가 의성군이 되었다는 내용뿐으로 그 외의 사정을 알 수 있는 사료가 전혀 없는 것이다.『삼국사기』는 물론『삼국유사』나『삼국지』등 고대사서 어디에도 소문국에 대한 기록은 없는 형편이다.

여기서 의성군에서 읽는 조문국召文國의 독음에 대하여 잠깐 살펴보자. 한자 召
는 大漢韓辭典에,

≪ 召 ① 소, 부를 소(呼也), 청할 소(招), 과부 소(召史)
　　② 조, (國字) (古音 조) 대추 조(棗), 높을 조(高) 로 나오고 용례에서
　　召文國(소문국): 경북 의성의 옛 이름 ≫

이라고 하여 소문국으로 표기 되었고, 용례에는 소로 읽는 단어만 나와 있다.

이와 같이 대한한사전에 조로 읽는 독음이 분명히 나와 있으므로 조문국으로
읽는 것이 틀리지 않는다고 하겠다. 그리고 지금은 금성면에 통합되어 없어졌지
만 행정구역에 조문면이 분명히 존재하였고, 현재 '의성조문국박물관'을 건립하
고 있는 자리가 폐교된 조문초등학교 자리인 점을 감안해도 조문국이란 말이 역
사성도 가지고 있다고 하겠다. 그러므로 '조문국'으로 읽어 의성 고유의 정체성
과 역사성을 가지려한다면 그대로 인정할 수 있을 것이라 생각된다.

그런데, 위에서 본 바와 같이 의성군의 옛 이름이 문소군 이었는데, 신라가 소
문국을 멸한 다음 대가야나 감문국의 예를 보아 그 지역에 아마 소문군을 설치
하였을 가능성은 매우 높다고 하겠다. 이렇게 소문군 이었던 것을 경덕왕이 행
정구역을 개편하면서 앞뒤를 바꾸고 한자도 달리하여 비슷한 발음의 문소군으
로 고친 것이 아닐까? 그리고 선입감 없이 읽으면 召는 소로 읽는 것이 일반적이
고 군 명칭 변경 과정과도 연계되어 역사성도 있는 것 같다. 또 '고구려高句麗'도
당시 사람들이 '고구리'라고 읽었다고 하면서 고구려가 아니라 고구리가 맞는다
고 주장한 학자가 있었다. 비록 그것이 맞는 것이라고 해도 고구려를 고구리라
고 읽는 사람은 없는 것과 마찬가지이다.

이와 유사한 사례가 근래 한국 고대사 학계에서 제기되고 있는 '喙部', '沙喙部'
에 관한 것이다. '喙'는 독음이 부리 '훼'로 부리, 주둥이, 숨, 호흡, 말, 사람이 하
는 말을 뜻하는데, 사전에 '탁'으로 읽는 방법은 전혀 나오지 않는다. 그런데도

역사학에서는 신라의 독음으로 닭이 부리로 쫀다는 의미로 이 한자를 '탁'으로 읽어 탁부, 사탁부로 불러왔다. 그러나 근래에 이를 사전에 나오는 대로 훼부, 사훼부로 읽는 경향이 두드러지게 많아지게 되었다. 이는 쉽게 있는 그대로를 인정하는 현대의 사조라고 보면 이해가 가는 부분이다.

다시 본론으로 돌아가 보자. 진·변한의 소국들은 대개 3세기후반부터 격동기를 거치면서 지역끼리 연맹하거나 복속을 통하여 진한지역은 사로국斯盧國을 중심으로 신라로 통합되어 갔고, 변한지역은 몇 개의 가야로 통합되는 변화를 겪게 되었다. 의성의 소문국도 이러한 과정에서 결국은 신라에 통합되게 된 것이다.

여기서 다시 성주지역과 비교해 보자. 성주지역의 소국도 그 시기는 확실히 알 수 없으나 가야의 일원으로 발전한 것으로 생각되는데, 『삼국유사』오가야조에 나오는 성산가야 혹은 벽진가야는 이러한 사실을 반영하는 것이라 하겠다. 그런데 각 지역의 5가야 혹은 6가야 명칭은 신라 말이나 고려 초에 성립된 후대의 개념이므로 믿을 수 없다는 논란이 있는 것이 사실이다. 그러나 비록 후대에 성립된 명칭이라고 하더라도 굳이 성주에 성산가야라는 명칭을 붙인 것은 고대로부터 그와 관련된 역사적인 사실이 있기 때문이라고 판단된다. 그러므로 성산가야 혹은 벽진가야가 어느 시기에 성주에 존재하고 있었다는 것은 틀림없는 사실이라 할 것이다. 이러한 사실은 성주지역에 분포하고 있는 삼국시대 고분의 규모와 범위로 추정해 볼 수 있을 뿐만 아니라, 성주지역 묘제의 유형적 특징과 출토유물의 성격을 보면 성주지역의 고분문화를 이해할 수 있다.

이와 같이 의성지역의 소문국도 그 실체는 알 수 없으나 남아 있는 삼국시대 고총고분으로 의성의 묘제와 유물의 성격을 통해 그 의미를 찾을 수 있다.

Ⅳ. 의성지역 고분의 묘제와 유물

그동안 의성지역에서 발굴 조사된 것을 요약하면 다음과 같다.

1) 1960년 국립중앙박물관에서 실시한 의성 탑리고분 발굴조사

2) 1966년 경희대학교 사학과에서 의성 대리리 5호분 발굴조사

3) 1980년 경북대학교박물관에서 의성 장림동 폐고분군 조사

〈※1987년 대구대학교박물관에서 의성군지표조사 실시〉

4) 2000년 경북대학교박물관에서 의성 학미리고분 발굴조사

5) 2002년 경북대학교박물관에서 의성 대리리 3호분 발굴조사

6) 2004년 경상북도문화재연구원에서 조문국사적지 공원화 사업지구 시굴조사

7) 2007년 경상북도문화재연구원에서 조문국사적지내 고분 기저부 조사

8) 2010년 경상북도문화재연구원에서 의성 대리리 2호분 발구조사

9) 2010년 경상북도문화재연구원에서 의성조문국박물관 건립부지 지석묘 발굴조사

1. 탑리고분

탑리고분은 경상북도 의성군 금성면 탑리 일대이며 금성산에서 서북쪽의 탑리리와 대리리 · 학미리 방향으로 뻗은 구릉 가운데 해발 150.5m인 구릉 정상부에 위치한다. 분구의 지름은 20~26m이며 평면형태는 타원형이다. 탑리 고분은 하나의 분구내에 5기의 묘곽이 확인되었다.

제 I 곽은 분구의 중앙에 위치한다. 벽면은 50~60㎝ 전후의 약간 길쭉한 할석

〈그림 1〉 금성산고분군 전경(좌)과 금성산과 탑리고분군

을 옆으로 작은모쌓기小口積하였으나 그다지 정연하지 않다. 그리고 곽벽槨壁을 튼튼하게 하기 위하여 그 외부에 쌓아놓은 적석층의 양은 매우 많으며 적석층은 서쪽 측벽 전단부의 경우 바닥에서 두께 20~25cm로 기록되어 있다. 이러한 보고 내용으로 보면 묘제는 변형적석목곽으로 추정된다. 장축방향은 북서남동향이 며 규모는 길이 350cm 너비 170cm이다. 〈그림 1〉

유물은 동남쪽모서리에서 기대 3점, 고배 7점과 피장자의 왼쪽 허리 밑에서 손잡이가 달린 잔 1점 등 토기류가 출토되었다. 금속제품은 금동관·금제이 식·금동과대·도자 등이 출토되었다. 유구 중앙부에 두향을 남향으로 둔 성인 남자는 금동관과 이식을 착장하고 있으므로 주피장자로 판단된다. 주피장자의 왼편에 은제태환이식을 착장하고 두향을 북향으로 둔 피장자는 순장자(노년의 여성)로 판단된다.

제Ⅱ곽은 제Ⅰ곽에서 남쪽으로 5m 떨어져 위치한다. 보고서에서 수혈식竪穴式 의 곽실槨室로 되어있으나 천정석을 사용하지 않았고 제Ⅰ곽과 같은 구조이므로 변형적석목곽이다. 장축방향은 동서이며 규모는 길이 390cm, 너비 150cm, 높이 150cm이다. 바닥은 10~15cm 크기의 냇자갈을 깔아 만들었다. 유물은 서쪽 머리 위에서 호 1점, 소형고배 5점의 토도류와 서향의 주피장자가 확인되었다. 머리 쪽에 금동관식·금제이식, 왼쪽 허리 쪽에 환두대도와 은제과대 등 착장된 모습 그대로 출토되었다.

제Ⅲ곽은 제Ⅰ곽에서 남서쪽으로 7m, 제Ⅱ곽에서 남서쪽으로 1m 떨어져 위 치한다. 천정은 석재를 사용하지 않으며 벽은 돌담을 쌓는 방법으로 쌓아 올 린 것으로 기록된 것으로 보아 변형적석목곽이다. 장축방향은 동서이며 규모는 길이 350cm, 너비 150cm, 높이 90cm이며 바닥은 냇자갈을 약간 깔아서 만들었다. 부장품은 동향의 피장자의 동쪽 머리 위에서 기대, 장경호, 소형고배 등 토기6 점, 금동제 나비형 冠飾, 허리부분에서 금동제과대가 출토되었다. 환두대도는 피장자의 오른쪽 상반신 위로 올라와 있는데, 매장시 피장자의 유해 위에 안치 된 것으로 보고되었다. 그리고 동향의 피장자(주피장자)와 서향으로 머리 방향을 둔 피장자(순장자) 2인의 두개골이 조사되었다.

제Ⅳ곽은 제Ⅰ곽의 북서쪽 모서리에 위치한다. 제Ⅲ묘곽과 비슷한 방법의 크고 작은 잡석으로 조잡하게 구축하였다는 기록으로 보면 변형적석목곽으로 추정된다. 장축방향은 북동남서이며 규모는 길이 330㎝, 너비 130㎝, 현고 60㎝이다. 바닥은 주먹크기의 냇자갈을 깔았다. 유물은 토기류와 도자 · 은환이 출토되었다.

제Ⅴ곽은 제Ⅳ묘곽의 북쪽 바로 아래 사면에 위치한다. 묘곽 주체부의 외면에 냇돌과 자갈로 둘러싸고 다시 그 밖을 점토로 두텁게 발라서 전체를 구성하고 있다는 기록으로 보면 적석목곽이다. 장축방향은 동서이며 규모는 길이 300㎝, 너비 160㎝이다. 바닥은 냇돌과 점토로 만들어져 있다. 유물은 토기군이 대부분이고 재갈 · 등자 · 철겸 · 교구 등도 출토되었다.

2. 대리리고분군

1) 5호분

대리리 5호분은 경상북도 의성군 금성면 대리 1동 351번지(현재347-2)에 위치한다. 5호분은 탑리고분군에서 북서쪽으로 800m 떨어져 있으며 비교적 평지에 가까운 대지에 조영되어 있다. 고분의 평면형태는 반원형의 원분이며 분구의 규모는 동서지름 20m, 남북지름 21m, 높이 2.5~4m이다. 분구는 질이 매우 좋은 점토를 이용하였으며 적갈색점토층, 흑회색점토층, 흑색점토층 순으로 적석부 상면까지 쌓았다. 봉분의 성토는 적석부 상면을 덮고 있는 흑색점토층, 흑회색점토층은 수평하게, 적갈색점토층은 두 층을 덮고 분구 밑 둘레에서 정상까지 비스듬하게 성토하였다. 봉토 내에는 중앙부의 기저부에 적석곽(제Ⅰ묘곽)과 분구 북쪽 기저의 외연부에 토광묘(제Ⅱ묘곽) 2기가 발굴조사 되었다.

제Ⅰ묘곽은 봉토상면에서 335㎝ 아래에서 확인되며 장축방향은 동서향이다. 규모는 길이 358㎝, 너비 152㎝, 깊이 81㎝이며 천석과 할석으로 둘러싼 적석곽 중앙에 凹자상으로 함몰되어 있다. 이러한 점으로 보아 유구는 적석목곽묘로 추정된다. 유물은 동쪽 가장자리에 뚜껑 등의 토기군이 있고, 토기군에서 중심부를 향해 42㎝ 떨어진 곳에 금제세환이식, 바닥 중앙부에서 북쪽에 대퇴골과 은제교구 및 철도자, 중심부 정남쪽에 환두대도, 발치 쪽인 서쪽에서는 철촉군·철모·장경호가 출토되었다. 두향은 중앙부 동쪽에서 금제세환이식 1쌍이 출토되었으므로 동향이다.

제Ⅱ묘곽은 봉토상면에서 106㎝ 아래에서 확인되며 규모는 길이 240~320㎝, 너비 125㎝이다. 평면형태는 사다리꼴이며 남벽 위쪽에 천석으로 한 줄 쌓은 상태이다. 유물은 묘곽 동단벽 바로 아래 바닥에서 고배, 단경호, 장경호 등의 토기류와 묘곽 중앙부 바닥에서 유리옥 2점이 출토되었다.

2) 3호분

대리리 3호분은 행정구역상 경상북도 의성군 금성면 대리리 1동 351번지 일대이며 傳 경덕왕릉으로 들어가는 진입로와 논경작지 사이의 평지에 위치한다. 3호분은 5호분에서 서쪽으로 60m 떨어져 있으며 평지에 가까운 대지에 조영되어 있다. 이곳은 모두 6기의 고총이 분포하고 있으며 고총 사이의 간격은 20~30m정도이다.

봉토는 잔존지름 11~13m, 잔존높이 3m, 평면형태는 동서로 긴 타원형이었으나 발굴 후 복원된 분구는 지름 22m로 추정된다. 3호분은 분구 정상부에서 확인된 1곽의 경우 장축방향은 남북향이고, 분구 기저부에 위치하는 2곽의 경우 장축방향이 동서향이므로 평면배치상에서 보면 서로 직교되게 배치되어 있다. 1곽은 단곽이고, 2곽은 적석목곽인 주곽과 목곽인 부곽이 나란하게 11자형으로 배치된 주부곽식구조이다.

이들의 선후관계는 토층단면에서 1곽의 묘광이 2곽의 묘광보다 1.5m 높은 2곽의 봉토 상부에서 확인되었으므로 1곽은 2곽의 주·부곽이 선축된 이후에 2곽의 봉토를 굴착하고 후축되었음이 확인되었다.

1곽은 장축방향이 북동-남서향(N-20°-E)인 변형적석목곽이다. 묘광의 규모는 추정길이 580㎝, 추정너비 400㎝이고, 목곽의 규모는 길이 315㎝, 너비 150㎝,

깊이 110㎝이다. 1곽은 2곽의 봉토를 평면형태 방형으로 굴착하고 바닥에 5~10㎝ 내외의 할석을 깔았다. 그리고 30~50㎝ 내외의 할석과 천석을 이용하여 석곽처럼 축조하였다.

유구 중앙부에는 2인의 피장자가 유구의 동쪽과 서쪽에 나란하게 안치된 상태로 확인되었다. 동쪽에 안치된 피장자는 금제태환이식·유리제경식을 착장하였으며 치아·다리뼈 일부가 남아있었다. 서쪽에 안치된 피장자는 금제태환이식을 착장하였으며 다리뼈 일부가 확인되었다. 피장자의 두향은 남향이다.

2곽의 주곽인 적석목곽은 장축방향이 N-100°-E이다. 묘광의 규모는 길이 560㎝, 너비 250㎝, 깊이 70㎝이고, 목곽의 규모는 길이 420㎝ 너비 150㎝이다. 주곽은 구지표를 정지하여 장방형 묘광을 굴착하고, 바닥에 5~10㎝의 냇돌을 한 벌 정도 깔았다. 그리고 유구 내부에 길이 420cm, 너비 150cm의 목곽을 설치하고 목곽과 토광 사이에도 5~10㎝정도의 자갈돌로 채웠다. 〈그림 2〉

유물은 금동관·은제과대·삼엽문환두대도 등 철기류와 유개일단투창고배, 유개대부호, 소형통형기대 등의 토기류가 출토되었다.

금동관은 잔존길이 40㎝, 너비 2.5cm인 대륜부에 삼각거치문과 삼각거치문의 주연을 따라 점열문이 시문되었고 원형의 영락 일부만 확인되었다. 두향을 동쪽으로 둔 피장자의 머리 쪽에 금제수하식이식 1쌍과 치아편, 허리부근에는 은제

〈그림 2〉 대리리 3호분과 출토 토기

과대와 삼엽문 환두대도가 착장된 상태로 출토되었다.

2곽의 부곽은 목곽묘이며 규모는 길이 530cm 너비 200cm, 추정깊이 80cm이다. 부곽은 주곽의 남장벽에서 약 50~60cm 정도 떨어져 나란하게 위치한다. 목곽은 두께 7~18cm 정도의 각재를 사용하여 길이 510cm, 너비 160cm, 추정높이 70cm의 크기로 설치한 것으로 판단된다. 목곽 내부인 서남쪽모서리에 대호를 세워 놓았는데 생토면을 20cm정도 원형으로 파서 놓을 자리를 마련하여 매납되었다.

유물은 서단벽쪽 · 중앙쪽 · 동단벽쪽으로 크게 3분되며 각 부장공간의 출토 유물도 다르다. 서단벽 쪽에는 서쪽 토기군으로, 중앙에는 농공구류, 마구류, 무기류로, 동단벽 쪽은 북장벽의 동쪽 토기군과 남장벽의 무기류로 구분된다. 토기는 고배 · 파수부배 · 유개삼(사)이부호류 등의 기종별로 크게 4단 3열로 3층까지 중첩되게 쌓았다.

그리고 동단벽의 남장벽 쪽에서 인골이 확인되었는데, 왼쪽 다리부근에 칼날이 서쪽을 향하는 현길이 31.9cm인 소도 1점과 도자 2점이 출토되었다. 인골의 성격은 다량의 유물이 부장된 곳에 안치된 점과 유구의 한쪽으로 치우쳐 확인되는 것으로 보아 순장자로 판단된다. 3호분의 조성연대는 출토유물로 보아 대체로 5세기 중엽~후반 정도로 편년되었다.

3) 2호분

대리리 2호분은 경상북도 의성군 금성면 대리리 351번지 일대이며 2010년 경상북도문화재연구원에서 발굴조사를 실시하였다. 2호분은 3호분에서 서쪽으로 30m 떨어져 있다. 분구 규모는 지름 28m, 높이 6m이며 하나의 봉토안에 적석목곽묘 3기, 목곽묘 6기, 옹관묘 1기, 제사토기군 2기 등 12기의 유구가 확인되었다. 유구는 평면형태 11자형의 주부곽식 구조이며 주곽은 적석목곽이고, 부곽은 목곽이다. 유물은 유개고배 · 유개직구호 · 유개삼이부호 등의 토기를 부장하였으며 금동신발, 귀걸이, 마구류 등 금동제품 등을 포함하여 800여점이 출토되었다.

2호분의 조성연대는 출토유물로 보아 5세기 중엽~후반에 조성되었으며 앞에서 본 3호분보다 약간 늦은 시기로 보고 있다.

3. 학미리고분

학미리고분은 경상북도 의성군 금성면 학미리 산 101번지에 위치하며 학미리
1호는 탑리고분군에서 북동쪽으로 350m 떨어져 있다. 대리리 3호분 발굴조사
이후에 이루어진 2차 조사에 해당된다. 조사는 25번 국도 동쪽지역에 분포되어
있는 고분군 일대에 대한 정밀분포조사와 학미리 일대의 고분들 가운데 입지가
가장 탁월한 산정부에 위치하는 고분 1기를 선정하여 발굴조사를 실시하였다.
조사결과 학미리 1호분과 동쪽에 연접된 2호 적석목곽, 3호 수혈식석곽도 함께
조사되어 모두 3기가 조사되었다.

학미리 1호 횡혈식석실분은 지름 16~17m, 높이 3.2m의 분구와 분구 외연에
원형으로 돌려진 호석이 확인되었다. 석실의 평면형태는 장방형이고 연도를 갖
춘 횡혈식석실이다. 현실의 규모는 480~494㎝, 너비 275~283㎝, 높이 235㎝이
다. 연도는 길이 220~360㎝, 너비 120㎝이다. 현실의 천정부는 4벽이 급격하게
내경하고 천장석 4매를 덮은 평천장이다. 장축방향은 N-10°-W이며 입구는 남
향이다. 연도천장은 현실의 벽체이면서 연도의 천장석을 겸하는 미석眉石 1매가
연도부 쪽으로 약간 돌출되어 덮고 있다.

시상은 모두 3회 구축되었다. 1차 시상은 후벽(북단벽)에 나란하게 구축되었
으며 유물은 시상 상면에 관못·판상목관연결구·꺾쇠·도자·철겸·심엽형
과대장식·은장삼엽모자환두대도·청동팔각형방울령·교구 등이 출토되었다.
2차 시상은 좌벽(서장벽)에 나란하게 배치되어 있다. 시상 상면 북쪽부에 치아와
청동제귀걸이 토기편, 남쪽 유물부장공간에 십금구와 역심엽형은제과대장
식·삼엽문환두대도·관못·고배 등의 유물이 출토되었다. 3차 시상은 우벽(동
장벽)에 나란하게 배치되어 있다. 시상 상면의 중앙부 허리위치에서 도자, 북쪽
시상에 접해 손잡이 달린 철솥이 출토되었다.

학미리 2호는 묘광과 목곽 사이 공간에 할석과 흙으로 채우고 목곽의 상부는

강돌로 적석한 . 적석목곽이다. 장축방향은 N-7°-E로 남북방향이고, 목곽 규모는 길이 270㎝, 너비 92~110㎝, 잔존높이 약 60㎝이다. 분구지름은 호석의 범위로 보면 6~6.5m이다. 유물은 목곽 중앙부에 청동제 역심엽형과대장식이 동서방향으로 출토되며 과대장식의 수하식이 남쪽을 향하므로 두향은 북쪽이다. 북쪽 유물 부장공간에서는 고배류와 도자 · 철부 · 철촉 · 철겸 등이 출토되었다.

학미리 3호는 수혈식석곽이고, 호석의 범위로 보면 분구의 지름은 7m정도이다. 석곽의 규모는 길이 285㎝ 너비 125㎝, 현깊이 103㎝이다. 유물은 중앙부에 토기류와 마구류, 공구류 등 132점이 부장되어 대부분의 내부공간을 차지하고 있다. 따라서 시신을 매장할 공간은 동단벽 아래의 좁은 공간 밖에 없으므로 1호 횡혈식석실분의 부장곽으로 추정되고 있다. 1호분의 조성연대는 6세기 전반대로 보고되었다.

V. 의성지역 고분의 성격과 의의

1. 금성산 고분군의 성격

의성지역에서 지금까지 발굴 조사된 고총고분이 분포하고 있는 탑리고분, 학미리고분, 대리리고분들은 행정구역상 분리하여 구분하고 있지만, 사실은 이들 모두가 금성산에서 뻗어 내려오는 작은 구릉에 입지하는 같은 성격의 고분군이라 할 수 있다. 따라서 이들을 모두 합쳐 금성산고분군으로 불러도 좋을 것이다. 이 금성산고분군의 묘제와 출토유물을 통한 의성지역 고분군의 성격을 다음과 같이 정리할 수 있다.

1) 의성의 탑리고분, 대리리 5호분, 대리리3호분, 대리리 2호분 모두 이 지역 최대의 고분으로 묘제는 모두 적석목곽분 혹은 변형적석목곽분이다. 다만 학미리 2호분은 적석목곽분으로 묘제는 같지만 규모나 유물로 보아 최고고분은 아니다. 또한 고분의 축조방법은 선축한 봉토를 절개한 후 새로운 묘곽을 설치한

후 하나의 봉토로 만드는 다곽분의 형식이다. 이와 같은 적석목곽분 전통은 경주지역를 중심으로 조영된 묘제로 외곽으로는 영해의 괴시동고분이 동해안 북단이며, 서쪽으로는 경산 임당동고분, 북쪽으로는 영천 신령의 화산리고분을 거쳐 의성 금성산고분군이 가장 원거리 적석목곽분묘제 지역이라는 점이다. 이것은 신라 김씨 왕권의 상징적 묘제이며, 신라의 전략적 거점지역에만 적석목곽분이 조영되었다는 점에 큰 의의가 있는 것이다. 이것은 소문국이냐 아니냐를 떠나 의성지역의 역사적 중요성을 의미하는 것이다. 신라식 출자형 금동관이 출토되는 경산 임당동 고분, 대구 내당동고분, 성주 성산동고분, 그리고 의성에서 가까운 선산 낙산동고분, 의성식토기가 출토되는 안동 조탑동 고분은 모두 적석목곽분을 조영하지 않고 수혈식석실분 안에 경주에서 사여한 위세품이 부장되는 것과 비교하면 금성산고분군의 중요성을 알 수 있을 것이다.

2) 고분의 축조연대에서 가장 빠르다고 생각되는 것이 탑리고분의 제 I 곽인데 변형적석목곽분이며 경주식토기 연대관으로 보아 5세기의 이른 단계라고 판단된다. 그런데 대리리 고분에서는 적석목곽분이 변형 적석모곽분 보다 층위상 빠른 시기에 축조되고 있어, 두 묘제 사이의 선후관계는 절대적이 아니라 고분 축조자에 따라 달라지고 있음을 알 수 있다.

3) 금성산고분군 출토유물 중 의성지역 정치지배자의 신분을 나타내는 위세품은 다른 지역과 마찬가지로 금동관, 금 및 금동장신구, 금동제마구, 환두대도 등 무기가 대부분으로 대동소이한 양상을 보이고 있다.

그런데 그 중에서 탑리고분에서 출토된 금동관은 신라의 영역에서 출토되는 출자형 관모와 다른 독특한 형식을 하고 있어 주목되어 왔다. 즉 이 금동관은 띠모양의 테두리 위에 가장자리를 가늘게 자른 후, 이를 꼬아서 새의 깃털모양으로 만든 입식 3개를 부착한 형식이다. 이러한 양식의 금동관은 신라 영역에서는 거의 보이지 않으며, 다만 황남대총 남분출토의 은제관 1점이 있을 뿐이다. 이러한 깃털모양 입식을 부착한 관모는 고구려의 수도였던 집안출토 되었다는 국립중앙박물관 소장품 관식과 매우 비슷하다. 〈그림 3〉

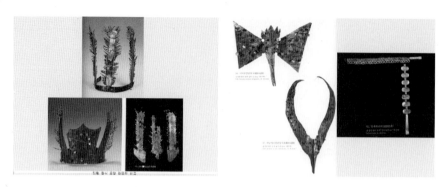

〈그림 3〉 탑리1호분 출토 깃털형 금동관(좌상)과 금동위세품

　이것은 바로 금성산고분군의 성격을 말해주는 중요한 단서가 된다고 생각된
다. 즉 황남대총 남분의 연대가 5세기 전반의 이른 시기라는 점과 그 주인공이
왕으로서 고구려와 관련이 깊은 인물일 가능성을 말해 주는 것이기 때문이다.
고구려와 관련이 깊은 신라의 왕은 실성왕이거나 고구려의 지원으로 왕위에 오
른 것으로 되어 있는 눌지왕일 가능성을 보여주는 것이다.

　이와 관련하여 탑리고분은 신라 김씨 왕족의 직할배후지라는 주장과 함께 의
성지역이 금광을 보유하고 있어, 신라왕실의 금공품 제작 배후지라는 논의도 있
으나, 의성에서 많은 금광이 있었던 것도 확실하지 않고, 금제품을 생산한 유적
이나 유구가 조사된 예가 없어 납득하기 어렵다.

　4) 지금까지 살펴 본 고총고분의 묘제 및 출토유물의 성격은 5세기 이후의 것
들로써 의성지역이 신라의 영역 속으로 편입된 이후의 성격을 보여주는 것이다.
그러므로 사실상 소문국의 형성과 변화과정을 알아보기는 어려운 자료들이다.

　따라서 삼한 소국의 하나인 소문국을 고찰하기 위해서는 원삼국시대의 주묘
제인 집단적 목관묘 유적을 찾아야 한다. 이것이 의성을 연구하고 의성의 역사
를 복원하기기 위한 고고학의 과제라고 하겠다. 진한 소국이나 변한 소국들의
경우를 보면 초기에 국가가 형성될 때중심지가 어느정도 연맹단계를 지나면 새
로운 중심지로 이동하는 중심지 이동이 일어나는 경우가 많이 있다. 예를 들면,

고령 대가야의 겨우 소국 단계인 변진반로국 때는 회천의 동쪽 고령군 개진면 반운리가 중심지였으나 4세기 이후 회천의 서안인 고령 지산리로 중심지를 이동하고 비약적 발전을 이룩하였다. 성주의 경우도 소국의 이름이 무엇인지는 모르지만 소국단계라고 생각되는 성주읍 예산리 목관묘지역에서 이천의 동쪽인 성산동고분으로 중심지가 이동된 것을 알 수 있다.

의성의 경우도 5세기 이후 탑리나 대리리 고분이 중심을 이루고 있지만 그 전에는 지금의 중심지가 아닌 지석묘가 집중 분포된 초전리나 봉양면 쪽의 구릉지에 집단적 목관묘가 분포하고 있을지 주의하여 살펴 볼 필요가 있을 것이다.

5) 의성지역은 신라가 소백산맥을 넘어 한강유역으로 진출하는 가장 중요한 교통로의 중심점에 위치하고 있었기 때문에 아마도 일찍부터 신라의 전략적 요충지로써 중요한 의미를 가지고 있었다고 생각된다. 또한 반대로 기원전 2세기 말에서 1세기초에 걸쳐 일어났던 위만조선 멸망 후 유이민 파동 때 영남지방 남부로 이동하는 중요한 교통로로써의 중요성도 간과할 수 없다. 즉 중국의 선진문화를 가지고 남하하는 집단들이 그 중간 정착지로의 의미를 강조하는 입장도 있기 때문이다.

2. 의성 대리리고분 자료의 활용

그런데 사실 고고학적으로 유적을 발굴하고, 보존하고, 연구하여 학문적 성과를 높이는 것은 매우 중요하고 아주 필요한 일이다. 그러나 연구자들만 아는 고고학, 전문가들만 아는 문화유적의 중요성, 역사학자들만 아는 고대사는 이제 지양할 때가 되었다. 우리가 발굴조사하고 연구한 결과는 시민들에게 보여주고, 시민들이 그 내용을 향유할 때 그 가치는 더욱 빛나고 아름다워지는 것이다.

그런 의미에서 지금 의성군에서 추진하고 있는 의성조문국박물관 건립과 대리2호분 고분전시관 건립은 의성군이 열의를 가지고 추진하고 있지만 전문가들이 적극적으로 도와주고 조언하여 제대로 된 박물관과 전시관이 되도록 하여야 한다. 그래야만 발굴조사의 성과와 고고학 학문수준이 시민들에게 이해되고, 문화유적에 대한 애호와 보존도 잘 될 수 있을 것이다.

이와 관련하여 고령지산동 고분문화 종합벨트화 계획이 좋은 예가 될 것이다. 고령에는 지산동 44호분 왕릉을 그대로 재현한 왕릉전시관이 먼저 세워졌다. 그런데 처음 예상했던 만큼 관람객이 많지 않았다. 그런데 바로 옆에 대가야박물관을 건립하고, 30호분 봉토분을 복원하고, 박물관 마당에서 대가야축제 이벤트를 열면서 1년에 30만 명이상의 관람객이 찾는 모범적인 문화이벤트가 되었다. 여기에 축제를 고령 안림딸기 수확철에 맞추어 개최함으로써 지역축제와 생산품이 연계되어 최고의 문화체험으로 자리잡게 되었다.

의성의 경우도 조문국박물관을 다양한 체험을 할 수 있는 생동감 있는 전시체계를 갖추고 대리 2호분을 실물전시관으로 꾸미고 옆에 고분 발굴 체험을 할 수 있도록 함은 물론 바로 인접해 있는 탑리 5층석탑과 금성산 빙혈을 연계하여 코스를 개발하면 좋은 것이다. 유적의 실물전시관은 일본의 요시노가리 분구묘전시관이나 중국의 진시황 병마용갱 전시관, 터키 콘야의 차탈회육 신석기타운 전시관과 고르디온의 미다스 왕릉전시관을 참고하면 좋을 것이다.

다시 말해 금성산고분을 종합벨트화 하여 의성에서만 볼 수 있고 체험할 수 있는 의성문화 클러스터를 갖추면 의성주민은 소문국문화의 자긍심을 가질 것이고, 전국에서 많은 관람

객이 운집할 것이다. 그러므로 소문국을 찾는데 너무 조급하게 서두르지 말고, 서서히 단계적으로 소문국과 관련된 유적을 찾는데 힘을 기울이면 좋은 결과가 있을 것이라 생각된다.

VI. 맺음말

이상에서 의성지역의 발굴조사 자료를 중심으로 금성산고분의 묘제와 출토유물의 성격과 그 해석의 의미를 살펴보았다. 그리고 의성지역에 있었던 소국

소문국에 대한 추이와 관련 자료를 통해 그 역사성과 해석의 방향을 제시도 했다. 그 결과는

첫째, 의성지역에서 발굴 조사된 고총고분들은 탑리, 대리리, 학미리 고분들이며, 이들은 금성산 고분군으로 같은 성격을 가진 것으로 파악할 수 있었다. 그리고 그 묘제는 신라의 중심묘제인 적석목곽분 혹은 변형적석목곽분이며, 적석목곽분의 가장 끝단에 위치한다. 그런 의미에서 매우 중요한 역사고고학적 의의를 가진다.

둘째, 고분에서 출토되는 위세품은 신라의 최고지배층과 같은 의미를 가지며, 특히 금동관의 경우 고구려와 관련된 신라왕실과 깊은 연관이 있을 것으로 판단하고, 그것이 의성지역의 중요성으로 부각됨을 알 수 있었다.

셋째, 역사시대 고고자료의 연구는 고고학적 방법론을 통해 접근하되 문헌사료와 비교와 교정이 반드시 필요하다는 것을 강조하였다. 특히 문헌에 나타나는 역사적 사실을 간과해서는 안되며 특히 소문국과 같은 소략한 자료를 해석할 때는 고고자료와 문헌자료를 비교 종합하는 것이 매우 중요하다는 것을 알게 되었다.

넷째, 의성에서의 유적발굴의 과제는 초기국가의 형성과정을 보여주는 집단적 목관묘 유적을 찾는 일이며, 이것이 소문국의 형성과정과 5세기 금성산고분이 보여주는 역사적 실체를 규명하는 방법이 된다는 점이었다.

다섯째, 지금까지 논의한 발굴조사의 자료와 연구 성과는 주민들이 이해하고 함께 향유할 수 있도록 전시하고, 체험할 수 있도록 하여야 문화유적에 대한 이해도 높이고 자기지역 문화에 자긍심을 갖게 하는 지름길임을 인식하고, 문화유적이 활용될 수 있도록 노력하여야 함을 강조하였다.

5. 고고학으로 바라본 울릉도와 독도

Ⅰ. 신라의 울릉도 복속

1. 문헌자료

이사부가 정복한 우산국의 실체는 무엇일까. 이제 이 문제는 역사학자나 고고학자뿐만 아니라 한국인이라면 누구나 궁금해 하는 질문이 되었다. 울릉도에서 현재까지 발굴 조사 자료로 밝혀진 가장 오래된 유적과 유물은 신라고분과 신라토기이다. 울릉도와 같이 고립된 섬 안에 상당수의 고분군이 존재한다는 것은 장기간에 걸친 취락이 존재한다는 것을 의미하며, 다종 다량의 토기가 산재한다는 것은 생활하는 취락주거지와 토기를 제작했던 요지가 존재했음을 보여준다. 그러나 발굴조사는 하지 않았지만 지석묘와 무문토기 등이 확인되고 있어 청동기시대부터 사람이 살았던 것으로 볼 수 있다. 그리고 강릉 강문동에서 6세기대의 신라토성이 발굴조사 되어 삼국사기 기록을 뒷받침하고 있다. 〈그림 1〉

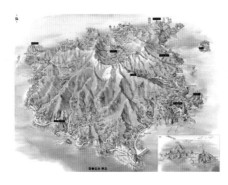

〈그림 1〉 울릉도와 독도(좌)와 험준한 울릉도 해안

사료 A-1. 지증마립간 6년(505년) 봄 2월에 왕이 몸소 나라 안의 주·군·현을 정하였다. 실직주를 설치하고 이사부를 군주로 삼았는데, 군주의 명칭이 이로부터 시작되었다. (『삼국사기』4 신라본기4 지증마립간 6년)

사료 A-2. 지증마립간 13년(512년)여름 6월 우산국이 歸服하여 매년 土宜를 조공으로 바쳤다. 우산국은 溟州의 正東 海島이며 혹은 울릉도라고 하였으며 지방이 1백리로, 험함을 믿고 귀복하지 않았다. 이찬 이사부를 하슬라주 군주로 임명하였다. 이르기를 우산인은 어리석고 사나워 위세로써 내복하게 하기는 어려우나 계교를 써서 항복받을 수 있다고 하였다. 이에 목우사자를 많이 만들어 전선에 나누어 싣고 그 나라 해안에 이르러 거짓으로 고하기를 너희가 만약 항복하지 않으면 이 맹수를 놓아 밟아죽이겠다고 하니, 국인이 두려워서 곧 항복하였다. (『삼국사기』4 신라본기4 지증마립간 13년)

사료 A-3. 이사부(혹은 태종)의 성은 김씨로, 나물왕의 4세손이다. 지도로왕 때 沿邊의 官이 되어 거도의 권모를 답습하여 馬戱로써 가야를 속여 나라를 취하였다. 13년(512) 임진에 하슬라주의 군주가 되어 우산국의 병합을 계획하고 있었는데, 그 나라 사람들이 어리석고 사나워서 위엄으로는 항복받기 어려우니 계략으로 복속시킬 수밖에 없다고 하여, 이에 목우사자를 많이 만들어 전선에 나누어 싣고 그 나라 해안에 이르러 거짓으로 고하기를 너희가 항복하지 않으면 이 맹수를 놓아 밟아죽이겠다고 하니, 그 사람들이 두려워서 곧 항복하였다. (『삼국사기』44 열전4 이사부)

사료 A-4. … 또 아슬라주(지금의 명주) 동해중에 편풍 2일 정도에 우릉도(지금은 우릉이라고 한다)가 있으니, 주위가 2만6천730보이다. 島夷가 그 해수의 깊음을 믿고 교만하여 신하의 예를 갖추지 않거늘 왕이 이찬 박이종으로 하여금 군사를 거느리고 가서 치게 하였다. 이종이 목우사자를 만들어 큰 배의 위에 싣고 위협해 말하기를 항복하지 않으면 이 짐승을 내놓으리라 하니 도이가 두려워서 항복하였다. 이종을 포상하여 그 주의 州伯으로 삼았다.(『삼국유사』1 기이1 지철로왕)

우산국은 사료 A-2에서 험함을 믿고 귀복하지 않았다고 하였으며, A-4에서 도이島夷가 그 해수海水의 깊음을 믿고 교만하였다고 하였다. 이로 볼 때 우산국은 동해상에서 해상세력으로 상당한 위력을 가지고 있었다고 할 수 있다. 따라서 신라가 우산국을 정벌하기는 쉽지 않았을 것으로 여겨진다. 이것은 사료 A-2와 A-3에서 이사부가 우산인은 어리석고 사나워 위세로써 내복하게 하기는 어려우나, 계교를 써서 항복받을 수는 있다고 한데서도 생각해 볼 수 있다.

사료 A-1에서 505년에 실직주(삼척)를 설치하여 이사부를 군주로 임명하고 7년 만에 다시 사료 A-2의 하슬라주(강릉) 군주로 임명한 것은 신라가 우산국을 정벌하기 위한 최적의 주군과 시기를 선택한 것으로 생각된다. 이로보아 신라의 우산국 정벌은 오랜 기간 계획하에 이루어진 것으로 볼 수 있다. 또한 험한 지형과 깊은 바다로 인해 함락시키기 어려운 우산국을 점령하기 위해 목우사자를 이용한 것은 난공불락의 트로이 요새를 함락시키기 위해 나무사자를 이용한 그리스와 거의 흡사하여 매우 흥미롭다. 〈그림 2〉

〈그림 2〉우산국을 항복시킨 사자상(좌)과 트로이를 함락시킨 트로이목마

사료 B. 옥저의 耆老가 말하기를 『국인이 일찍이 배를 타고 고기잡이를 하다가 바람을 만나 수십일 동안 표류하다가 동쪽의 섬에 표착하였는데, 그 섬에 사람이 살고 있었으나 언어가 통하지 않았고 그들은 해마다 칠월이 되면 소녀를 가려 뽑아서 바다에 빠뜨린다』고 하였다.(『삼국지』30 위지 동이전 동옥저)

위의 사료 B는 245년에 이어 246년 유주자사 관구검이 고구려를 침공하여 국내성을 점령하고 이어 현도태수 왕기가 동천왕을 추격하면서 동옥저 지역을 석권한 뒤 두만강 유역 북옥저의 해안지역에 이른 뒤, 옥저 지역의 耆老들에게 얻은 정보를 기술한 것이다. 여기에서 동쪽의 섬 은 대부분 울릉도로 파악하고 있다. 당시 울릉도의 주민은 강원도나 경북 해안 지역에서 건너간 이들로, 옥저인들과 동일한 예족이었지만, 장시간 본토와 떨어져 있어 상대적으로 장기간 고립된 삶을 영위하였기 때문에 의사소통이 되지 않은 것으로 이해하고 있다. 이로 보아 울릉도에는 오래전부터 사람이 살고 있었다고 할 수 있다.

2. 강릉 강문동 토성자료

강원도 강릉시 강문동 265번지 일원에 경포대 현대호텔 건축부지에 위치한다. 2011년 11월 19일부터 2012년 11월 22일까지 표본·시·발굴조사를 실시한 결과 죽도봉 일대는 고식의 판축기법으로 조성한 5세기말 6세기 전반의 신라토성으로 밝혀졌으며, 조사결과 A-1구역에서는 배수시설 및 판축성벽, 수혈주거지, 수혈유구, 주혈 등이 확인되었다. A-2구역에서는 부석시설과 깊이 2m이상의 대형 수혈유구(추정 저장구덩이), 주혈, A-3구역에서는 체성벽 축조와 관련된 목주 흔 및 대형 수혈유구(추정 저장구덩이), 주혈 등의 유구가 조사되었다.

토성이 위치한 죽도봉은 해발 8~26m의 동고서저의 구릉지로 성벽은 구릉 전체를 둘러싸고 있으며, 규모는 동-서 404m, 남-북 165m, 총 둘레는 1Km 내외이다. 성벽 기저부는 성 외측에 기반암을 삭토削土하고 성토다짐을 했으며 급경사면은 계단상으로 조성하고 축조하기도 했다.

　성벽의 외측 끝단에는 강돌과 치석한 석재를 이용하여 최대 4단 정도의 기단석축을 조성했다. 북벽 구간에서는 기단석축 주변으로 판축板築하기 위한 판재를 지지하는 영정주永定柱(나무기둥)를 박은 모습도 확인된다. 남벽 구간에서는 성벽이 밀리는 것을 방지하기 위해 기반암 내측으로 굴토하여 정지턱(기단석열과 같은 효과, 최대 높이 81cm)을 만든 후 그 내외로 판축한 특이한 모습도 보인다.

　판축 성벽은 삼국시대 고식古式의 양상을 보이며 축조 공정은 크게 기저부 외측에 1차 토루를 조성한 후 내측에 2차 토루를 덧붙여서 판축하는 공정으로 나뉜다. 또 각각의 공정은 토루의 내구성을 높이기 위해 축조한 토루를 'L'형으로 삭토하고 다시 덧붙여서 판축하는 공정을 2~3차례 반복하여 축조했다. 조사된 성벽의 너비는 북벽의 경우 기저부 너비가 42m까지 확인되며 외측 기저부에서 내측 성벽 상단까지의 높이는 7~17m 범위로 확인된다.

　이 토성이 중요한 이유는 앞에서 본 신라 하슬라주 군주 이사부장군이 우산국(울릉도)를 점령하기 위해 출발한 토성의 가능성이 제기 되었기 때문이다. 그러나 이에 대한 면밀한 검토가 필요한 사항이다. 특히 삼척시에는 이사부공원을 조성하여 이사부가 우산국을 점령하기 위해 출발한 곳을 이곳 삼척으로 규정하고 있다. 그러나 그 또한 명확한 근거는 없는 실정이다.〈그림 3〉

〈그림 3〉 강릉 강문동 토성 원경

II. 울릉도에 대한 조사연구의 역사

1. 鳥居龍藏과 藤田亮策에 의한 조사(1917)

1917년 鳥居龍藏이 영남지역 조사의 일환으로 울릉도를 돌아보고 유물을 채집하였으며, 그 후 藤田亮策의 의해 조사가 이루어졌다는 간단한 언급이 있지만 자세한 내용은 알 수가 없다. 당시 신라토기와 함께 선사시대의 지석과 어망추로 간주한 석기들의 사진이 2008년에 국립중앙박물관이 발간한 『울릉도』재보고서에 소개되어 있어 주목된다. 〈그림 4〉

2. 국립박물관 조사(1947, 1957, 1963)

광복 후 국립박물관이 울릉도의 고고학적 조사를 실시하였다. 김원룡, 윤무병, 임천 등이 1947년, 1957년에 현포리, 천부리, 남서리, 남양리, 사동리 등 울릉도 고분군 전반에 대한 측량과 내부 및 주변조사와 주변 신라토기산포지에 대한 조사를 실시하였다. 이어서 1963년에는 김정기가 천부동의 미도굴된 고분 1기를 발굴하였다. 국립박물관은 이러한 조사결과를 1963년에 『鬱陵島』라는 제목의 보고서로 발간하였다. 이러한 조사와 보고서 간행은 울릉도에 대한 본격적인 조사의 시작이며 최초의 체계적인 조사보고서이다.

〈그림 4〉 1917년의 도동항(좌)과 현포리유적(유리원판 사진)

3. 서울대학교 박물관 조사(1997, 1998)

서울대학교 박물관이 1997년에 울릉도의 광역에 대한 지표조사를 실시하여, 울릉도지표조사보고서와 학술총서를 발간하였다. 이 조사와 보고서에서 주목되는 점은 현포1리 등지에서 고인돌이 발견되었고, 청동기시대의 무문토기 수편과 함께 청동기시대로 추정되는 갈돌과 갈판이 발견되었음을 주장하고 있는 점이다. 필자들은 이러한 유물을 근거로 울릉도에 처음 사람이 살기 시작했던 시기를 기원전 4세기경일 가능성이 있음을 제안하였다.

4. 영남대학교 민족문화연구소 조사(1998)

1998년에 영남대학교 민족문화연구소에서 『울릉도 · 독도의 종합적 연구』란 제목으로 연구를 진행하게 되었다. 이중 문화인류학 부분을 담당한 정영화 · 이청규가 조사 결과를 「鬱陵島의 考古學的 研究」로 발표하였는데, 이 보고문에서 필자들은 새로이 확인된 유적을 소개하였고, 울릉도 향토사료관에 전시된 유물들과 기존의 자료들에 대한 분석을 근거로 토기들과 고분의 존속시기를 6세기 중반에서 10세기까지로 추정하였다

5. 영남대학교 박물관 조사(2000)

2000년에 영남대학교 박물관에서 현포리에 남아 있는 석주열에 대한 시굴조사를 실시하였다. 현포리의 석주열은 네 모서리에 해당하는 위치에 각각 한 개씩 수직으로 세워진 4개의 석주열로서 조사자들은 2002년도에 발간한 보고서에서 통일신라시대의 제의유구로 추정하였다. 이 석주열을 1917년에 鳥居龍藏이 촬영한 사진이 2008년에 간행된 국립중앙박물관의 보고서에 수록되어 있다.〈그림 5〉

6. 경상북도문화재연구원 조사 (2001)

경상북도문화재연구원에서 울릉군의 지원을 받아 울릉도 전역에 대한 문화

〈그림 5〉 현포리 석주열 유적 발굴피트(좌)와 출토유물

재 정밀 지표조사를 실시하여 조사내용에 대한 기술과 사진자료와 함께 유적분
포지도를 작성하였다. 이 분포지도에는 신라시대의 고분군 26개소와 유물산포
지 5개소가 보고되어 있다.

7. 한림대학교 박물관 조사(2008)

한림대 박물관에서는 동북아역사재단의 지원을 받아 2008년에 총 8차에 걸쳐
울릉도 전역에 대한 정밀지표조사를 실시하였다, 이러한 과정에서 기존의 조사
내용과 주장에 대한 보완과 수정 및 당면한 문제점과 과제를 파악하여 제시하였
다. 조사단은 기존의 조사 내용을 활용하여 지형, 지리와 경작물과 계절적인 특
성으로 인하여 조사가 불가능한 지역을 제외한 울릉도의 전 지역에 대한 조사를
시행하였는데, 그 결과 기존 여러 기관의 조사에서 간과되었거나 제외되었던 지
역에 대한 조사를 실시하고 새로운 유적을 발견할 수 있었다.

8. 중앙문화재연구원 남양리 고분발굴조사(2009)

농수산물 보관창고 건설로 파괴에 직면한 울릉군 서면 남양리 675-5번지의
폐고분 1기를 중앙문화재연구원이 독도박물관의 협조를 받아 수습발굴조사를
실시하였다. 발굴은 2009년 1월 7일부터 2월 7일까지 15일간 실시하였으며, 발

굴된 고분은 매장주체부가 횡구식 석곽인 통일신라시대의 봉석분封石墳으로서
이미 내부는 도굴되었으나 신라토기 5점이 수습되었다. 수습된 토기들은 모두
파편으로 병과 뚜껑에 해당하는 것이다.

Ⅲ. 울릉도의 유적과 유물

1. 조사된 유적

1) 현포리고분군

울릉군 북면 현포리에 위치하는 삼국시대와 통일신라시대의 고분군, 유물산
포지, 돌기둥열 유구가 함께 있는 복합유적이다. 유적이 위치한 곳은 울릉도의
서북부로, 동력선이 나타나기 이전 한반도에서 배를 타면 이곳에 도착했다고 한
다. 유적은 성인봉에서 북서로 뻗는 능선의 말단부로 해안에 접해 있고 서측으
로 현포고개를 넘으면 바로 태하동인데 이 태하동은 자연적으로 배의 접안이 가
능하여 옛부터 중요시되었다고 한다. 유적은 울릉도의 몇 안 되는 완만한 구릉
으로 형성된 곳에 자리잡아 고대의 생활여건에 적합한 곳이기도 하다.

따라서 이곳에는 대규모의 취락이 형성되었음직한 모든 조건을 구비하고 있
다. 유적의 옆에는 현포초등학교가 자리잡고 있는데, 원래는 이곳에도 많은 고
분이 분포하였다고 한다. 현포리 고분군은 1963년 국립박물관 조사시 38기의 고
분이 있었다고 하나, 지금은 10기만이 경상북도 기념물 73호로 지정되어 있다.
고분 가운데 가장 잘 남아 있는 10-1호분은 경사지대에 수평으로 기단부를 만들
고 그 위에 장방형 석실을 축조하였는데, 할석을 내경시켜 측벽을 쌓고 그 위에
장대석 12매로 개석을 덮고, 그 위에까지 돌을 쌓아 봉분을 완성한 전형적인 울
릉도식의 돌무지무덤積石塚이다. 규모는 석실 길이 9.1m, 중앙부 최대너비 1.8m,
중앙부 최고 높이 1.87m이며 양 단벽 쪽으로 가며 너비도 좁아지고 높이도 낮아
진다. 〈그림 6〉

〈그림 6〉 현포리 고분석실(좌)와 남서리 고분군

2) 현포리 제의유적

울릉군 북면 현포리 현포초등학교 옆에 위치하는데, 3×3m의 시굴피트에서 1.2~1.5m의 간격으로 윗부분이 깨어진 돌기둥과 돌기둥이 세워졌던 구덩이가 2열 3개씩 확인되었다. 그리고 하나의 열 중앙에서는 돌기둥 대신 나무기둥을 꽂도록 만들어진 석확형의 구조물이 발견되었다. 이 돌기둥 열들과 남아 있는 돌기둥을 연결하여 보면 모두 3열이고 1열 5개인 석주열이 되는데 주변을 더 조사하면 더 많은 돌기둥들이 확인될 것으로 보인다. 이러한 돌기둥열 유구는 국내에서 발견된 예가 없는 것으로 의례나 제의를 위한 시설물로 추정할 수 있다. 주변에서 병, 단지, 대호 등 신라 토기편들이 출토되고 있어 6세기 중엽부터 통일신라에 걸친 유구로 생각된다.

3) 천부리유적

울릉군 북면 천부1리 일대에 분포하는 삼국시대, 통일신라시대의 고분군과 생활유적이 함께 있는 복합유적이다. 유적이 위치한 곳은 울릉도의 북동부로 성인봉에서 북으로 뻗어 해변과 접하는 능선의 상부이다. 능선의 동쪽 옆에는 천부초등학교가 자리잡고 있다. 이곳은 울릉도의 다른 곳들에 비하여 비교적 완만한 구릉으로 형성되어 있고, 바다를 조망하기가 좋은 곳으로 고대인들의 터전으로 적합한 곳이라 할 수 있다. 유적의 완만한 능선을 따라서는 삼국시대와 통일 신라시대 토기편들이 많이 채집되고 있다. 천부리1호분에서 동령과 금동판이 채집되었다.

4) 남서리고분군

남서리 고분군은 1963년도 국립박물관 보고서에서 32기가 넘는 고분의 존재를 보고한 것으로, 그중 현재 15기가 경상북도 기념물 72호로 지정되어 보호되고 있다. 고분의 앞면에는 축대를 쌓고 후면은 땅을 파서 석실을 마련하였으며, 석실의 규모는 길이 약 5~6m, 폭0.7~0.9m, 높이 1~1.1m 로서 석실의 폭이 좁고 높이가 높은 특징을 지닌다. 〈그림 6〉

5) 사동리고분군

사동리 고분군은 마리나관광호텔 진입도로 부근 사동천의 산 사면에 위치하며, 3기중 1기는 전면부 석축이 잔존하지만 석실은 붕괴되었다. 석실측벽은 할석을 4단 정도로 경사지게 쌓았고 그 위에 개석이 3개 남아 있으며, 전체규모는 장축이 6~6.5m, 단축이 4.5~5m이고 평면은 장방형으로 남북향이다. 한편 사동 2리 새각단 마을 서쪽 능선에서 영남대학교 민족문화연구소 조사 당시 5개의 고분을 확인하였으나, 경상북도문화재연구원 조사 당시에는 모두 사라진 것으로 밝혀졌고, 한림대학교 박물관 조사 당시에는 대아리조트와 연접한 급경사면에서 토기편과 석재만이 확인되었다.

6) 남양리고분군

남양리 고분군은 남양2리 지통골에 소재하며, 영남대학교 민족문화연구소에서 조사시 3기의 고분을 확인한 후, 경상북도문화재연구원에서 7기의 고분을 추가로 확인하였다. 한림대학교 박물관의 조사결과 장축 약 10m, 단축 약 6m, 높이 2~4m 규모의 석군이 다수 존재하며 그중 고분으로 추정되는 것은 3기이고,

석군과 인근 밭에서 연질토기편, 회청색경질타날토기, 인화문토기 등이 수습되었다.

2. 수습된 유물

1) 동관편銅冠片

울릉도 향토사료관에 소장된 동관편은 입식에 구멍을 연결되게 뚫어 투조透彫장식을 하였고, 청동실이 꼬아져 걸려 있어 영락을 달았던 것으로 보인다. 이러한 형태는 6세기 중후반 이후 출자형 관모의 퇴화기에 해당하는 단양 하리 출토동관과 매우 유사하다. 한편 동해 추암B지구 출토 동관은 퇴화형이고 재질도 같으나 형태상으로는 차이가 있다. 금동관이나 동관의 착용자는 소국의 수장이나 제사장, 신라 중앙으로부터 외위外位를 받은 촌주 등으로 보는데 울릉도의 동관도 경주에서 제작하여 울릉도의 세력자에게 사여賜與하여 간접 지배한 것으로 볼 수 있다.

2) 동령銅鈴, 금동판金銅板

이것들은 천부리 1호분에서 수습된 것인데, 방울은 마구장식, 금동판은 허리띠 장식으로 보고 있다. 이러한 위세품들도 위의 동관과 같은 성격의 유물로 판단된다.

3. 울릉도 유적의 특징

울릉도의 고분들은 모두 흙을 쌓아 봉토하는 일반고분과 달리 돌을 쌓아 봉분을 만든 봉석묘封石墓가 대부분인데, 구조적으로는 모두 추가장이 가능한 횡구식에 해당한다. 이러한 형태의 고분을 울릉도식 고분이라고 한다. 울릉도에는 봉토에 쓸 흙이 적고 돌이 많으므로 지역적 특성이 반영된 것으로 볼 수 있다. 또한 울릉도의 고분들은 모두 완전 지상식이나 경사면의 경우 한쪽이 약간 지하식인 지상식고분에 해당한다. 그리고 대부분 군집을 이루고 있다. 대규모 군집은

2~30기, 그보다 적은 군집은 10여기, 소규모 군집은 2~3기인 경우도 확인되는데, 대형고분은 주로 대규모 고분군 안에 존재하고 있다. 이러한 분포양상은 울릉도의 지형, 지리적 조건과 환경을 고려할 때 매우 자연스러운 현상으로 볼 수 있다. 즉, 섬의 주위를 따라서 단절적으로 형성된 곡간 평지의 주거가능 공간의 대소 규모에 상응하여 고분군의 규모가 정해지고, 또한 이것은 당시 해당 거주 공간에 거주하였던 주민집단의 대소규모를 반영하는 것으로서, 울릉도에 도로가 개설되기 이전에는 각 곡간 평지별로 마을이 형성되었고, 각 마을별로 독자적인 생활공간이 구분되었으며, 그 결과 각 마을 별로 매장장소가 구분되었을 개연성을 보여주는 것이다.

1950년대 당시 국립박물관이 조사를 실시하는 과정에서도 육로로 이동이 불가하여 배로 이동한 사실에 비추어 볼 때, 그 이전에도 육로보다는 연안을 따라 배를 타고 마을 간의 교류와 이동이 이루어졌을 것이다. 육로를 이용하는 것도 가능하였겠으나, 배를 이용하면 마을간 이동시간도 줄일 수 있고, 물자의 교환과 운송도 훨씬 수월하였을 것이기 때문이다.

IV. 울릉도와 독도에 대한 고고학적 이해

1. 울릉도의 묘제와 신라

울릉도에는 언제부터 사람이 살기시작 하였을까? 지금까지의 고고학적 조사 결과로는 구석기 시대나 신석기시대의 유적이나 유물이 발견되지 않았다. 일부 타제 어망추와 숫돌이 채집되었으나 시대를 확실히 알 수 없어 단정하기 어렵다. 그러나 현포1리 등지에서 고인돌이 발견된 것과 청동기시대의 무문토기와 돌판과 갈돌 등이 채집되었음을 보고하였다. 이를 근거로 보고서에서는 울릉도에 처음 사람이 살기 시작했던 시기를 기원전 4세기경일 가능성이 있다고 제시하고 있다.

울릉도에 나타나는 고분 즉 '울릉도식 고분'은 세장방형의 횡구식석실 구조에 봉분을 흙이 아닌 돌로 덮는 적석총 즉 돌무지무덤이다. 이러한 묘제는 신라의 묘제를 받아들이되 흙이 적고 돌이 많은 울릉도의 특성을 반영하여 고분을 축조한 것으로 볼 수 있다. 그리고 출자형 금동관 편이 나타나는 것도 신라와의 관련성을 강하게 보여주는 것이다. 신라에서 금동관이나 동관의 착용자는 소국의 수장이나 제사장, 신라 중앙으로부터 외위外位를 받은 촌주 등으로 보는데 울릉도의 동관도 경주에서 제작하여 울릉도의 세력자에게 사여賜與한 것으로 볼 수 있다. 울릉도 출토의 동관이 단양 하리의 동관이나 동해 추암동고분의 동관과 모티프가 비슷한 것은 신라의 지방지배 방식을 보여주는 것으로 신라왕경에서 제작하여 원거리의 울릉도 세력자에게 동관을 사여하여 이를 통해 간접지배한 사실을 보여주는 것이다. 즉 울릉도식 고분과 동관의 출현은 우산국 지배자가 신라의 간접지배를 받으며, 신라의 정책에 충실히 따르고 울릉도의 지형과 습속에 맞게 변형 발전시켜 신라문화를 형성시킨 것으로 보는 것이 타당할 것이다. 따라서 독도를 포함한 울릉도는 6세기(512년) 이사부의 목우사자로의 정벌 이후 신라의 영토로 확정되어 이어진 것이다.

2. 고고학으로 바라 본 울릉도와 독도

울릉도와 독도의 관계를 고고학으로 바라보면 이사부의 선단이 출발한 강릉에서 178km 떨어진 우산국을 점령한 당시 사람들이 울릉도에서 87.4km 떨어진 독도를 모른다는 것은 상식적으로만 봐도 이해할 수 없는 일이다. 이는 다음 사료인 세종실록 지리지로도 확인할 수 있는 사실이다. 〈그림 7〉

사료 C. 우산과 무릉, 두 섬이 현의 정동방 바다 가운데에 있다. 두 섬이 서로 거리가 멀지 아니하여, 날씨가 맑으면 바라볼 수가 있다. 신라 때에 우산국, 또는 울릉도라 칭하였다. 땅 구역은 1백 리로, (사람들이) 험한 지형에 의존하여 복종하지 아니하므로, 지증왕 12년, 이사부가 [[하슬라]]주 군주가

되어 이르기를......, (『세종실록』권153 지리지 강원도 삼척도호부 울진현조)

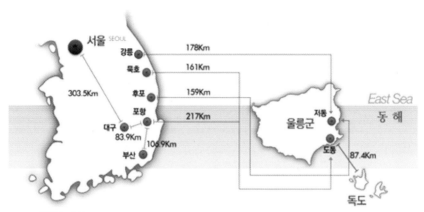

육지와의 거리
포항 : 217km | 후포 : 159km | 목호 : 161km | 강릉 : 178km
※ 최단거리 : 경북 울진 죽변 130.3km

〈그림 7〉 한반도에서 울릉도와 독도의 거리

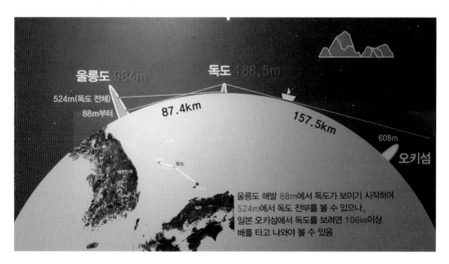

〈그림 8〉 울릉도와 일본 오키섬의 독도의 가시거리 비교

따라서 독도에 고고 유적은 없지만 울릉도와의 관계로 보아 논리적 추리와 상식적 이해로 보더라도 울릉도와 독도는 6세기 이후 신라의 영토가 분명한 것이다. 섬의 명칭이 독도가 아니고 무엇이라도 명칭문제가 아니라 역사적 사실과 고고학적 인식의 문제인 것이다.〈그림 8〉

그 예로 울릉도에서는 해발 85m에서 독도가 보이기 시작하여 해발 524m에서 독도 전부를 볼수 있으나 일본에서 독도와 가장 가까운 섬인 오키섬에서 독도를 보려면 산정까지 올라가도 보이지 않고 106m 이상 배를 타고 나와야 볼 수 있는 자연 지리적 조건이다.

그러므로 울릉도에는 청동기시대부터 사람들이 살기 시작하여 신라시대에는 신라 지증왕 13년(512) 하슬라주 군주 이사부가 정복하여 매년 토산물을 공물로 받은 기록이『삼국사기』에 기록되어 있고, 고고학적으로도 신라고분과 신라유물이 존재하는 것으로 보아 오랫동안 한국의 영토가 분명하다고 하겠다. 근대에 와서 한때 공도정책으로 주민을 살지 못하게 하였다고 하여도 울릉도는 한국의 영토이고, 울릉도에서87.4km 떨어져 울릉도에서 육안으로 보이는 독도는 당연한 한국의 영토인 것이다.

참고문헌

鳥居龍藏, 1924,『日本周圍民族の原始宗教-神話宗教の人類學的研究』(東京:岡書院).

國立博物館, 1963,『鬱陵島』.

서울大學校博物館, 1998,『鬱陵島-考古學的 調査研究』.

鄭永和·李淸圭, 1998,「鬱陵島의 考古學的 研究」,『울릉도·독도의 종합적 연구』(영
　　　남대학교독도연구소).

朱甫暾, 1998,『新羅의 地方統治體制의 整備와 村落』, 신서원.

金龍星·金大煥, 2001,『鬱陵島 玄浦里遺蹟과 古墳群에 대하여』, 嶺南大學校博物館.

경상북도문화재연구원, 2002,『문화유적분포지도(울릉도)』.

국립중앙박물관, 2008,『鬱陵島』, 재보고서.

중앙문화재연구원, 2009,『울릉 남양리 고분』.

국강고고학연구소, 2012,「강릉 강문동 신라토성 현장설명회 자료」.

영남대학교박물관·영남대학교독도연구소, 2022,『독도 꽃피다(도록)』.

가야와 동병상련의 먼 이웃, 멕시코 마야

변한의 12개 소국들은 대개 3세기 후반부터 5, 6개의 가야로 통합되어 큰 하천과 산줄기를 포함하는 분지를 중심으로 자급자족하는 국가형태로 분립하고 있었다. 이들은 대가야나 아라가야 같이 고대국가체제를 이룩하기도 하였으나, 하나로 통합되지 못하고 마침내 신라에 각개 격파되어 복속되었다.

이러한 가야의 역사를 공동 연구하던 대구, 경북의 공부모임인 '목요윤독회'에서는 가야를 공부하면서 마야문명을 함께 공부하였다. 멕시코마야유적 답사를 계획하기 시작한 것은 1995년 『가야사 연구 -대가야의 정치와 문화-』(경상북도)를 공동 집필하면서부터라고 할 수 있다. 이 공동연구에서는 대가야를 중심으로 대가야의 역사지리적 환경과 정치와 사회, 사상과 신앙, 고분문화에 대해 여러 각도에서 가야에 대해 조명한 바 있었다.

가야는 낙동강 줄기를 배경으로 하나의 고대문화를 일으켰고, 영남지방을 중심으로 고구려, 백제, 신라 사이에서 독자적인 문화를 남겼지만 끝내 신라나 백제처럼 큰 제국을 이루지 못하고 멸망하고 말았다. 그 이유는 무엇일까? 연구를 계속하면서도 이에 대한 확실한 해답은 얻지 못하였다고 생각되었다.

그런데 멕시코 역시 한국고대사의 가야처럼 화려한 고대문화를 이룩하였으면서도 통일국가를 이룩하지 못하고 16세기에 스페인의 꼬르떼스 군대에 멸망하고 말았다.

멕시코 문화는 기원전 1200년경에 성립한 올메까 문명부터 기원후 1200년경의 아스떼까 문명, 그리고 마야문명에 이르기까지 각 지역별로 여러 가지 독자적인 문명을 꽃피우면서도 하나의 통일된 왕국을 이룩하지 못하였다. 이렇듯 고대문명의 집합소와 같은 멕시코의 고대문화가 우리의 가야처럼 지역의 도시국가로 나뉘어져 있다가 끝내 하나의 통일국가를 이루지 못하고 멸망한 이유는 무엇일까?

멕시코 전역에 남아 있는 거대한 피라미드와 같은 고고유적은 그런 것들을 설명해주지 않을까? 그렇다면 외형적으로 유사한 공통점이 있는 두 지역의 고대문화를 찾아 직접 비교해 보고 체험해 보면 어떤 실마리를 찾을 수 있지 않을까 하는 생각을 하게 되었다.

그리하여 2001년 1월 29일부터 2월 15일까지 18일간 메조아메리카 문명의 핵심지라고 할 수 있는 멕시코 고대유적 답사를 다녀왔다. 우리가 답사하면서 실제로 확인한 멕시코 여러 지역의 유적과 유물은 우리의 상상을 초월하는 거대한 것이었으며, 멕시코 고대문화는 역시 다양하고 풍부하며 잘 보존되어 있었다.

고대의 멕시코 여러 지역에서 많은 문명과 왕조가 부침 하였지만 이들에게 있어 일관되게 이어졌던 정치적 메카니즘은 모든 인간생활의 목적은 신을 위한 정치, 즉 신정정치의 실현이었다. 그리하여 경기의 승리자를 신의 제물로 바치는 문화, 0의 개념늘 포함한 태양력太陽曆과 제사력祭祀曆을 조합한 달력문화, 거대한 피라미드의 석기문화의 공통점이 있었다. 그러나 정치, 사회, 생산, 종교, 문화적으로 밀접한 공통성을 가지면서도 전 지역을 아우른 단일 문화는 없었다.

1. 가야각국의 존재형태와 부산 연산동고분군의 성격

Ⅰ. 머리말

가야에 대한 연구는 1990년대 이후 각 지역별로 많은 고분발굴이 이루어져 사료가 부족한 현실에서 문제를 해결하기 위한 방편의 하나가 되었다. 여기에 더하여 고고학전공자들과 문헌사학자들이 공동연구를 통해 이를 해결하려는 경향이 나타나기 시작하였다.

이러한 연구경향은 자연히 '전기가야연맹', '후기가야 연맹' 혹은 '대가야연맹'으로 대표되는 "연맹체설"과 부체제국가, 지역연맹체, 혹은 영역국가 내지 고대국가로 대표되는 "고대국가설" 등 다양한 견해가 제시되고 논의되어 왔다.

오랜 전통을 가진 연맹체설은 주로 문헌자료에 입각하여 대가야의 내부구조를 부체제 단계까지 간 것으로 보면서도 대가야의 국가성격에서는 연맹체로 부르거나 지역연맹체로 규정하고 있다(白承玉 2003). 이는 역시 여러 사료와 고고자료들로 볼 때 대가야는 부체제가 실시되어 연맹체를 초월하는 것으로 보이지만, 『일본서기』에 멸망할 당시 10국의 나라 명칭이 나타나는 것을 염두에 둔 고뇌적 표현이라고 하겠다. 그러나 이에 대한 반론도 만만치 않은데 가야지역 정치체의 상호관계에 보이는 고분의 위계와 정치체의 위상 등으로 볼 때 가야제국의 존재형태에 관심을 갖게 된다.

예컨대, 고령의 대가야나 함안의 아라가야는 고대국가단계까지 발전하였다고 보기도 하고, 성주의 성산가야나 창녕의 비화가야는 이른 시기에 신라에 복속된 상태로 존재한 것으로 보기도 한다. 그런데, 최근 발굴조사가 이루어진 부산 연산동고분군의 성격에 대하여 이를 가야제국의 일원으로 해석하는 주장이 제기되어 가야각국의 존재형태를 재조명 할 수 있는 논의의 장이 펼쳐지고 있다.

따라서 이 글에서는 지금까지 발굴조사 된 고분 자료와 문헌자료를 종합하여 5세기 이후 가야제국의 존재형태와 연산동고분군의 정치적 성격을 논의해 보기로 하겠다.

II. 각 지역 수장묘首長墓의 변화와 정치체

1. 김해지역

낙동강하구에 위치한 김해지역은 이른 시기부터 바다를 통한 활발한 해상 교역활동으로 영남지방의 다른 지역보다 빨리 발전할 수 있었고, 그것을 기반으로 기원전후 시기부터 변진 12국 중 월등히 우세한 구야국狗邪國이 성립될 수 있었다. 김해지역 여러 곳의 소분지를 이어주는 하천 수계 주변에 형성된 고분군들이 이러한 사실을 말해 주고 있다.

김해지역에서 수장묘로 볼 수 있는 고분군은 주류가 목곽묘로 이루어진 양동리고분군과 대성동고분군이 중심이다. 이중 양동리고분군 집단은 김해지역 전체를 장악하지는 못하였으나 3세기 전반까지는 해반천 수계의 대성동고분군 집단보다 우세한 김해세력의 중심이었다(홍보식 2000, 1~48쪽). 그러므로 이 시기 구야국의 중심세력은 바로 양동리 고분군 집단임이 분명하다. 대성동고분군이나 봉황대유적에서는 이에 비견할 만한 유구와 유물이 아직 출토되지 않고 양동리고분군에서만 대형 목곽묘가 존재하고 한경漢鏡과 청동검파두식靑銅劍把頭飾 등 많은 위세품威勢品(prestige goods)이 출토되고 있어 이를 증명하고 있다.

1) 고분자료

(1) 장방형 목곽묘

이 시기 양동리고분군에서 가장 먼저 등장하는 수장묘는 장방형 목곽묘인 양동리 162호분이다. 이 고분은 목곽의 길이 388cm, 너비 240cm, 깊이 59cm 규모의 대형장방형 목곽묘일 뿐 아니라 부장유물에서 종전의 다른 목곽묘에서는 볼 수 없는 한경 2매를 포함한 10매의 동경과 수정다면옥, 유리구슬목걸이 등 질 높은 위세품과 다량의 철정, 철촉, 철모 등 철제무구, 재갈 등을 부장하고 있다(林孝澤, 郭東哲 2000).〈그림 1의 우상〉

2세기 후반 구야국의 주고분군인 양동리고분군에서 최고 수장묘인 162호분과 이와 비슷한 규모와 부장품을 가지고 있어 수장묘라고 판단되는 235호분도 목곽의 장폭비가 2:1미만의 장방형 목곽묘이다. 이는 울산 하대43호분이나(釜山大學校博物館 1997) 부산 노포동35호분(洪潽植 1998)의 장폭비와 비슷하여 아직까

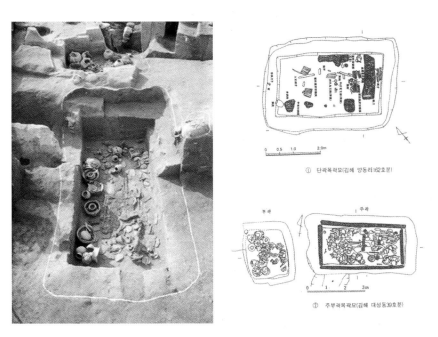

① 단곽목곽묘(김해 양동리162호분)

부곽　　　주곽

② 주부곽목곽묘(김해 대성동39호분)

〈그림 1〉 김해 장방형 목곽묘(양동리 162호), 주부곽식 목곽묘(대성동 39호분)

지 영남지역 공통적인 목곽묘형태가 계속되고 있음을 알 수 있다.

그러나 3세기에 들어서면 구야국의 중심지가 서서히 양동리고분군에서 대성동고분군으로 이동하게 된다. 이와 같은 사실은 3세기후반으로 편년 되는 대성동고분군에서 대형목곽묘들이 축조되고 종전과는 비교할 수 없을 정도로 많은 양의 유물을 부장하는 이른바 후장이 이루어지고 있으나 종전의 양동리고분군에서는 이러한 변화가 지속되지 않는 것으로 보아 알 수 있다. 이것은 어떠한 이유에서든지 구야국의 세력권이 양동리고분군의 조만천 수계집단에서 대성동고분군의 해반천 수계집단으로 이동되었음을 의미한다(홍보식 2000, 1~48쪽).

이와 같은 변화의 대표적인 고분이 대성동29호 목곽분이다. 이 고분은 묘광의 길이가 960cm, 너비 560cm, 잔존깊이 130cm의 규모에 목곽 길이 640cm, 너비 320cm, 높이 40cm의 이전에 비해 비교할 수 없을 정도의 대형목곽묘이다(申敬澈, 金宰佑 2000). 이를 묘제의 형태상으로 보아도 규모가 커지면서 목곽의 길이가 약간 길어지기는 했으나 장폭비는 2:1의 김해형 목곽묘의 특징을 보여주고 있다. 이렇게 길이 5m이상의 대형 목곽을 축조하기 위해서는 종전에 비해 축조기술 면에서 크게 진전되어야 하고 또 축조재료의 획득이나 인력의 동원에서 강력한 정치력이 발휘되어야 가능한 묘제의 변화라고 하겠다.

묘제의 변화와 아울러 유물의 부장에서도 비교할 수 없을 정도의 큰 변화가 일어나는데 그것은 가야지역에서 최초로 순장殉葬이 실시되고 토기의 다량부장인 후장厚葬이 시작되는 것이다(申敬澈 2000, 27~62쪽). 순장자는 1인으로 주인공의 발치공간 즉 토기의 다량부장 공간과 주인공피장 공간의 사이에 주피장자의 안치방향과 직교되게 배치하고 있으며 유리구슬 목걸이를 착장하고 있었다. 그리고 이와 같은 변화는 양동리고분군이나 봉황대유적에서는 나타나지 않은데 이것은 대성동고분군 세력이 이들 지역을 통제하기 때문으로 생각된다. 따라서 이 시기에 김해 대성동고분군의 정치체는 정치·군사적 권력이 확립되어 서서히 구야국에서 금관가야가 성립하는 것으로 이해된다.

(2) 주부곽식 일자형日字形목곽묘

위에서 본바와 같이 장방형 목곽묘는 대성동 29호분에서 보이는 것처럼 구조 면에서 대형화되고 유물면에서 집중화와 대량화의 특징적 변화가 일어난다. 그 런데 4세기가 되면 이러한 현상은 묘제의 변화를 더욱 가속화시켜 장방형 목곽 묘에서 부장품 공간이 따로 독립되어 주부곽 목곽묘의 형태로 나타나게 된다. 따라서 김해지역 목곽묘의 가장 대표적 묘제인 주부곽이 일렬로 배치되는 일자 형목곽묘가 성립되는 것이다.〈그림 1〉

김해 대성동고분군에서 주부곽식 목곽묘로 가장 이른 고분은 대성동 13호분 이다. 이 고분은 후대에 조영된 다른 고분에 의해 많이 파괴되어 유물의 전모는 알 수 없지만 일부 남아 있는 유물이 파형동기巴形銅器 6점, 경식용 유리옥 등 당 시 최고의 위세품인 점을 보면 금관가야의 왕묘라고 판단된다. 고분의 규모는 주곽 묘광의 길이 602cm, 너비 394cm, 깊이145cm, 목곽의 길이 500cm, 너비 240cm, 부곽은 묘광 길이 370cm, 너비 398cm, 깊이42cm, 목곽 길이 165cm, 너 비 270cm이며, 목곽의 높이는 약 100cm 전후이다. 장축방향이 동서인 주곽은 서쪽에 배치하고 부곽은 주곽의 동쪽에 2m정도 떨어져 배치하고 있는데 주곽의 장폭비는 김해형 목곽묘의 단곽분인 29호분과 마찬가지로 2:1이다.

주부곽 목곽묘인 대성동13호분에도 주곽에 순장자가 매장되었는데 주피장자 의 머리맡과 발치에 각 1인과 주인공의 좌측 옆에 1인 등 모두 3인이 순장되었 다. 부곽의 순장여부는 파괴가 심하여 확실하지 않으나 13호분 보다 조금 후대 의 고분이지만 역시 주부곽식 목곽묘인 3호분의 부곽에 순장자가 있는 것으로 보아 부곽에도 1인정도 순장시킨 것으로 생각된다(申敬澈, 金宰佑 2000). 이와 같 은 주·부곽식 목곽묘는 금관가야의 주묘제로서 김해 대성동고분군에서는 5세 기초까지 계속되고 그 후로는 조영되지 않는다.

2) 금관가야의 존재형태

금관가야는 변한의 유력소국이었던 구야국이 발전하여 성립된 가야로 전기

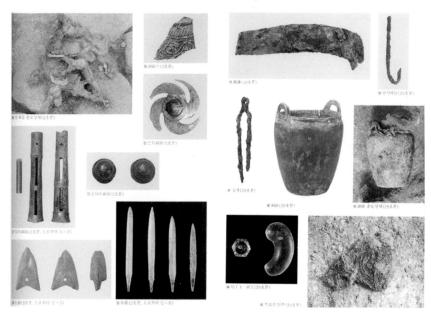

〈그림 2〉 김해 대성동고분군 출토 유물

가야연맹의 맹주국으로 인식되어 있다. 구야국은 철을 생산하고, 한군현이나 왜
등에 공급하는 등 교역을 통해 발전하였고, 앞서 본 것처럼 양동리고분군에서
대성동지역으로 이동하여 발전하였다. 이러한 교역의 결과가 대성동고분에서
출토된 통형동기나 파형동기, 북방의 철복과 같은 외래계 유물이 말해 주고 있
다. 〈그림 2〉

　이러한 전기가야의 맹주로서 금관가야의 존재형태는 김해지역을 비롯하여
동래, 양산지역까지를 포함하는 것으로 해석되기도 한다(李盛周 1993, 129~156
쪽). 그러나 5세기 이후 동래지역이 신라의 영역으로 편입되면서 금관가야의 영
역은 축소된 것으로 생각된다. 이러한 금관가야의 존재형태는 대성동고분군의
순장양상으로도 잘 나타나고 있다. 즉, 김해지역의 순장은 대성동고분군의 묘제
인 주부곽 목곽묘에 보이는 주부곽순장이다.

　주·부곽 순장은 주인공을 안치하는 주곽과 부장품을 넣기 위한 별도의 부장곽을 갖춘 묘제에 나타나는 순장유형이다. 이 유형은 목곽묘의 전통을 가지고 있는 지역에 많이 나타나고 있는데 주곽순장에서와 같이 주실의 주인공 머리맡이나 발치부분에 순장하고 또 부실에도 순장시킨다. 그러나 가야지역에서 가장 빠른 시기인 4세기초에 순장이 나타나는 김해 대성동 고분군은 묘제상 주·부곽식 목곽 2기나 대체로 주곽에만 순장하고 있다. 대성동의 순장목곽묘는 4세기와 5세기의 2시기로 나뉘어지는데, 4세기대의 목곽묘에서의 순장은 대성동 3·13·39호분에는 3명을 순장하였고, 부곽이 없는 형태인 대성동23호분은 2명을 순장하였다(申敬澈, 金宰佑 2000).

김해 대성동고분군의 순장을 통해 금관가야의 존재형태를 관련시켜 보면, 순장이 처음 등장하는 것은 대성동 13호분으로 4세기 중반에 해당하는데 이때부터 5세기 전반까지 토광의 깊이가 깊어지는 등 고분의 규모는 확대되지만 순장형태는 주곽에 2~3명을 순장시키는 그대로 유지되고 있다. 또 위세품도 통형동기나 청동경, 갑주, 마구 수준이지 관모류가 나타나지 않고 있다. 이와같이 금관가야는 5세기 이후에는 동래지역을 신라에게 내어주고 세력이 많이 약화되어 가야제국의 주도권도 약화되었다고 생각된다(金世基 1997, 97~122쪽).

2. 함안지역

함안은 남강 하류역과 남해안에 근접한 남고북저의 분지로 이루어진 지역이다. 이 지역은 곡저평야를 이용한 식량생산과 수로를 이용한 외부와의 교역으로 일찍부터 정치체의 성장을 가져와 아라가야의 중심을 이룬 곳이다. 따라서 함안지역에는 청동기시대의 지석묘로부터 원삼국시대 목관묘와 목곽묘, 가야시대의 수혈식석실묘에 이르기까지 많은 분묘들이 존재하고 있어 선사시대 이래 가야시대 세력기반을 이해할 수 있는 자료가 되고 있다.

함안지역 고분군 중에서 수장묘로 볼 수 있는 고분군은 말이산의 능선과 구릉사면에 걸쳐 넓게 형성된 도항리고분군이다. 도항리고분군은 고대한 대형봉토를 가진 수혈식석실분이 대부분이지만 지석묘, 목관묘, 목곽묘 및 횡혈식석실분도 일부 섞여 있어 이른 시기부터 중심지로서의 역할을 해 온 것을 알 수 있다.

함안지역은 김해의 구야국과 함께 변진 12국 중 안야국安邪國의 고지이며 이것이 발전하여 안라국安羅國, 혹은 아라가야阿羅加耶로 발전한 곳이다. 그러나 적어도 3세기 이전부터 유력한 정치세력으로 성장하여 중국에까지 알려지게 되었을 뿐만 아니라 『삼국지三國志』동이전에 우호優號를 칭한 유력한 나라로 기록되어 있어 이 시기의 유적이 있었을 것이지만 안야국의 수장묘라고 생각되는 고분은 현재까지 고고학적으로 알려지지 않고 있다. 그 시기의 묘제는 김해지역과 마찬가지로 목관묘 혹은 목곽묘였을 것으로 보이나, 창원 다호리 유적이나 김해 양동리 고분군처럼 대규모의 목관묘 유적이나 목곽묘유적은 보이지 않는다. 아라가야 주묘제는 수혈식 석실분이지만 함안지역도 처음 안야국 시기에는 목곽묘가 지배층 묘제였으나 점차 수혈식 석실분으로 바뀌어 갔던 것이라고 생각된다.

1) 고분자료

(1) 장방형 목곽묘

함안지역의 목곽묘유적은 도항리고분군의 북쪽 구릉지대와 남강 연안의 황사리고분군, 윤외리고분군, 칠원 옥곡리고분군에서 다수 확인되었다. 이 고분군들은 대체로 4세기까지도 길이 4m내외의 중소형 목곽묘가 구릉 경사면에 무질서하게 조영되어 있고, 부장유물도 통형고배, 노형토기, 파수부잔 등의 토기류가 대부분으로 아직까지 수장묘는 없는 상태이다.

유구의 평면형태에 있어서도 묘광의 장폭비가 대체로 2.5:1로 김해지역의 2:1보다 약간 세장한 편이다. 이와 같은 세장한 평면적 특징은 이후 이 지역의 주묘제인 수혈식석실분에도 그대로 이어져 지역적 특징으로 이해할 수 있다.

함안에서 수장묘로 볼 수 있는 목곽묘는 도항리고분군의 마갑총馬甲塚을 들 수 있는데, 이 고분은 묘광의 길이 890cm, 너비 280cm, 깊이 11cm이며, 목곽의 규모도 길이 600cm, 너비 230cm, 깊이 100cm의 대형목곽묘에 속하고 출토유물도 상태가 매우 양호한 말갑옷 일습과 은상감환두대도와 철모, 철겸 등의 철제품이 출토되어 상류지배층 분묘로 판단된다. 이 목곽묘의 장폭비도 함안의 다른 대형 목곽묘와 마찬가지로 장폭비 2.5~3:1의 비율을 보이고 있어 김해지역의 장방형 목곽묘 보다 약간 세장한 형태를 하고 있다(國立昌原文化財研究所 2002). 김해지역 에서는 장방형목곽묘에서 다량의 유물부장과 정치지배력이 확대되면서 주부곽 식 일자형목곽묘로 발전하는데, 함안의 경우 목곽묘에서는 순장이 행해지지 않 고 더 이상 발전하지도 않는다. 이후 수장묘의 묘제는 내부주체가 세장방형 수 혈식 석실분으로 변화되면서 봉토가 대형화되고 순장이 행해지게 된다.

(2) 수혈식 석실분

아라가야의 주고분군은 함안의 중심지인 가야읍을 남북으로 뻗어 내린 해발 50m정도의 말이산의 주능선과 사면에 걸쳐 분포된 도항리, 말산리고분군이다. 이 고분군에는 대,소형봉토분 100여기가 밀집 분포되어 있는데 행정구역이 달 라 두 개의 고분군이 되었지만 원래 말이산의 능선과 사면에 연결되어 있다. 그 러므로 이를 통틀어 말이산고분군이라고 부르기도 하고 특히 고총고분이 집중 되어 있는 도항리고분군으로 지칭하기도 한다. 도항리고분군의 대형 봉토분들 은 대부분 수혈식 석실분이다. 〈그림 3〉

이들 대형 봉토분들은 가야지역 고총고분의 일반적 입지와 마찬가지로 구릉 의 정상부를 따라 일정한 간격을 유지하며 융기부에 축조하여 더욱 크게 보인 다. 도항리고분군에서 최대의 고분인 4호분(구34호분)은 북에서 남으로 뻗은 나 지막한 구릉의 중심 융기부에 입지한다. 고분은 봉토 직경 39.3m, 높이 9.7m의 대규모의 봉토 중앙에 수혈식 석실 1기만 설치한 단실구조이다. 석실의 길이 978.7cm, 너비 172.7cm, 깊이 166.6cm로 장폭비가 5.6:1의 매우 세장한 형태를 띠고 있다. 이 밖에 주능선에서 서쪽으로 뻗은 가지능선 말단부에 위치한 8호분 도 직경 38m, 높이 5m의 봉분 중앙에 석실 1기만 배치하였다. 석실의 규모는 길 이 11m, 너비 1.85m, 깊이 1.9m로 장폭비가 5.9:1의 세장형이다. 또 능선의 남 쪽 융기부에 위치한 15호분의 경우도 묘실은 8호분과 같은 단실구조이며, 석실

〈그림 3〉 함안 도항리고분군

의 길이 9.4m, 너비 1.85m, 깊이 2m의 규모로 장폭비 5:1의 세장한 형태이다.

함안 도항리 고분군의 묘제상 가장 큰 특징은 석실 네벽에 방형 감실龕室이 설치된 점이다. 이 감실은 대개 양장벽의 위쪽에 각 2개, 단벽에 각 1개가 설치되었는데, 장벽의 감실은 서로 같은 높이에서 마주보게 되어 있고 단벽의 감실은 서로 약간 어긋나게 마주보고 있다. 규모는 한변 길이 40~60cm, 깊이 60~80cm 정도이다. 현재로서는 가야지역에서 함안에만 존재하는 이 석실 벽의 감실 용도는 마주보는 감실에 긴 통나무를 걸쳐 봉토의 무게에 의해서 개석이 부러지는 것을 막고 석실벽도 보호하는 보완시설로 보는 것이 타당할 것이다(李柱憲 1996, 403~418쪽). 이것은 도항리고분의 개석재질이 부러지기 쉬운 점판암계 사암이 많고 두께도 얇은 판석을 11매 이상 많이 덮여 있는 점으로 알 수 있다. 실제로 발굴조사된 도항리 8호분이나 15호분의 개석을 보면 대부분 중간에서 반절되어 있는 것이 이를 증명하고 있다. 함안지역과 같이 장폭비 5:1이상의 세장한 석실을 가진 고령의 경우 개석수도 9매 이하가 많고 또 석질도 대부분 단단한 화강암제가 많아 개석이 부러진 예는 거의 찾아보기 어렵다. 따라서 도항리 고분의 감실은 백제 무령왕릉의 감실처럼 등불을 밝히기 위한 등감은 아닌 것이 분명하다.

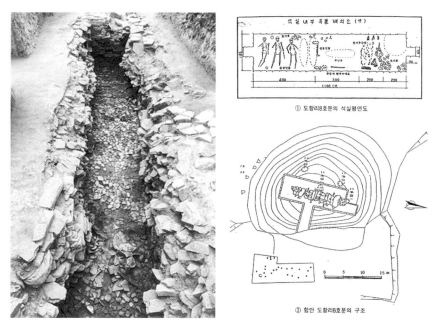

② 함안 도항리8호분의 구조

〈그림 4〉 함안 도항리8호분의 주곽순장

　고분의 묘실 구성에서 부장품을 위한 부곽이 존재하지 않는 것도 아라가야 묘제의 특징의 하나로 볼 수 있는데 주실의 길이가 10여m로 긴 것은 주인공과 함께 부장품과 순장자를 함께 넣기 위한 방법에서 나온 구조로 생각된다. 하나의 석실에 주인공과 순장자, 부장품을 함께 매장해야 하므로 자연히 순장자의 수도 5, 6명이상 늘어나기 어려운 구조이며, 부장유물도 부곽이 있는 김해 대성동고분이나 고령 지산동고분 보다 대체로 적은 편이다.

　도항리8호분의 겨우 주인공의 발치에 해당하는 석실의 남쪽에는 주인공을 위한 순장자 5명이 주인공의 방향과 직교되게 서침으로 나란히 매장되어 있다. 이러한 매장양상은 함안 최대의 고분인 도항리4호분(구34호분)의 경우도 대동소이하며 다만 순장자의 수가 6명으로 아라가야 고분 중에서 가장 많은 순장자를 매장하고 있는 점이 다르다.〈그림 4〉

묘제에 관련한 또 하나의 특징은 5, 6세기 다른 가야 순장묘에 비하여 단순하며, 관모류가 보이지 않고, 위세품류도 아주 적은 것이다. 대가야의 수도인 고령의 경우 대가야식 금관이 출토되었고, 또 지산동32호분, 30호분, 45호분에서 대가야식 금동관이 출토되었다. 그리고 다양한 순장묘제와 수십명의 순장자가 있는 고령의 대가야와 비교해 보면, 순장자의 수가 최고 6명을 넘지 않는 함안의 아라가야가 고고학적으로는 그만큼 왕권이 강하지 않았던 것으로 볼 수밖에 없다(金世基 1997, 97~122쪽).

2) 아라가야의 존재형태

아라가야의 전신인 안야국의 수장묘라고 생각되는 고분은 현재까지 고고학적으로 알려지지 않고 있다. 그 시기의 묘제는 김해지역과 마찬가지로 목곽묘였을 것으로 보이나, 김해 대성동 고분군이나 양동리 고분군처럼 대규모의 목곽묘 유적은 보이지 않는다.

이렇게 안라국 시기에는 목곽묘가 지배층 묘제였으나, 5세기가 되면서 어떤 계기로 인해 주묘제가 수혈식 석실분으로 바뀌어 갔다. 위에서 살펴 본 바와 같이 아라가야의 중심고분군인 도항리의 고총고분들은 수혈식석실 구조에 장폭비 5.5:1이상의 극세장한 평면형태, 석실 1기만 배치하는 단실과 거기에 따른 주실 순장이 아라가야 묘제의 특성이라고 할 수 있다. 따라서 이와 같은 수혈식석실분을 주묘제로 사용하는 시기부터 아라가야로 발전되었다고 할 수 있다(김세기 2004, 69~100쪽).

이러한 묘제적 특성은 토기문화에도 그대로 적용되어 교역에 의한 것으로 밝혀진 것을 제외하면 안라국 토기문화의 특징인 화염형 투창고배의(曺秀鉉 2006, 38~73쪽) 분포 범위 역시 묘제의 범위와 거의 일치하고 있다(이주헌 1998, 45~77쪽) 따라서 아라가야가 최고로 발전했다고 생각되는 6세기 초반의 영역권은 함안식 수혈식묘제라고 생각되는 극세장형 석실분과 화염형 투창고배의 출토지역으로 보아 도항리 중심권을 비롯하여 법수면 황사리, 군북면, 칠원지역과 남강 북안의 의령 예둔리, 마산시의 현동고분군, 진동만 일대와 함안의 서쪽경계에 가까운 진주시의 진양지역까지도 이에 포함시킬 수 있을 것이다. 이러한 아라가야의 영역은 『일본서기』 등 문헌에 기록된 국력에 비해 넓지 않은 편이다.

그리고 목곽묘인 마갑총의 경우 거의 완전한 말갑옷 일습과 금상감 환두대도 등 무장구가 주류를 이루고 있어, 4세기대 안라국에서는 무장적 성격의 지배자가 중요한 역할을 한 것으로 보이나, 그 뒤 아라가야의 고총고분 중 빠른 시기인 5세기 전반으로 보이는 4호분(구 함안34호분)에는 무구가 중요한 유물이 아닌 것으로 나타난다. 그 뿐 아니라 8호분이나 15호분에서도 마갑총과 같은 무구나 마구는 출토되지 않았다. 이는 고령의 대가야가 32호분, 30호분, 45호분에서 갑옷, 투구가 금동관과 함께 중요한 부장품인 점과 대조되는 점이다.

아라가야의 순장은 주곽순장이다. 묘제상 한 봉분에 수혈식석실 1기만 축조하고 한 석실 안에 주인공과 순장자를 함께 매장하는 것으로, 대개의 경우 주인공을 묘실 중앙에 안치하고 순장자는 주인공의 머리맡이나 발치부분에 주인공의 부장품과 함께 매장한다. 그러므로 이 유형의 순장에서는 순장자의 수가 2~3명이 대부분이고 가장 많은 경우가 도항리 4호분(구34호분) 6명이다.

『일본서기』의 기록에 의하면 함안의 안라국은 529년 백제와 신라가 가야지역을 무력으로 위협하는 상황에서 자국에서 고당회의高堂會議를 개최하여 가야 외교를 주도할 정도로 대국의 면모를 보이고 있다(南在祐 2000, 185~218쪽). 그리고 541년과 544년에는 백제의 사비에서 열린 소위 '임나부흥회의任那復興會議'에 대가야와 더불어 왕이 아닌 차한기次旱岐(下旱岐)를 파견하는 등 가야말기 외교활동을 주도하고 있다. 이러한 사료로 볼 때, 아라가야는 대가야와 함께 당시의 다른 가야 세력 보다 훨씬 발전된 국가였던 것은 분명하다고 하겠다.

이것은 아라가야가 대가야와 달리 무력을 위주로 주위를 통합하거나 영역을 확대하지 않고, 일본이나 백제, 신라 나아가 고구려와의 대외 교역 혹은 외교를 위주로 발전하여 넓지 않은 영역 안에서 내실을 다져간 것으로 볼 수 있다(김세기 2012, 123~152쪽).

3. 고령지역

대가야의 중심고분군인 지산동고분군은 경상북도 고령군 고령읍 지산동 마을 뒤편(서쪽)의 능선 정상부를 따라 산봉우리처럼 줄지어 솟아 있는 고분군이다. 대가천과 안림천이 남북으로 감싸 안은 서쪽 끝에 가야산에서 동주해온 산줄기가 우뚝 솟아 고령의 진산인 주산이 되었다.

지산동 고분군은 이 주산에서 남쪽으로 뻗어 내린 주능선 등마루를 따라 직경 20m 이상의 거대한 봉토분이 산봉우리처럼 열을 지어 서 있고 이 주능선과 가지능선 사면에는 중소형 봉토분 700여기가 군집해 있는 가야 최대의 고분군이다. 고령읍내를 병풍처럼 둘러 친 것 같은 지산동 고분군의 남쪽 능선은 다시 동쪽으로 방향을 바꾸어 고아리로 뻗어 있는데, 이 고아리에도 대형분들이 이어져 이것까지를 지산동고분군에 포함한다. 이 고아리 능선의 말단부에 가야고분 중 유일한 벽화고분도 자리하고 있다(曺永鉉 外 2010).

고령지역 역시 초기에는 김해나 함안지역과 마찬가지로 장방형 목곽묘가 수장묘로 사용되었으나 가라국으로 발전하면서 수혈식석곽묘가 지배층의 묘제로 사용되기 시작한다. 이어 석곽묘가 석실분으로 확대되면서 대가야의 주묘제로 자리잡게 된다. 대가야식 수혈식 석실분은 순장자의 묘곽을 함께 설치하는 다곽분의 구조로 주변지역의 지배층 묘제로 확립된다. 이러한 대가야식 묘제로 주변지역을 영역화 한 대가야는 이후 6세기에 들어서 공주지역의 백제왕릉의 묘제인 횡혈식 석실을 받아들인다. 〈그림 5〉

1) 고분자료

(1) 장방형 목곽묘

대가야는 종래 『삼국지』 동이전 한전의 변진미오야마국弁辰彌烏邪馬國이 발전한 것이라는 설이 있어 왔으나 근래에는 『일본서기』와 『양직공도』에 나오는 반파叛波(伴跛)와 관련하여 추론한 변진반로국弁辰半路國이라는 설이 대두되어 설득력을 얻고 있다(金泰植 1993). 그런데 이 반로국은 현재 고령의 중심고분군인 지산동고분

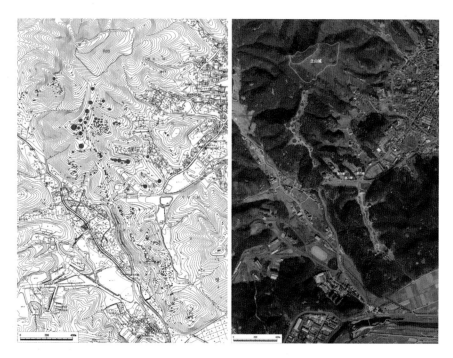

〈그림 5〉 고령지산동 고분군 분포도

군이 있는 주산아래가 아니라 회천의 동안이며 알터 암각화가 있는 양전리와 반운리 일대로 밝혀지고 있다(金世基 1995, 301~364쪽). 그것은 지산동고분군에는 3세기 이전의 고분이 전혀 발견되지 않고 있으나 여기 반운리에는 고령지역에서 유일한 와질토기와 철기가 출토되는 목곽묘로 추정되는 반운리고분군이 있기 때문이다(洪鎭根 1992, 69~86쪽). 따라서 고령지역의 소국이었던 반로국 시기에는 다른 가야지역과 마찬가지로 목곽묘가 수장묘로 사용되었다. 그러나 김해 양동리고분군이나 대성동고분군의 목곽묘처럼 한경이나 옥제품 같은 위세품은 출토되지 않고 전·후기 와질토기와 경질토기, 철겸, 철부, 철모 등 철기가 출토되고 있어 그 정치세력은 크지 않았던 것으로 보인다. 반운리고분군은 발굴조사가 이루어지지 않아 확실한 목곽묘의 실상을 알 수 없지만 이 보다 조금 늦은 시기인 4세기 후반의 쾌빈동 목곽묘가 발굴조사 되어 이러한 추정을 가능하게 하였다.

고령 쾌빈동 목곽묘는 1호분의 경우 묘광의 남은 길이 482cm, 너비 305cm, 깊이 95cm이고, 목곽의 크기는 남은 길이 440cm, 너비 280cm인데 전체적인 형태로 보아 장폭비가 약 2:1 정도의 장방형을 이루고 있다. 출토유물은 위세품은 없고 노형토기, 양이부 단경호와 고령양식 장경호, 발형기대 등 토기류가 대부분이고 철기류는 유자이기 1점과 축소모형 농공구정도만 출토되었다(嶺南埋藏文化財硏究院 1996).

이렇게 목곽묘를 지배층의 묘제로 사용한 반로국은 3세기말까지는 김해의 구야국이나 함안의 안야국에 비해 정치적으로 미약한 소국이었다. 그러다가 4세기대가 되면 반운리의 반로국은 회천을 건너 주산의 동쪽 자락인 연조리로 중심지를 옮기고 지산동고분군을 지배층의 묘지로 사용하게 된다.

그러나 최근에 조사된 지산동73호분은 내부주체가 목곽이며 호석과 대형봉토를 갖추고 있는 특이한 구조로서 지산동에서 처음 확인된 자료이다. 목곽은 넓고 깊은 하나의 묘광 안에 주곽과 부장곽을 평면 'T'자형으로 배치한 다음 그 주위와 양 곽 사이에 할석만으로 채워 쌓은 점이 특이하다. 특히 목곽의 충전석 상태는 상당 범위에서 마치 석벽을 쌓은 듯 비교적 정연한 상태를 보여 석곽으로 볼 여지도 있다. 묘광내 충전석에서 3기의 순장곽이 확인되었다. 한편, 봉토 중에도 제2단 호석을 축조하면서 순장곽 1기를 주체부 목곽의 주축과 같은 방향으로 배치함으로써 모두 4기의 순장곽이 축조되었다.〈그림 6〉

〈그림 6〉 고령 지산동73호분 전경(좌)과 매장주체부

지산동 73호분은 목곽묘가 고총의 내부주체로 채용되었다는 데 커다란 의미가 있다. 내부 구조는 발굴조사 보고서에 목곽묘로 보고되었으나 위석목곽 또는 석곽 등 다양한 견해의 제기 가능성이 있다. 어쨌든 고총의 내부구조로서 목곽 벽체와 묘광 사이를 할석으로 빼곡하게 채워 쌓은 형태는 전형적인 목곽묘에서 볼 수 없는 고령지산동 고분군의 할석축조 전통을 가미한 새로운 방식이다. 또한 충전석 속에 정연한 석곽형태로 순장곽을 배치한 구조는 지산동 봉토분 평면형태의 하나로 볼 수 있다. 이러한 여러 점에서 73호분을 목곽묘 말기와 수혈식 석실 초기 사이에 걸친 특수한 묘제로 인식하고 있다(김세기 2013, 47~60쪽).

(2) 수혈식 석실분

① 단곽순장 석실분

반운리에서 목곽묘를 수장층의 주묘제로 사용하던 반로국은 집권세력이 교체되었거나 혹은 새로운 중요한 전기에 의해 중심지를 주산아래의 연조리로 옮기고 지산동고분군을 그들의 지배층 묘지로 사용하였다. 그리고 종래의 목곽묘 대신 수혈식 석곽묘를 주묘제로 사용하며 급속도로 발전하였다. 이러한 사실은 지산동고분군에서 고총고분이 성립되기 전에 축조된 수혈식 석곽묘에서 확인된다. 즉 4세기말 지산동고분군의 대형석곽묘인 32NE-1호분에서는 은상감환두대도와 금제이식 등 위세품과 철모, 화살촉 등 무구류가 출토되고, 고배나 장경호 등 토기에서도 고령양식이 성립되고 있어 이때부터 가라국으로 발전한 것으로 생각된다.

가라국은 5세기가 되면 지산동 주능선 등줄기에 고총고분을 축조하면서 묘제도 석곽묘에서 석실분으로 확대 발전된다. 지산동 고총고분 중 가장 빠른 5세기 전반에 축조된 지산동 35호분 경우 석실의 길이 666cm, 너비101cm, 깊이 156cm로 장폭비가 5:1의 세장한 평면형태를 이루고 있다. 따라서 일반적으로 ①입지상 능선 정상부의 융기부에 위치하고 고대한 원형봉토 축조 ②장폭비 약 5:1의 세장한 석실 평면형태 ③ 한 봉분 안에 주실과 별도의 순장곽을 가진 다곽분의 구조 ④봉분 기저부에 주실과 순장곽을 둘러싸는 원형호석의 설치 ⑤고령의 특징을 가진 대가야식 토기가 출토되는 묘형을 대가야묘제로 부르고 있다(金世基, 1995).

이 시기의 같은 봉토분인 지산동32호분과 34호분에서는 주석실 옆에 순장곽을 1기 설치하는 다곽분이 축조되기 시작한다. 그리고 32호분 석실에서는 금동관, 철판갑옷과 투구 등의 위세품과 다량의 고령양식(대가야식) 토기류와 무기가 출토된다. 이렇게 위세품류가 부장된 주석실과 순장곽 1기를 배치하는 단곽순장 석실분은 각 지역의 지배층 묘제로 확립되었고, 순장곽 없는 일반 석실분과 함께 점진적으로 합천, 거창, 함양, 산청, 남원 월산리, 두락리 등 여러 지역으로 확산된다. 이와 더불어 고령양식 토기는 남원 월산리고분군 뿐만 아니라 소백산맥을 넘어 전라북도 장수, 진안지역까지 확산된다(김세기, 1998, pp.83~121쪽, 郭長根, 2000, pp.127~169쪽).

고령 본관동 34호분, 35호분, 36호분, 합천 옥전 M4호분, M6호분, 반계제 가A호분, 다A호분, 다B호분, 봉계리 대형분, 함양 백천리 1호분은 단곽순장 석실분이고, 남원 월산리 M1-A호분, 두락리 1호분은 대가야식 일반 석실분으로 묘제에 의한 대가야의 확실한 지배영역을 보여주고 있다. 그리고 산청 중촌리고분군이나 생초리고분군의 경우도 이러한 단곽순장 석실분의 묘제와 대가야양식 토기출토지로 밝혀지고 있다(蔡奎敦 · 金元經, 1993, 趙榮濟, 2002, 41~67쪽).

이후 고령지역의 묘제는 지산동 32호와 34호처럼 주실과 순장곽 1기를 배치하는 단곽순장묘에서 주실과 부장품을 넣는 부실을 별도로 축조하고 순장곽도 여러 기 배치하는 다곽순장 주 · 부실석실분으로 발전하게 된다.

② 다곽순장 주 · 부실석실분

다곽순장 주 · 부실석실분은 5세기 초의 지산동73호와 75호분부터 나타나기 시작한다. 지산동 73호분은 주체부를 목곽으로 축조하고 마치 석실 쌓듯이 보강석을 축조한 봉토분이고, 75호분은 석실분이다. 이 고분은 주곽 단벽 쪽에 부곽

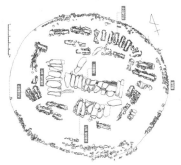

〈그림 7〉 고령지산동 44호분의 순장곽

을 주곽과 직교하여 주·부실의 평면배치가 T자형을 이루고 있다. 73호분 순장곽은 주곽 보강석 위에 주곽장벽과 나란히 1기씩을 배치하고 부곽의 장벽 보강석에도 1기를 배치하여 주곽을 ㄷ자형으로 감싸고 있고, 봉토 속에도 1기를 배치하고 있다(曺永鉉, 2013).

5세기 후엽의 44호분에서는 주실 외에 부실이 2기, 순장곽이 32기라는 가야 최대의 다곽순장묘가 축조되었다. 44호분은 호석의 장경 27m, 단경 25m의 타원형 묘역의 중앙에 주석실과 부장품실 2기를 배치하고 순장곽은 주석실을 중심으로 방사상과 원주상으로 배치하였다. 할석으로 축조한 주석실은 길이 940cm, 너비 175cm, 깊이 210cm의 규모이며 장폭비가 5.4:1로 전형적인 대가야식 묘제를 보이고 있다. 45호분의 경우도 규모는 약간 작지만 호석으로 둘러싸인 묘역 중앙에 주실과 부실을 나란히 배치한 다음 이를 원주상으로 둘러싸는 순장곽 11기를 배치한 점은 대동소이하다.

이와 같은 다곽순장 주·부실석실분은 현재까지는 고령 지산동고분군에만 존재하고 있으며, 또 지산동고분군에는 봉토직경 20m이상의 대형봉토분이 능선 정상부를 따라 줄지어 입지하고 있어 묘제상으로 보아 정치적 위상도 가야제국 가운데 가장 높았던 것으로 볼 수 있다. 〈그림 7〉

(3) 횡혈식 석실분(고아동벽화고분)

고령지역의 횡혈식 석실분은 지산동고분군과 고아동고분군에 여러 기가 존재하지만 지산동고분군의 경우는 절상천정塚折上天井塚 1기를 제외하면 거의가 대가야 멸망이후에 축조된 것들이고, 가야 지배층 묘제로서의 횡혈식석실분은 고아동 벽화고분을 의미한다.

고아동벽화고분은 가야지역 전체에서 유일한 벽화고분으로 지산동고분군의 능선이 남서쪽으로 뻗어내려 오다가 한 자락이 동으로 솟아올라 새로운 산록을 형성한 동쪽사면 끝에 위치한다. 고분의 규모는 봉토직경 동서25m, 남북 20m이며, 봉토의 높이는 현실 바닥으로부터 6.88m인데 원래 경사면을 ㄴ자형으로 깎아내어 축조한 관계로 봉토기부로부터의 높이는 동에서 8m, 서에서 3m이다.

현실은 장대한 할석을 약간 다듬어 4벽을 축조하였는데, 남북 양단벽은 수직으로 쌓아 올리되 남단벽은 오른쪽(동쪽)장벽에 연결하여 연도를 이어 쌓았다. 동서 양장벽은 수직으로 쌓아 올리다가 상반부에서 서서히 내경하게 쌓아 길게 좁혀진 천정부에 작은 개석 6매를 덮어 전체적으로 터널처럼 만들었다. 현실의 규모는 길이(남북) 375cm, 너비(동서) 282cm, 높이 312cm이다. 연도는 현실 남벽의 동쪽에 치우쳐 동장벽에 잇대어 수직으로 쌓아 올리고 평평한 장대석 8매로 덮었다. 연도의 길이는 현실보다 길어 482cm이며, 너비는 좁아 148cm, 높이는 164cm이다.

벽화는 현실과 연도 전체에 그렸던 것으로 보이나 현재는 천정석에만 남아 있는 상태다. 천정에는 얇게 회칠을 하고 분홍색, 녹색, 흑색, 갈색으로 내외 2중의 8판연화문을 그렸다. 할석으로 쌓은 벽면에는 전면에 굴껍질이 섞인 회를 두껍게 이겨 바르고 반들거리게 문지른 다음 그 위에 그림을 그리고 있다. 그러나 벽면의 그림은 흔적만 일부 남아 있는 상태라 어떤 그림이 있었는지 알 수 없고 다만 그림이 있었던 것만 확인할 수 있을 뿐이다.

이 고분은 전체규모나 축조구조, 벽화 내용으로 보아 6세기전반의 대가야왕릉이 틀림없으며 이는 여러 가야국 중에서 대가야만이 백제, 신라와 같이 횡혈식석실분을 왕릉으로 채용한 것으로 대가야의 존재형태를 이해하는데 있어 매우 중요한 자료가 된다.

2) 대가야의 존재형태

다곽순장 주·부실석실분은 현재까지는 고령 지산동고분군에만 존재하고 있다. 지산동44호분이 축조되는 5세기 후반에 대가야는 중국 남제南齊에 사신을 파견하여 보국장군본국왕輔國將軍本國王이라는 작위를 받았다. 이렇게 국제적으로 공인을 받게 되자 가라국은 대가야로 발전하게 되었고, 이러한 정치적 위상이 높아지면서 묘제도 5세기 후엽의 44호분에서는 주실 외에 부실이 2기, 순장곽이 32기라는 우리나라 최대의 다곽순장묘가 축조 되었다. 또 지산동고분군에는 봉토직경 20m이상의 대형봉토분이 능선 정상부를 따라 줄지어 입지하고 있어 묘제상으로도 정치적 위상이 가야제국 가운데 가장 높았던 것으로 볼 수 있다.

따라서 대가야의 존재형태는 대체로 5세기 중후반에는 고대국가 체제를 이룩한 것으로 보아도 좋다고 생각된다. 즉, 왕권의 세습이 안정되고, 부체제를 통한 지방조직의 성립, 수위제에 보이는 중앙관제, 낙동강 이서에서 지리산과 섬진강, 남강 이북에 이루는 영역의 확보, 신라와 백제에 군사를 파견할 정도의 군사력 보유, 당시 국제사회에서의 확실한 지위인 남제로부터의 작위수여 등의 사실과 고고자료에 보이는 금관의 사용, 대왕명토기, 하부사리리명 토기 등으로 볼 때 비록 50, 60년의 짧은 기간이지만 체제가 불분명한 연맹왕국이 아니라 확실한 고대국가였다고 보는 것이 타당할 것이다. 〈그림 8〉

또한 "고령군은 본래 대가야국이었는데, 시조 이진아시왕伊珍阿豉王〈또는 내진주지內珍朱智라고도 하였다〉으로부터 도설지왕道設智王까지 모두 16世 520년이었다. 진흥대왕이 침공하여 멸망시키고 그 땅을 대가야군으로 삼았다.(『삼국사기』 잡지3 지리1 강주조康州條)"는 기록은 고령이 원래 대가야국이었다는 명백한 증거이다. 즉 가라국으로 인정받은 국가 명칭을 언제부터인가 '대가야'로 표방하였고, 신라도 그 사실을 인정하여 대가야를 멸망시킨 후 그곳을 대가야군으로 삼았던

〈그림 8〉 대가야의 관모

것이다. 다시 말해 대가야라는 국호는 5세기 초에 나온 것이 아니라 5세기 후반, 즉 가라왕 하지가 남제로부터 본국왕이라는 인정을 받고 주변의 여러 정치세력들을 통합한 후, 그 자신감에서 나온 것으로 보아야 하며, 대가야라는 국호를 사용하여 고대국가 체제를 이룩한 결과로 나온 것이다.

이는 신라가 원래 경주를 중심으로 사로斯盧 혹은 사라斯羅라고 하다가 주변의 정치세력을 복속시킨 후 사로 뿐만 아니라 그에 예속된 다양한 정치세력을 포괄하는 보다 넓은 의미의 뜻을 가진 신라로 명칭을 바꾸는 것과 마찬가지라 하겠다(朱甫暾, 1994, 245~277쪽). 즉 가라加羅는 원래의 고령지역을 의미하고, 대가야는 고령지역을 포함하여 새로이 복속된 지역전체를 포괄하는 의미의 국가명칭인 것이다.

4. 성주지역

성주지역은『삼국유사』오가야조에 5가야의 하나인 성산가야(혹은 벽진가야)지역으로 기록된 이래 성산가야의 고지로 알려져 왔고, 또 성주지역에 분포한 고총고분군을 성산가야의 고분으로 이해하여 왔다. 그러나『삼국유사』에 더 이상의 내용이 없고, 다만『삼국사기』지리지에 '성산군은 본래 일리군이었는데 경덕왕 때 개명한 것이며, 오늘날의 성주군 지역에 해당 된다'는 내용뿐으로 그 외의 사정을 알 수 있는 사료가 없다는 것이 일반적인 사실이다.

그런데 성주지역의 고고 자료는 삼국시대 고분군 외에 청동기시대 묘제인 지석묘가 하천변이나 구릉지 여러 곳에 분포되어 있다. 또 원삼국시대의 목관묘 유적이 있어 선사시대부터 삼국시대에 이르기까지 성주지역에 일찍부터 정치세력이 형성되었고, 진변한 소국의 하나로 발전되었던 사실을 이해할 수 있는 단서가 되고 있다. 그러므로 성주의 중심지에 자리잡고 있는 성산동의 고총고분들은 성산가야 최고 지배층의 분묘라고 인식하여 왔다.

1) 고분자료

(1) 목관묘

성주지역에서 삼국시대 주묘제는 봉분이 있는 석곽(석실)분이며 이 봉토분이 최고지배층의 분묘가 되면서 고총고분으로 축조되는 것이 일반적이지만, 그 이전의 묘제는 영남지역 전체에 공통적으로 축조되었던 목관묘이다. 즉, 성주읍 예산리 유적에서는 원삼국시대 목관묘 40여기가 발굴되었는데 통나무목관묘와 판재목관묘가 섞여 있어 비슷한 시기의 대구 팔달동 목관묘 유적과 비슷한 양상을 보이고 있다.

출토유물도 자루 끝을 옻칠로 장식한 청동검과 철검, 철모, 철부, 철착 등 철기류 및 칠기부채와 같은 고급 유물도 있어 소국형성의 정치체가 있었다고 생각되는 대구 팔달동유적이나 창원 다호리유적과 비슷하다. 이 목관묘의 시기는 무문토기와 함께 출토된 주머니호, 조합우각형파수부호 등 와질토기가 전기 단계의 빠른 토기들로 보아 삼한소국의 형성기와 일치하고 있다.

또 이곳에서 출토된 두형토기나 와질토기류도 경산 임당동, 경주 조양동, 부산 노포동 등 다른 지역의 토기문화와 공통성을 가지고 있다. 특히 가야시대이후 극심한 문화적 차이를 보이는 고령지역과도 와질토기문화는 전혀 차이가 없다. 즉, 예산리 목관묘와 비슷한 성격의 유적이 고령 반운리에서도 조사되었는데, 이 유적에서는 철검, 철부, 철모와 같은 철제 농경도구 및 무기가 부장되고, 전기와질토기에 속하는 대부조합우각형파수부장경호, 원저조합우각형파수부장경호 등과 후기와질토기에 속하는 노형토기, 대부장경호와 함께 경질토기(고식도질토기) 단경호가 출토되었다(洪鎭根, 1992, 69~86쪽). 그런데 이들 목관묘에서 출토된 토기들은 가야토기 양식이나 신라토기 양식 등 지역색이 나타나지 않는다. 이것은 적어도 와질토기 단계인 3세기까지는 고령과 성주의 토기문화가 같았다는 것이며 더 나아가 대구, 경산, 경주, 울산, 부산 등 영남지역이 공통의 양식을 가지고 있었음을 말하는 것이다. 이는 원삼국시대까지는 대체로 진변한의 문화가 큰 차이 없이 공통적이라는 일반적 문화양상을 성주에서도 확인할 수 있는 것이다.

(2) 고총고분의 묘제와 출토유물
① 철(凸)자형(감실부곽형) 고분
철(凸)자형 고분은 막돌로 네 벽을 쌓지만 한쪽 장벽 쪽을 넓게 확장하여 바닥보다 약간 높게 벽장처럼 만들어 부곽으로 사용하는 묘제이다. 축조재료로만 본다면 할석식에 속하지만 비교적 소형분에 많고, 평면형태가 凸字 형태를 이루어 특이하기 때문에 성주지역 묘제의 한 종류로 분류하는 것이 의미가 있다고 생각된다. 이 묘제는 현재까지는 주로 명포리고분군과 시비실고분군에서 주로 확인되지만 성산동고분군과 장학리 별티고분군에도 분포한다.

명포리 1호분을 통해 감실부곽 고분의 구조와 특징을 살펴보면 다음과 같다. 고분의 외형은 남북 장경 11m, 동서 단경 9.5m의 소형봉토분으로 내부주체는 목곽묘이다. 고분의 축조는 약간 경사진 원지반을 길이 540cm, 너비 250cm의 장방형 묘광을 판 다음 바닥에 크기가 일정하지 않은 깬돌을 깔고 그 위에 목곽을 설치하였다. 목곽은 길이 380cm, 너비 100cm, 깊이 100cm의 규모로 장폭비가 3.8:1의 장방형을 이루고 있으며 나무 흔적은 발견되지 않았다. 목곽과 묘광 사이는 할석을 채워 보강하였는데 돌을 차곡차곡 쌓지 않고 들어붓듯이 채워 넣은 듯 목곽에 닿았던 안쪽 면이 가지런하지 않다.

경사윗면인 서장벽 보강석 중간 부분에 폭 70cm만큼 보강석 대신 흙을 다져 넣은 다음 장벽에 직각으로 길이 160cm 크기의 석축을 쌓아 벽장형태의 감실부곽을 마련하였다. 이 감실부곽 고분은 전체적으로 평면 凸자형을 이루고 있어 특징적이다.

한편 성산리 57호분은 할석식 석실분에 속하지만 경사가 높은 쪽에 석실장벽에 바로 잇대어 석실과 나란히 부곽을 배치한 凸자형 고분이다.

② 보강석목곽묘

성주 묘제의 유형 중 할석식 고분은 막돌이나 깬돌을 이용하여 내벽을 축조한 묘제로 성주의 주고분군인 성산리고분군에 주로 분포하고 있다.

대형분에서의 할석 축조는 성주지역은 물론 다른 가야지역에서도 흔히 볼 수 있는 축조 방법이나 성주지역이 다른 점은 평면구조에서 고령의 대가야식은 길이 대 너비의 비율이 5:1의 세장방형인데 비해 성주지역은 3:1 정도의 장방형이고 벽석의 축조도 고령지역은 납작한 할석을 세밀하고 정교하게 쌓는데 비해 성주지역은 막돌을 엉성하게 쌓고 많은 돌을 들어붓듯이 둘러 보강하는 점이다.

할석식 석실분의 대표적인 예로 볼 수 있는 성산리 39호분을 통해 좀더 상세히 보면 우선 완만한 경사면의 묘역 중앙에 석실을 배치하고 석실보다 약간 높은 쪽에 부곽을 설치하였다. 석실은 장축의 방향을 동북-서남으로 두고 자연할석으로 내벽을 쌓고 개석을 덮은 수혈식 석실 구조이다.

그리고 벽면의 석축방법이 다른 지역 석실처럼 면과 크기를 맞추어 가지런하게 쌓지 않고 엉성하게 엇물려 지탱하는 형태이다. 이렇게 벽면을 한단 한단 공들여 쌓지 않고 둥글둥글한 자연석을 여러 겹으로 맞물려 지탱하도록 한 것은 기본적으로 이 석실이 목곽을 먼저 설치하고 목곽을 보강하는 형태의 석실형식이기 때문이다. 그러므로 고령지역의 할석석실 보다 묘광도 넓고 석실 벽면이 일정하지 못하고 엉성한 것이다.

또한 묘광 어깨선 위의 지상부분에는 묘광선 범위보다 더 밖으로 넓게 돌을 깔아 석실을 보강하고 있다. 이 보강석들이 타원형으로 돌면서 네벽의 모서리를 서로 엇물려 지탱하도록 하고 그 위에 둥글고 길쭉한 판석 3매로 개석을 덮었다.

이렇게 벽석을 두껍게 보강하였으나 목곽이 썩어 내려앉으면서 엉성한 벽면은 대부분 무너져 내리거나 토압에 의해 밀려나와 휘어져 있는 상태이다.

석실의 규모는 길이 375cm, 너비 135~145cm, 깊이 195cm이다. 바닥의 너비가 다른 것은 벽석이 내려앉으면서 바닥의 선을 흩으러 놓아 일정하지 않기 때문이다. 따라서 길이: 너비의 비율이 약 2.5:1을 보이고 있다. 이 비율은 판석식이나 감실부곽식 고분에서도 똑같은 양상으로 나타나고 있다. 이는 대가야지역인 고령의 할석축조 수혈식 석실분의 장폭비 5:1의 세장형이나 아라가야 지역인 함안의 5.5:1의 극세장형(김세기, 2004, 69~100쪽) 평면보다 아주 폭이 넓은 장방형이며, 낙동강 동안지역 봉토분 석실의 장폭비 3:1과 비슷한 것이다. 〈그림 9의 좌〉

③ 판석식 석실분

판석식 석실분은 성주지역에서 현재로서는 성산리고분군의 대형분에만 나타나고 있다. 판석식 고분은 매장주체부인 석실의 4벽을 넓적하고 길쭉한 판석을 세워 만든 석실분을 말한다. 이 판석 축조의 경우도 벽체는 대형판석을 사용하고 사이사이에 할석을 보강하여 4벽 전체가 견고하게 유지되도록 한 것이다. 평

〈그림 9〉 성주 성산동고분 묘제

면 형태는 할석식과 같이 장방형이다. 이와 같은 판석식 석실구조는 이곳 성산리 고분군과 대구 내당동의 달서고분군이 축조재료와 세부 축조수법은 물론 평면 형태까지도 거의 똑같은 양상이다(金鍾徹, 1988, 235~260쪽).

판석식 석실분인 성산리 38호분을 통해 판석식 석실분의 구조를 좀 더 상세히 보면 석실 규모보다 넓게 묘광을 파고 바닥에 강자갈을 부어 깐 다음 대형판석으로 4벽을 세웠다. 판석 뒤에는 판석이 넘어지지 않도록 둥글둥글한 자연석을 쌓아 보강하였다. 장벽은 높이가 같지 않은 2매의 넓은 판석을 바닥에 깐 강자갈 위에 잇대어 세웠는데 개석이 놓일 판석 윗면을 맞추기 위해 짧은 판석의 아래쪽은 모자라는 만큼 할석을 쌓은 뒤 그 위에 판석을 올려 세우고 있다. 또 판석과 판석 사이에 간격을 띄우고, 그 사이는 할석을 쌓아올려 판석과 할석축이 서로 꽉 끼이도록 하였다.

단벽은 각각 1매의 판석을 가운데 세우고 양옆과 장벽과 이어지는 연접부에는 역시 할석을 끼워 쌓아 4벽 전체가 견고하게 유지되도록 하고 있다. 장벽과 단벽 뒷면의 자연석 보강 방법은 할석식과 마찬가지로 벽체와 묘광사이 공간에 보강석을 축대 쌓듯이 차곡차곡 쌓은 것이 아니라 돌을 던져 넣듯이 무질서하게 부어 넣었다. 이렇게 던져 넣은 보강석들은 4벽을 돌아가면서 서로 엇물려 세워 놓은 판석과 벽체를 견고하게 유지시키고 있다. 또 4벽의 상면은 수평레벨을 맞추어 두툼한 괴석 1매와 얇고 평평한 판석 1매로 개석을 덮고 개석사이의 틈과 주위에도 작은 할석을 지붕 잇듯이 깔아 놓고 있다. <그림 9의 우>

석실의 규모는 길이 390cm, 너비 170cm, 깊이 195cm로 장폭비가 2.3:1을 이루어 할석식 과 마찬가지로 길이에 비해 폭이 넓은 장방형 석실이다. 성산리 38호분 이외의 판석식 고분인 58분은 길이 332cm, 너비 125cm, 깊이 175cm로 장폭비 2.6:1이고, 59호분은 길이 378cm, 너비 110~128cm, 깊이 175cm로 장폭비 2.9:1이다.

또 성주 성산리고분군과 석실의 유형과 구조에서 가장 비슷한 양상을 보이고 있는 대구 달서고분군의 판석식 석실분의 장폭비도 이와 대동소이하다. 즉 달서

고분군 중 비산동 37호분은 판석조 석실이 2개 있는데 제1석실은 길이 438cm, 너비 135cm, 깊이 154cm로 장폭비 3.2:1이며, 규모가 조금 작은 제2석실은 길이 351cm, 너비 133cm, 깊이 136cm로 장폭비 2.6:1이고, 내당동 55호분은 길이 457cm, 너비 187cm, 깊이 193cm로 장폭비 2.4:1이다.

③ 출토유물

성산리 고총고분의 묘제는 할석식과 판석식으로 구분되지만 출토유물에서는 구분되지 않고 토기나 장신구, 모두 신라양식이 출토된다. 즉, 성주지역은 대체로 5세기 초엽부터 성주의 지역성을 띤 성주양식 토기가 성립하기 시작하는 것으로 생각되는데, 이른 시기고분인 명포리 1호분은 목곽묘가 주체부인 凸자형 고분으로 이 고분출토 토기나 성산리 고분의 토기들이 성주양식 토기의 특징을 잘 반영하고 있다고 하겠다. 그 중에서 대표적인 기종은 장경호, 유개고배, 대부장경호, 대부완, 단경호, 통형기대 등인데, 사실은 성주양식이 성립되기 전의 목곽묘 토기들도 범신라양식 일색으로 가야양식 토기는 존재하지 않는다(南翼熙, 2008, 53~92쪽).

관모와 장신구는 신분을 나타내는 위세품으로서 그 지역집단 성격을 보여준다는 의미에서 매우 중요한 요소이다. 신라의 경우 경주의 왕릉급 고분에서 금관과 금제관식, 금제허리띠 장식과 금동신발 등이 세트로 출토되어 이것이 최고위의 신분표시 물품임을 알 수 있다. 그러나 신라의 지방정치체가 있었던 경산, 대구, 의성 등 고총고분에서는 신라왕실에서 사여한 것으로 판단되는 금동관이나 은제관모, 은제허리띠 장식이 세트로 출토된다. 가야의 경우에도 관모는 최고신분을 나타내는 것으로 보이지만, 가야의 관모는 현재 고령을 중심으로 한 대가야 지역에서만 출토되었다. 고령 출토로 전해지는 순금제 가야금관은 꽃봉오리나 나뭇가지 형태를 한 초화형草花形이고 고령 지산동 45호분에서 나온 금동관식도 비슷한 형태이다. 그리고 지산동 32호분 출토의 금동관은 불상 광배형 몸체에 보주형 가지가 달린 독특한 형식으로 신라식인 출자형과는 완전히 다른 양식이다.

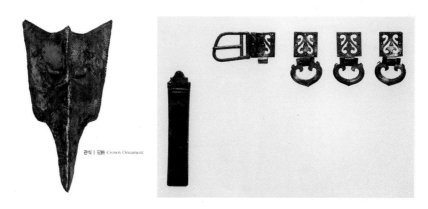

〈그림 10〉 은제관식(좌)과 과대(우)(성주 성산동 구1호분)

한편, 성주 고분에서는 성산동 구 1호분에서 신라식의 나비형 은제관식이 신라식 은제과대와 함께 출토되었고, 귀걸이 또한 신라식의 굵은 고리식이 성산동 구 1호분과 58호분에서 출토 되어 토기문화와 함께 위세품인 관모와 장신구에서도 완전한 신라문화 양상을 보이고 있다. 〈그림 10〉

2) 성산가야의 존재형태

이와 같은 성주 성산리고분군의 묘제와 출토유물을 통해 성산가야의 존재형태를 추론하면, 성주 묘제의 특징적인 지역성은 석실의 길이 대 너비의 비율이 3:1의 장방형을 이루고 있는 점으로 고령 대가야 묘제의 5:1의 세장방형 석실과 비교되는 특징이다. 따라서 성주묘제의 성격은 가야고분이 아니라 대구, 성주, 칠곡(약목 1호분), 구미, 김천으로 이어지는 경북 서북부 지역으로 연결되는 신라고분인 것이다. 즉, 성주고분은 신라의 지방 세력이며, 소백산맥 서남라인의 거점지역으로 남쪽에 인접하고 있는 대가야를 견제하고 백제지역으로 진출하는 중간거점으로의 역할을 하는 고분이라고 생각된다.

그리고 성주지역의 토기는 ①고배대각 투창의 상하 엇갈림 ②사다리꼴의 직선대각 ③깊은 배신 ④대각도치형 뚜껑 ⑤장경호의 직립원통형 목의 형태 ⑥각진 어깨 ⑦대부장경호의 존재 등 신라 토기의 범주에 속하고 있다. 그러나 세부에 있어서는 「경주양식」과는 뚜렷이 구분되어 필자는 이러한 성산리 고분출토 토기를 「성주양식」으로 설정한 바 있다(金世基, 1987, 183~213쪽).

성주양식 토기의 성격은 대구의 비산동·내당동고분의 구조와 토기양식이 가장 유사하여 대구지역과의 밀접한 문화관계를 엿볼 수 있다. 지역적으로 가까이 붙어 있고 정치적으로나 문화적으로 강력하고 광범위한 분포범위를 가졌던 대가야의 영향을 받지 않고, 낙동강을 건너 멀리 떨어진 대구의 영향을 받고 있는 점이 성주지역 토기가 가지고 있는 정치적 성격이라 하겠다.

이와 같은 성주 묘제와 토기에 보이는 고고학적 자료를 통해 고대사회에 대해 살펴보면 일찍이 성주읍에는 원삼국시대 국명은 확실치 않으나 소국이 성립되어 있었다. 그런데 낙동강 유역의 진·변한 소국들이 지역연맹체를 구성하면서 10여개의 가야로 발전할 때 성주의 소국은 확실하지는 않지만 성산가야 혹은 벽진가야로 성립되었을 가능성은 있다.

그런데 성주의 소국을 성립시켰던 목관묘 세력은 목관묘의 구조와 출토유물 특히 철기와 칠초동검 등 위세품에서 대구 팔달동유적의 목관묘와 매우 유사한 양상을 보이고 있어 정치적, 문화적 교류 혹은 관련성을 상정해 볼 수 있다. 이러한 관련성은 5세기 이후에도 대구의 달성을 중심으로 하는 내당동·비산동고분 세력과 계속 친밀한 정치적 관계로 이어졌던 것으로 추측된다. 그러다가 대구지역이 경주의 사로국에 복속됨으로써 성주의 성산가야도 일찍이 신라의 지배하에 들어간 것으로 생각된다. 신라는 대구 달성의 비산동, 내당동 고분세력을 지배하에 넣은 다음, 바로 원래 범신라적 문화기반을 가지고 있었던 성주세력을 복속시켜 은제관식과 허리띠 장식 등 위세품을 사여하였던 것이다.

묘제와 출토유물로 볼 때 성주세력이 신라에 복속된 시기는 대구가 신라에 복속된 시기와 비슷한 4세기 중후반에는 이루어졌다고 생각된다(朱甫暾, 1996, 83~146쪽, 李熙濬, 2004, 5~34쪽).

III. 부산 연산동고분군의 성격

1. 연산동고분군의 묘제

연산동고분군은 행정구역상 부산시 연제구 연산동 산 90-4·5·7번지 외 일원으로 현재 부산시내의 중심부에 위치한다. 해발 427.9m의 황령산에서 북쪽으로 뻗은 지맥에 속하는 표고 254m의 배산盃山의 북쪽으로 뻗어 나온 40m~60m 전후의 완만한 능선상에 자리잡고 있다. 능선의 정상부를 따라 대형의 성토분구를 가진 고분 18기가 남북방향으로 배치되어 있다. 부산지역의 대표적 고분군인 동래 복천동고분군의 입지와 마찬가지로 구릉상에 위치하며, 고분군이 조성된 구릉은 온천천과 거제천이 합류하는 곳의 북쪽으로, 온천천을 사이에 두고 두 고분군이 마주 보고 있다.

고총고분이 조영된 구릉은 남쪽(3군)·중앙(2군)·동북쪽(1군) 등 3곳의 넓은 지대가 있으며, 각각 대형의 고분 1기(M3호분·M6호분·M10호분)를 중심으로 4~8기의 중·대형 고분이 어우러진 형태를 보인다. 현재까지 조사를 통해 밝혀진 연산동 고총고분의 조영적 특징을 간단히 살펴보면 다음과 같다.

가장 낮은 지대에 위치한 1군은 M3호분을 중심으로 남-북 방향의 열상 배치를 보이고 있다. M3호분의 평면 형태는 장타원형이고, 성토기법은 점토괴를 이용한 수평성토방식으로 확인되었다. 2군은 중심 고분인 M6호분 주변을 8기의 중·대형 고분이 둘러싸는 배치이다. M6호분은 비교적 경사도가 심한 지형에 입지함에 따라 삼각형의 크고 높은 토제를 활용한 성토 방식을 취하였다. 3군은 고분군의 가장 높은 곳에 위치하고, M10호분을 중심으로 남-북의 열상에 가까운 배치를 보인다. 고총고분 주위나 봉분 내에 중·소형의 석곽이 배치되는 특징이 있다(부산박물관, 2012, 2013).

신라대학교에서 조사한 4호분은 봉분의 직경이 12.7m 가량 되는 반구형이며 매장시설은 '日'자형으로 배치하고 할석으로 4벽을 축조한 주부곽식 수혈식석실분이다. 전체 묘광의 길이 10.5m, 너비 4.0m, 깊이는 2.5m 가량 된다. 주곽은 길이 4.5m, 너비 2.0m, 부곽은 길이 3.3m, 너비 1.7m이다. 유물은 완전히 도굴되어 모두 제 위치를 잃어버린 채 파편상태로 몇 점이 수습되었을 뿐이다.

경성대학교에서 조사한 8호분은 4호분보다 봉분과 매장시설 모두 약간 큰 편이다. 주목되는 사실은 석실을 축조할 때, 내부에 폭 약 50㎝ 가량의 둑을 쌓아 형식적으로 주곽과 부곽을 축조했다는 점이다(安春培, 1991, 慶星大學校博物館, 1988).〈그림 11〉

부산박물관이 발굴 조사한 M3호분의 조사에서는 봉분의 중심에서부터 북쪽으로 약 0.5~1m, 남쪽으로 약 2~3m 떨어진 지점에서 수직·수평면상의 구획선이 확인되었다. 이 구획선의 좌측 또는 우측에 흑갈색 혹은 암갈색 점질토로 이루어진 너비 1.5~2m, 높이 60~100cm 정도의 단면 U자형의 작업로도 확인되었다. 이 작업로를 기준으로 다양한 크기 및 상이한 성질을 가진 점토괴를 쌓아

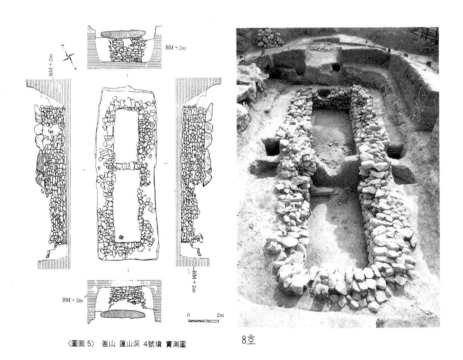

〈圖面 5〉 釜山 蓮山洞 4號墳 實測圖

8호

〈그림 11〉 부산 연산동고분군 묘제

올려 봉분을 조성하였다.

제방과 토성의 토대 구축시에 사용되는 부엽공법敷葉工法을 개석과 벽석의 밀봉에 활용한 최초의 사례도 확인되어 영남지방의 삼국시대 묘제 연구에 중요한 정보를 제공하게 되었다. 3호분의 매장주체부는 길이가 약 16m에 달하는 삼국시대 영남지방에서 가장 규모가 큰 수혈식석실이다. 주곽보다 부곽의 길이가 좀 더 길며, 석곽 내의 벽면에 짚을 썰어 혼입한 점토로 벽면의 대부분을 미장하였다. 길이가 300㎝ 이상인 장대한 화강암을 개석으로 이용하였는데, 2~3톤 가량의 개석을 균형 있게 놓기 위해 석실의 벽면 위에 긴 각재를 놓는 건축기술도 확인되었다.

2. 출토유물

1) 토기류

전반적으로 도굴이 심하여 매장원상을 파악하기는 어렵지만 토기류의 경우

〈그림 12〉 부산 연산동고분군(좌)과 복천동고분군의 고배

파편인 채로 수습되었지만, 대체로 유개고배, 장경호, 발형기대, 대부호 등의 기종이 확인된다. 이러한 토기류는 신라양식 토기들이며, 특히 복천동고분군의 토기양상과 거의 비슷한 종류와 양식을 가지고 있다. 특히 복천동고분군의 토기보다는 대체적으로 늦은 시기인 5세기 후반대의 토기로 보는 것이 무난할 것으로 보인다. 〈그림 12〉

2) 관모류

M3호분 주실에서는 금동관편, 금동관모편이 삼엽문환두대도, 용문장식마구편, 소찰편, 철촉, 철모, 철부 등의 철기류와 함께 출토되었다. 출토상태가 좋지 않고, 파손이 심하여 금동관이나 금동관모의 형태가 확실하지 않으나 복천동 22호분 주실에서 출자형금동관이 출토된 바 있어 이 금동관이나 금동관모도 신라양식의 관모라고 생각된다. 이러한 위세품의 존재는 연산동고분군의 정치적 위상을 말해주는 것이라 판단된다.

3) 무구류

M10호분에서는 만곡종장판주·판갑·찰갑 등의 무구류, 재갈, 등자, 안교, 행엽 등의 마구류, 철촉·철모·철부·철도·철검 등의 무기류 등 무장적 성격을 대변하는 철제 유물이 다량 출토되었다. 특히 마구류에서 안교와 그 부속구의 조합상을 알 수 있는 유물이 출토된 점이 주목된다. 앞서 조사된 M3호분의 경우, 주곽에서는 다량의 찰갑, 투구편이, 부곽에서는 삼각판 혁철판갑과 종장판 투구편이 출토되었다. 일제시기의 전傳 연산동 출토 갑옷과 투구, M8호분의 찰갑과 판갑 등의 출토 예로 보아 연산동고분군 내 고총고분의 대부분에는 갑옷과 투구가 부장되었을 가능성이 큰 것으로 예상된다. 이러한 점으로 보아 연산동고분군의 피장자는 무장적 성격이 강한 지배층으로 판단된다.

3. 연산동고분군의 정치적 성격

대체적으로 연산동고분군의 고총분은 구릉 아래로부터 순차적으로 축조되었으리라 추정되는데 5세기 후반부터 조영되었을 것으로 본다. 그런데 연산동고분군의 성격을 복천동 고분군 보다 다소 늦은 5세기 후반부터 축조되는 점과, 복천동 고분군과는 같은 권역 내에 포함된다는 점 등으로 보아 이 일대 정치집단 지배자층의 이동으로 보는 경향이 있다. 이 견해는 먼저 복천동 고분군이 조영되다가 복천동 고분 축조가 완료되면서 묘지가 부족해지자 바로 연산동 구릉으로 옮겨 새로운 지배층 고분군으로 조영되기 시작했다는 것이다(申敬澈, 1988, 47~57쪽). 이 견해는 기본적으로 복천동고분군이 금관가야 고분군이라는 입장에서 나온 것이며, 연산동고분군 또한 가야 고분군이라는 인식의 연장선상에서 제기되고 있는 것이다.

그러나 5세기대 신라의 주변소국 정복과정과 지방지배 방식, 복천동고분에서의 출자형 금동관의 존재 등으로 보면, 연산동고분군의 성격은 달리 보아야 할 것이다. 즉, 5세기 전반의 복천동고분군 토기양식이 모두 신라양식이고, 출자형 금동관이 출토되는 것은 금관가야의 존재형태에서도 보았던 것처럼, 신라는 동래지역에 거칠산국을 복속하고, 이 지역지배자에게 금동관을 사여하여 간접지배 형태를 취하다가 신라 중앙정부의 시책을 소홀히 하거나, 반항의 기미가 있으면 새로운 지방세력을 포섭하여 그 지역을 지배하는 방식이었다(朱甫暾, 1998). 이러한 간접지배 방식에 의한 고총고분군의 변화는 압독국 지역이었던 경산 임당고분과 조영동고분군, 부적동 고분군과 소문국 지역이었던 의성 금성산고분군에도 보이고 있다.

따라서 연산동고분군에서 출토된 금동관 편과 금동관모 편은 이러한 신라 중앙의 지방세력 통제방법으로 나타난 현상이며, M10호분에서 출토된 만곡종장판주, 판갑, 찰갑 등의 무구류, 재갈, 등자, 안교, 행엽 등의 마구류, 철촉, 철모, 철부, 철도, 철검 등의 철제 유물이 많이 출토된 것은 신라중앙의 지원을 받아 이 지역의 새로운 지배세력으로 등장한 신흥토착세력이 무장적 성격을 가진 정치세력이었음을 대변하는 것이다. 즉 부산연산동 고분군은 가야고분이 아니라 신라고분군이며, 이 지역의 정치적 성격은 신라의 간접지배 지역이었던 것이다.

IV. 맺음말

지금까지 여러 가야지역의 수장층 분묘의 자료를 통해 가야 여러나라의 존재 형태를 추론하고 이와 관련하여 부산 연산동고분군의 성격도 함께 알아보았다. 각 지역 가야의 최고지배층 분묘는 대개 고총고분으로 축조되었고, 김해 대성동의 경우도 봉분이 높은 고총고분은 아니어도 내부의 목곽의 규모나 구조가 다른 지역의 고총고분과 비교할 만큼 월등한 차이가 있어 이를 통한 가야제국의 존재 형태를 추론할 수 있었다. 고분자료를 통해 가야제국의 존재형태를 추론하는데는 수장층분묘의 입지, 규모 등 고분의 구조와 출토유물, 고분장제와 관련한 순장의 형태가 중요한 요소로 사용되었다.

그 내용을 요약하면 다음과 같다.

첫째, 김해 금관가야의 존재형태는 대성동고분군의 주부곽식 일자형日字形 목곽묘로 가야지역에서 가장 이른 시기에 순장을 실시하고 있다. 순장은 주곽과 부곽에 2~6명의 순장자를 순장하고 있는데, 이러한 순장 방법은 부산 복천동고분에 까지 영향을 미쳐, 주곽은 수혈식 석실로 부곽은 목곽의 묘제를 가진 복천동 22호분으로 확산되지만, 5세기 전반에 신라에 복속되고, 금관가야의 세력은 약화되었다.

둘째, 함안 아라가야 수장층 분묘는 안라국 시기에는 목곽묘가 지배층 묘제였으나, 5세기가 되면서 어떤 계기로 인해 주묘제가 수혈식 석실분으로 바뀌어 갔다. 아라가야의 중심고분군인 도항리의 고총고분들은 수혈식석실 구조에 장폭비 5.5:1이상의 극세장한 평면형태, 석실 1기만 배치하는 단실구조이다. 그러므로 순장도 주실순장이다.

주실순장은 묘제상 한 봉분에 수혈식석실 1기만 축조하고 한 석실 안에 주인공과 순장자를 함께 매장하는 것으로, 대개의 경우 주인공을 묘실 중앙에 안치하고 순장자는 주인공의 머리맡이나 발치부분에 주인공의 부장품과 함께 매장한다. 그러므로 이 유형의 순장에서는 순장자의 수가 2~3명이 대부분이고 가장 많은 경우가 도항리 4호분(구34호분) 6명이다. 이와 같은 주실순장 유형은 현재까지는 아라가야(함안)지역에만 존재하는 아라가야식 순장이다.

아라가야의 존재형태를 보면,『일본서기』의 기록에 의하면 함안의 안라국은 529년 백제와 신라가 가야지역을 무력으로 위협하는 상황에서 자국에서 고당회의를 개최하여 가야 외교를 주도할 정도로 대국의 면모를 보이고 있다. 그리고 541년과 544년에는 백제의 사비에서 열린 소위 '임나부흥회의'에 대가야와 더불어 왕이 아닌 차한기(하한기)를 파견하는 등 가야말기 외교활동을 주도하고 있다. 이러한 사료로 볼 때, 아라가야는 대가야와 함께 당시의 다른 가야 세력 보다 훨씬 발전된 국가였던 것은 분명하다고 하겠다.

셋째, 고령 대가야의 수장층 고분은 지산동고분군으로 단곽순장고분과 다곽순장고분으로 이루어져 있다. 단곽순장은 주실과 순장곽 1기만 배치한 묘제이고, 다곽순장은 주실 외에 순장곽을 여러기 배치한 고분이다. 우리나라에서 가장 많은 순장곽을 가진 지산동 44호분은 수혈식석실분인 주실과 T자형과 11자형으로 배치한 부장실을 중심으로 32기의 순장곽을 배치하여 40여명을 순장하고 있다.

그리고 출토유물 또한 금동관을 비롯한 철판갑옷, 투구 등의 무장구 등 많은 유물과 위세품이 출토되었고, 대왕명 토기, 하부사리리명 토기 등 고고자료와 『남제서』에 등장하는 중국의 품계를 받는 등 고대국가 형태로 존재한 것이 확실하다고 볼 수 있다.

넷째, 성주 성산가야의 경우 묘제와 출토유물이 모두 신라양식이고 특히 대구지역과 매우 흡사하여 5세기 이후 신라에 복속된 상태로 존재하였다고 생각된다.

다섯째, 최근에 발굴조사 된 부산 연산동고분군의 자료와 기존의 자료를 종합 검토 해보면, 묘제는 일자형 수혈식 석실묘로 되어 있어 김해식 목곽묘의 전통을 가지고, 수혈식석실묘로 변천한 복천동고분의 묘제와 상통하고 있다. 그리고 출토 유물이 모두 신라식인데 이것은 연산동고분군이 신라고분군임을 말해 주는 것이다. 즉 연산동고분군의 정치적 성격은 복천동 고분군과 마찬가지로 5세기 이후 동래지역을 복속한 신라의 지방지배 방식에 따라 신라중앙의 지원을 받은 연산동의 토착유력자가 동래지역의 새로운 지배자로 등장한 것을 의미한다고 해석된다. 이것은 성주 성산가야의 고분이 5세에 신라에 복속된 점과 매우 유사한 정치적 성격을 가지고 있는 것으로 볼 수 있다.

참고문헌

慶星大學校博物館, 1988,「東萊 蓮山洞 8號墳 發掘調査報告」『嶺南考古學』5.

郭長根, 2000,「小白山脈 以西地域의 石槨墓 變遷過程과 그 性格」『韓國古代史研究』18.

國立昌原文化財研究所, 2002,『咸安 馬甲塚』.

金世基, 1987,「星州 星山洞古墳 發掘調査概報 -星山洞 제38, 39, 57, 58, 59號墳-」『嶺南考古學』3.

金世基, 1995,「大伽耶 墓制의 變遷」『加耶史研究 -대가야의 政治와 文化-』慶尙北道.

金世基, 1997,「加耶의 殉葬과 王權」「加耶諸國의 王權』仁濟大加耶文化研究所 編(신서원).

김세기, 1998,「고령양식토기의 확산과 대가야문화권의 형성 -성주토기와의 비교를 겸하여-」『加耶文化遺蹟 調査 및 整備計劃』경상북도.

金世基, 2003,「墓制로 본 加耶社會」『가야 고고학의 새로운 조명』도서출판 혜안.

김세기, 2004,「墓制를 통해 본 安羅國」『지역과 역사』14.

김세기, 2012,「아라가야의 성립기반과 영역의 변천」『대구사학』16.

김세기, 2013,「대가야의 묘제와 순장」『대가야의 고분과 산성』제9회 대가야사 학술회의 자료.

金鍾徹, 1988,「北部地域 加耶文化의 考古學的 考察」『韓國古代史研究』1.

金泰植, 1993,『加耶聯盟史』一潮閣.

南翼熙, 2008,「5~6세기 성주양식 토기 및 정치체 연구」『嶺南考古學』49.

南在祐, 2000,「文獻으로 본 安羅國史」『가야각국사의 재구성』부산대학교한국민족문화연구소.

白承玉, 2003,『加耶各國史 研究』혜안.

釜山大學校博物館, 1982,『釜山福泉洞古墳群(Ⅰ)』.

釜山大學校博物館, 1997,『蔚山下垈遺蹟-古墳Ⅰ』.

釜山大學校博物館, 1990,『釜山福泉洞古墳群(Ⅱ)』.

부산박물관, 2012, 「부산 연산동 고분군 발굴조사 약식 보고」.

부산박물관, 2013, 「연산동 고분군 제3차 발굴조사 약식 보고」.

申敬澈, 1988, 「釜山蓮山洞 8號 發掘調査概報」, 『釜山直轄市立博物館 年報』10.

申敬澈, 2000, 「금관가야의 성립과 연맹의 형성」, 『가야각국사의 재구성』, 부산대학교 한국민족문화연구소.

申敬澈, 金宰佑, 2000, 『金海大成洞古墳群 II』, 慶星大學校博物館.

安春培, 1991, 「釜山 蓮山洞4號墳 發掘調査報告」釜山女子大學校博物館.

嶺南埋藏文化財研究院, 1996, 『高靈快賓洞古墳群』.

李盛周, 1993, 「1-3세기 가야정치체의 성장」, 『韓國古代史論叢』5.

李柱憲, 1996, 「末伊山 34號墳의 再檢討」, 『碩晤尹容鎭教授停年退任紀念論叢』.

이주헌, 1998, 「토기로 본 안라와 신라」, 『가야와 신라』.

李熙濬, 2004 「경산 지역 고대 정치체의 성립과 변천」, 『嶺南考古學』34.

林孝澤, 郭東哲, 2000, 『金海良洞里古墳文化』, 東義大學校博物館.

朝鮮總督府, 1931, 『朝鮮古蹟調査報告 -大正十二年·西紀一九二三年-』.

曺秀鉉, 2006, 「火焰形透窓土器 研究」, 『한국고고학보』59.

趙榮濟, 2002, 「考古學에서 본 大加耶聯盟體論」, 『第8回 加耶史學術會議 盟主로서의 금관가야와 대가야』, 金海市.

曺永鉉 外, 2010, 『고령지산동고분군 종합정비계획수립을 위한 정밀지표조사 결과보고서』, (재)대동문화재연구원.

曺永鉉, 2013, 『高靈 池山洞 第73~75號墳』高靈郡 大加耶博物館·(財)大東文化財研究院.

朱甫暾, 1994, 「新羅 國號의 確定과 民意識의 成長」, 『九谷黃鍾東教授停年紀念史學論叢』.

朱甫暾, 1996「新羅國家形成期 大邱社會의 動向」, 『韓國古代史論叢』8.

朱甫暾, 1998, 『新羅 地方統治體制의 整備過程과 村落』, 신서원.

蔡奎敦 · 金元經, 1993, 『山淸郡 文化遺蹟 精密地表調査 報告書』, 釜山女子大學校 博物館.

洪潽植, 1998, 「老圃洞墳墓群의 分期와 編年」, 『釜山의 三韓時代 遺蹟과 遺物Ⅱ』, 釜山廣域市立博物館 福泉分館.

홍보식, 2000, 「考古學으로 본 金官加耶」, 『考古學을 통해 본 加耶』, 한국고고학회.

洪鎭根, 1992, 「高靈 盤雲里 瓦質土器 遺蹟」, 『嶺南考古學』 10.

2. 멕시코 마야문명의 특성
-고고유적 답사를 중심으로-

Ⅰ. 머리말

　대구지역의 고대사 고고학 연구자들의 모임인 '한국고대사 목요윤독회'에서
는 2001년 1월 29일부터 2월 15일까지 18일간 메조아메리카 문명의 핵심지라고
할 수 있는 멕시코 고대유적 답사를 다녀왔다.[1]

　메조아메리카란 지리학적 의미의 중부아메리카(멕시코, 중앙아메리카 및 서인도
제도)나 정치·경제적 의미의 중앙아메리카(과테말라, 벨리즈, 온두라스, 엘살바도
르, 니카라과, 코스타리카, 파나마)와는 달리 이 지역을 포괄하는 문화사적 영역을
가리키는[2] 말이다.

　구체적으로는 멕시코 남반부로부터 과테말라, 벨리즈, 엘살바도르와 온두라
스 서남부지역을 말하며 니카라과 및 코스타리카 일부를 포함하기도 하지만 대
체적으로는 멕시코의 대부분과 과테말라가 핵심이라고 할 수 있다. 메조아메리
카는 태평양연안, 멕시코만, 카리브해에 면하고 대략 북회귀선에서 북위13도에
걸친 열대, 아열대지역이며 계절은 우기(6~9월)와 건기(10~5월)로 나뉜다.

　이 지역은 고도차에 따른 자연환경의 변화가 심한데 해발 2000m이상인 멕시
코북부와 중앙고원지역은 한랭건조하고 저지대로 내려오면 고온 다습한 기후를
보인다. 같은 고지대라도 멕시코 서부와 중앙 고지대 및 와하까 고지대는 반건
조 지대이지만 치아빠스주와 과테말라 고지대는 습기가 많다. 이러한 고지대의
양측에는 저지대가 펼쳐지는데 태평양 연안과 멕시코만 연안 북쪽은 비교적 건

조하다. 그리고 멕시코만 연안의 남부와 유카탄 반도 남부는 가장 강우량이 많아서 열대 우림 지대를 이루고 있다.

멕시코의 면적은 대체로 한반도의 9배 정도이며 인구는 약 9천만명으로 면적에 비해 적은 편이다. 이들 중 인디오와 스페인계 백인의 혼혈인 메스티소가 전체의 65%를 차지하고, 멕시코 원주민인 인디오가 20%, 스페인계 백인이 15%이다.[3] 16세기 멕시코를 점령한 스페인은 의도적으로 스페인인 백인과 멕시코 원주민과의 혼혈정책을 장려하여 혼혈인 메스티소가 그렇게 많게 된 것이라고 한다. 멕시코의 자연은 북회귀선에서 북위 13도에 걸친 열대·아열대지역이며 바다도 서남쪽은 태평양에 면하고, 북쪽과 동쪽은 쪽빛 바다로 유명한 카리브해에 걸쳐 있다. 지형은 중북부의 고지대와 사막지대 및 동부의 저지대와 밀림지대가 모두 존재하며 기후 또한 3월부터 8월까지의 우기雨期와 9월부터 2월까지의 건기乾期로 나누어진다. 우리가 갔던 2월은 건기라서 대부분의 초목이 누렇게 말라 먼지가 펄펄 나고 매우 건조하였고, 산능선의 대형 선인장 숲만이 우리나라의 소나무처럼 푸른빛을 띠고 있는 모습은 장관이었다.

한국고대사 목요윤독회가 멕시코유적 답사를 계획하기 시작한 것은 1995년 『가야사 연구 -대가야의 정치와 문화-』(경상북도)를 공동 집필하면서부터라고 할 수 있다. 이 공동연구에서는 대가야를 중심으로 대가야의 역사지리적 환경과 정치와 사회, 사상과 신앙, 고분문화에 대해 여러 각도에서 가야에 대해 조명한 바 있었다. 가야는 낙동강 줄기를 배경으로 하나의 고대문화를 일으켰고, 영남지방을 중심으로 고구려, 백제, 신라 사이에서 독자적인 문화를 남겼지만 끝내 신라나 백제처럼 큰 제국을 이루지 못하고 멸망하고 말았다. 가야의 문화는 산줄기 능선의 정상부에 산봉우리처럼 고대高大한 봉토분 축조, 수십명의 순장고분, 다량의 유물부장, 강력한 왕권으로 상징되지만 그러면서도 통일제국을 이루지 못하였다. 그 이유는 무엇일까? 연구를 계속하면서도 이에 대한 확실한 해답은 얻지 못하였다고 생각되었다.

그런데 멕시코 역시 한국고대사의 가야처럼 화려한 고대문명을 이룩하였으면서도 통일국가를 이룩하지 못하고 16세기에 스페인의 꼬르떼스 군대에 멸망하고 말았다.

멕시코 문명은 기원전 1200년경에 성립한 올메까 문명부터 기원후 1200년경의 아스떼까 문명, 그리고 마야문명에 이르기까지 각 지역별로 여러 가지 독자적인 문명을 꽃피우면서도 하나의 통일된 왕국을 이룩하지 못하였다. 이렇듯 고대문명의 집합소와 같은 멕시코의 고대문명이 우리의 가야처럼 지역의 도시국가로 나뉘어져 있다가 끝내 하나의 통일국가를 이루지 못하고 멸망한 이유는 무엇일까? 멕시코 전역에 남아 있는 거대한 피라미드와 같은 고고유적은 그런 것들을 설명해주지 않을까? 그렇다면 외형적으로 유사한 공통점이 있는 두 지역의 고대문화를 찾아 직접 비교해 보고 체험해 보면 어떤 실마리를 찾을 수 있지 않을까 하는 생각을 하게 되었다.

그리하여 지구의 거의 반대편에 떨어져 있으나 어떤 공통점을 가지고 있는 듯한 두 지역의 고대문화를 비교하기 위하여 학술답사를 계획하게 되었고, 2000년 8월부터 멕시코 고대문명에 대한 자료와 연구서를 함께 읽으며 멕시코문화에 대한 이해와 연구를 하게 되었다.[4] 이 과정에서 알게된 것은 멕시코 고대문명에 대한 우리학계의 연구가 매우 빈약할 뿐만 아니라 우리나라의 멕시코에 대한 인식이 매우 단편적이거나 왜곡되어 있는 점이 많다는 것을 알게 되었으며, 멕시코 문명에 대한 체계적인 학술답사도 거의 이루어지지 않았다는 사실도 확인하게 되었다. 따라서 이번 학술답사에서는 이와 같은 점을 염두에 두고 가능한 한 많은 유적을 답사하고 그 문명의 역사지리적 환경을 직접 체험하기 위해 공동연구하고 토론한 자료를 중심으로 『멕시코 고대 문명(올메까에서 아스떼까까지) 답사 자료집』을[5] 만들어서 지참하였다.

우리가 계획하고 실행한 학술답사 코스는 일반 관광코스와는[6] 다르게 유적위주로 짜여 졌으며 멕시코시티에서 멕시코남부를 돌아 밀림지역을 거쳐 멕시코만 연안과 유카탄반도의 끝의 꼬슈멜 섬까지 돌아오는 매우 광범위한 답사코스였다. 이 코스에는 멕시코 고대문명의 중요한 유적들이 거의 포함되어 있는데,

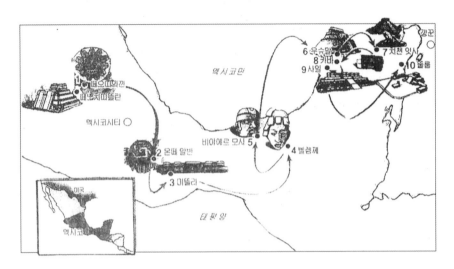

〈그림 1〉 멕시코 고대문화 유적 답사도

한국인으로서는 처음 답사하는 유적도 있었다. 우리는 이 긴 여정을 버스를 대절하여 돌아다녔는데 나중에 알고 보니 미국에서도 멕시코 고대문명을 효과적으로 답사하기 위해서 우리가 개발한 유적답사코스와 거의 비슷한 경로를 선택한다고 한다.[7] 〈그림 1〉

　이러한 과정으로 답사하면서 우리가 실제로 확인한 멕시코 각 지역의 유적과 유물은 우리의 상상을 초월하는 거대한 것이었으며, 멕시코 고대문명은 역시 다양하고 풍부하며 잘 보존되어 있었다. 그러나 고대의 멕시코 각 지역은 정치, 사회, 생산, 종교, 문화적으로 밀접한 공통성을 가지면서도 전지역을 아우른 단일 문명은 없었다. 멕시코 고대문명의 발생순서와 중심연대를 기준으로 본다면 올메까문명, 사뽀떼까문명, 떼오띠와깐문명, 마야문명, 아스떼까문명순이지만[8] 이 글에서는 이해를 돕기 위해 우리가 답사한 코스대로 설명한 다음 전체적으로 멕시코 고대문화의 특성을 살펴보려고 한다.

2. 멕시코 문명의 형성과 시대구분

멕시코를 포함한 아메리카 대륙에 인간이 살기 시작한 것은 학자마다 약간 다르기는 하지만 대체적으로 베링 해협이 얼어 육지와 연결되어 있었던 마지막 빙하기인 4만년 전 내지 1만5000년 전이라고 한다. 최초로 베링 해협을 건너 아메리카 대륙에 발을 내디딘 것은 아시아의 몽골로이드계 인종이었다. 그들은 시베리아에서 알래스카로, 식료품을 구하면서 남하해 갔다. 사냥을 주로 하던 생활양식은 그후 큰 기후변화에 의해 동물이 감소하자 옥수수 등을 중심으로 하는 농경생활로 바뀌었다. 그리고 거의 1만년 전에는 아메리카 대륙전역에 사람이 살게 된 것이다.

멕시코에서 가장 오랜 문명은 서기전 1200년을 전후해 멕시코만 연안 저지대에서 번성했던 올메까(Olmeca) 문명이었다. 그리고 그후 각 지역에서 여러 문명이 일어났으며, 시대와 지역마다 독특한 문화가 흥망을 거듭하였다. 멕시코 중앙고지에서는 서기전 200년경부터 서기 700년경까지 번성한 떼오띠와깐(Teotihuacan)문명과 똘떼까(Tolteca), 아스떼까(Azteca)문명이 뒤를 이었고, 그 남동부의 와하까(Oaxaca)고지高地에서는 몬떼 알반(Monte Alban)으로 상징되는 사뽀떼까(Zapoteca)문명과 미슈떼까(Mixteca)문명이 발달하였으며, 치아빠스(Chiapas)주 및 과테말라의 밀림과 유카탄(Yucatan) 반도에서는 마야(Maya)문명이 흥망을 거듭하였다.[9]

남미의 중앙안데스 지역이 종국적으로 잉카제국에 의해 통합된 데 반하여 메조아메리카는 정치, 경제적으로 통일된 적이 없었다. 그러나 각 지역이 정치, 사회, 경제, 종교적으로 밀접하게 교류하면서 문명을 구축하였다. 그리하여 수많은 언어집단들이 문자체계, 260일 카렌다, 365일 카렌다, 천문학, 그림문서, 구기장에서 행한 구기와 관련된 제의, 석조 신전 피라미드의 구축, 흑요석제黑曜石製 조각품과 채문토기彩文土器의 미술양식, 비의 신과 깃털 달린 뱀 등의 종교와 산사람을 제물로 바치는 제의체계, 나아가서 옥수수, 콩류, 호박, 기타 작물의 재배농업 등 많은 문화요소를 공유하였다.

이와 같은 멕시코 고대문명(메조아메리카 문명)의 특징은 보통 다음과 같이 정리하고 있다.[10] 첫째, 구대륙의 영향을 받지 않고 독자적으로 발생한 토착문명이다.

둘째, 정주농경 촌락이 정착한 후 문명이 형성되기까지 걸린 기간이 메소포타미아의 중근동, 중국, 인더스문명에 비해서 매우 짧다.

셋째, 구대륙문명이 어느 것이나 큰 강 유역에서 관개농업을 발달시킨 데 반해 메조아메리카에서는 중소 하천과 샘물을 이용한 관개가 주로 이루어졌다.

넷째, 금속이기가 실용화되지 않았다는 점이다. 특히 16세기초 스페인세력이 이 지역에 들어오기 전까지 철은 사용되지 않았다. 즉, 메조 아메리카인들은 중앙 안데스인들과 마찬가지로 기본적으로 신석기 단계의 기술로 고도의 문명을 구축한 것이다.

다섯째, 가축은 개와 칠면조 등에 한정되었으며, 유제품을 제공한다거나 농지를 간다거나, 사람 또는 짐을 운반하기 위한 대형 가축은 전혀 사육되지 않았다. 물자 수송은 카누를 이용할 수 있는 일부 지역을 빼고는 전부 인력에 의존하였다. 그런 점에서 스페인세력이 들어오기 전까지 대부분의 기간동안 원거리 교역물품은 지배자간에 교환된 소량의 위세품이 주를 이루었다.

유럽과 아시아 등 구대륙에서는 선사시대를 구분할 때 주로 사용한 도구의 재질에 따라 석기시대-청동기시대-철기시대라는 삼시대三時代 구분법을 쓴다. 그러나 메조아메리카를 비롯한 신대륙에서는 사람이 살기 시작한 것이 대략 1만3천 년 전으로 오래지 않고, 또 그 문화 발전 과정이 구대륙과 다르므로 삼시대 구분법을 그대로 적용할 수 없다.

그래서 메조아메리카에서는 다음과 같이 시대를 구분하고 있다.

1) 석기石期(Lithic) - 인류의 진출시점부터 서기전 7000년까지의 수렵채집에 의존한 시기

2) 고기古期(Archaic) - 농경이 개시되고 서서히 발전하여 서기전 2000년 정주촌락이 형성되기까지의 시기

3) 선고전기先古典期(Pre-classic) - 토기가 출현하고 농업을 기반으로 한 정주촌락이 정착하며 멕시코분지에 떼오띠와깐, 와하까분지에 몬떼 알반, 마야저지대의 미라도르 등 신전을 가진 도시문명이 한정된 지역에서 성립한 서기전 2000년에서 서기 300년까지의 시기

4) 고전기古典期(Classic) - 신전을 가진 도시문명이 각지에서 흥망한 서기300년에서 900년까지의 시기

5) 후고전기後古典期(Post-classic) - 16세기 스페인 정복에 이르기까지의 시기

그러나 이러한 전통적인 편년체계는 마야문명을 중심으로 한 것으로 각 지역의 다양한 문화 발전상에 꼭 그대로 들어맞지는 않는다. 〈그림 2〉

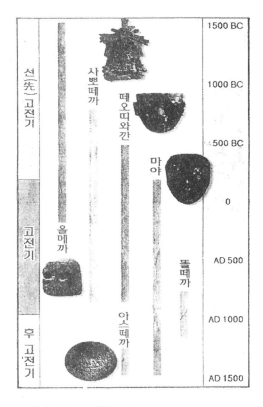

〈그림 2〉 멕시코 고대문화 연대표

3. 지역별 고고유적의 현상

1) 중앙고원지대

(1) 떼오띠와깐(Teotihuacan) 유적

멕시코시에서 북쪽으로 약 50km 떨어진 곳에 위치하는 떼오띠와깐 유적은 해발 2000m이상의 고지대의 넓은 분지에 위치한다. 서기전 2세기경부터 건설되기 시작하였으나 서기350~650년 사이에 번영의 절정을 이룬 떼오띠와깐 문명의 도시국가이다.[11] 절정기의 떼오띠와깐은 면적이 23.5㎢이고 인구가 20만 명으로 추정되어[12] 당시로서는 세계적으로도 로마와 중국 당나라 수도인 장안長安 다음으로 큰 규모였다. 그러나 7세기 후반에 이르러 갑자기 멸망하였는데 폐허가 된 이 도시를 찾아낸 것은 12세기에 멕시코 중앙부에 등장한 아스떼까(Azteca)인들이었다. 20기 이상의 장엄한 피라미드군을 찾아낸 아스떼까인들은 이 곳을 '신이 만든 도시'라고 믿고 그들의 우주관인 태양과 달의 신화를 실현하는 무대로 삼았다.[13]

떼오띠와깐의 중앙에는 '사자死者의 길'이라고 불리는 남북대로南北大路가 있는데 길이 4km, 폭45m의 탄탄대로이다. 사자의 길이라는 명칭은 아스떼까인들이 길 좌우에 늘어선 석조건축물들을 무덤으로 생각하고 그렇게 붙였다고 한다. 그러나 이 넓고 곧게 뻗은 대로는 죽은 자의 거리가 아니라 중국 당나라의 장안성

〈그림 3〉 떼오띠와깐 달의 피라미드에서 본 사자의 길

長安城, 발해의 동경성東京城, 일본 나라 평성궁平城宮의 주작대로朱雀大路와 같이 이 도시의 중심도로인 것이다.[14] 또 이 남북대로에서 동서로도 소 도로가 뻗어 있고 도로의 연변에는 해의 신전 등 20여기 이상의 피라미드가 세워져 있어 바둑판 모양으로 구획된 장엄한 도시계획을 실감할 수 있다.〈그림 3〉

이들 피라미드 중 가장 큰 '해의 피라미드(Piramide del Sol)'는 한변 길이 225m, 높이 65.6m의 높고 장대한 석조건축물인데 세계에서도 3번째로 큰 건축물이라고 한다. 248개의 좁고 가파른 계단을 따라 땀을 뻘뻘 흘리며 정상에 올라가니 현기증이 날 정도로 아찔하고 바닥의 사람들이 개미처럼 보였다. 이 피라미드는 종교 의식을 위하여 건축된 것으로 생각되는데 정상부는 지금은 평평하게 돌로 덮여 있지만 고대에는 신전이 세워져 있었다고 한다. 〈그림 4〉

해의 피라미드와 함께 떼오띠와깐 유적의 가장 북쪽 중심부에 세워진 '달의 피라미드(Pramide de la Luna)'는 한 변의 길이가 150×120m, 높이가 46m로 해의 피라미드 보다 낮지만 전체 지반이 높은 곳에 세워져 있어 고도상으로 해의 피라미드와 별 차이가 없어 보인다. 이 달의 피라미드 꼭대기에서 남쪽을 바라보면 바로 앞 정면에 넓은 광장이 있고 그 동서 쪽에 규모가 작은 신전들이 열을 지

〈그림 4〉 떼오띠와깐의 해의 피라미드

어 서있다. 또 남북대로도 이 광장에서 남쪽으로 뻗어나가고 있고, 그 앞으로는 전체도시가 한눈에 들어온다. 그리고 이 신전에서 '물의 여신상'이 발견되었다고 하는데, 이는 이 신전이 비와 풍요를 기원하는 대단히 중요한 의미를 가지고 있는 신전임을 의미하는 것이다. 이것으로 보아 떼오띠와깐이 처음 만들어졌을 때는 이 달의 피라미드가 중심이었음을 알 수 있다.

유적의 남쪽에는 '성채城砦(Ciudadela)'라고 불리는 대기단군大基壇群이 있는데 한 변의 길이가 400m되는 4각형의 대광장大廣場을 석축으로 둘러싸고 있다. 성채 안의 대광장은 10만명을 수용할 수 있다고 하는데, 현지 안내인이 여기서 손뼉을 치니까 건물에 소리가 부딪치면서 묘한 공명을 일으켜 확성기를 튼 것처럼 크게 울려 퍼졌다. 이와 같은 공명의 원리를 이용하여 당시 제사장들은 10만의 군중들을 통제하고 제의를 진행했던 것이다.

성채의 대광장 동쪽에는 깃털 달린 뱀의 신전인 '께쌀꼬아뜰(Templo de Quetzalcoatl) 신전'이 있다. 한 변의 길이 65m, 높이 20m인 이 신전은 떼오띠와깐에서 장식이 가장 우수한 건물로 전면이 께쌀꼬아뜰(깃털 달린 뱀으로 물과 농경의 신)과 뜰랄록(비의 여신)의 조각과 기타의 부조로 싸여 있다.

그리고 희미하기는 하지만 벽면의 돌에는 적색이나 녹색의 흔적이 남아 있어 떼오띠와깐의 건물들이 채색으로 장식되었고 벽화도 자연 안료로 그려졌던 것을 알 수 있다. 이들 안료는 떼오띠와깐 분지주변에서 구하기 쉬운 식물이나 광물을 이용한 것으로 보인다. 실제로 유적 안내인이 시범적으로 보여준 채색방법은 아주 간단하였는데, 유적 주변에 흔하게 많은 넓은 잎 선인장을 따다가 거기에 기생하는 벌레의 알을 꺼내어 종이에 터뜨려 바르니 붉은 색이 선명히 그려지고, 우리나라의 무장다리와 비슷한 풀줄기를 잘라 문지르니 노란색이 칠해지고 있었다.

앞에서 본 피라미드와 기단으로 이루어진 떼오띠와깐의 건축물들은 내부에는 흙벽돌이나 작은 돌로 채우고, 그 바깥에는 화산암 덩어리를 잘게 부수어 진흙 층 속에 박고 다시 그 외면은 석회층을 입혀 미장을 한다. 이 전형적인 건축의장을 '딸롯-따블레로(talud-tablero)'라고 부르는데,[15] 이것은 경사진 벽 위에 턱을 가진 장방형의 돌판을 덮어 세워 견고하고 미려한 건축물이 되는 것이다. 그리고 이들은 철기의 사용을 몰라 앞에서 본 대형 피라미드 건축에 사용한 엄청나게 많은 석재의 가공이나 정교한 조각품의 장식에 전혀 철제도구 없이 석기만 사용한 순수한 석기문화라는데 더욱 놀라운 점이 있다.

(2) 떼노치띠뜰란(Tenochititlan)-뗌쁠로 마요르(Templo Mayor)

멕시코의 수도인 멕시코시는 해발 2200m의 고지대의 분지인데 여기에는 10세기부터 북쪽의 떼오띠와깐문명에 이어지는 똘떼까(Tolteca)문명과 14세기부터 현대 멕시코의 직접조상인 아스떼까의 핵심지로서 그 시대에는 호수 한가운데 있는 섬이었다. 이 아스떼까의 중심 도시가 떼노치띠뜰란인데 16세기 스페인이 식민지로 점령한 다음 호수를 메워 현재처럼 완전한 분지가 된 것이다. 그리고 스페인은 그 위에 식민도시 콜로니얼을 건설하였다. 그러므로 현재 멕시코시의 지하에는 많은 아스떼까 유적이 잠들어 있다. 이 거대도시 떼노치띠뜰란의 일부가 멕시코시의 중앙광장인 소깔로(Zocalo)의 근처의 빌딩건축 공사 중 발견되어 조사되었는데 이것이 떼노치띠뜰란의 대 신전 유적인 뗌쁠로 마요르 유적이다. 〈그림 5〉

뗌쁠로 마요르 유적은 1979년부터 발굴을 시작하여 1984년에 완료되었는데 현재는 유적내부에 관람용 통로가 마련되어 가깝게 접근하여 볼 수 있도록 되어

〈그림 5〉 뗌쁠로 마요르 유적

있었다. 떼노치띠뜰란의 극히 일부에 해당하는 뗌뻴로 마이어 유적의 안에는 또 여러개의 신전건축이 있었는데, 비의 신 뜰락록(Tlaloc)에게 바쳐진 신전 앞에는 산 제물을 올렸다는 신의 사자인 차끄몰(Chac Mool)의 석상과 제단, 뱀 머리의 상, 실물대의 사람을 조각한 석상군 등 많은 석조 유물들이 늘어서 있었다.

아스떼까 제국에서도 신을 섬기는 일을 가장 중요한 행사로 생각하고 실현했는데 살아 있는 인간을 신에게 희생물로 바치는 인신공희人身供犧를 위한 포로를 잡는 일이 전쟁의 중요한 목적 중 하나였다. 심지어는 전쟁포로 획득을 목적으로 합의하에 전쟁을 벌이는 일도 있었다. 이러한 전쟁을 '꽃의 전쟁'이라 불렀다고 한다.[16] 무릎을 세우고 누워 배 위에 쟁반 같은 것을 올려놓고 있는 차끄몰은 인신공희를 할 때 사람의 심장을 꺼내 올려놓은 석상이라고 한다.

아스떼까인은 똘떼까의 중심도시 뚤라(Tula)가 12세기말 쇠퇴하자 북방의 수렵채집민으로서 이 지역에 유입되어 온 많은 종족중의 하나로 다른 종족보다 늦은 14세기의 초엽에 들어온 것으로 보인다. 아스떼까라는 이름은 전설상의 기원지인 아스뜰란(Aztlan)에서 유래한 것인데, 이동 도중에 신으로부터 메시까(Mexica)라는 이름을 받았다고 한다. 이것이 오늘날 멕시코(Mexico)라는 국명의 바탕이 된 것이다.[17]

이들이 멕시코분지에 이르렀을 때는 거의 대부분의 땅이 이미 원래 살던 선주민과 먼저 도착한 치치메까(Chichimeca)인들에 의해 점유되어 있어 정착할 땅이 없었다. 그리하여 아스떼까인들은 할 수 없이 1325년에 호수 가운데의 무인도에 들어가게 되었다.[18] 거기서 뱀을 잡은 독수리가 선인장 위에 앉아 있는 것을 본 그들은 그곳이 신이 내린 예언의 땅이라고 생각하였다. 그리고 그들은 식인독사가 우글거리는 버려진 늪지대를 유목민 특유의 강인한 생존력으로 호수를 메워 신전을 짓고 정착의 터전을 마련하였다.[19] 이렇게 건설된 떼노치띠뜰란은 아스떼까제국의 수도가 되었고, 현재 멕시코시의 중심지가 된 것이다. 이 뱀을 잡은 독수리가 선인장에 앉아 있는 그림은 오늘날 멕시코 국기에 그려지게 되었고 또 멕시코를 상징하는 국장國章이 되고 있다.

(3) 촐룰라(Cholula)

멕시코시에서 동남쪽으로 가면서 멕시코 분지의 경계를 이루고 있는 산지를 넘으면 뿌에블라 평원에 이르게 된다. 여기서 멀리 남서쪽 지평선을 바라보면 산 위에 높이 솟아 있는 천주교회의 첨탑지붕이 보이는데 이것이 촐룰라 유적이다. 촐룰라 유적은 뿌에블라시의 교외에 있는 촐룰라시 한가운데 위치하는 대형 피라미드이다. 이 피라미드는 멀리서 보면 도시 한 가운데 솟아 있는 커다란 동산처럼 보이는데 한 변의 길이가 439m, 높이 59m로 표면이 흙으로 덮여 있고 그 정상부에는 스페인 식민지 시대에 지은 교회가 자리 잡고 있다.

이 대형 피라미드는 16세기 스페인의 꼬르떼스 군대가 처음 도착하였을 때 이미 폐허가 되어 있었는데, 사실은 여러 시기에 걸쳐 새로 건축을 하면서 이전 시기의 진흙벽돌들을 채워서 그렇게 된 것이었다. 여기에 스페인은 원활한 식민통치를 위하여 원주민을 가톨릭으로 개종시키고 원주민 신앙의 중심인 이 신전 피라미드를 파괴하고 그 위에 교회를 세운 것이다.[20]

이 피라미드는 떼오띠와깐의 영향을 강하게 나타내는데 그 후 고전기 여러 시기에 걸쳐 새로 건축을 하면서 이전 시기의 진흙 벽돌들을 채워서 네 개의 층위를 달리하는 층들이 덧쌓여 있다. 이 피라미드의 서쪽 측면과 남쪽 측면에서 딸롯-따불레로의 의장을 갖추고 있는 석조기단의 신전이 발굴되었다.

현재 피라미드 내부에는 발굴결과를 보여주는 통로가 있어 들어가 보도록 되어 있고, 남쪽부분에는 신전과 광장을 비롯하여 기타 여러 건축물 기단 등 발굴현장을 그대로 보여주고 있어 3회 내지 4회의 추가건축이 이루어졌음을 이해할 수 있었다.

2) 와하까(Oaxaca)분지 지역

(1) 몬떼 알반(Monte Alban)

멕시코시에서 동남쪽으로 약 500km정도 떨어진 곳에 매우 광활한 와하까분지가 있는데, 여기 와하까분지의 능선 정상부 고지대에 사뽀떼까 문명의 고대도시 몬떼 알반이 번영하였다.

　몬떼 알반이라는 이름은 고대 와하까의 수도가 자리잡은 일단의 구릉들 중에서 가장 높은 일대를 가리키는 말이다. 이 유적은 와하까 분지 교외의 산능선에 위치하는데 하천이 흐르는 평지에서 약 400m 높이에 자리잡고 있다. 와하까 시내에서 서쪽 교외에 멀리 보이는 높은 구릉의 정상부를 인공으로 평평하게 깎아 남북 250m, 동서 100m의 평지를 만들었다. 그 위에 여러 신전피라미드와 궁전, 천문관측대, 경기장 등 20여기의 석조 건축물들을 세우고 그 중앙에는 대광장을 만들어 놓고 있다.

　이와 같이 분지아래에서 400m나 높은 산정상을 인공으로 깎아 만든 평지에 북쪽에는 신전과 궁전을 짓고, 동, 서, 남쪽에도 각종의 신전피라미드와 건물을 지어 사방이 돌계단으로 둘러싸이게 만들었다. 그 한가운데 넓은 광장에서는 손뼉을 치면 역시 묘한 공명으로 확대되어 크게 울려 퍼졌다. 여기서 지배자 계층은 제의를 주관하면서 정치·군사지배자로서의 기능뿐만 아니라 종교지배자의 기능을 하는 중앙집권적 권위를 가졌다. 이는 도시가 발달하기 시작한 초기의 정치적 권력은 신들과 교감할 수 있는 사람들의 수중에 있었음을 시사한다. 즉 신성한 지배자와 세속적인 지배자 사이의 구분이 명확하지 않았던 것이다.[21]

　이 유적은 사포떼까족이 세웠다고 하는데 자기 조상에 대한 자부심이 대단한 현지 안내인에 의하면 사포떼까족은 어느 부족보다도 평화를 사랑하는 부족이었다고 한다. 그들은 가장 높은 곳에 신을 모시기 위한 제단을 세웠는데 나중에 사람들이 올라가기 좋게 하기 위하여 사방에 계단을 만들어 놓은 것이 피라미드처럼 된 것이라고 한다. 그러므로 여기 건축물들은 신전이지 결코 피라미드가 아니라고 강조하였다. 〈그림 6〉

　스페인어로 몬떼란 산이나 높은 언덕을 의미하며 알반이란 흰색을 의미하므로 몬떼 알반이란 흰색언덕, 즉 백산白山이라는 의미이다. 실제로 이 유적 정상부 주변에는 코빨(Copal)나무라고[22] 하는 꽃나무가 많이 군락을 이루어 피어 있었다. 꽃잎이 약간 작지만 우리나라의 목련과 비슷하기도 하고, 하와이무궁화 같

〈그림 6〉 몬떼 알반 유적(좌)과 코빨나무 꽃(우)

기도 한 흰 꽃이, 우리가 답사했던 2월은 건기인데도 활짝 피어 이를 증명해 주고 있었다.

　몬떼 알반은 서기전 600년에서 서기 900년까지 비교적 긴 기간 동안 건설되었으나 절정은 고전기인 서기 500년에서 700년 사이였다. 이 시기에는 중심부뿐만 아니라 주변의 다른 능선과 구릉 일대를 모두 포괄하였다. 그 후 서기 800년에서 900년 사이에 갑자기 멸망하였는데 그 원인을 알 수 없다.[23] 사뽀떼까족은 가장 고지에 왕과 왕족 등 귀족이 살고 저지대에는 가장 하류층인 농민들이 살면서 옥수수 재배 등 농경에 종사하였다. 그리고 산록의 경사지에 중간계층들이 살고 있었다. 주변에서 많이 나는 석회석과 물과 모래를 섞어 일종의 시멘트를 만들어 돌과 함께 건축하였다. 모래와 물은 와하까 옆을 흐르는 강에서 채취하여 올려 왔는데 1500여명의 주민들이 줄지어 서서 손에서 손으로 전달하여 산꼭대기까지 운반하였다고 한다.

　여기 몬떼 알반 뿐만 아니라 마야유적 등 대부분의 멕시코 건축물들은 석회석을 이용한 일종의 시멘트를 돌과 함께 사용하여 매우 웅장하고 높은 석조 건축을 축조하였는데, 이들의 궁전이나 주택의 기본형태는 모두 중앙에 빠띠오(Patio)라고 하는 방형의 정원(안뜰)을 만들고 정원을 둘러싸고 4면에 방을 건축하고 있다. 중심부에는 늘 신전인 뗌뿔로와 궁전을 세우는데 궁전의 규모가 클수록 몇 개의 안뜰을 가진 건물이 중첩되고 있다. 그리고 안뜰의 지하에는 대개 무덤을 쓰고 있는 경우가 많다.

(2) 산 호세 모고떼(San Jose Mogote)

산 호세 모고떼는 몬떼 알반에서 북서쪽으로 10km정도 떨어진 낮은 구릉지대에 자리잡고 있는데 선고전기인 서기전 500~400년경에 이루어진 건물 80~120채로 이루어진 마을유적이다. 그러나 크게 발전하지 못하고 이 곳의 주민들이 몬떼알반으로 이동한 것으로 보고 있다. 이들이 몬떼 알반의 높은 곳으로 이동하게 된 이유는 와하까 분지盆地안의 여러 취락들이 있었는데 동부와 남부에 있던 취락이 연합하여 북부지역을 공격하므로 산 호세 모고떼를 중심으로 하는 세력이 이에 대항하기 위하여 몬떼 알반 지역으로   겨가 새로운 도시를 건설한 것이라고 한다.

우리는 나지막한 구릉 위에 있는 무너진 신전 피라미드 위에 올라가 와하까분지를 살펴보고, 넓은 잎 선인장이 우리나라 시골의 느티나무처럼 서 있는 주변의 밭을 지표조사 하듯이 걸어다니며 토기편도 찾아보았다. 그 결과 몬떼 알반과 산 호세 모고떼 유적은 취락의 형성 및 인구의 이동과 증가 등 고대도시의 형성과정을 이해할 수 있는 대단히 중요한 고고 유적이라고 생각하였다. 이 유적의 중요성은 이미 미국의 고고학자에 의해 증명된 바 있는데, 미국의 켄트 플래너리(Kent Flannery)교수가 이끄는 미시건 대학교의 발굴단이 이 지역에 대하여 광범위한 지표조사와 발굴조사를 실시하여 많은 가설을 내놓고 있는 것이다.[24]

유적 옆에는 대지주인 네델란드인 농장주가 자기의 저택을 기증하여 박물관으로 사용하고 유적에서 출토된 유물을 전시하고 있었다. 가는 곳마다 박물관이 많이 있었지만, 여기처럼 개인이 저택을 기증하여 박물관으로 사용하는 곳도 여러 곳에 있었다. 박물관에는 주변에서 발굴한 각종 토기와 석기 등이 전시되어 있었다. 박물관 관리자에 의하면 한국인으로서는 우리가 처음으로 이 유적을 답사하는 것이라고 한다.

(3) 야굴(Yagul)과 미뜰라(Mitla)

와하까 지역은 앞에서 본 사뽀떼까의 수도 몬떼 알반이 쇠퇴한 후 미슈떼까국이, 나중에 15세기에는 아스떼까 제국이 이 일대를 지배했다. 이 시기의 유적이 야굴과 미뜰라 유적이다. 야굴과 미뜰라는 와하까 분지에서 동쪽으로 버스로 30여분거리에 있는데 서로 10km정도 떨어져 있다.

야굴은 경사진 언덕 위에 선인장 나무들이 무성한 가운데 만들어진 작은 유적이었다. 비교적 아담한 신전과 궁전, 경기장, 지하 석실무덤을 갖춘 요새의 성격으로 만들어진 유적이다. 이 유적의 뒤쪽으로는 높은 산 능선이 병풍처럼 둘러싸고 있고 그 능선의 위에는 방어용 성벽과 관측소가 축조되어 있다. 특히 이 관측소에서 와하까 분지를 내려다보는 경치는 장관이었다.

이 유적은 소형이지만 몬떼 알반에서 보았던 이 지역 건축물의 전형적인 구조를 한눈에 볼 수 있는 작은 구조를 가지고 있어 멕시코 고대도시 건축구조를 이해하는 아주 좋은 자료였다. 즉 빠띠오(정원)를 중심으로 사면에 이어진 건물로 □형 복합 구조를 가진 궁전, 높은 계단 위에 세워진 신전, 지하의 무덤, 경기장이 종합적으로 결합되고 일반인의 주거지는 여기서 멀리 떨어진 교외에 들어서는 것이 멕시코 고대도시의 구조이다. 그리고 지배권력과 인구의 증감에 따라 빠띠오의 크기와 개수가 달라진다. 이것은 떼오띠와깐이나 몬떼 알반 뿐만 아니라 나중에 보게 될 마야지역에서도 같은 양상이었다.

미뜰라는 와하까 고지에 형성된 유적 중에서 사뽀떼까 문명의 뒤를 이은 미슈떼까 문명의 유적으로 서기 900~1500년에 만들어진 유적이다. 미뜰라의 건물들은 특히 건물의 꼭대기와 가장자리를 여러 가지 돌을 짜 맞추어 만든 모자이크 장식이 매우 아름답다.[25] 평지에 만들어진 미뜰라 유적은 둥글고 높은 석주로 이루어진 신전을 중심으로 사방에는 역시 궁전과 계단으로 이루어진 석축기단이 광장을 둘러싸고 있는 구조이다. 그리고 신전의 지하에는 횡혈식 석실무덤이 마련되어 있는데, 들어가는 연도와 석실벽면에도 모자이크장식으로 꾸미고 현실 바닥에는 한국의 삼국시대 후기석실분에 보이는 것과 거의 같은 두침頭枕이 마련되어 있었다.

3) 치아빠스(Chiapas) 밀림지역

(1) 빨렝께(Palenque)

멕시코시에서 동쪽으로 약 1,000km떨어진 빨렝께는 멕시코의 원주민 인디오들이 가장 많이 산다는 치아빠스주에 속한 밀림 속의 작은 마을에 불과한 소읍이다. 그러나 마야유적 중 가장 아름다운 피라미드가 이곳에 있고, 마야 최대의 유적인 과테말라의 띠깔로 가는 비행기 공항이 있어 항상 관광객으로 북적대는 곳이다.

빨렝께는 이렇게 멕시코의 유적 중에서도 가장 훌륭하고 아름다운 유적으로 알려진 마야유적이다. 떼오띠와깐이나 몬떼 알반 유적들이 건조지역의 삭막한 벌판이나 산꼭대기에 웅장하고 건조하게 세워져 있다면 빨렝께는 치아빠스주의 깊은 밀림 속에 환상적으로 숨어 있다고 할 수 있다. 이렇게 멕시코의 중부 저지대 밀림 속에 숨어 있는 빨렝께 유적은 고전기古典期(서기300-900년경) 마야의 가장 중요한 도시중 하나이다. 다른 지역의 마야센터와 마찬가지로 여러 개의 피라미드 군群으로 이루어진 이곳은 주위가 정글로 덮여 있고 계곡 속에 들어 있기 때문에 가까이 가기 전에는 밖에서 잘 보이지 않는다.

이 유적은 1746년 농사지을 땅을 찾아 숲 속을 헤매던 안토니오 데 솔리스 신부와 그 형제들에 의해 처음 발견되었다고 한다.[26] 우거진 밀림과 평지 사이에 아름답게 서 있는 피라미드와 건축물들은 각각 「명문의 신전」, 「태양의 신전」, 「십자가의 신전」, 「잎사귀 십자가의 신전」, 「궁전」 등의 이름이 붙어 있다.[27]

이 유적에서 가장 아름답고 복잡한 구조를 하고 있는 궁전宮殿(El Palacio)은 왕이 살았던 곳으로 추정되는데, 남북길이 92m, 동서길이 73m의 거대한 넓이에 4개의 안뜰정원과 이를 둘러싸는 많은 마야아치로 이루어진 방들이 줄지어 있어 매우 복잡하고 미로와 같다. 가장 큰 정원인 북쪽의 안뜰에는 사방의 방으로 올라가는 계단이 있고, 그 계단 옆에 있는 장방형의 판석들에는 전쟁포로를 심문하는 그림이 조각되어 있다. 이로 보아 이 정원에서는 포로를 심문하기도 하고 심문이 끝난 포로를 신에게 바치는 의식도 행해진 것으로 생각된다.

또 지하에는 옆으로 흐르는 하천의 물을 끌어들여 깊이 3m의 지하수로를 만들고, 이 수로를 이용하여 수세식 화장실이나 스팀욕실을 만들었다. 궁전의 서쪽 모서리에는 안에 올라가는 계단이 있는 4층의 전망대가 있다. 위로 올라갈 수 없도록 입구를 막아 놓아 올라가 보지는 못하였지만 설명판에 의하면 이 계단 한쪽에는 금성을 나타내는 그림문자가 있으며, 최상층에는 별의 관측에 사용되었을 것으로 추측되는 테이블이 놓여 있다고 한다. 그리고 벽면이 각각 동서남북을 향하고 있어 이 건물이 천문관측소로 사용된 것으로 설명하고 있다. 그러나 이곳에서 사방이 훤히 보일 것이므로 전망대나 감시용 망루로 사용되었을 것으로 생각되었다. 〈그림 7〉

기록에 의하면 빨렝께는 서기 3세기경부터 사람이 살기 시작하여 7세기초까지는 소도시에 지나지 않았으나 서기 603년 12세의 나이에 어머니에게 왕위를 이어받은 빠깔(Pacal)왕과 그 아들 찬 발룸(Chan-Bahlum) II세 왕대에 급속히 발전하였

〈그림 7〉 빨렝께의 궁전(앞)과 명문의 신전

고, 지금 남아 있는 중요 유적이 대부분 이 시대(7세기~8세기)의 것이라고 한다.[28]

아버지 빠깔왕은 683년 사망하기까지 68년간 재위하며 궁전을 세우고 빨렝께의 번영을 이끌었다. 그는 인근의 다른 마야왕족과 혼인동맹을 맺거나 정복전쟁을 통하여 세력을 확장하였다. 이것은 고구려의 남진을 저지하기 위한 신라와 백제의 혼인동맹이나, 백제의 위협에서 벗어나기 위해 신라왕실에 청혼하는 대가야의 경우와 매우 비슷한 모습이었다.[29]

그리고 684년 48세에 즉위한 그의 아들 찬발룸 II세는 강력한 왕권을 과시하면서 빨렝께의 유명한 신전피라미드인 「태양의 신전(Templo del Sol)」, 「십자가의 신전(Templo de la Cruz)」, 「잎사귀 십자가의 신전(Templo de la Cruz Foliada)」, 「명문의 신전(Templo de las Inscripciones)」을 세웠다. 특히 궁전의 남쪽에 세워진 「명문의 신전」은 빨렝께에서 가장 높고 중요한 피라미드인데 건물내부에 있는 세 개의 대리석 판에 마야문자가 빽빽히 새겨져 있어서 명문의 신전이란 이름이 붙여졌고, 그 마야문자를 해독하여 빨렝께의 역사를 알게 되었다.

아버지 빠깔왕의 무덤이기도 한 이 명문의 신전은 높이가 22m에 69개의 계단으로 이루어졌는데 신전의 정상바닥에서 지하로 몇 번 꺾어 내려가는 계단이 숨겨져 있고, 그 계단의 가장 아래 바닥에는 아버지 빠깔왕의 시신을 모신 석실무

〈그림 8〉 빨렝께를 번영시킨 빠깔왕의 옥제데드마스크

덤을 만들었다. 묘실의 중앙에는 세로 3m, 가로 2.1m, 높이 2.1m의 큰 바위를 깎아 만든 석관이 놓여 있다. 1949년 멕시코의 고고학자 알베르또 루스에 의해 발굴 조사된 이 왕릉에서는 보석으로 뒤덮인 빠깔왕의 미라와 비치로 만들어진 왕의 데드마스크 등 많은 유물이 출토되었다. 그러나 이 명문의 신전은 출입이 금지되어 들어 가보지 못하여 아쉬웠다. 이 유물들은 현재 멕시코시에 있는 멕시코 국립인류학박물관에 소장되어 있었다.[30]〈그림 8〉

4) 멕시코만 연안

(1) 라벤따(La Venta) 공원 박물관

라벤따 공원 박물관은 따바스꼬(Tabasco)주의 수도인 비야에르모사(Vallahermosa) 시내에 있는데 멕시코의 고대문명 중 가장 오래된 서기전 1200년을 전후해 멕시코만 남부에서 일어난 올메까(Olmeca) 문명의 상징인 대형 석조 두상石彫頭像들을 전시해 놓은 박물관이다. 올메까 문명의 중요한 중심지 가운데 하나였던 산 로렌소가 몰락하자 라 벤따는 그 주도권을 물려받았다. 멕시코의 따바스코주에 있는 이 유적은 모든 올메까 유적 가운데 최대급에 속하지만 지금은 석유 개발을 위한 공사 때문에 파괴가 심하여 그곳에 있던 석두상과 각종 조각품들은 대부분 이곳에 전시되어 있다.

「아름다운 도시」라는 의미를 가진 비야에르모사는 시내 한가운데로 멕시코에서 두 번째로 긴 강인 그리할바(Grijalva)강이 유유히 흘러 멕시코 고대문화의 젖줄 역할을 하고 있다. 영남지방 한 가운데를 흐르며 그 유역에 신라와 가야문화를 꽃피게 했던 낙동강처럼 그리할바강은 맑고 풍부한 물을 담고 조용히 흐르고 있었다. 멕시코에서 가장 오래된 고대문명이 이 그리할바강 근처에서 시작된 것은 우연이 아닐 것이다.[31]

올메까 문명의 전기(BC 1200~900)에는 산 로렌스가 중요한 센터였으며, 중기와 후기(BC900~300)에는 라 벤따가 번성하였다. 1950-60년대에 산 로렌스와 라 벤따 지역의 유적에 대한 발굴이 진전되자 이 일대가 메조아메리카 문명의 모체였고 이후로 주변 문명의 많은 요소들이 여기서 퍼져 나갔다는 주장이 강하게 제기되었다. 그러나 과테말라 등 남부지역에 기원을 두는 설도 뿌리깊게 남아 있어 문명발생 과정에 대한 독립성과 전파설은 그 논쟁이 아직도 계속되고 있다.[32]

　올메까 미술양식을 특징짓는 것은 앞에 말한 석조 두상과 역시 석조로 된 반인半人 반재규어상, 머리가 둘로 나뉜 인물상, 신화적인 뱀의 모티프 등이다. 그 중에서도 석조 두상이 가장 특징적이다. 멕시코문명의 상징처럼 되어 있는 올메까 석조두상들은 대개 높이가 1.5~3.5m, 무게가 10~50t에 이르는 거대한 것인데 인근의 뚜스뚤라(Tuxtla) 화산에서 나온 현무암으로 되어 있다. 얼굴 전체의 모습은 둥그스름하게 살찐 모습이며 눈에는 강한 쌍꺼풀이 표현되어 있다. 가장 특징적인 부분은 넓고 납작한 코와 두껍게 튀어나온 입술인데 이러한 모습은 몽골리안 두상과 비슷한 점이 많아 메조아메리카에 이주한 부족이 몽골리안 이라는 것을 증명하는 것 같았다.〈그림 9〉

〈그림 9〉 올메까 석두상 앞에 선 답사단원들(앞 줄 왼쪽 끝이 필자)

5) 유까딴(Yucatan)반도 지역

(1) 우슈말(Uxmal), 사일(Sayil), 카바(Kabah), 라브나(Labna)

유까딴 반도의 북쪽에 위치한 메리다(Merida)시에서 남쪽으로 80km떨어진 곳에 후고전기(서기 900~1500) 시대 마야 중심 도시인 우슈말 유적과 우슈말보다 소규모인 싸일, 카바, 라브나 등의 마야유적이 분포한다. 이들 중 가장 큰 규모인 우슈말에는 마법사의 피라미드(Pramide del Adivino)와 사원(Cuadrangulo de las Monjas), 총독의 관저(Palacio del Gobernador)라고 하는 궁전, 구기장(Juergo de Pelota), 대피라미드(La Gran Piramide), 거북의 집(Templo de las Tortugas) 등의 건축물이 있다.

우슈말에서 가장 규모가 큰 마법사의 피라미드는 높이 38m, 기울기 60도의 절벽과 같은 가파른 돌계단 118개로 이루어진 웅장한 건물이다. 마법사의 피라미드라는 이름은 난쟁이가 하룻밤 사이에 만들었다는 전설 때문에 붙은 이름이지만 실제로는 300년 동안 5개의 신전을 차례로 만든 마야의 신전건물이다. 계

〈그림 10〉 우슈말의 마법사의 신전 피라미드

단을 따라 위로 올라가면 내부에는 4개의 신전이 숨어 있고, 위에서 내려다보는 경치가 절경이라고 한다. 또 그 안에 「우슈말의 여왕」으로 명명된 뱀의 입에서 사람이 튀어나오는 조각이 발견되었다고 하는데, 우리가 가기 얼마 전에 미국인 여자관광객이 실족사 한 사건이 일어나 피라미드 위에 올라가는 것이 금지되어 있었다.[33] 우리는 멕시코 인류학박물관의 전시실에서 보는 것으로 만족할 수밖에 없었다.[34] 〈그림 10〉

싸일, 카바, 라브나 유적에도 각기 궁전과 전망대 신전 등의 건물이 마야아치라고 말하는 뾰족하고 긴 삼각형의 문으로 이루어진 건물들이 비슷한 규모로 남아 있다. 이들 유적들은 각기 마야 후기고전기의 중요한 센터들이었는데, 마야 지역에 가뭄이 계속되면 비의 신 차끄(Chac)의 노여움 때문이라고 여겨 각기 사일, 카바, 라브나에서 꿀과 보석, 향료 등을 가지고 우슈말에 모여 노래와 춤, 기타 공양물供養物을 차끄신에게 바치는 공동제의를 행했다고 한다.[35]

그래서인지 이들 유적에 공통적으로 수 없이 많이 조각되어 있는 것이 비의 신인 차끄상이다. 특히 이 지방에서는 비의 신인 차끄가 가장 중요한 신이었는데, 그것은 이곳의 지형이 석회암의 카르스트지형이라서 빗물이 곧 땅속으로 스며들어 지하수를 이용하기가 어렵기 때문이다. 비가 내리면 곧 땅 속으로 스며들어 하천이 없고, 지표에서는 물을 구할 수 없었다. 비가 내리지 않으면 농사도 지을 수 없기 때문에 모든 정성을 바쳐 비의 신 차끄를 섬겼던 것이다.

이처럼 비의 신 차끄를 섬기는 것은 가장 중요한 일이고 생활의 거의 전부인 셈이었다. 웅장하게 지어진 피라미드 건물들에는 대부분 차끄상을 조각하였다. 마야 원주민의 후손으로 현지가이드인 「가브리엘 리」 씨의 설명에 의하면, 마법사의 신전도 실은 차끄신을 위한 신전이라 높은 계단에는 처음부터 끝까지 차끄신이 조각되어있고, 정상부 신전의 입구도 차끄의 얼굴로 큰 입을 벌리고 있는 차끄의 입 속으로 들어가도록 되어 있다고 한다.

비의 신 차끄상 조각은 긴 코가 인상적인데 마치 코끼리의 코를 연상케 한다. 이 코를 아래로 내려뜨린 모양은 비를 내려달라고 기원하는 것이고 위로 말아

올린 모양은 비에 대한 감사를 나타내는 것이라고 한다. 카바의 가면의 신전 피리미드에는 차끄 상이 건물전면에 260개나 조각되어 있었는데 대부분의 차끄의 코가 하늘을 향해 말려 올려지지 않고 땅을 향해 아래로 내려뜨리고 있어 비를 애타게 기원하던 마야인들의 간절한 염원을 느낄 수 있었다.

(2) 치첸 잇사(Chichen Itza)

치첸 잇사는 유까딴반도 끝의 세계적인 휴양지 깡꾼(Cancun)에서 가까운 곳이며 마야유적 중에서 관광객이 가장 많은 곳 중의 하나이다. 치첸 잇사란 마야어로 '우물가의 집'이라는 의미이다. 이것은 우슈말과 마찬가지로 석회암 지대인 이곳에 성스러운 우물로 알려진 큰 우물 세노떼(Cenote)가 있기 때문이다.

비의 신 차끄가 산다고 여겨졌던 「성스러운 샘」 세노떼는 석회함의 토양 때문에 내린 비가 땅속으로 흡수되고 석회암을 녹여 지하에 웅덩이가 생기는데 그 웅덩이 위의 지면이 함몰되어 생긴 우물이다. 현지 안내인의 설명에 의하면 비를 갈구하던 치첸 잇사에서는 물 속에 사는 비의 신 차끄에게 제사를 지내고 처녀들을 제물로 바쳤다고 한다. 제물로 바쳐지는 처녀는 온갖 장신구로 아름답게 치장하고, 마약을 먹여 정신이 혼미한 상태에서 떠오르지 못하도록 돌을 팔다리에 묶은 다음 물 속에 던져 넣었다고 한다. 이때 옥제품 등 진귀한 물건도 함께 넣었다.

〈그림 11〉 치첸잇사의 세노떼

이 우물은 1911년 당시 주 멕시코 미국영사였던 톰슨(Edward Thomson)에 의해 처음 발굴된 후 1960년대에 미국 지리학회에 의해 본격적인 발굴 조사가 이루어졌다. 발굴 조사 결과 비취 장신구, 토기, 돌칼 등 유물과 함께 각종 향(香)과 어린아이 및 여자의 두개골이 많이 출토되어 처녀들을 희생물로 바쳤다는 전설은 전설이 아니라 사실이었음을 입증하였다.[36] 전체 둘레 61m, 수심 22m라는 큰 우물 세노떼는 우리가 갔을 때 고요한 밀림에 둘러싸인 채 수직으로 꺼진 석회암 절벽 아래 5m에서 검푸른 빛을 발하고 있었다. <그림 11>

치첸 잇사는 6세기경의 마야 고전기에 속하는 구舊 치첸 잇사와 똘떼까 문화가 융합한 10세기 이후의 후고전기後古典期에 속하는 신新 치첸 잇사로 되어 있다. 7세기경 쇠퇴했던 치첸 잇사는 10세기에 멕시코 중앙고원의 패권을 장악한 전투부족인 똘떼까인과 손을 잡아 다시 번성하게 되었다. 이렇게 새로운 문화로 탄생한 것이 마야-똘떼까 문명이라고 부르는 것이고 치첸 잇사는 그 대표적 유적이다. 그것은 비의 신 차끄만을 모시던 마야에 호전적인 병사의 상과 똘떼까의 상징인 깃털 달린 뱀 꾸꿀깐(Cuculcan)과 산사람의 심장을 꺼내 신에게 바치는 차끄몰의 등장이 그것이다.[37]

이렇게 산 사람을 신에게 바치기 위한 희생물의 선정은 오늘날의 축구와 비슷한 구기경기를 하여 이긴 팀의 주장이 제물로 정해진다. 치첸 잇사의 구기장 (Juego de Pelota)은 길이가 160m, 나란한 두 개의 직립 벽의 길이는 82.6m, 높이는 8.2m, 폭이 30m로 마야 유적 중에서 가장 크고 잘 남아 있었다. 경기장은 직사각형의 평면에 양쪽에 비스듬히 경사진 면이 있고 그 위 높은 벽에 박힌 돌로 된 둥근 모양을 한 골링이 있다. 한 팀은 주장 1명과 선수 6명씩으로 구성되고, 경기는 고무로 만든 공을 윗몸과 허벅지를 사용하여 골대에 넣으면 승리하는데 제한 시간 없이 승부가 날 때까지 계속한다. 경기가 끝나면 이긴 팀의 주장이 무릎을 꿇고 앉아 목을 빼고 있으면 진 팀의 주장이 칼을 뽑아 목을 친다. 목에서 뿜어 나오는 피가 대지를 적시고 그 기운이 하늘로 올라가 차크신을 감동시켜 비를 내리게 하고 대지를 적셔 풍요를 가져온다고 믿었다.[38]

〈그림 12〉 치첸잇사의 까스띠오 앞의 필자

　　치첸 잇사 중심에는 까스띠오(El Castillo) 또는 꾸꿀깐의 피라미드라 불리는 웅장한 건물이 자리잡고 있는데 까스띠오란 스페인어로 성(城)을 뜻한다. 바닥 한 변의 길이가 55m, 높이 23m인 이 피라미드는 그 자체로 마야의 달력을 나타내고 있다. 즉, 사방에 신전으로 올라가는 계단이 91개씩 있어 91×4=364개이며 맨 꼭대기에 신전에 오르는 1개의 계단을 합쳐 모두 365 개가되는데 이것은 일년 365일을 상징한다.〈그림 12〉

　　또 까스띠오의 기단부는 9층으로 구성되어 있는데 중앙의 계단에 의해 둘로 나뉘기 때문에(9×2=18) 18단이 되는데, 이것은 1년을 18개월로 나누던 하부(Haab)력曆의 달수를 나타낸다. 그리고 각 기단에는 패널(움푹 패인부분)이 한 면에 52개 씩 있는데 이것은 농경에 사용된 하부력(1년 365일)과 제사용 초르낀(Tzolkin)력(1년 260일)의 두 가지가 겹치는 52년의 「달력의 주기」를 정확하게 나타내고 있다고 한다.[39]

　　현지 안내원의 설명에 의하면 이 까스띠오는 원래 있던 신전피라미드에 돌을 덧씌워 현재와 같이 크게 만든 것인데 내부에는 원래의 신전이 보존되어 있고, 좁고 가파른 내부 계단을 올라가 원래 신전도 볼 수 있도록 되어 있었다. 무더운

날씨에 땀을 비오듯 흘리며 좁고 가파른 계단을 오르니 신전입구에는 산 사람의 심장을 올려놓는 차끄몰상이 있고 신전 안에는 어두운 가운데 마야인들이 경외의 대상으로 삼았던 재규어 상이 우리를 노려보는 듯 버티고 앉아 있었다. 온 몸에 빨간색을 칠하고 눈과 점은 72개의 비취옥으로, 포효하듯 드러낸 이빨은 흰조가비로 박아 공포감을 주었다.

이 까스띠오는 북쪽 계단의 맨 아래에 깃털 달린 뱀 꾸꿀깐의 머리가 조각되어 있어 꾸꿀깐의 신전이라고도 한다. 그런데 뱀은 머리만 있고 깃털은 없는 것으로 알고 있었는데 최근에 깃털의 비밀이 밝혀졌다고 한다. 즉 이 건물은 중심축이 북동-남서로 기울어져 있는데 이는 해가 정동에서 뜨고 낮과 밤의 길이가 같은 춘분과 추분에 중심을 맞춘 것이다. 그리고 춘분과 추분날 저녁 무렵이 되면, 9층의 기단으로 인해 생긴 그림자가 뱀 머리를 장식한 북쪽 계단 측면에 깃털의 형태가 되어 비추는 것이다. 해의 위치에 따라 변화하는 깃털의 그림자는 마치 꿈틀거리는 뱀 즉, 꾸꿀깐의 깃털로 나타난다는 것이다. 신에게 제사를 바치기 위하여 복잡한 체계를 지닌 달력을 가졌던 마야인의 정교한 건축술이 이러한 기적을 계산해 놓은 것이다. 치첸 잇사의 관리사무소에서는 춘분과 추분이 아닌 때의 관광객을 위해 야간에 조명을 통해 이 꾸꿀깐의 꿈틀거림을 보여주고 있었다.

이 까스띠오의 서쪽에는 열 지은 기둥들로 이루어진 전사의 신전(Templo de los Guerreros)이 있다. 3층의 기단을 가진 이 건물은 높은 계단 위에 세워져 있다. 1천여 개의 기둥에 둘러싸여 있어 천개의 기둥 신전이라고도 하는데 천 개의 돌기둥에는 똘떼까 양식의 전사가 부조로 조각되어 있다. 신전의 입구에는 머리를 땅에 대고 꼬리를 위로 올린 깃털 달린 뱀 꾸꿀깐이 양쪽을 지키고 있고, 그 앞에는 꾸꿀깐에게 받칠 심장을 올려놓는 차끄몰이 주 광장을 응시하고 있다. 이와 같이 전사의 신전에 보이는 차끄몰상과 꾸꿀깐의 조각 및 돌기둥에 조각된 전사상 등은 유까딴 반도에 있는 후고전기 마야문화가 멕시코 중앙고원지대의 똘떼까 문화의 영향을 강하게 받은 문명임을 보여주는 것이다.

(3) 뚤룸(Tulum)과 꼬수멜(Cozumel)

멕시코의 동북 유까딴 반도의 맨 끝 카리브 바닷가에는 세계적인 휴양도시 깡꾼(Cancun)이 위치한다. 깡꾼은 1970년 로페스 포르티요 대통령이 국가적 차원에서 개발한 곳으로 언제나 많은 관광객으로 붐비는 곳이다. 뚤룸은 이 깡꾼에서 남쪽으로 127km 떨어진 해안가에 위치하는 마야유적이다. 대부분의 마야 도시가 내륙의 저지대나 밀림지대에 자리잡고 있지만 뚤룸은 비취 빛 바다에 면하여 있어 더욱 경관이 뛰어나다.[40]

뚤룸은 마야 후고전기인 12~16세기에 발전한 해안의 조그만 교역 도시이다. 뚤룸이란 마야어로 벽壁을 의미한다고 하는데 유적지는 전체가 1m 높이의 나지막한 돌 성벽으로 둘러싸여 있는 요새要塞와 같은 곳이었다. 성곽은 바다 쪽을 빼고 삼면을 감싸고 있는데 남북 해안을 따라 길이는 380m, 동서 폭은 170m에 이른다. 다른 마야 유적처럼 대규모 건축은 아니지만 「바다의 신전」, 「바람의 신전」, 「까스띠오」 등 30여개의 건물들이 아기자기하게 들어서 있다. 특히 「프레스코의 신전」에는 회반죽을 하여 그림을 그린 프레스코 벽화가 선명히 남아 있다. 〈그림 13〉

꼬수멜은 남북 길이 53km, 동서 폭 14km의 고구마처럼 생긴 멕시코에서 가장 큰 섬이다. 깡꾼에서 남쪽으로 미니 버스로 1시간 정도 떨어진 까르멘(Carmen)이라는 작은 항구에서 유람선을 타고 50분쯤 가면 꼬수멜 섬의 유일한

〈그림 13〉 뚤룸의 성벽

도시 산 미겔(San Miguel)에 닿는다. 꼬수멜 섬 답사에는 일부 단원만 참가하였는데 대형버스를 가져갈 수도 없고 교통도 불편하여 10인승 미니 밴을 렌트하여 필자가 직접 운전하면서 잘 알려지지 않은 미지의 마야 유적을 찾아 나섰다. 먼저 좁은 도로를 따라 섬을 가로질러 밀림 속에 숨어 있는 산 헤르바시오(San Gervasio) 유적을 답사하였다. 산 헤르바시오 유적은 이슈 첼(Ix Chel)이라는 풍요의 신을 기원하는 제단이 있는 유적이다. 마야인의 중요한 순례지이었기 때문에 예전에는 마야 문명의 모든 왕국에서 참배자들이 많이 찾던 유적이지만, 16세기 이후 스페인에 점령되자 마야의 제단은 대부분 파괴되고 대신 교회가 세워지고 유적은 일부만 남게 되었다.[41] 그래도 우리가 찾아간 산 헤르바시오에는 궁전과 제단, 아치문, 석실무덤이 잘 남아 있고, 제단에는 뚤룸에서 보았던 것과 거의 흡사한 프레스코 벽화가 선명히 남아 있었다. 특히 이들 건물들을 연결하는 폭 4m의 도로에는 로마의 도로처럼 돌이 깔려 있어 다른 마야 유적에서는 볼 수 없는 특별한 것이었다.〈그림 14〉

다음은 꼬수멜 섬의 동쪽 해안선을 따라 섬을 일주하는 도로를 남으로 달렸는데 왼편은 쪽빛 바다, 오른편은 밀림의 지평선이 끝없이 이어져 매우 아름다운 광경이었다. 이곳의 바다는 세계적으로 투명하기로 유명한데 보통 100피트(약 30m),

〈그림 14〉 꼬수멜섬의 산 헤르바시오 도로유구

어떤 때는 200피트(약 60m)까지 바다 속이 보인다고 한다.[42] 실제로 우리가 바닥에 밑을 볼 수 있도록 장치한 배를 타고 나가 바다 속을 보니 형형색색의 산호초와 물고기들이 노는 모습이 손에 잡힐 듯 선명히 보여 이를 실감할 수 있었다.[43]

또 바닷가에는 작은 신전건축이 몇 군데 남아 있는데 이 신전들은 바다의 신에게 제사지내고 항해자의 안전을 비는 곳이었다. 끝으로 우리는 섬 남쪽 원주민 마을 속에 있는 아주 작은 제단인 엘 세드랄(El Sedral) 유적을 찾아보았다. 이 유적은 궁벽한 시골 비포장 길을 30분 이상 달려서 찾아간 곳에 나무를 둘러쓴 채 수줍은 듯이 서 있었는데 원주민 인디오 소년의 맑은 눈망울이 매우 친근하게 보였다.

4. 멕시코 고대문화의 특성

1) 신 중심의 신정정치神政政治 문화

멕시코 고대 문명은 메조아메리카에서 독자적으로 발생한 문명이 분명한데 기원전 1200년에 시작한 올메까 문명에서부터 14세기 후고전기 마야문명에 이르기까지 각 지역에서 많은 문명과 왕조가 부침 하였지만 이들에게 있어 일관되게 이어졌던 정치적 메카니즘은 모든 인간생활의 목적은 신을 위한 정치, 즉 신정정치의 실현이었다는 것이다.

멕시코의 고대인들은 오직 신을 위해서 살고 신을 위해서 죽었다. 그래서 권력을 행사하는 왕으로부터 생산에 종사하는 일반 농민에 이르기까지 모든 삶은 신을 위한 행위에 바쳐졌다. 이렇게 신 중심의 생활이었으므로 역으로 인간이 살고 있는 이 지상의 모든 사물과 우주의 운행 모두에 신이 있다고 생각하고 많은 신을 창조해냈다. 그 중에서도 특히 옥수수나 감자와 같이 인간의 식생활에 필요한 것에서부터 재규어, 독수리와 같이 밀림에 사는 맹수로 사람에게 위해가 되거나 용맹으로 선망의 대상이 되는 것을 중요한 신으로 받들었다. 그 중에서도 멕시코 중앙고지의 건조지대이거나 유까딴 반도의 석회암지대에서나 가장 중요한 것은 물이었다. 그러므로 물(혹은 비)의 신이 신중에서 가장 중요한 신으로 모셔지게 되었던 것이다. 이 물의 신은 시대와 지역에 따라 공포와 경외의 모습인 깃털 달린 뱀의 형상이나 긴 코를 가진 모습으로 형상화 시켰다. 그래서 비의 신인 깃털 달린 뱀이 중앙고원지대의 떼오띠와깐에서는 께찰꼬아뜰, 멕시코 분지의 똘떼까와 아스떼까 및 이의 영향을 받은 후고전기 마야의 유까딴 반도 지역의 마야 치첸 잇사에서는 꾸꿀깐으로 불리며 최고의 신으로 여겨졌다.

모든 생명의 기원이며 생존의 절대불가결한 물의 중요성은 세계 어느 지역에서나 마찬가지이지만 특히 멕시코와 같이 해발 2000m가 넘는 고원의 건조지대나 석회암 지질로 지표에 물이 흐르지 않는 지역에서는 정말로 절실한 문제였을 것이다. 비가 오지 않으면 그들의 주식인 옥수수가 자랄 수 없으니 많은 사람이 굶어 죽을 수밖에 없는 존재였던 멕시코 고대인들은 하늘에 비를 기원하는 것이 최고의 소원이었을 것이다.

그래서 그들은 날이 가물어 비가 내리지 않는 것은 비의 신을 잘 섬기지 못해 신이 노한 것이라고 생각하였고, 신의 노여움을 풀고 신을 기쁘게 할 여러 가지의 제의와 제물을 바치는 행위를 가장 중요한 것으로 생각하게 되었던 것이다. 여기서 신의 뜻을 잘 알고 이를 실행하여 비를 내리게 하는 능력을 가진 사람이 자연히 권력을 장악하게 되었다. 권력을 가진 왕들은 자신의 권력을 강화하기 위하여 신을 위한다는 명목으로 도시의 중앙에 신을 위한 신전 피라미드와 궁전을 높고 웅장하게 건축하였다. 또 신을 위한 제사를 화려하고 성대하게 올리기 위하여 각종의 수단이 동원되었다.

2) 경기의 승리자를 신의 제물로 바치는 문화

신정정치가 행해졌던 멕시코의 고대문명에서 가장 중요한 특성중의 하나는 역시 산 사람을 제물로 바치는 인신공희人身供犧이다. 이것은 비의 신인 차끄나 꾸꿀깐에게 살아 있는 사람에서 막 끄집어내어 피가 뚝뚝 흐르는 심장을 제물로 바침으로써 차끄의 피로 여겨진 비를 기대하였던 것이며, 그들은 신을 기쁘게 하기 위해서는 당연한 것으로 생각하였다. 뿐만 아니라 당시 사람들은 차끄의 희생제물이 되어 자기의 심장을 바치는 것을 또한 최고의 영광으로 생각하였다.

그러므로 이 영광의 주인공은 아무나 될 수 없었다. 마야인들은 이 희생물을 선정하기 위해 구기 경기를 벌였다.

우리는 깐꾼에 있는 마야 민속 생태공원인 씨까레(X-caret)에서 마야 민속 의상을 입고 당시의 구기경기를 재현하는 모습을 볼 수 있었다.[44] 구기球技 경기는 한 팀이 7명으로 구성되는데 그 중 1명은 주장이다. 이들은 손과 발을 제외하고 몸통과 허벅지만을 이용하여 생고무로 만든 볼을 골대에 넣으면 승리하게 된다. 구기장은 장방형 공간 좌우에 경사면이 시설되고 경사면 위는 수직의 벽이 이어지는데 이 수직의 벽에 돌로 된 동그란 골대가 달려 있다. 작은 경기장은 길이가 30m 밖에 안 되는 것도 있지만 치첸 잇사의 경우는 길이가 160m나 되고 골대의 높이도 7m나 되어 골을 넣기는 쉽지 않았을 것이다. 신에게 바쳐질 영광의 희생물을 선정하기 위한 경기이므로 시간제한이 없이 승부가 날 때까지 경기는 계속되었다. 경기가 여러 날 진행되는 경우도 있었다고 한다. 경기 자체도 신을 위한 하나의 제전이므로 엄숙하고 진지했을 것이다. 그래서 마침내 승부가 결정되면 이긴 팀의 주장이 신에게 바쳐지는 희생제물이 되는 것이다.

드디어 이긴 팀 주장이 무릎을 꿇고 목을 길게 빼고 앉으면 진 팀 주장은 칼을 빼어 목을 친 다음 심장을 꺼내 신에게 바쳤던 것이다. 치첸 잇사의 경기장 안쪽 기단에는 이러한 경기후의 모습을 그림으로 새겨 놓고 있다. 그림에는 승리자의 목을 잘라 제물로 바쳐서 흘러내린 피가 7마리 뱀이 되어 용솟음치고, 그 앞에는 비를 맞은 화초에서 싹이 나는 그림이 조각되어 있었다. 또한 바로 옆 기단에는 오른손에 칼, 왼손에 목을 가진 진 팀 주장과 해골이 새겨진 공을 둘러싼 양 팀의 선수가 그려져 있어 이를 설명해주고 있었다.

이는 구기 경기가 단순히 즐기기 위한 유희로 행해진 것이 아니란 것을 의미하며, 풍요를 위한 일종의 종교의식이라 해석된다. 또한 이러한 의식은 마야의 부족별 동질성을 확인하고 결속을 다짐하는 부족제部族祭와 같은 기능을 하였을 것으로 생각된다.

우리가 답사한 멕시코 고대 문화유적지 중에도 와하까 고지에 조성된 사쁘떼

〈그림 15〉 치첸잇사 유적의 경기장 골문(좌)과 차끄몰 상(우)

까 문화의 몬떼 알반유적과 미슈떼까 제국의 야굴유적, 밀림속에 조성된 고전기 마야의 빨렝께 유적, 유까딴 반도에 조성된 후고전기 마야의 우슈말 유적과 치첸 잇사 유적에 이러한 구기경기장이 빠짐없이 시설되어 있었다. 〈그림 15의 좌〉

이와 같이 경기의 승리자가 영광의 희생물이 되던 고전기 마야센타인 구치첸 잇사가 쇠퇴한 후 10세기 중앙고원의 패권을 잡은 전투부족 똘떼까인들과 손을 잡아 다시 일어난 신 치첸잇사에는 더 많은 인신공희를 하게 된다. 희생물로 선택된 영광의 승리자만으로는 수없이 늘어난 인간제물을 충당할 수 없게 되었다. 그리하여 전쟁의 포로를 신에게 바치는 산 제물로 사용하였다. 앞장에서 살펴본 것처럼 아스떼까에서는 그와 같은 산 제물을 구하기 위해 일부러 합의하에 전쟁을 치르고 그 전쟁을 「꽃의 전쟁」이라고 부르기도 하였다.[45] 그것은 마야제국과 아스떼까제국의 부족간의 차이점이기도 했지만, 후고전기 마야의 신 치첸 잇사에서도 전쟁포로를 제물로 바치게 되었다. 전사의 신전 입구에 앉아 있는 차끄몰상은 신에게 바치는 산사람의 심장을 올려놓는 쟁반과 같은 것으로 치노 치띠뜰란 유적에 있는 차끄몰상과 똑같은 의미를 가진 것이다.〈그림 15의 우〉

얼마 전까지는 대체로 고전기 마야문명은 전쟁이 없는 평화스런 문명이었다는 것이 일반적인 인식이었다. 그러나 고고학 발굴조사와 마야문자와 같은 역사적, 생태학적 연구가 쌓여감에 따라 고전기 마야문명도 피비린내 나는 전쟁과 권력투쟁을 반복하면서 신을 중심으로 시대의 흐름에 따라 크게 변화한 문명이었다는 새로운 사실이 밝혀지고 있다.[46] 어찌되었거나 승리자를 제물로 바치고 여기에 선정되는 것을 최고의 영광으로 생각하는 고전기 마야의 종교적 신념과, 희생으로 바칠 포로를 생포하기 위해 지배자들끼리 협의에 따라 전쟁을 치르는 문명은 대단한 모순이라 아니 할 수 없다.

3) 태양력太陽曆과 제사력祭祀曆을 조합한 달력문화

멕시코 고대 마야인들은 복잡한 역법과 숫자개념으로 매우 놀라운 수학과 천문학을 발전시켰다. 그들은 세계에서 처음으로 0의 개념을 만들어 내어 사용하였으며, 20진법을 썼다. 실제로 멕시코 호텔에서 우리가 쓰는 1층을 그들은 0층이라 부른다. 바로 땅바닥은 1층이 아니라 기본층인 0층이라는 것이다. 이것은 바로 마야인이 발견한 0의 개념이 오늘날까지 사용되는 예에 불과하고 이와 같은 수학개념이 그 높고 웅장한 신전 피라미드를 견고하게 축조하고 놀랍도록 정확한 태양력을 만들어 낸 것이다.

마야인의 태양력에서 일년은 365일이고 달의 운행은 29.5일로 정확하게 계산해 내었다. 이렇게 정확하게 태양력을 계산해 낸 이들은 제사용 달력인 초르낀력(1년 260일)과 일상 농경생활용 달력인 하부력(1년 365일), 2종류의 카렌다를 가지고 있었다. 제사용 달력인 초르낀(Tzolkin)력은 서로 다른 날짜를 나타내는 그림 문자(그림 숫자) 20개로 구성되고, 이것은 다시 1에서 13까지의 숫자기호와 조합되어(20×13=260) 260일이 된다. 이 초르낀력은 일반 생활용 달력과 구별되는 신성한 제례주기祭禮週期 역년曆年이다. 한편 태양의 움직임에 따라 만들어진 하부(Haab)력은 1년이 18개월로 되어 있고, 한달은 20일로 되어(20×18=360) 모두 360일이다. 여기에 5일만 있는 19번째 달이 덧붙어서 1년은 365일이 된다.[47] 농경과 같은 일상생활은 이 하부력을 사용한다.

그런데 동양에서 10간干과 12지支가 차례대로 조합하여 60갑자가 되고 60년마다 순환주기가 오면 이를 대단히 중요하게 의미를 부여하는 것과 마찬가지로 초르낀력과 하부력이 서로 같이 출발하여 똑같이 맞아떨어지는 시기를 매우 중요하게 생각하였다.

260일의 초르낀력과 365일의 하부력이 하나로 맞아떨어지는 주기는 52년이 된다.[48] 바로 두 달력이 맞아떨어지는 순환주기인 이 52년이 마야인들의 의식과 일상을 크게 지배하였다. 그들은 세상이 52년마다 한번씩 끝난다고 믿었다. 그리하여 52년마다 기존의 피라미드 옆에 새 피라미드를 세우기도 하고, 52년째 되는 날 살던 도시를 버리고 다른 곳으로 이동하여 새 도시를 건설하기도 했다. 치첸 잇사의 중앙에 세워진 가스띠요에서 보았던 91개의 계단과 9층의 기단 등 세심한 계산에 의한 세부 시설 등은 바로 이 52년 주기를 상징하고, 세상이 끝나지 않기를 바라는 염원이 담겨져 있는 것이었던 것이다.

매우 복잡한 계산법과 그림문자로 이루어진 마야의 카렌다는 아스떼까에서도 그대로 쓰여졌고, 이들은 카렌다를 태양석이라는 거대한 원판의 돌에 새겨

〈그림 16〉 멕시코국립인류학박물관의 아즈테카 태양석

놓았다. 멕시코 국립 인류학 박물관에 전시된 아즈테카 태양석의 하나는 직경이 360cm, 무게가 24t이나 되는 거대한 유물이었는데 멕시코 문화의 상징처럼 전시되어 있었다.[49]〈그림 16〉

4) 거대한 피라미드와 석기문화

멕시코 고대문화의 가장 큰 특징은 무엇보다 가는 곳마다 세워져 있는 대형의 석조 피라미드와 돌 조각 등 석조물들이다. 우리가 처음 답사한 떼오띠와깐 유적에서 처음 보고 놀란 것은 해발 2200m의 고원지대, 넓은 평원에 산처럼 서 있는 해의 피라미드였다. 한 변의 길이가 225m에 높이가 65.6m라고 하는데 뜨거운 태양아래 하늘을 향해 솟아 있는 돌계단은 까마득하게 보였다. 248개의 좁고 가파른 계단을 오르는 사람들의 모습이 정말 개미처럼 작게 보였다. 땀을 뻘뻘 흘리고, 세 번의 휴식을 한 후에야 정상에 올라 주위를 둘러보았다. 까마득한 저 멀리에 평원을 둘러싸고 이 피라미드와 비슷한 고봉들이 보였다. 피라미드가 주위의 높은 산을 본 따 만들어졌다는 설이 수긍이 갔다.

그리고 북쪽의 달의 피라미드도 남쪽과 동쪽으로 뻗어 있는 대로를 따라 서 있는 성채와 기단, 궁전, 재규어의 신전, 께쌀꼬아뜰 신전도 수 없이 많은 돌들로 이루어졌다. 그뿐 아니라 깃털 달린 뱀의 조각은 깃털과 눈, 코, 입, 몸통의 조각들이 크고 무거운 돌임에도 그렇게 정교할 수가 없었다. 〈그림 17〉

〈그림 17〉 거대한 석조 피라미드(떼오띠와깐 태양의 신전)

〈그림 18〉 뚤룸근처 코바유적의 마야피라미드

　　기원전 1200년에 번성했던 올메까 문명에 보이는 그 많은 석두상은 대개 높이가 1~3m에 무게가 10~50t에 이르는 거대한 돌조각에서부터 시작된 멕시코의 석조문화는 멕시코 중앙고지의 떼오띠와깐, 떼노치띠뜰란 유적, 와하까 분지의 몬데알반, 마야 밀림 속 빨렝께의 궁전과 신전 피라미드, 저지대 마야 우슈말, 치첸 잇사 유적, 해변의 뚤룸과 꼬수멜 섬의 산 헤르바시오 유적에 이르기까지 가는 곳마다 온통 돌로 이루어진 문화였다. 〈그림 18〉

　　그런데 이와 같이 멕시코 전역에 남아 있는 세계에서도 유례가 드문 초대형 석조건축물과 멕시코 국립인류학 박물관에 전시된 태양석 마야 카렌다를 비롯한 각 왕들의 업적을 기록하고 신에 대한 예찬을 기록한 마야의 대형 비석들, 화려한 옥장식 조각품들이 모두 하나같이 철기를 모르는 신석기시대 수준의 돌연장만으로 이룩된 것이다. 돌연장을 가지고 그 거대한 돌을 자르고, 다듬고, 정교하게 조각한 것이며, 이들이 철기 문화를 처음 접하게 되는 것은 16세기 스페인 군인들에 의해서라고 하니 정말 놀라운 일이다.

　　그리고 안내인의 설명에 의하면, 돌을 운반하고, 쌓아 올리는 작업도 모두 순전히 사람의 힘으로 이루어진 것이고, 말이나 소도 없어 축력을 이용할 줄도 몰랐다고 한다. 멕시코 사람들은 16세기 스페인 군인들이 타고 온 말을 보고 처음 말을 알았다고 한다. 그것도 처음에는 말 위에 앉아 있는 정복자 꼬르떼스를 보고 말과 인간이 하나로 된 신의 모습으로 알았다고 한다. 그래서 52년 주기마다 오는 새로운 세계를 지배하는 신의 모습으로 받아들였다고 한다.

신을 위한 생활이 삶의 전부였던 멕시코인들은 자기들 도시의 가장 중심지, 가장 높은 곳에 웅장하고 신비로운 신전을 수 십년에 걸쳐 축조하였다. 현재의 멕시코 원주민 인디오들은 대개 키가 작고 얼굴이 가무잡잡하며 목이 매우 짧은 모습이다. 이것은 무거운 돌을 나르는데 전 생애를 바치고, 또 그렇게 수천년간 조상 대대로 생활하다 보니 오늘날 그렇게 된 것 같다는 마야인의 후예, 우슈말 유적 가이드 「가브리엘 리」씨의 농담이 실감나게 들렸다. 철기를 사용하지 않고 오로지 석기와 사람의 힘으로만 이루어진 신비의 석조문화는 멕시코 고대문화 의 큰 특성이었다.

5. 맺음말

지금까지 필자가 답사하고 체험한 멕시코의 고고유적을 중심으로 멕시코 고 대문화에 대하여 살펴보았다. 그 내용을 간단히 요약하면 다음과 같다. 멕시코 의 고대 문명은 기원전 1200년 멕시코만 근처의 올메까 문명으로부터 시작되었 다. 이들은 높이가 1~3m, 무게가 10~50t이나 되는 거대한 석두상 조각으로 대 표되는 돌 조각을 남기었다. 멕시코 중앙고원 지역은 해발 2200m 되는 고지로 여기에 떼오띠와깐 문명은 인구 20만의 고대도시를 건설하였다. 그리고 현재 멕 시코의 직접 조상인 아스떼까인들은 지금의 멕시코시 중앙부에 해당하는 호수 에 떼노치띠뜰란을 중심으로 아스떼까 제국을 건설하였고, 멕시코 남동부 밀림 지대와 유까딴 반도에는 마야 문명이 번성하였다.

한편 남쪽의 와하까 분지에서는 평지에서 400m나 높은 산봉우리를 깎아 몬 떼 알반이라는 사뽀떼까 문명 도시를 건설하고 많은 신전과 궁전을 건설하였다. 그리고 4세기에서 10세기의 마야 고전기에는 치아빠스 밀림 속에 마야도시 중 가장 아름다운 궁전을 가진 빨렝께를 세우고 마야의 전성기를 구가하였다. 또한 유까딴 반도에서는 우슈말, 사일, 카바, 라브나 등의 마야도시들이 비의 신 차끄를 숭배하였고, 10세기부터 15세기에는 치첸 잇사와 뚤룸이 발전하여 구기경기의 승리자가 영광을 안고 신에게 바쳐지는 인신공희가 이루어졌다.

위에서 본 올메까, 떼오띠와깐, 몬떼 알반, 야굴, 미뜰라, 빨렝께, 우슈말, 치첸 잇사, 뚤룸 등 모든 멕시코 고고 유적에는 한군데도 빠짐없이 거대하고 웅장하고, 정교한 피라미드 건축물들이 수없이 많이 세워졌다. 이 피라미드들은 왕을 위한 궁전을 빼고는 대부분이 신을 위한 신전이고, 거의 대부분의 문화는 신을 찬양하기 위한 것들이다. 이것이 멕시코 피라미드가 파라오(왕)의 무덤으로 지어졌던 이집트의 피라미드와 크게 다른 점이다.

이와 같이 멕시코 고대문화의 특성은 신정정치와 인신공희, 신전 피라미드건축 등 모든 것이 신을 위한 문화가 전부였고 그것은 상상을 초월하는 석조건축물로 실현되었다. 그리고 이러한 신비의 석조문화는 오늘날까지 잘 보존되고 남아 있어 우수한 석조문화의 실상을 잘 보여주고 있었다.

비록 18일간의 길지 않은 멕시코 고대유적 답사였지만 멕시코 고대문화와 가야의 고대문화를 비교 연구할 수 있는 기회를 가질 수 있었으며, 지금까지 단편적으로만 알고 있던 멕시코의 고대문화를 좀 더 깊이 확인할 수 있었다. 이렇게 마야문화는 각 지역별로 시대는 조금씩 달리하면서도 공통된 강력한 신정정치를 통한 거대한 피라미드 등을 건설하였지만, 통일국가를 이룩하지 못하고 16세기 스페인의 군대에게 멸망하고 말았다. 스페인군대가 들어오기까지 철기문화를 모르고 석기문화를 꽃피웠던 마야도시들은 52년 주기로 세상이 바뀐다고 생각하고, 그때마다 거대한 신전피라미드를 증축하거나 새로 건축하였다. 16세기 스페인 정복자들이 갑옷을 입고 말을 타고 오는 모습이 말과 인간이 하나가 된 새로운 신의 모습으로 보아 이들을 환영하고 반겼다고 한다. 가야의 여러 나라들이 산곡분지별로 자급자족하며 독립적으로 살며 통합을 하지 못하고 신라에게 각개격파 당하여 멸망하는 것과 비슷한 양상으로 이해된다. 그러나 가야와 동병상련의 먼 이웃이었던 멕시코 마야를 답사하고 비교 연구하였지만 그 확실한 답은 끝내 찾지 못하고 말았다.

미 주

1 노중국, 이희준, 2001, 「①프롤로그 : 마야, 아스떼까-잊혀진 인류문명의 보고」〈매일신문 창사55주년 특별 기획 MEXICO 고대문명을 찾아서〉(2001년 5월 7일자 20면).

2 青山和夫, 猪俣 健, 1997, 『メソアメリカの 考古學』同成社, p.3.

3 중앙M&B, 1998, 『해외 여행가이드 30. 세계를 간다 · 멕시코 · 중미』p.55.

4 이때 주로 읽은 자료는 다음과 같은 것이다.
   青山和夫, 猪俣 健, 1997, 『メソアメリカの 考古學』同成社,
   Christopher Scarre, Brian M. Fagan, *Ancient Civilizations*, Longman(1997), New York.

5 이 멕시코 고대문명 답사 자료집은 토론내용과 국내외의 여러 자료를 종합하여 경북대 고고학과 이희준 교수가 편집하였다.
   이희준 편, 2001, 『멕시코 고대 문명(올메까에서 아즈떼까까지) 답사 자료집』한국고대사 목요윤독회, (pp.1~93).

6 중앙M&B, 1998, 『해외 여행가이드 30. 세계를 간다 · 멕시코 · 중미』

7 이번 답사코스의 계획과 실행에는 멕시코전문가인 대구가톨릭대학교 스페인어과 김우중교수의 적극적인 조언과 동행이 큰 힘이 되었다.

8 유적이름이나 지명의 우리말 표기는 영어식과 원어식이 있으나 여기서는 가능한 한 원어발음대로 적는다. 예를 들면 영어로는 아즈텍(Aztec)이지만 원어로는 아스떼까(Azteca)이며, 올멕(Olmec:영어)은 올메까 (Olmeca:원어)인데 아스떼까, 올메까로 쓴다.

9 이희준 편, 2001, 『멕시코 고대 문명(올메까에서 아즈떼까까지) 답사 자료집』한국고대사 목요윤독회, pp.1 ~2.

10 青山和夫, 猪俣 健, 1997, 『メソアメリカの 考古學』同成社, pp.5~8.

11 Christopher Scarre, Brian M. Fagan, *Ancient Civilizations*, Longman(1997), New York, pp.383~387.

12 중앙M&B, 1998, 『세계 여행가이드 30. 세계를 간다 · 멕시코 · 중미』p.182.

13 Thomes and Hundson, *Splendours of Ancient Mexico*, (2000),

14 노중국, 2001, 「②떼오띠와깐-신이 만든 도시」〈매일신문 창간55주년 특별기획 MEXICO 고대문명을 찾아 서〉(2001년 5월 14일자 20면).

15 이희준 편, 2001, 『멕시코 고대 문명(올메까에서 아즈떼까까지) 답사 자료집』한국고대사 목요윤독회, p.63.

16 青山和夫, 猪俣 健, 1997, 『メソアメリカの 考古學』同成社, pp.201~292.

17 青山和夫, 猪俣 健, 1997, 『メソアメリカの 考古學』同成社, pp.198~199.

18 세르주 그뤼진스키 지음, 윤학로 옮김, 1996, 『아스텍 제국-그 영광과 몰락』, (주)시공사, pp.21~30.

19 이명식, 2001, 「③아스떼까문명-멕시코시티에 깔리다」〈매일신문 창간55주년 특별기획, MEXICO 고대문 명을 찾아서〉(2001년 5월 21일자 20면).

20 김정숙, 2001, 「④촐룰라유적-성당을 모자로 쓴 피라미드」〈매일신문 창간55주년 특별기획 MEXICO 고대 문명을 찾아서〉(2001년 5월 28일자 28면).

21 이희준 편, 2001, 『멕시코 고대 문명(올메까에서 아즈떼까까지) 답사 자료집』한국고대사 목요윤독회, p.69.

22 김정숙, 2000, 「⑤몬떼 알반-천년의 침묵」〈매일신문 창간55주년 특별기획, MEXICO 고대문명을 찾아서〉 (2001년 6월 4일자 22면).

23 靑山和夫, 猪俣 健, 1997, 『メソマメリカの 考古學』同成社, pp. 57~71.

24 이희준 편, 2001, 『멕시코 고대 문명(올메까에서 아즈떼까까지) 답사 자료집』한국고대사 목요윤독회, pp. 23~69.

25 이명식, 2001, 「⑥야굴 유적과 미뜰라 유적」〈매일신문 창간55주년 특별기획, MEXICO 고대문명을 찾아서〉(2001년 6월 11일자 20면).

26 클로드 보데 지음, 김미선 옮김, 1996, 『마야-잃어버린 도시들』, (주)시공사, pp. 31~56.

27 김세기, 2001, 「⑦빨렝께 유적(상)」〈매일신문 창간55주년 특별기획, MEXICO 고대문명을 찾아서〉(2001년 6월 18일자 20면).

28 Christopher Scarre, Brian M. Fagan, *Ancient Civilizations*, Longman(1997), New York, pp. 368~369.

29 29) 김세기, 2001, 「⑧빨렝께 유적(하)-숨겨진 빠깔왕릉」〈매일신문 창간55주년 특별기획, MEXICO 고대문명을 찾아서〉(2001년 6월 25일자 20면).

30 Instituto Nacional Antropologia e Historia, *NATIONAL MUSEUM OF ANTHROPOLOGY*, Arqueologia(1999), Mexico, pp. 129~147.

31 이형우, 2001, 「⑨올메까문명」〈매일신문 창간55주년 특별기획, MEXICO 고대문명을 찾아서〉(2001년 7월 2일자 20면).

32 이희준 편, 2001, 『멕시코 고대 문명(올메까에서 아즈떼까까지) 답사 자료집』한국고대사 목요윤독회, pp. 83~88.

33 김복순, 2001, 「⑩우슈말 (상)」〈매일신문 창간55주년 특별기획, MEXICO 고대문명을 찾아서〉(2001년 7월 9일자 20면).

34 Instituto Nacional Antropologia e Historia, *NATIONAL MUSEUM OF ANTHROPOLOGY*, Arqueologia(1999), Mexico, p. 145.

35 김복순, 2001, 「⑪우슈말 (하)」〈매일신문 창간55주년 특별기획, MEXICO 고대문명을 찾아서〉(2001년 7월 16일자 20면).

36 중앙M&B, 1998, 『세계 여행가이드 30. 세계를 간다 · 멕시코 · 중미』pp. 127~128.

37 주보돈, 2001, 「⑫치첸잇사 (상)」〈매일신문 창간55주년 특별기획, MEXICO 고대문명을 찾아서〉(2001년 7월 23일자 20면).

38 주보돈, 2001, 「⑬치첸잇사(하)-인간 제물 먹는 차끄몰」〈매일신문 창간55주년 특별기획, MEXICO 고대문명을 찾아서〉(2001년 7월 30일자 20면).

39 중앙M&B, 1998, 『세계 여행가이드 30. 세계를 간다 · 멕시코 · 중미』pp. 124~129.

40 이청규, 2001, 「⑭뚤룸-카리브해의 고대무역항」〈매일신문 창간55주년 특별기획, MEXICO 고대문명을 찾아서〉(2001년 8월 6일자 20면).

41 이희준 편, 2001, 『멕시코 고대 문명(올메까에서 아즈떼까까지) 답사 자료집』한국고대사 목요윤독회, p. 49.

42 중앙M&B, 1998, 『세계 여행가이드 30. 세계를 간다 · 멕시코 · 중미』pp. 117~123.

43 김세기, 2001, 「멕시코 고대 문화의 특징」〈대구가톨릭대학교 인문과학연구소 춘계세미나 발표자료 및 슬라이드〉(2001. 5. 17).

44 이청규, 2001, 「⑮고대도시의 세계」〈매일신문 창간55주년 특별기획, MEXICO 고대문명을 찾아서〉(2001년 8월 13일자 20면).

45 세르주 그뤼진스키 지음, 윤학로 옮김, 1996, 『아스텍 제국-그 영광과 몰락』, (주)시공사, pp. 36~37.

46 이희준 편, 2001, 『멕시코 고대 문명(올메까에서 아즈떼까까지) 답사 자료집』 한국고대사 목요윤독회, pp. 72~83.

47 http://myhome.naver.com/sk951004/amrica/maya.html.

48 초르낀력 260일과 하부력 365일의 최소 공배수는 18,980일이다. 이것을 365일로 나누면 52년이 된다.

49 Instituto Nacional Antropologia e Historia, *NATIONAL MUSEUM OF ANTHROPOLOGY*, Arqueologia(1999), Mexico, p. 80. 및 표지사진.

3. 밀림속의 아름다운 마야도시 빨렝케

-유적 답사기-

Ⅰ. 밀림 속에서 찾아낸 환상의 대궁전

멕시코 유적탐방을 시작한 이래 일주일간 우리는 멕시코 고원의 떼오띠와깐에서의 뜨거운 태양과 와하까의 분지를 지나는 연봉들에 빽빽하게 들어찬 선인장 숲을 지나며, 건기를 맞아 말라버린 개울과 푸른빛이라곤 없는 삭막한 대지만 보아 왔다. 그런데 멕시코시에서 동쪽으로 약 1,000km 떨어진 빨렝께는 지금까지와는 완전히 다른 진녹색 밀림이 우거져 있었고 비까지 내리고 있었다. 이미 빨렝께가 속해 있는 치아빠스주로 들어가면서부터는 강한 바람이 불어 고속도로 곳곳에 긴 트레일러 트럭들이 통나무처럼 쓰러져 있고, 가시만 무성히 돋아 있는 선인장 울타리 안쪽에 파란 풀을 뜯는 말과 양들이 보이기 시작하여 서서히 밀림지역으로 들어서는 것을 느낄 수 있었다.

여기 치아빠스주에는 멕시코에서 원주민 인디오들이 가장 많이 살고 있다고 한다. 빨렝께로 오기 전에 숙박한 산 끄리스또발 데 라 까사스는 고풍스러운 도시로 인디오 민예품 시장이 유명한데 화려한 원색의 수공예품과 가죽제품들이 싸고 많았다. 특히 산 끄리스또발 교외의 차물라 마을은 인디오 전통이 아주 많이 남아 있는 마을이다. 이들의 독특한 의상도 흥미 있는 것 중의 하나인데, 남자는 하얀 셔츠와 바지에 순모의 검은 판초를 뒤집어 쓰고 있다. 여자는 흰 바탕에 검은 자수가 놓인 블라우스를 입고 하의는 검은 천을 둘러 붉은 띠로 허리를 매고 있다.

〈그림 1〉 인디오 전통마을 차물라의 토속교회(좌)와 전통의상

　마을 중앙에 토착교회가 있는데 마을의 청년들로 구성된 민병대가 지키고 있었다. 민병대들은 매우 엄격하여 관광객들에게 절대 사진을 찍지 못하게 감시하고 있었다. 우리 일행 중 사진담당 단원은 보자기에 카메라를 싸가지고, 우리가 그들의 시선을 끄는 동안 몰래 찍을 수 있었다.

　교회 안으로 들어가니 바닥에는 의자가 없고 전체적으로 소나무 잎이 깔려 있고, 바닥에 직접 세워진 촛불 앞에서 기도하는 여성들이 주문을 외우며 기도하고 있다. 더 특이한 점은 벽 쪽에는 천으로 둘러싸인 42성인상이 책상위의 장안에 모셔져 있고, 그 앞에서도 촛불을 켜고 기도를 하고 있는 점이다. 겉은 교회였지만 내용은 아마도 마야시대의 풍속을 이어가고 있는 것으로 보였다. 〈그림 1〉

　여기서 빨렝께까지는 180km 밖에 안 되지만 길이 좁고 험하여 시간이 많이 걸렸다. 또 중간에 식당이 없어 하는 수 없이 밀림 속의 도로 옆에 차를 세우고 빗방울 섞인 빵과 음료수로 점심을 간단히 해결했는데, 그래도 멕시코시의 '서울회관'에서 준비해준 김치 한 조각과 곁들여 먹는 빵 맛은 어떤 호텔음식 보다 맛이 좋았다.

　저녁 6시 어둠이 짙게 깔린 빨렝께 읍내의 호텔에 도착하자마자 우리는 식당부터 찾았다. 여느 때처럼 뷔페식 저녁이었는데, 우리 일행 중 멕시코 음식의 강한 향신료를 유독히 싫어하는 사람이 있었다. 그는 냄새 나지 않는 음식을 찾아

식당을 한 바퀴 돌고 나서 회심의 미소를 지었다. 진열된 음식 중간에 무언가 통통하고 노릇노릇하게 구워진 음식을 보고는 직감적으로 장어구이라고 생각했다. 그리고는 일행들에게 장어구이가 있다고 알려주었다. 우리들은 멕시코에서 생선요리를 별로 본 적이 없었는데 오후에 보고 온 아과 아술(푸른 물이라는 뜻) 폭포의 물줄기에 사는 민물장어일 것이라고 짐작하며 접시에 수북이 그 요리를 담았다. 그러나 옆의 프랑스사람인 듯 한 서양인 관광객들은 별로 관심을 보이지 않았다. 우리들은 오랜만에 맛있는 장어구이로 포식하겠다는 마음으로 무엇보다 먼저 그것을 한입 가득히 넣어 씹었다. 그 때 입안에 퍼져오는 달콤하고 말랑말랑한 느낌- 그것은 장어구이가 아니었다. 진주 남강 다리 아래에서 먹었던 고소하고 기름기 흐르는 장어구이를 연상하며 미소를 머금었던 바로 그 사람의 입에서는 "아 속았다!"는 외마디 소리가 터져 나왔다. 우리는 모두 폭소를 터트렸다. 그것은 물론 장어구이가 아니라 이 지방의 특산물인 '바나노'라는 구워먹는 바나나였던 것이다. 〈그림 2〉

　빨렝께는 매우 작은 소읍이지만 마야유적 중 가장 아름다운 피라미드가 이곳에 있고 마야최대의 유적인 과테말라의 띠깔로 가는 비행기 출발지가 있어 항상 관광객으로 북적대는 곳이다. 읍내에서 빨렝께 유적으로 가는 길은 좁고 꼬불꼬불하여 앞이 잘 보이지 않았다. 더구나 주위를 검게 덮은 덩굴이 어우러진 활엽수들이 하늘을 가리어 어두운데 비까지 내리니 더욱 신비스러운 분위기였다. 숙

〈그림 2〉 아구아슬 폭포(좌)와 구운바나나 요리(우)

소에서 한 시간 가량 쏟아지는 빗줄기를 따라 상상의 나래를 펴며 밀림 속으로 들어갔다. 소나무가 울창한 모퉁이를 돌자 피어오르는 안개 속에서 웅장하고 아름다운 피라미드가 환상처럼 우리들 앞에 나타났다. 이것이 마야유적 가운데 가장 아름다운 건축물이라고 하는 빨렝께 유적이었다.

빨렝께 유적은 멕시코의 중부 저지대 밀림 속에 숨어 있는 고전기古典期(서기 300년-900년경)마야의 가장 중요한 유적의 하나이다. 다른 지역의 마야유적과 마찬가지로 여러 개의 피라미드군으로 이루어진 이곳은 주위가 정글로 덮여 있고, 계곡 속에 들어있기 때문에 가까이 가기 전에는 밖에서 보이지 않는다. 건물들은 남에서 북으로 흐르는 하천가에 길게 펼쳐진 계곡을 따라 형성된 장방형의 평지에 불규칙하게 세워져 있다. 그것은 여러 개의 신전 피라미드와 궁전으로 이루어진 중심부가 있고, 계곡을 따라 정글 속 여기저기에 이등변 삼각형모양의 마야아치로 된 석조건축물들이 숲 속의 동화나라 같이 자리하고 있다. 이 유적은 1746년 농사지을 땅을 찾아 숲 속을 헤매던 안토니오 데 솔리스 신부와 그 형제들에 의해 발견되었다고 한다.

유적의 입구를 들어서자 평평한 대지 위에 푸른 잔디와 그 위에 당당하게 우뚝 선 '대궁전大宮殿'이 압도하듯이 서 있었다. 유적의 주변은 모두 안개로 뒤덮여 희뿌연데 이 궁전의 전망대와 사면을 둘러싼 계단 위에 반듯하게 서 있는 궁전의 돌 벽만이 선명하게 다가왔다. 무언가 마야사람의 세심한 숨결이 느껴지는 듯하다. 이 궁전은 남북 92m, 동서 73m의 직사각형 건물인데 왕이 살았던 곳으로 추정된다. 지하에는 옆으로 흐르는 하천의 물을 끌어들여 깊이 3m의 지하수로를 만들고 이 수로를 이용하여 수세식 화장실이나 스팀 욕실을 만들었다. 지금도 이 지하수로 가득히 맑은 물이 흐르고 있었다. 그리고 동서남북 사면의 밖은 모두 돌계단으로 쌓아올린 위에 여러 시설을 마련하고 있다. 미로와 같은 궁전은 다른 지역의 마야건축물과 마찬가지로 정사각형의 안뜰정원을 둘러싸고 배치된 일련의 아치형 회랑들과, 벌집과 같이 붙어 있는 많은 방들로 이루어져 있다. 〈그림 3〉

〈그림 3〉 빨렝께의 궁전(좌)과 명문의 신전

　궁전건물의 북쪽에 만들어진 안뜰의 동서 벽면은 넙적한 판석 여러 매를 세워서 만들었는데 이 판석에는 회반죽에 색깔을 입혀 조각한 그림들이 그려져 있다. 이 그림들은 한 쪽 손을 반대편 어깨에 올려놓는 식으로 항복을 표시하고 있는 포로들을 나타내고 있는데 이것으로 보아 이 안뜰에서 사로잡은 포로를 심문하거나 살해하였을 것으로 여겨진다. 이 안뜰의 잔디는 비를 맞아 더욱 푸른데 벽면의 그림들은 스페인 군대에 의해 훼손되어 회반죽이 떨어지고 불길에 그을리고 퇴색되어 있었다.

　또 궁전의 한쪽 모서리에는 안에 계단을 가진 4층의 전망대가 있다. 위로 올라갈 수 없도록 막아 놓아 올라가 보지는 못하였지만 설명판에 의하면 이 건물 계단 한쪽에는 금성을 나타내는 그림문자가 있으며 최상층에는 별의 관측에 사용되었을 것으로 추측되는 테이블이 놓여 있다고 한다. 그리고 벽면이 각각 동서남북을 향하고 있어 이 건물이 천문관측소로 사용된 것으로 보고 있다. 그러나 이곳에서 사방이 훤히 보이므로 전망대나 감시용 망루로 사용되었을 것으로도 생각되었다.

Ⅱ. 피라미드 신전 지하에 숨겨진 빠깔왕릉

세차게 쏟아지던 빗줄기가 약해지면서 안개가 자욱하더니 이제는 비가 그치고 안개도 서서히 흩어져 주위가 드러나기 시작하였다. 궁전의 정원 위에서 남쪽을 보니 거기에 다시 장엄하게 우뚝 서 있는 '명문銘文의 신전' 피라미드가 선명히 나타나 보였다. 그리고 궁전의 동쪽으로 약간 들어간 언덕에 비슷한 구조와 높이를 가진 세 개의 피라미드가 나무사이로 모습을 드러내었다. 바로 '태양의 신전', '십자가의 신전', '잎사귀 십자가의 신전' 피라미드가 바로 그것이었다. 이 세 개의 신전은 앞면에만 계단이 있는 단축 기단 위에 세워져 있는데, 안팎으로 겹쳐진 유사아치형 방을 가지고 있다.

기록에 의하면 빨렝께는 기원 후 3세기부터 사람이 살기 시작하여 9세기까지 번영하였는데 7세기까지는 소규모에 지나지 않았다고 한다. 그러다가 서기 603년 12세의 나이에 어머니에게 왕위를 이어받은 빠깔왕과 그 아들인 찬발룸 Ⅱ세 왕대에 이르러 급속히 발전하였고, 현재 남아 있는 중요 유적이 대부분 이 시대의 것이라고 한다.

아버지 빠깔왕은 683년 사망하기까지 68년간 재위하며 궁전을 세우고 빨렝께의 번영을 이끌었다. 그는 인근의 다른 마야왕족과 혼인동맹을 맺거나 정복전쟁을 통하여 세력을 확장하였다. 고구려의 남진을 저지하기 위한 신라와 백제의 혼인동맹이나, 백제의 위협에서 벗어나기 위해 신라 왕실에 청혼하는 대가야의 경우와 매우 비슷한 모습이었다. 그리고 684년 48세에 즉위한 그의 아들 찬발룸 Ⅱ세는 '명문의 신전'을 세우고 그 내부에 화려한 아버지의 무덤을 만들었다. 빨렝께에서 가장 크고 중요한 피라미드인 이 명문의 신전은 건물 내부에 있는 세 개의 커다란 대리석 판에 마야문자가 빽빽히 새겨져 있어서 이러한 이름이 붙여졌다. 이 피라미드는 높이가 22m이고 매우 가파른 69개의 계단으로 이루어져 있었는데 위험해서인지 입구를 막아 올라가지 못하게 하였다.

1949년 멕시코의 고고학자 알베르또 루스에 의해 발굴 조사된 이 신전의 지하에는 미로와 같은 구조로 이어지는 계단과 묘실이 있고, 그 비밀의 묘실 안에는 가로 2.1m, 세로 3m, 높이 1.1m의 큰 바위를 깎아 만든 석관이 있었다. 그리고 그 안에는 화려한 비취옥으로 만든 가면에 덮여 있는 빠깔왕의 미라가 들어 있으며, 그 밖에 각종 화려한 유물이 가득히 채워져 있었는데 지금은 멕시코시에 있는 국립인류학박물관에 전시되어 있다.

그러나 찬발룸 Ⅱ세 때 번영의 극에 달했던 빨렝께는 702년에 즉위한 그의 아들 깐 슐왕은 인근 세력에 포로가 되었고 이로 말미암아 갑자기 쇠퇴하고 말았다고 한다. 마치 신라에서 태종 무열왕과 김유신의 역할이 삼국통일의 결정적 역할을 하는 것처럼 역사에서 왕이나 지도자 개인의 능력이 한 나라 운명을 크게 좌우한다는 교훈을 여기서도 볼 수 있었다.

명문의 신전을 올라갈 수 없어 우리는 거기서 출토된 유물이라도 보기 위해 그리 멀지 않은 곳에 있는 것으로 되어 있는 박물관에 먼저 가기로 하였다. 그러나 가까이 있는 것으로 되어 있는 박물관은 가도 가도 나오지 않았다. 무성한 밀림 속 미로와 같은 오솔길을 따라 30여분을 걸어갔지만 그래도 박물관은 나오지 않고 계속 가라는 화살표만 보였다. 주변 밀림 속 시냇가에는 작은 마야아치로 이루어진 마야유적이 숲속의 난쟁이 성처럼 여기저기 흩어져 있었다. 그것들을

〈그림 4〉 빨렝께 유적 미로 속 마야유적

보면서 무심코 가파른 계단을 따라 내려가자 마치 마녀의 성을 연상케 하는 우중충하고 복잡한 구조의 건물 석벽이 앞을 막아섰다. 그리고는 갑자기 길이 없어져 한참을 헤매었다.〈그림 4〉

특히 일행의 뒤에 처져서 호젓하게 따라오던 2명의 여성단원은 갑자기 사라진 길 앞에서 당황하였다. 아무리 보아도 길은 없고 주위는 어두운데 인적조차 보이지 않으니 이를 어찌하면 좋단 말인가. 좀 떨어지기는 했지만 몇 분전에 분명히 앞에 사람들이 지나갔는데, 이상하고 야릇한 공포감이 온몸을 죄어왔다. 피어오르는 안개 속에서 조금 전 궁전 건물 안뜰에서 본 포로를 심문하는 부조 그림이 떠올랐다. 왕에게 잡혀 온 포로가 발가벗기고 손톱이 뽑힌 채 제물로 바쳐지는 장면이 생각나는 순간 자신들이 제물로 바쳐지는 것 같은 공포가 온몸을 엄습하였다. 자기들을 버리고 앞서 간 야속한 동료의 이름을 애타게 불러보았지만 폭포 소리에 녹아들어 메아리조차 들리지 않았다.

천신만고 끝에 건물 벽을 따라 돌아가는 길을 발견하여 겨우 박물관에 도착한 것은 한참이 지난 후였다. 나중에 안 일이지만 이 미로의 박물관은 원래 있던 자리에서 유적의 반대편 길옆으로 옮겨 새로 지은 것이었다. 유적을 다 보고 차를 타고 가면 5분이면 되는 거리를 그렇게 어렵게 온 것이다. 그래서인지 이 박물관은 특히 더 기억에 남게 되었다.

이 박물관에는 빨렝께 번영을 이끌었던 빠깔왕과 찬발룸 Ⅱ세왕의 치적을 중심으로 한 많은 자료들이 전시되어 고전기 마야를 쉽게 이해 할 수 있게 하고 있다. 자료에 의하면 당시 마야에는 왕과 왕족, 제사장과 귀족, 전사(군인). 기술자와 상공인, 기술 없는 일반농민의 5개 계급이 있었는데 왕은 각종 신에 대한 제사와 같은 의례를 주관하면서 절대권력을 가지고 있으며, 다음으로 귀족은 왕의 명령을 집행하고 사제들은 왕이 주관하는 제사에서 제물을 바치고 제의를 수행하였다. 기술자와 상공인은 다른 지역과의 교역을 담당하고 일반농민들은 화전이나 계단식 경작지, 관개농업 혹은 저습지 경작을 통하여 옥수수를 비롯한 다양한 작물들을 생산하였다.

빨렝께는 인구가 집중된 센터의 하나이나 마야지역 전체를 통일하지는 못하였다. 각지의 마야센터는 하나의 공통된 문명권에 속해 있으면서도 정치적으로 경쟁관계에 있었고, 전쟁과 병합, 노획물과 조공 등 이익에 따라 연합과 분열로 점철되어 있었다. 한동안 통일된 국가를 이룩하지 못했던 우리 고대사의 가야加耶와 비슷한 점이 많았다고 할 수 있다.

신과 다름없었던 왕은 신하와 경쟁자에게 권위를 과시하기 위하여 매우 화려한 궁전을 지으려고 했고, 그것이 빨렝께의 '대궁전'으로 나타났던 것이며 조상들을 기리기 위해 피라미드의 꼭대기에는 매우 화려하게 장식된 신전을 지었던 것이다. 왕권을 과시하기 위하여 웅장한 기념물을 세우고 거기에 왕을 찬양하는 마야문자를 가득히 기록하였다. 그러나 왕 개인을 위한 지나친 국가자원의 소모는 백성들을 지치게 하고, 가뭄에 따르는 흉작과 인구과잉을 효과적으로 극복할 수 없었다. 따라서 빨렝께를 중심으로 한 고전기 마야문명은 급속히 쇠퇴하게 되었고 아름다운 건축물들도 밀림 속의 신비로만 남게 된 것이다.

● 찾아보기